بهاشن

"Hiçbir şey
göründüğü gibi değildir."

Truva Yayınları®

Truva Yayınları: 545
Tarih: 99
Yayıncı Sertifika No: 12373

Genel Yayın Yönetmeni: Sami Çelik
Editör: Hüseyin Öz
Sayfa Düzeni: Truva Ajans
Kapak Tasarımı: Mehmet Emre Çelik

Baskı - Cilt: Step Ajans Reklamcılık Matbaacılık Tan. ve Org. Ltd. Şti.
Göztepe Mah. Bosna Cad. No: 11
Mahmutbey - Bağcılar / İSTANBUL
Tel. : 0212 446 88 46
Matbaa Sertifika No.: 12266

1. Baskı Eylül 2019

ISBN: 978-605-9850-93-3

© Kitabın yayına hazırlanan bu metninin telif hakları, Truva Yayınları'na aittir. Yayınevinden yazılı izin alınmadan kısmen veya tamamen alıntı yapılamaz, hiçbir şekilde kopya edilemez, çoğaltılamaz ve yayımlanamaz.

Truva Yayınları® 2019
Kavacık Mahallesi Övünç Sokak Kıbrıs Apartmanı No: 19/2
Beykoz / İstanbul
Tel: 0216 537 70 20
www. truvayayinlari. com
info@truvayayinlari. com
facebook. com/truvayayinlari
instagram. com/truvayayinlari
twitter. com/truvayayinevi

Kazım Karabekir

İstiklal Harbimiz
"Yasaklanan Kitap"

3. Cilt

Yayına Hazırlayan
Prof. Faruk Özerengin

KAZIM KARABEKİR

1882'de İstanbul'da doğdu. Babası Mehmed Emin Paşa'dır. Fatih Askerî Rüştiyesi'ni, Kuleli Askerî İdadisi'ni ve Erkan-ı Harbiye Mektebi'ni bitirerek yüzbaşı rütbesi ile orduda göreve başladı. İttihat ve Terakki Cemiyetinin Manastır Örgütünde görev aldı. Harekât Ordusu'nda bulundu. 1910'daki Arnavutluk Ayaklanmasının bastırılmasında etkili oldu. 1911'de Erzincan ve Erzurum'un, Ermeni ve Ruslardan geri alınmasını sağladı. Sarıkamış ve Gümrü kalelerini kurtardı.

Kurtuluş Savaşı'nda Doğu Cephesi Komutanlığı yaptı. Milli Mücadele'nin başlamasında ve kazanılmasında büyük katkısı oldu. Terakkiperver Cumhuriyet Fırkası'nı kurdu. Bir yıl aradan sonra da Şeyh Said İsyanı bahane edilerek Terakkiperver Cumhuriyet Fırkası kapatıldı.

Uzun yıllar yalnızlığa bırakıldı ve ömrünün son günlerinde İstanbul Milletvekili olarak Meclis'e alındı. 1946 yılında Meclis Başkanı oldu. 1948'de vefat etti.

İçindekiler

61. İstanbul'da İngiliz Tazyikinin Artması 959
III. İstanbul İşgalinden
Doğu Harekatı Sonuna Kadar 1013
62. İstanbul'un İtilâf Devletlerince İşgali 1015
63. İstanbul İşgaline Mukabele Olarak
Rawlinson'un Tevkifi 1023
64. Meclis-i Millî'nin Ankara'da
Toplanması Kararı 1047
65. İslamların Katliâmından Dolayı
Ermeni Cumhuriyeti Askerî
Kumandanlığına Yapılan İhtarnâme 1069
66. 12. Kolordu Kumandanı Fahrettin ve
14. Kolordu Kumandanı Yusuf İzzet Paşaların
Millî Harekâta Aldıklar Muhalif Vaziyetler. 1081
67. İstanbul'daki Meb'uslardan
Bazılarının ve Kıymetli Zâtların Firarla
Anadolu'ya Gelmeye Başlamaları 1107
68. Denikin Ordusunun Mağlûbiyeti 1127
69. Trakya'daki Vaziyetimiz 1139
70. Salih Paşa Yerine Damat Ferit'in
Sadarete Tayini 1163
71. İstanbul'daki Meclis-i Meb'usan'ın
Feshi İradesi 1167
72. Baku Ahvali 1171
73. Hey'et-i Temsîliye'ye Mühim Teklifler 1193
74. Birinci Suret 1211

75. İkinci Suret 1212
76. İstanbul Hükümetinin Beyannâmesi 1223
77. Ankara'nın Fetvası 1225
78. Büyük Millet Meclisi'nin Açılmasına
Tekaddüm Eden Ahval 1239
79. Harbiye Nazırı Fevzi Paşa'nın
İstanbul'dan Anadoluya Firarı 1250
80. Büyük Millet Meclisi'nin Açılması 1255
81. Azerbaycan Vaziyeti 1273
82. İsmet Bey'in Erkân-I Harbiyye-i Umûmiyye
Riyaseti'ne Tayini 1279
83. Fevzi Paşa'nın Ankara'ya Varışı 1295
84. Fevzi Paşa ile Gelenler 1296
85. Gümüşhane Meb'usu Zeki Bey
Hakkındaki Emir 1301
86. Büyük Millet Meclisi'nin Padişah'a
Hitaben Beyannâmesi 1307
87. Çocuklar Ordusunu Teşkil 1315
88. Büyük Millet Meclisi Reisi'nin
3. Fırka Kumandanı ile Muhaberesi 1339
89. (Ermenistan Harekatı'nın Yapılması
İcap Ettiği Hakkında Ankara'ya Müraacat) 1350
90. Sadrıâzam Ferit Paşa'nın Beyannâmesi 1359
91. Ermeni Harekâtı İçin Tekrar Müracaat 1365
92. Doğu Harekatı Hakkında Ankara'nın Cevabı 1391

61. İSTANBUL'DA İNGİLİZ TAZYİKİNİN ARTMASI

İsmet Bey İstanbul'a giderken, Hey'et-i Temsîliye ile muhabere edeceğini ve benim de yazdıklarım alacağımı bildirmişti. Şimdiye kadar hiç bilgi almadım. Meclisin tehlikede olduğu ve bu felâketin yaklaştığı görülüyordu. Hey'et-i Temsîliye'nin itiraz ettiğim teşebbüsleri felâketi büyülterek hızlandıracağından endişe ediyordum. Konya gibi mühim bir merkez de kumandasız kalmak talihsizliğine uğradı. İsmet ise İstanbul'da bir hiç oldu. Hiç olmazsa yakın felâketi görerek Anadolu ile bir kanal -Hey'et-i Temsîliye'ye de rica ettiğim gibi- tesis etselerdi. Öğrenebildiğim havadisleri vermek ve uyarmak için yazdığım bu şifreyi ele geçer endişesiyle daha detaylı yazmaktan çekindim.

4 Mart'ta cevapları aldım. Aynen yazıyorum. Konya telgrafının da eski hükümet zamanına ait altı ay önceki telgraf olup, hıyanet erbabının tesiriyle yeni bir iş gibi yakıştırılıp ajanslarla tebliğ kılındığı anlaşıldı. Bu suçüstünün Millî Meclis'ce şiddetli karşılanması gereğini 1 Mart'ta Hey'et-i Temsîliye'ye yazdım. Yusuf İzzet Paşa'dan ve Şevket Bey'den gelen şifreler durumu gösterdiğinden aynen yazıyorum:

Bandırma
4.3.1336

15. Kolordu Kumandanlığı'na,

Kendisine Kuva-yi Milliyye süsü vererek ahaliyi izrara başlayan esas itibariyle eşkiya-yı meşhureden bulunan Kara Haşan ve avenesinin taht-ı tevkife alınması hasebiyle bunları kurtarmak maksadıyla bazı taraftarlarının yaptığı teşebbüsattan Ahmet Anzavur da istifade ederek zayıf buldukları Biga'da idare-i umuru elde etmeye muvaffak olmuşlardı. Bilâhire Bigalıların gerek Anzavur'un maksad-ı mel'ûnanesini anlamaları, gerekse ahaliye yapılan nesayih ve irşadat sayesinde merkumu Biga kazası haricine teb'id etmişlerdir. 850 kadar maiyeti Gönen havalisinde olup derdesti için takibat yapılmaktadır. Anzavur harekâtının esas itibariyle hükümete muhalif olan partilerle alâkadar olduğunda hiç şüphe yoksa da biga hâdisesinin esasının bununla o kadar alâkası olmadığı maruzdur.

14. Kolordu Kumandanı
Yusuf İzzet

Müstaceldir

Beşiktaş
3.3.1336

15. Kolordu Kumandanlığı'na,

C. 28/2/1336 Konya ve Biga hâdiseleri ile Kuva-yi Milliyye aleyhinde cereyanlar zuhuru ve İstanbul ve civarında muhaliflerin kemâl-i faaliyetle ve İngilizlerle çalışmaları Anzavur ve bunun gibi bazı cahiller ile teşrik-i mesaî eden cemiyetlerin vücudu hakkında işittikleriniz ekseriyetle doğrudur. Bu husûsta teşkilâtımız tarafından haber alman son malûmatı, istikbaldeki tasavvurları, ne tarzda çalıştıkları, nerelerde, ne gibi emelleri bulunduğu, elhasıl isim isim şahısları, Mustafa Kemal Paşa hazretlerine ve sair alâkadarlara bildirdik. Bittabi zât-ı âlilerine de malûmat verilmektedir. Emir buyurulan mevad hakkında hey'etimiz nâmına bervech-i âti maruzatta bulunuyorum.

1. Hükûmet-i merkeziye dahil ve harice karşı acz-i mutlak içindedir.

2. Muhaliflere karşı hükümet gûya bir taraflığını muhafaza zımnında hiç bir şey yapamamaktadır. Ve bu veçhile vekayi-

in hudusuna sebep olmaktadır.

3. Aynı veçhile bîtaraflık perdesi altında bilâkis muvafıkları ve teşkilâta çalışanları birer vesile kanun perdesi altında ezmekte ve dolayısıyla taraftarımızı azaltmaktadır.

4. Muhaliflerin iş görebilecek memuriyette olanları yerlerinde ibka eylemekte ve nev'ima işbu muhalefeti bilmeyerek tezyid eylemektedirler. Hattâ cürm-i meşhud halinde alman veyahut isimleri kendilerine bildirilenleri bile nasihatle serbest bırakmakta ve dolayısıyla takibatı tas'ib ve esaretlerini tezyid etmektedir.

5. Saray'ın entrikalarına bilerek, bilmeyerek alet olmaktadırlar.

6. Elhasıl hükûmet-i merkeziyenin olmuş ve olacak muhalefetlere ve hâdisata karşı idare-i maslahat politikası takip ve Saray'ın İngilizler lehinde ve Kuva-yi Milliyye aleyhinde olduğu muhakkak olan efkârını mevki-i fiile koymak tarikinde ve ecnebîlerin ekmeğine yağ sürmekte bulunduğu anlaşılmaktadır. Ve keza iş başına getirdikleri memurların daima âciz veya muhalif olduğu görülmektedir. Bu hükümette ne yapılacak bir icraat ve ne de bu husûsta bir tasavvur mevcut olduğunu düşünememekte ve bunu fiilen görmekteyiz.

7. Meb'ûsâna gelince ekseriyeti fikrimizi mürevvic ve ferden aynı mütalâada iseler de şimdiye kadar bunlarda da fiilen müsbet bir şey göremediğimizi arz edersek hayrette kalmamanızı rica ederim. Son vekayi hakkında vuku bulan müracaat üzerine hükümette istizahatta bulunacaklarını ya bunları yola getireceklerini veya azimkar ve faal bir hükümetin mevki-i iktidara getirilmesi fikrinde olduklarını öğrendik. Neticeyi bekliyoruz. İsmet Bey'e emr-i telgrafınızı gösterdim. Nokta-i nazarımızda fark yoktur. Arz-ı ihtiram ediyor. Erzurum meb'ûsu Necati Bey'in verdiği cevap şudur: Bu husûs hakkında icabı kadar müteyakkız ve müteşebbis davranmak lüzumu takdir edilmektedir. Hükümetin faal ve biraz azimkar bir vaziyet ahzi ile mes'elenin bertaraf edilebileceği ve tevessüüne meydan bırakılmayacağı kanaat-i şahsiyesindeyim.

Konya'da fiilî bir harekât olacağına ihtimâl veremem. Arz ettiğim vaziyetin iktisabı için çalışılacağını ve bu husûsda birkaç güne kadar sarih bir malûmat arzolunabilir efendim.

8. Rauf Bey'i göremedim. Kendisi rahatsızdır. Ve fakat arkadaşları aynı fikrimizdedir.

9. Meclis'in emniyetine gelince beş, on gün için daha bu husûs müemmen ise de hükûmetin maruz tavır ve hareketi ve aczi devam ettikçe İstanbul'daki Kuva-yi Milliyye'nin inhilâl ve binnetice muhaliflerin ve in tahakkümü altında ne olacağını kestirmek arzdan müstağnidir.

10. Fahri üç gün evvel mahalli memuriyetine hareket etmiştir.

11. Elhasıl son vekayiden Konya mes'elesinin o kadar şayan-ı ehemmiyet olmadığını ve fakat asker sevkini düvel-i İtilâfiyeden sual edip aldığı cevaba müsteniden sevkiyattan sarf-1 nazar eden ve akıllarınca tedabir-i hakimane ile hall-i mes'eleye çalışan hükûmet-i merkeziyenin işbu hareketi karşısında Anzavur hâdisesinin büyümek istidadında bulunduğu ve mahallince ve buradaki teşkilâtımızca mümkün olan tedabirin yapılmakta olduğunu ayrıca arzederim.

Çanakkale Mevki-i Müstahkem Kumandanı
Şevket

15. Kolordu Kumandanlığı'na,

Rauf Beyefendi ile görüştüm. Kendileri iyicedir. Devlethanelerindedir. Arz ettiğim mütalâat ve efkâra tamamen iştirâk buyuruyor. Ve fazla olarak da bilhassa Sadrıazam Paşa hazretlerini bir kaç gün evvel ziyaret etmiş. Meclis'in derece-i emniyetini sordum. Ben dahi taht-ı emniyette değilim, cevabını aldım. Diyorlar efendim.

Çanakkale Mevki-i Müstahkem Kumandanı
Miralay
Şevket

İstanbul'da hiç kimsenin emniyette olmadığı ve başlarına yakında felâket geleceğine artık kimsenin şüphesi yok. Bu hadise, Anadolu'da Millî Hükûmet'in doğmasına esas olacağına da benim şüphem yok. Yalnız maksat dışında kıymetli arkadaş kaybedilmesine acırım. Her halde bu kadar açık durum üzerine gereği gibi tedbir aldıklarını zan ile teselli buluyorum.

28 ve 29 Şubat'ta aldığım bilgileri Harbiye Nezâreti, Hey'et-i Temsîliye ve kolordulara aşağıdaki şekilde bildirdim:

Erzurum
28.2.1336

Harbiye Nezâret-i Celîlesi'ne,
3.,12., 13.,14., 20., Kolordulara
(Hey'et-i Temsîliye'ye)

1. 25 Şubat'ta öğleden sonra Samsun İngiliz mümessili bir İngiliz gambotiyle top endaht talimi yapacağını ve binaenaleyh ahalinin telâş etmemesini söylemiştir. Endahtın yapılıp yapılmadığına dair henüz malûmat alınamamıştır.

2. Açık deniz dururken böyle liman dahil ve civarında endaht icrası gibi tekliflerle yine endaht bahanesiyle müsellâh efradın karaya çıkartılması gibi nümayişkâr ve tehdidkâr hâller, daima halkın heyecanını mucib olmakta ve zaten sû-i tesirat ve ahval yüzünden müteessir ve hâl-i işba gelmiş olan efkârı büsbütün kuşkulandırmaktadır. Asayişin ihlâlini ve bu kabil tehdid ve nümayişlerin men'i husûsunda halkın bilfiil müdahalesini mucip olmamak için lâzım gelenler nezdinde teşebbüsat-ı siyasiyede bulunulmasını istirham eylerim.

3. Nezâret-i Celîle'ye bera-yı malûmat Kolordulara arzedilmiştir.

Kolordu Kumandanı
Mirliva
Kâzım Karabekir

Diğer şifre:

Erzurum
29.2.1336

Harbiye Nezâret-i Celîlesi'ne,
3., 12., 13., 14., 20. Kolordulara
(Hey'et-i Temsîliye'ye)

1. Batum İngiliz vali-i askerisi Fonkukulis'in 22 Şubat'ta telsiz-telgrafla aldığı bir emirle İngilizlerin bir müddet daha Batum'da kalmaya karar verdikleri anlaşılmış ve Batum şehrinin tahliyesinden sonra işgali maksadıyla hududa tahşit edilen Gürcü kuvvetlerinin de bu karardan sonra avdet ettikleri haber alınmıştır. Son malûmata nazaran Batum'da azamî 3000 mevcutundaki 89. Hint alayı vardır.

2. Ermenilerin Çıldır ve havalisinde ve Zengezor mıntıkasındaki İslâmlara karşı Kanûn-ı sani nihayetlerinde başladığı haber alınan kital ve mezalimden dolayı Azerbaycan hükümeti tarafından Ermenistan'a bir nota verildiği ve bu sebeble her iki hükümet arasındaki münasebatın gerginleştiği istihbar edilmiştir.

3. 20 Şubat tarihli malûmata nazaran Kırım Şibih ceziresinde ilerleyen Bolşeviklerin Sivastopol şehrini işgaline intizar edilmektedir.

4. Nezâret-i Celîle'ye ve bera-yı malûmat kolordulara arzedilmiştir.

Kolordu Kumandanı
Mirliva
Kâzım Karabekir

Hey'et-i Temsiliye'den 27, 28 ve 29 Şubat'ta gelen şifreleri aynen yazıyorum. Genel durumu göstermekle beraber İstanbul hükümetinden ve meclisden şikâyet etmektedir. Bence herşey tabiî akışında ve lehimizedir. Acele ve telaş zararımıza olacaktır. Meclis ve hükümeti sorumlu durumda ve bizce de saygı değer oldukları hisleri vermeliyiz. Değil mi ki orduca ve Millî Teşkilat'ca kuvvet elimizdedir; olayları bize zayıflık değil kuvvet vermektedir. Elverir ki meclisi aleyhimizde bir karara sürükleyerek zor bir vaziyet hasıl etmeyelim.

İşte, sorulan mütalâaya bu esaslar içinde verdiğim cevabı da kaydediyorum:

Ankara

26.2.1336

15. Kolordu Kumandanı Kâzım Karabekir Paşa Hazretleri'ne,

Bugünlerde vaziyet-i hariciye ve dâhiliyemizi bervech-i âti mütalâa etmekteyiz. Ahiren muhtelif menabiden gelen malûmattan düvel-i İtilâfiye ve müarekenin bizimle sulh akdetmek için bir karar-ı kat'î vermek üzere oldukları anlaşılmaktadır. Bu kararın nasıl olabileceği hakkındaki bu fikrimizi bu raporumuzda izaha çalışmakla beraber, rüfekâmızın mütalâalarına ittıla husûsunda istical ettiğimizi de arzederiz. Son Londra mülâkatı üzerine şayan-ı memnuniyet haberler aldık. Ancak İngiltere hariciye nâzırı ile Taleyran'ın beyanat-ı mühimmesi memleketimizdeki düvel-i İtilâfiye kuvvetlerinin İstanbul, İzmir, Kilikya havalisinde gittikçe tekâsüf eylemesi ve İstanbul, İzmit ve tekmil sahillerimizdeki eslâha ve cephane depolarımızın İngilizlere teslimi hakkında Harbiye Nezâreti'ne vaki olan teklif-i resmî ve muhalefetlerin her defadan daha ziyade Dersaadet ve Anadolu'da efkâr-ı umûmiyeyi teşviş maksadıyla neşriyat ve teşvikatı fiiliyeye başlamaları ve hükûmet-i merkeziyenin menfi bir karar karşısında hiç mukavemet göstermeyeceği hakkında şimdiden mevcut olması ahval, sulh şeraitinin ağır olacağını zannettirmektedir. İngiltere Hariciye Nâzırı nutkunda Türkiye sulhü hakkında mesail-i âtiyenin tedkik ve tamiki lâzım geldiği bildirilmektedir. Dersaadet'in vaziyet... Boğazlar hakkında elde edilecek teminat Dersaadet ile Bulgaristan arasındaki havalinin âtiyesi İzmir'de Yunanlıların mevcutiyeti, Taleyran'ın nutku, Lord Curzon'un nutku kadar açık değilse de Fransız meb'ûslarının telâşından Fransa hükûmet-i hazırasının 1916 senesinde Anadolu hakkındaki itilâflardan bahsolunan nüfuz mıntıkalarının tatbikine meyyal olduğu anlaşılmaktadır. Düvel-i İtilâfiyenin memleketimizdeki kuvvetleri malûm-ı âlileri olduğu veçhile iki kolordu İngiliz ve Fransız, 6000 kişi kadar İtalyan ve Yunan ki cem'an yüz bin kişi kadar ve Çanakkale Boğazı'nın tarafeyninde muhtelif bir fırka ve İzmir işgal mıntıkasında 8 Yunan fırkası ve Kilikya mıntıkasında bir ilâ iki Fransız fırkası mevcuttur. Kilikya'ya 4 Fransız fırkasının gelmekte olduğu söylenmektedir. Kuşadası, Antalya, Konya havalisinde bir İtalyan fırkası olup Anadolu ve Rumeli şimendifer hatları üzerinde küçük müfrezeler vardır. Boğazlarda evvelce mevcut harp sefinelerinden maada bu kere 5 dirtnavt ve büyük küçük harp gemilerinden mürekkep İngiliz Bahr-i Sefid filosu da Dersaadet'e muvasalat etmiştir. Dersaadet'e muhtelif gazetelerle düvel-i İtilâfiyenin öteden beri mevcut âdilâne siyasetlerine dair inşaa ettikleri havadis İstanbul muhitini hayliden hayliye yumuşatarak mukavemet esasını kabul etmiş olan Kuva-yi Milliyye teşkilâtını duçar-ı zaaf etmeye çalışmaktadırlar. Yunan işgalini şimalden durdurmaya muvaffak olan Balıkesir cephesinin arkasında Karabigalı civarında Ahmet Anzavur kumandasında, kuvveti günden güne tezayüd etmekte olan 800 kişilik bir çete ile de düşmanla faaliyete geçmişlerdir.

Hükûmet-i merkeziye milleti her veçhile kuvvetten düşürecek ecnebi tekliflerini derhal kabul ve icabına tevessül etmektedir. Muhaliflerin fiilî teşebbüsatına mâni olmak şöyle dursun, Kuva-yi Milliyye'nin inhilâlini mucip olacak tamimler yazmaktadır. Ezcümle lehimize başlamış olan Sulh Konferansının hüsn-i neticeye iktiranı için asla mevcut olmayan Ermeni kitalinin durdurulması ve Yunan kuvvetlerine karşı Kuva-yi Milliyye harekâtının derhal tevkifi hakkında İngiliz teklifini Harbiye nâzırımız aynen kabul ve tamim etmiş ve 13. Kolordu'dan bu tamimin tatbik edildiğine dair de malûmat talep etmiştir. Bir taraftan da Hey'et-i Temsîliye'ye hükümetin siyaset-i dâhiliyesinin esasen Kuva-yi Milliyye'yi dağıtmak olup harice karşı kuvvetli olduğunu göstermek olduğundan bu gibi tedabire tevessül edildiğini bildirmiştir. Hükûmet-i merkeziyenin âciz ve mütereddit olduğu tahmin edilmektedir. Meclis-i Meb'ûsân'a gelince; şimdiye kadar arzu edilen tesanüdü teşkil edememiştir. Fedakâr meb'ûslarımızın beyanat-ı mühimmesi de içtimâ salonunun haricine çıkmamakta bulunmasından Sivas ve Erzurum Millî kongreleriyle Ankara'da meb'ûsân ictiâmında mukarrerat-ı malûme dahilinde vatanın istihlâsına son derecede gayret etmeyi deruhde etmiş olan Hey'et-i Temsîliye bu husûstaki mes'uliyeti tamamıyla müdrik, bu uğurda en azim fedakârlığı ifâ ve müheyyaya hazır olduğu cümlece malûmdur. Ancak hal-i in'ikadda bulunan Meclis-i Millî ve hükümetin şu ân-ı mühimde vatanın istihlâsı uğrunda başta bulunarak her nevi umur ve husûsatı kanun dairesinde ilerde... düvel-i İtilâfiyenin kuvvete istinaden en mühim temenniyatımızdan menfi teklifler karşısında bunun için Meclis-i Millî ile hükümetin ne gibi tedabir ve tertibat hazırladıklarını öğrenmek istediğimizi Dersaadet'teki rüfekaya yazdık. Bu babdaki mütalâa-i âlileri müsterhamdır.

Hey'et-i Temsîliye nâmına
M. Kemal
20. Kolordu Kumandanı Vekili
Mahmut

Tehir caiz değildir.

Ankara
26.2.1336

Zâta mahsustur.

15. Kolordu Kumandanı Kâzım Karabekir Paşa Hazretleri'ne,

1. İngilizler Boğazlardaki hâkimiyetlerini temin ve Kuva-yi Milliyye'ye tabi Anadolu aksamiyle İstanbul arasında

tampon teşkil eylemek üzere Hürriyet ve İtilâf nigehbancılarla yaptıkları ittihad neticesinde bir Cemiyet-i Ahmediye teşkiline teşebbüs etmişlerdir. Teâl-i İslâm Cemiyeti de bu cemiyetin mürevvicidir. Bu cemiyet Biga'da ihdas eylediği vak'a-i âhire il fiiliyata geçmiştir. Mezkûr Cemiyet-i Ahmediye'nin kabul ettiği esasat dinî bir perde altında ahalinin taassubundan bilistifade Kuvayı Milliyye'ye karşı ilân-ı cihat etmektir. Biga'da teşkilâtın ikmâlinden sonra Gönen'i ve müteakiben Bursa'yı elde etmek ve Adapazarı ile birleşmektir. İşbu hareket ve teşebbüsatta muvaffak olduktan sonra bir kongre akdederek İngilizlere arz-ı mahsar verilecek ve kabinenin ıskatı ve yerine Ferit Paşa ve Kiraz Hamdi Paşa'dan birisinin riyâseti altında yeni bir kabine teşkili taleb olunacaktır. Son günlerde Biga ve havalisi ahalisi Kuva-yi Milliyye'ye karşı alenen ilân-ı husumet etmişlerdir.

Gavur İmam ve Anzavur taraftarı olup vekayle bilfiil iştirâk edenlerin adedi 1500'e kariptir. Gâvur İmam bütün sancağa hâkimdir. Ve yüz yetmiş pare köy emrine ramdır. Bursa hâdisesi de yakındır. Oraya bera-yı ticaret 300 kişilik münferid eşhas sevk edilmiştir. İlk hareket-i kıyamiyede Bekir Sami Bey'in imhası mukarerdir. 24 Şubat'ta Mudanya'ya hareket eden vapura Bursa Hürriyet ve İtilâf Fırkası reisi Aziz Nuri ile Mahmut Şevket Paşa'nın katili Çerkeş Kâzım'ın kardeşi Adapazarlı Hikmet dahi hareket etmişlerdir. Aziz Nuri vasıtasıyla ayrıca 300 kişilik bir kuvvet merkezde ihzar edilmiştir. Biga'da olduğu gibi Bursa'da da harekât-ı kıyamiyye icra ve hükümete vaz'-ı yed ve telgraf muhaberatını kat' ve Anzavur'la birleştikten sonra Kürt Mustafa Paşa Kuva-yi Ahmediye umûm kumandanlığını deruhde edecektir. Adapazarı'na da Çerkeş rüesasından bir takım adamlar gönderilmiştir. Hülâsa hazırlanmakta olan harekât-ı irticaiyenin müşevviki İngilizler olup merkez ve dimağı da İstanbul'dadır. Harekâtı idare edenlerden başlıcaları şunlardır: Kürt Mustafa Paşa, Kiraz Haindi, Zeynel Abidin, Refi Cevat, Ali Kemal, Sadık Bey vesairedir. Eski Anzavur mes'elesinde medhaldar olan Şah

İsmail, İngiliz torpidosiyle Çanakkale'ye giderek İngilizlerden talimat almıştır.

2. Hey'et-i Temsîliye nâmına M. Kemal.

20. Kolordu Kumandan Vekili
Mahmut

Ankara
28.2.1336

15. Kolordu Kumandanlığına,

Dersaadet'te Rauf Bey'den alman malûmat bervech-i âtidir:

Mustafa Kemal Paşa hazretlerine: Sadrıâzam'ın vaz-ı bîlarafîsine ve itimad aldıktan sonra neşrettiği beyannâmenin tesirat-ı makûsesine tamamen muhalif bulunan rüfekasının ısrarı ve müşarünileyhin vaz-ı bitarafîsinin anlaşılmasına binaen kabinenin pek yakında istifa edeceği ve yerine Ferit veya Tevfik Paşalardan birinin nasbolunması için bizzat kabinenin şimdiden sarf-ı mesaî eylemekte olduğu mevsuken malûmatım üzerine maruzdur. Rauf.

20. Kolordu Kumandan Vekili
Mahmut

Kabinenin istifası -özellikle itimat reyi (güvenoyu) aldıktan sonra- münasebetsiz bir şey. Ne ise. Tesirlerini ve hâdiselerin gereği gibi tahlil ve tenkidini tarihe bırakıyorum. Hakkımızdaki sulh esasları kabul edilemez olursa kararımızı vaktiyle vermiştik. Elimizdeki ölçü de Sivas Kongresi kararıdır. Bu husûsda yeniden mütalâaya gerek yoktur. Bunun için şu cevabı yazdım:

Erzurum

1 Mart 1336

Ankara'da 20. Kolordu Kumandanlığı'na,

Hey'et-i Temsîliyeye: İstanbul'un vaziyeti ve irtica hareketinin tarz-ı ihzariyle âmilleri hakkında tasavvur buyurulan 28.2.1336 tarihli telgrafnâme-i âlileri bizi de tenvir etti. Düşmanlarımız hesabına daima memlekete rahneler açmayı zevk ve sermaye edinen bed tıynet zümrenin bütün ef'al ve harekâtını akim bırakmak ve vatanımızdaki vahdet ve Kuva-yi Milliyye'yi daima memleketimize nafi bir şekilde zinde yaşatmak her vatanperverin akdes vezâifidir. Ve bunda zerre kadar tereddüt yoktur. Müteaddit telgrafnâmelerin icmalinden bittabi teyakkun buyurulduğu üzere maksad azâ-yı meşru bir kere Meclis-i Millîmizi usul ve nizamatına tevfikan topladıktan ve hakk-ı mürakabesine sahip kıldıktan sonra alacağımız vaz ve hareketin ve yapacağımız icraatın daima o meclisin tasvip ve müzaharetine uğramasıdır. İşte bu noktayı gereği gibi temin ve hüsn-i idare ettikten sonra hükûmet-i merkeziye ile Kuva-yi Milliyye arasında nokta-i nazar ihtilâfatı olsa bile daima hal ve tesviyesi kabil olur. Fakat usul-i harekât ve idaremiz aykırı gider de düşmanlarımızın tesirat ve tenkidat-ı mütevaliyesine kapılan hükumet-i merkeziye de müddeiyatına Meclis-i Millîmizdeki ekseriyeti yani Felâh-ı Vatan Grubu'nu kazanırsa o zaman hariçten ziyade dahilî efkâr-ı umûmiyede Kuva-yi Milliyye'nin şekil ve kuvveti padişah, hükûmet-i merkeziye ve buna mukabil Meclis-i Millî gibi efkâr-ı avamı kökünden sarsan müessirat altında hakikaten cay-ı endişe bir safhaya girer ve her tarafta muhtelif eşkâlde muhalefetler baş verir ki, işte tamamıyla düşmanlarımızın parçalamak istediği efkâr ve harekât-ı milliyyenin o zaman her türlü mesaî-yi fedakâraneye rağmen müessif âsarı zuhur edebilir. İşte buna mebnidir ki vaktiyle Volkan ve Cemiyet-i Muhammediye teşkilâtının bu kere daha kanlı ve düşmanane olan Fahr kâinat ve Peygamber Efendimizin ruhunu tazip için İngilizlerin ve düşmanların ruhundan istinae eden bu defaki Cemiyet-i Ahmediye'nin ve âmil-i muzirlerinin irtica harekât ve istihzaratiyle ve Anzavur kuvvetlerinin ef'ali vâsia-yı bağıyanesiyle artık tamamıyla Meşrutiyet'in yani Meclis-i Millî'nin namus ve mevcutiyeti aleyhinde olduğu ve bunun için de hükûmet-i merkeziyeyi istizah takrirleriyle mevkii imtihan ve istizaha ve binnetice kendilerini de ikaz ederek Anzavur ile icab edenler aleyhinde harekât-ı seria-yı askeriye ve kanduniye takip ettirmek cihetlerini istikmâl ve bu babda ne kadar vasik ve müeyyed malûmat varsa bunları toplamak ve muktedir bir zümre-i vatanperverinin telkin ve müdafaasını ve daima hükûmet-i merkeziyeyi ve nezzar-ı nafizayı ve hariçteki rical-i makuleyi tenvir etmek ve elhasıl daima bu irticaın aleyhinde yapılacak en müessir darbelerin eser-i tesirini Meclis-i Millîmizden çıkartmak nokta-i nazarı esaslı bir rüchandır. Bu cihet temin olunduktan ve Meclis-i Millînin hüsn-i nazar ve temayülünü mahfuz tuttuktan sonra harekât ve Kuva-yi Milliyye ve kolorduların tevessülatı daima mazbut ve yek ahenk olur. Ve irtica harekâtını fikren, maddeten ve manen çürütmek için her tarafta halkın anlayacağı bir lisan ile risalecikler tabı ve her tarafa tevzi olunur. Gazetelerle de makale yazılır ve daha sairde yapılarak fesad imha ve lâakal daire-i hududu hiçe tenzil edilir. Mütelâasında bulunduğum maruzdur.

15. Kolordu Kumandanı
Kâzım Karabekir

Gelen cevabı da yazıyorum. Biraz rahatlatıcı.

C. 1/3/1336 şifreye: Felâh-ı Vatan Grubu ile Hey'et-i Temsîliye arasında ahenk ve irtibat-ı tam mevcuttur. Ahmediye teşkilâtını yapanların yeni bir Derviş Vahdeti fâciası vücude getirmek istediklerine hiç şüphe yoktur. Hey'et-i Temsîliye ve Grup bu imkânın men ve tevsii için çalışıyoruz. Grup dahilinde revabıt-ı mütekabile ve tesanüd olduğu derecede mükemmel değilse de bunun takviyesine çalışılıyor. Hükümetin faaliyeti de suret-i umûmiyede âmal-i milliyyeye tetabuk eyliyor. Ezcümle Dahiliye Nâzırı âmal-i milliyenin kat'iyyen hadimi olduğunu bildirmiştir. Harbiye nâzırı arzu-yı samimanesine rağmen biraz mütereddit görünüyor. Rüfeka çalışıyorlar. Hâdise hakkında gazetelerle neşriyat-ı münasebe icrasına tevessül edilmiştir. Vekayi seriülcereyan olduğundan münferit hâdiseler hakkında kitap neşretmeyi şimdilik mümkünsüz görüyoruz. Maamafih mevcut bulunan ve toplanacak olan vesaike müsteniden faaliyet-i ihanetkâranenin mahiyetini neşretmeyi tasmim ediyoruz, efendim. Hey'et-i Temsîliye nâmına M. Kemal.

20. Kolordu Kumandan Vekili

Mahmut

İstanbul vilâyeti hakkında 29 Şubat'tan 6 Mart'a kadar parça parça verilen Hey'et-i Temsîliye'nin malûmatı aşağıdadır:

Birinci Suret

Ankara
28/29.2.1336

15. Kolordu Kumandanlığı'na,

Dersaadet'ten mevrut malûmat aynen zîre çıkarılmıştır, efendim.

Hey'et-i Temsîliye nâmına
M. Kemal

İngilizler Boğazlardaki hâkimiyetlerini temin etmek ve Kuva-yi Milliyye'ye tâbi Anadolu aksamiyle İstanbul arasında bir tampon teşkil eylemek için Hürriyet ve İtilâf ve Nigehban-ı Asker Kulübü, Kızıl Hançerlilerle yaptıkları antant neticesinde bir Cemiyet-i Ahmediyye teşkiline teşebbüs etmişlerdir. Telâli-i İslâm Cemiyeti Anadolu'daki şuabatiyle bu cemiyetin mürevviciderler. Bu cemiyete Biga'da ihdas eylediği vak'ayi-i âhire ile fiiliyata geçmiş oluyor. Bunların kabul ettikleri esasat:

1. Cemiyet-i Ahmediye Anadolu'da Kuva-yi Ahmediye teşkilâtına inkılâb ederek dinî bir perde altında ve ahalinin taassubundan bilistifade Kuva-yi Milliyye'ye karşı ilân-ı cihad edeceklerdir.

2. Biga'da teşkilât esasını ikmâlden sonra, Gönen'i elde edip bir ... derdest ihdas-ı vekayi üzerine orada teşkilâta germiye! verilecek ve ihzar edilen Adapazarı ile birleşerek harekâtı tevhid edeceklerdir.

3. Bu gayenin istihsalinden birisi de bir kongre akdedilerek İngilizlere bir muhtıra verilecek ve kabinenin ıskatı ve yerine Ferit Paşa veya Kiraz Hamdi Paşa'dan birisinin riyaseti altında bir kabine teşkili taleb edilecektir. İcraatta sair aksam hakkında bunu takip telgraflarda tafsilât vardır. Meb'ûsân'daki Rauf Bey ve diğer rüfeka ile görüşüldü. Rauf bey, sadrıâzam nezdinde derhal teşebbüsata ibtidar eyledi.

İkinci zeyildir:

Tertibat hakkında alının malûmata itimad etmek zaruretindeyiz. Esleha ve malzeme-i harbiye nakliyatını teshil eden Saraçhane müdürü Binbaşı Halit Bey'in hemşirezadesi ihtiyat zabitanından Mehmet Halit Efendi'dir. Mumaileyh Gümülcineli İsmail'in yaveri olarak Bursa'da bulunmuş ve bu münasebetle bu teşkilâta dahil olarak birinci Anzavur vak'asında Anzavur'la birlikte harekât-ı irticaiyeye bilfiil iştirak etmiş ve Balıkesir Kuva-yi Milliyyesi tarafından Bandırmakla tevkif edilmiş iken hüviyetini lâyikiyle anlayamadıklarından dolayı yakasını kurtarmıştır. İcraata dair alınan malûmat:

1. Cumartesi günü 284 No.lu İngiliz torpidosiyle İngiliz zabit ve efradı refakatiyle Kızıl Hançer müntesiplerinden kaymakam Fettah, ağır topçu binbaşı Emirgânlı Kemal, bir süvari mülâzimi, bir bahriyeli... Gönen eşrafından Nuri Bey, Çerkeş Yusuf Bey, Karabiga'ya giderek Biga'da Anzavur'a iltihak ederek teşkilâta başlayacaktır. Ve mütebaki ihzar olunan zabitan aynı gün hareket edecek olan Gelibolu vapuriyle gideceklerdir.

2. Yarın Cuma günü Bayazıt Merkez Kıraathanesi'nde bedelzeval ikide bütün Nigehbancılar ve bütün teşkilâtın fiilî müteşebbisleri, Çerkesler orada içtimâ ederek Anzavur'a ait teşkilât-ı Ahmediye'nin matbu beyannamelerinin suret-i tevziini ve teşkilât için takip olunacak hutut-ı umûmiyenin esasatını kararlaştıracaklardır.

3. Yüzbaşı Süreyya Efendi ile bir mülâzım on gün evvel Karabiga'ya gitmişlerdir. Kendileri Pomaklar üzerine icra-yı tesire memurdurlar. Mabadı vardır. Hey'et-i Temsîliye nâmına M. Kemal.

20. Kolordu Kumandan Vekili
Mahmut

28/29.2.1336 tarihli şifreye zeyildir.

Üçüncü zeyil:

29.2.1336

Biga hâdisesi ve Teşkilat-ı Ahmediye'yi İdare edenin Arnavut Tayyar Paşa, Nigehban'dan Hüsnü Bey, topçu Binbaşısı İsmail Hakkı Bey, Çerkeş Bekir, Adapazarlı Çerkeş Kâmil, Çerkeş İdris, mütekait binbaşı Çerkeş Hüseyin Bey, Mekteb-i Harbiye tabiye muallimlerinden erkan-ı harp binbaşısı Hayri Bey, Kürt Mustafa Paşa, Kiraz Hamdi, dava vekili Fuat Şükrü, Refi Cevat, Kâzım Paşa damadı Doktor Esad, Zeynel Abidin, Eskişehir mutasarrıfı esbakı Sami, Ali Kemal, Muharrir Ali Hikmet Beylerdir. Teşkilâtı için muktezi para İngilizler tarafından şimdilik Biga için doğrudan doğruya Şah İsmail'e verilmiştir. Ve yedi torbada 5000 İngiliz altını almıştır. İstanbul'da Hürriyet ve İtilâfa, ... ve pehlivan Kadri'ye İngilizler teşkilât için külliyetli para vermişlerdir. Biga havalisinde ahali yeddinde bulunan bilumûm eslâhanın bu teşkilât için Anzavur'a teslimine İngilizler muvafakat etmişlerdir. Teşkilât idaresi mes'elesi Hürriyet ve İtilâf ve Nigehban arasında... ve İtilâf parayı temin ettiğinden dolayı teşkilâta sahip olmak istiyor. Nigehban ise kendi zabıtanının fedakârlık yaptığından bu teşkilâta emir ve kumanda etmek fikrindedir.

Dördüncü zeyildir:

Bursa hâdisesi pek yakındır... Çerkesleri tarafından 300 kişilik münferit eşhas bera-yı ticaret sevkedilmiştir. Teşkilâtın emrine tabidirler. İlk hareket-i kıyamiyede Bekir Sami Bey'in imhası mukarrerdir. Çarşamba Mudanya'ya hareket eden vapurla Bursa'dan Hürriyet ve İtilâf Fırkası reisi Aziz Nuri ve Mahmut Şevket Paşa katillerinden Çerkeş Kâzım'ın kardeşi Adapazarlı Hikmet hareket etmişlerdir. Kürt Mustafa Paşa vasıtasıyla de 2.3 mitralyöz zabiti derdest-ı şevktir. Aziz Nuri vasıtasıyla Hürriyet ve İtilâf Fırkası erkânından ayrıca 300 kişilik bir kuvvet de ihzar edilmiştir. Müfti-i sabık Ömer Fevzi, Hoca Halim, ulemadan da daha bir kaç zat Bursa teşkilâtını tevsi ve takviyeye çalışacaklardır. Bunlar Bursa'da, Biga'da olduğu gibi harekât-ı kıyamiye icra ve hükümete vaz'-ı yedle telgraf muhaberatını kat' ve Anzavur'la birleştikten sonra Kürt Mustafa Paşa Kuva-yi Ahmediye umûm kumandanlığını deruhte ederek Adapazarı'na da Çerkeş rüesasından bir takım adamlar gönderilmiştir. Ve elli kişilik Kuva-yi Milliyye'ye...dır. Balıkesir ve Bursa'daki mitralyöz ve mekanizmaların dahile sevki cay-i mütalâadır.

Beşinci zeyil:

Nigehbanlardan Binbaşı İsmail Hakkı, Çopur Bekir harekât-ı ihtilâliye için ittihaz ettikleri karar neticesi vuku bulan tebligati şudur: İstanbul'dan Karabiga ve Bandırma'ya çıkarılacak zabitanla Tekirdağı'ndaki alay kumandanı Mustafa Nuri Bey'in sevkedeceği Nigehbancı tabitanla bunların arasına ve her köyden ... teşkil ve nahiyeye bir zabit tâyin ettikten ve halka Kuva-yi Milliyye rüesa-yı münfezesinin ahlâksız ve namussuz olduklarını propaganda ile efkâr-ı umûmiyelerini tahrik, onları birer ikişer katil ve idam edip işleri kendileri... bundan sonra üçüncü safhaya başlayacaklar... Ayvalık cephesinden sağ cenahlarını denize istinad ettirerek İngilizlerin muavenetine istinad edecek ve Yunan kuvvasına bir ... girerek kendilerinin Yunan aleyhtarı olmayıp İttihad ve Terakki'ce olan teşkilât-ı milliyyeye karşı hareket ettikleri ve binaenaleyh kendileriyle müttefikan hareket edilmesi lüzumunu tavsiye edecek ve sola doğru harekâta başlayarak bütün cepheyi ıskata başlayacaklar, sağ cenahtaki bu muvaffakiyet ilk vakfe-i sukutunu ve Yunanlılarla Nigehbancıların kazanması neticesi temin edecektir. Mabadı var. Hey'et-i Temsîliye nâmına M. Kemal.

20. Kolordu Kumandan Vekili
Mahmut

Ankara
1.3.1336

29.2.1336 Şifreye zeyildir: Mabad:

Suret: Tekirdağı'ndaki Alay kumandanı Binbaşı Mustafa Nuri Bey zabit itâ ve sevkedeceği gibi 14. Kolordu'nun silâh depoları hakkında zabitana talimat vermektedir ki zabitan ahali ile baskınlar yapacaklar ve depoların muhteviyatını alacaklar. Bandırma'da dava vekili Ferit Bey bu ihtilâl teşkilâtına memurdur. Bandırma içinde emrine 30 müsellah maiyeti de vardır. 56. Fırka'dan yetmiş zabitin imzasını havi bir mazbata Dersaadet'te Nigehban Cemiyeti'ne gelmiştir. Muhteviyatı yapılacak ihtilâle Nigehbancılarla iştirak edeceklerini temin ve taahhütden ibarettir. Bu imza sahiplerinden Muhsin-Halil İbrahim, Nuri isimleri anlaşılmış, diğerleri henüz öğrenilemedi. Bursa polis müdürü ile serkomiseri bu teşkilât-ı ihtilâliyeyi himaye etmektedirler... etrafında Çerkeş Ethem Paşa Bursa üzerine yapılacak hareketi deruhde etmiştir. Yalova'daki İbo (İbrahim anlaşılmıştır.) Muvaffakiyet halinde İbo (İbrahim'den muharref bir lâkap) harekâta iştirak etmeyi arz ve temin etmiştir.

Diğer zeyil:

Hafız İsmail Bursa teşkilâtı için memur edilmiştir. Bursa'daki dahilî galeyanda muktezi eslâhayi Sedbaşı'ndaki Çerkeş İbrahim ve Çerkeş İdris Ağa'nın mahdumu Ömer tevzi edecektir. Buradan gönderilmiş olan eslaha bunlardadır. Ömer'le muhabereyi temin eden... camii karşısında Kalıpçı Ahmed Efendi'dir. Bursa'nın sağ cenah harekâtını Karacabey'de Gostivarlı İbrahim Bey'le Çerkeş eşkiyasından meşhur Davut idare edecektir. Bunların mahiyyeti Çerkeş ve Arnavut'tur. Sol cenahı Yenişehir'de Ethem... Kâzım'ın biraderi Hikmet ve rüfekası ve merkezi de 56. Fırka'dan Nigehbancı zabitan idare edecektir. Topçu yüzbaşısı Ziya Bey yirmi gün evvel Karacabey'e gitmiş; Güstuvarlı İbrahim ile teşrik-i mesai etmiştir. Karacabey Kaymakamı Tevfik Bey teşkilâtçılara müzahirdir.

Diğer zeyil:

Romanya vapuriyle Karabigalı ihtiyat zabiti Anzavur emrine hareket etmiştir. Elyevm Çorlu'da Bulgar ihtiyat zabiti Hüseyin Hüsnü Efendi yirmi beş kişilik bir kuvvet hazırlamıştır. Tekirdağı'ndaki alay kumandanı Binbaşı Mustafa Nuri Bey tedarik edilen Nigehbancı zabitanla birlikte Karabiga'ya bahren geçeceklerdir. Bugün hareket edecek Gelibolu vapuru ile Negehbancı zabitan hakkında malûmat verilmiştir. Yarın ve müteakip günler Yenişehir'de İbrahim Paşa'ya iltihak etmek üzere Çerkeş İdris Ağa, Yüzbaşı Şevket, Hüseyin Remzi mahdumu ve bahriye yüzbaşılarından Tahsin Efendi'nin henüz buradan hareket etmediği anlaşılan Kâzım'ın biraderi Hikmet, ayrıca Gemliğe gideceklerdir. Mudanya'ya çıkmaları muhtemeldir. Mabadı vardır. M. Kemal.

20. Kolordu Kumandan Vekili
Mahmut

Ankara
2.3.1336

1.3.1336 tarihli şifreye zeyildir:
Mabad:

1. Balıkesir civarındaki teşkilâta elyevm Kebut'ta bulunan ağır topçu binbaşılarından Emirgânlı Kemal Bey memurdur. Hamdi Paşa'nın yaveri olup Bandırma'da tevkif edilen Yüzbaşı Kemal de kendisiyle teşrik-i mesaî edecektir.

2. Bunların Kaput'ta bir kargaşalık çıkaracakları söyleniyor. Bu günlerde tahliye edilen Yüzbaşı Mahmul Delâlettin ile burada Zeynel Abidin Hoca'nın hanesinde misafir süvari mülâzim-i evveli Kebud'daki teşkilatçılara iltihak için emir almıştır.

3. Konya teşkilâtına Zeynel Abidin Efendi memurdur... Paşa'nın hanesinde içtimâ edilerek müzakerat cereyan etmiştir. Netice kararlaştırılamamıştır. Konya'da Zeynel Abidin Efendi'nin emrine tâbi zabitanın mevcut olduğu haber veriliyor.

Diğer zeyil:

Sivas'taki İtilâfcı Şeyh Sivas teşkilâtına memur edilmiştir. Bunlara lâzım gelen talimat ve evamiri Hürriyet ve İtilâf merkez-i umûmîsinden gönderilen mekâtib Samsun'a da adam-ı mahsusla irsal kılınmakta ve Sivas'ta Hürriyet ve İtilâf şube adamlarıyla elden gönderilmektedir. Dahile gönderilen evamir ve talimatın irsali polis müdüriyeti hey'et-i teftişiyesi müdürü Hüseyin Hicabi Bey tarafından idare ve tanzim edilmekte, Tirebolu'da teşkilâta Kadızade Rıfat Bey'in memur edildiği zannolunmaktadır... Biga hâdisesini bu adam çıkarmış ve tertip etmiş ve kablel-hâdise buraya gelerek talimat vesaire almıştır. Anzavur ilk isyanında Eskişehir, Biga, Balıkesir ve Bursa, İzmit ve Bolu livaları ahalisi nâmına hareket ettiğini beyannâme ile ilân etmişti.

Diğer zeyil:

Dün Gelibolu vapuriyle Karabiga'ya kimse gidemedi. Vapura binenler tevkif ve bilâhire muhafızlıkça tahliye olundu. Bu mürettep zabitanı Yunan vapurlarına veyahut Tekirdağı'ndaki alay kumandanı Binbaşı Mustafa Nuri Bey vasıtasıyla oradan kayıkla Karabiga'ya geçmek cihetini ihtiyar ediyorlar. Cafer Tayyar Bey Edirne'de bulunmadığından gerek Çorlu ve gerek Tekirdağı hakkında kendisine malûmat verilemedi. Tekindağı'nın ehemmiyeti iş'arat-ı sabıkamızdan malûm-ı âlileri olmuştur. İstanbul'un merkez icrasına ehemmiyet verilmesi husûsu ciddi surette temin edilemedi. Arzolunan eşhasın oralara geçmesi muhtemeldir. Mahallerinde takibat icrası zarureti karşısında temini ...den sonra Hürriyet ve İtilâfın vaktiyle birinci, ikinci, üçüncü beyannamelerde münderic hutut-ı umûmiye dahilinde oralarda beyannâmeler neşredileceği ve bundan düvel-i İtilâfiyeye malûmat verileceği ve bu babdaki talimatın hey'et-i faale tarafından Gelibolu vapuruna binen zabitana matbu suretinin ita edildiği ve bu beyannâmelerden iki suretinin postaya teslimen Mustafa Kemal Paşa'ya takdim kılındığı maruzdur. Şimdilik bu kadar vardır. Hey'et-i Temsîliye nâmına Mustafa Kemal.

20. Kolordu Kumandan Vekili
Mahmut

Mabadi suret:

Ankara
5.3.1336

Ragıp Bey'in emrine bir Çerkeş Değirmendere civarındaki Anzavur çetelerini elde etmek ve Bursa vak'asını tesri eylemek üzere bu sabah İzmit'e gitmiştir. Mumaileyh vaktiyle İngiliz üserasının firarını teshil eylediğinden dolayı İngilizlerce pek merguptur. Çerkeş elbisesi ve hamasiyle Beyoğlu'nda serbestçe gezen bir zâttır. Güstivarlı İbrahim talimat almak üzere Karacabey'den buraya gelmiştir. Hüseyin Paşa mahdumu Şevket bazı rüfekasiyle Mihaliç ve Karacabey havalisinde müttehi-i harekettirler. 1/2.3.1336 gecesi Tophane civarında Hüseyin Remzi Paşa'nın konağında paşanın riyasetinde Muştala Tayyar Paşa ile kaymakam Fettah, binbaşı İsmail Hakkı, Adapazarlı Hikmet, yüzbaşı Şevket, Hüseyin Remzi Paşazade Şevket ve Nigehbancılardan daha bir kaç zabit Çerkeş Ragıp, Mülâzim Halit Efendiler içtimâ etmişlerdir. Bu ictimâda mevadd-ı âtiye mevzu-i bahis olmuştur.

1. Bursa'da harekâtın başladığı haber alınır alınmaz hükümeti ele almak için sadrıâzam, Dahiliye nâzırı ve daha iki nazırın katli ve havfvert hareket sarayla daima Ferit ve yaran ve Hürriyet ve İtilâf tarafından tasvib edildi.

2. Harekâtın tesrii mültezem olduğundan teşkilâtçılardan sür'atle mahall-i lâzımlarına gitmeleri.

3. Hükümetin tebeddülüne intizaren sulhün tehiri akdine İngilizlerce temin edildiği ve İstanbul muhafızlarının Nezâret'ten.... bu mes'ele hakkında istihsal eylediği malûmatı ifşa eylemesi ve aralarında Kuva-yi Milliyye'ye mensup bir casusun bulunmasından müteyekkizane hareket edilmesi husûsatından ibarettir, efendim. Hey'et-i Temsîliye nâmına Mustafa Kemal.

20. Kolordu Kumandan Vekili
Mahmut

4 Mart'ta Firdevsoğlu kışlasında 29. Alay tarafından talim ve eğitilmek üzere yeni toplananlardan 200 kadar çocuktan oluşan 29. Alay mektebinin açılış törenini yaptık. Bu mektep kolordunun her türlü malzeme ve mühimmata tamir ve tedarikiyle meşgul sanayi takımlarından olup makina ile demir ve ahşap kısımlarını havi olacak olan iş ocağına esas olacaktır. Mektebin açılışından sonra kızak taliminde alışkanlık kazanan gürbüzlerimizin teftişini yaptım. Ski'lerle hayli alışkanlık kazanmışlar, cesur kayıyorlar. Umûmî Harp'deki teşkilâtımızdan şimdi subay ve assubaylardan bir öğretmen hey'eti yaptırmıştım. Eğlenceli ve faydalı surette çocukları da meşgul ediyoruz. Biz bile bugünden itibaren birer çift ski ile (kayakla) baston, kundura gibi malzemelerini tamamlayarak akşamları düşe kalka kaymaya başladık.

Akşam Ankara'dan aşağıdaki şifreyi aldım ve görüşlerimi

yazdım. Kara Vasıf Bey ve Uşak Kongresi büyük hatâlar yapıyor. Fakat bunları gücendirmeden uyarmak doğrudur.

Baha Said'i gönderenler kendisini uyarıp yetkisini geri almazlarsa dahi, Bolşevikler de biliyorlar ki Türkiye'de bir Hey'et-i Temsîliye vardır. Ve doğu işlerinde onun yürütme vasıtası Kâzım Karabekir'dir. Şu veya bu cemiyet veya şahısların muahedeleri (anlaşma) değildir. Fakat cürüm olmadan Hey'et-i Temsîliye başka vasıtalarla yanlış istikamette yürümesi tehlikeli olur. Birkaç kere daha yazmış olmakla beraber Hey'et-i Temsîliye'yi esas hakkında bir daha uyarmak faydalı olur.([1])

Gelen şifre:

Ankara
3.3.1336

15. Kolordu Kumandanı Kâzım Karabekir Paşa Hazretleri'ne,

Bizzat Kâzım Paşa hazretleri tarafından açılacaktır:

Dersaadet'ten Kara Vasıf Bey'den gönderilen 26 Şubat 1336 tarihli mektubunda Türkiye ihtilâl hareketini temsil eden Karakol Cemiyeti ile Uşak Kongresi hey'et-i icraiyesi nâmına hareket eyleyen Kafkasya'daki murahhas Baha Sait Bey'in bolşeviklerle yaptığı bir muahede-i ittifakiye müsveddesi ile bunun mevaddı hakkında tadilât, izahatı havi bir de mütalâanâmesi melfuf idi. Mektup ve melfufat-ı muhteviyatında Türkiye hükümeti muvakkate-i ihtilâliyesini temsil eden Uşak Kongresi hey'eti icraiyesi ve Karakol Cemiyet-i ihtilâliyesiyle Kızıl Ordu'ya mensup olup elyevm Dersaadet'te bulunan Miralay İlyaçef, beyninde takarrür eden esasat-ı ittifakiyenin tarafımızdan tebyiz ve imzasından sonra Karakol Cemiyeti tarafından mühürlenerek teati olunacağı zikrolu-

---

1 Baha Said'in 11 Kânun-ı Sani'de Baku'da 15 maddeli bir muahede imzaladığı ve buna ait teferrüat 12 Nisan'da Baha Said'in mektubu üzerine Hey'et-i Temsîliye'nin 15 ve 16 Nisan şifrelerinden daha teferrüatlı anlaşıldı.

nuyor. İttifaknâme mevaddı umûmiyetle bugünden ifâsını deruhde edemiyeceğimiz husûsatı ihtiva ediyor. Vasıf Bey'in dahil ve harice karşı Karakol Cemiyeti nâmı altında muvakkat bir komitenin hey'et-i merkeziyesi olarak hareket ettiği ve Baha Sait Bey'in Karakol Cemiyeti'nin ve Uşak Kongresi'nin selâhiyettar ve müstakil murahhası olarak Bolşeviklerle bütün memleket mukadderatına ait muahedat aktettiği sabit oluyor.

Mumaileyh Vasıf Bey'e verilen cevabda: Karakol Cemiyeti ve bilhassa bu cemiyetin dahilen ve haricen müstakil harekete mezun bir hey'et-i merkeziyesini ve Baha Sait Bey'in sıfat ve selâhiyetini tanımakta ve binaenaleyh Baha Sait Bey tarafından hakikate mutabık olmayan sıfat ve selâhiyette başlamış olan müzakereye ve yapılmış olan muahedeye temasta mazur olduğumuzu bildirdik. Gerek Vasıf Bey'i gerek rüfekasını Anadolu ve Rumeli Müdafaa-i Hukuk Cemiyeti'nin İstanbul Hey'et-i Merkeziyesi olarak tanıdığımızı yoksa siyaset-i dahiliye ve hâriciyede ayrı ayrı iki komitenin itilâf etmiş şekline delâlet edecek her türlü muamelât ve tezahüratı kat'iyyen reddettiğimizi, dahilî, haricî tedabir-i siyasiye ve icrâiyeden millete karşı dünyaya karşı, tarihe karşı Hey'et-i Temsîliye'ni mes'ul olduğunu ve diğer taraftan kolordu kumandanları arkadaşlarımızın bu husûsa dair nokta-i nazarlarını istimzaç etmeden ve mütalâalarını almadan cemiyetimizin hiç bir taahhüdatta bulunamaycağını serahaten ittiban ettik. Ve fimabaad aynı tarz ve hareket devamları takdirinde kendileriyle muamele ve irtibatı kat'etmek mecburiyetinde kalacağımızı yazdım. Bu husûsat Rauf Bey'e bildirmiştir. Baha Sait Bey'in Bakû'da bulunduğu anlaşılıyor. Oradaki zevâta bu adamın cemiyetimiz ve memleketimiz nâmına hiç bir sıfat ve selâhiyeti haiz olmadığına dair taraf-ı âlinizden mektupla malûmat verilmesini rica ederiz. Hey'et-i Temsîliye nâmına Mustafa Kemal.

20. Kolordu Kumandan Vekili
Mahmut

Cevabım:

Erzurum
5 Mart 1336

Ankara'da 20. Kolordu Kumandanlığı'na,
Zâta mahsustur

C. 3 Mart 1336.Hey'et-i Temsîliye'yedir:

Kara Vasıf bey'den gelen tafsilât bu babdaki mütalâa-i kıymettar buraca kemâl-i dikkatle nazar-ı dikkate alındı. Vâsi olan bu siyaset ve mülâhazat hakkındaki nokta-i nazar-ı âcizanem bervech-i âti serahaten tesbit edilmiştir. Bolşevizmin sari olan kudret ve harekâtı bahusus böyle İtilâf devletlerinin aleyhimizdeki tazyikatı bu şekilde tecelli ellikçe er geç memleketimiz dahi sürükleyecek ve yeğime aman ve halhasın o kuvvetle beraber tevhid-i mukadderat olunmasını icab ettirecektir. Bir kere bu fikri âdeta bir esas olarak kabul ettikten sonra bir de hedefe vüsul için yapılacak yanlış ve vaktinden evvel müstacel harekâtın intaç edeceği en büyük felaketleri ayrı bir safha olarak tedkik etmelidir. Bunu kat'î bir surette irilmelidir ki Bolşevizmin bizi kurtaracak bir suretle girmesi ve onun icab ettirdiği harekâtın terviç edilmesi ancak ve ancak şarkî vilâyattan yani Erzurum kapısından olabilir. Ve orada böyle uzak nazariyat-ı mühlike ile değil, Bolşevizmin nüfuz ve kuvvasının Kafkasları aşıp hududlarımıza dayanmasıyla tecelli edecektir. Ve böyle bir harekettir ki Bolşevizmin daire-i istilâsına girince memleketimizin de cihan nazarında mağdur ve harekâtını da zarurî gösterecektir. Buna mebnidir ki İstanbul'daki teşkilâtın bir patlak vermesi veyahutta işe ve taahhüdata girişmesi esasen hilâf-ı selâhiyet olduğundan gayrı muta'dır. Ve muhakkak düşmanların büyük mikyasta hücumunu, binnetice İstanbul'da İtilâf kuvvası, Rum ve Ermeni anasırının ittihadiyle Bolşevizm bühtanı altında anasır-ı İslâmın pek fena halde tazyik ve imhasını ve artık Türk payitahtının Türk tarihinden uzaklaşmasını icab ettirecektir. Hattâ daha evvel payitaht Rumeli cihetinden Bolşevizm ile temasa gelse dahi aynı eşkâl tahtında gafletle olacak bir kıyam, payitahtı ve unsur-ı İslâmî aynı tehlikelerin taht-ı tesirinde bulunduracaktır. Bu cihet böyle olmakla beraber Bolşevik ordularına da memleketimiz tarafından lâkayit ve müstağni davranılmayarak kendilerinin ümit ve emniyeti tesis ve muhafaza ve hududlarımıza daha çabuk ve emniyetli bilfiil gelmelerini tesri için de teşebbüsattan geri durmamak ve fakat arz-ı ettiğim veçhile bir guna angajmana girişmeyerek işi manevî revabıt ile idare etmek lâzımdır. İstanbul'daki Kara Vasıf ve rüfekasını bu nokta-i nazar etrafında ikaz ile müttehit olan meslek ve harekâtı itidale sevketmek ve kendilerini red ve iğmaz suretiyle meyus etmemek fikrindeydim.

Ve muhakkak olan bir cihet var ki o da bâlâda arzettiğim veçhile Erzurum mmtıka-i hudtıdiyesi esasen Bakû havalisi ve alâkadaranıyle muntazam ve esaslı bir temasta bulunduğu ve burası ne Almanya'nın ne de Rusların müfrit ve bizi Harb-i Umûmî'de olduğu gibi sürüklemek şanından olan cereyanlarına kapılmayıp vakayi-i sahihe ve menafi-i hakikiye üzerine cereyana nazım olacağı cihetle Kara Vasıf Bey rüfekasından arzu ve hey'et-i muhteremelerince de tasvib edilen bir iki zâtın doğruca sırf bu işler hakkında görüşmek ve müştereken takip etmek üzere Erzurum'a gelmelerinin teklif buyurulması muvafık olur. Baha Sait Bey'in tekzib selâhiyetini şimdilik muvafık göremiyorum. Onu cereyanına bırakmak fakat bu işi de İstanbul Şubesi nezdinde ikaz ve tadil suretinde düzeltmek daha münasip olacağını arzeylerim. Kızıl Ordu'ya mensup olduğu bahsolunan Rus miralayı İlyaçef in, İngilizlerin keşf-i esrarı için her vakit her yerde müracaat ettikleri veçhile bizim içimizi derinden tahlil ve ihbar edici bir casus olmaması ve bunun hakkında pek nafiz ve dakik davranılmasını ve bu babda icab edenlerin ikaz buyurulmasını temenni eylerim.

15. Kolordu Kumandanı
Kâzım Karabekir

4/5 gece Hey'et-i Temsîliye telgrafla ben, vali ve Müdafaa-i Hukuk Hey'etini makina başına istedi. Görüştük: Dün kabine İtilâfın baskısı ile istifa etmiş, Ferit Paşa'nın gelmesi ihtimali varmış. Meb'ûslar Meclisi kabul etmezse Meclis feshedilecekmiş. Her taraftan Padişah'a yazılmasını rica ettiler. Kolordu Vilayet ve Müdafaa-i Hukuk'lardan yazdık. Harbiye Nezâreti'ne istifanın sebebini sordum. Harbiye Nâzırı Fevzi Paşa 6.7 tarihiyle yazıyor "Kabine birçok protestolarına rağmen Yunanlıların Ödemiş cephesinde yaptıkları taarruzlardan dolayı istifa etmiştir."

5 Mart'ta Hey'et-i Temsîliye'den 4'de yazılmış altı şifre geldi. Sırasıyla şunlardır:

Birinci şifre:

15. Kolordu Kumandanlığı'na,

İstanbul'da teşekkül eden bir cemiyet-i fesadiye İngilizlerle müttehiden;

1. Hükümetin ıskatiyle Ferit Paşa ve emsalinden bir hükümet tesisi,

2. Meclis'in feshi, Kuva-yi Milliyye'nin ilgası,

3. İstanbul'da bir şûra-yı hilâfet teşkili,

4. Bolşeviklik aleyhinde fetva isdarı husûsatının tekarrür ettirildiği tahakkuk etmiş ve Anzavur harekâtiyle beraber İngilizlerin hükümeti tazyik ettikleri mezkûr mukarrerat cümlesinden olduğu İstanbul'dan bildirilmiştir. İşbu malûmatın hey'et-i merkeziyelere iblâğı rica olunur. Hey'et-i Temsîliye nâmına M. Kemal

İkinci şifre:

15. Kolordu Kumandanlığı'na,

İstanbul'daki hey'etimizden 3 Mart tarihli olarak vürud eden malûmat bervech-i âti tamimen arzederiz. Hey'et-i Temsîliye nâmına M. Kemal

Suret

Yunanlıların karşısındaki cephenin geri alınması hakkında 15 gün evvel İtilâf mümessilleri tarafından verilen notaya hükümet cevab-ı red vermişti. Dün şedidü'lhal ikinci bir nota verilmiş olmasından hükümet bugün Meclis-i Meb'ûsân huzurunda istifa etmiştir. Hükümetle beraber Meclis-i Meb'ûsân reisi de Mabeyn'dedirler. Meb'ûslarımız mütehaşidirler. İngilizler Hürriyet ve İtilâf ve Nigehbancılarla tertip ettikleri harekât-ı irticaiyede muvaffak olabilmek için Ferit Paşa ve yaranından birinin taht-ı riyasetinde bir kabinenin mevki-i iktidara gelmesi muhtemeldir. Meclisi bittabi feshedeceklerdir. Nezd-i Şâhâne'de oradan da tedabir-i müessirede bulunulması ve Meclis-i Meb'ûsân'ın takviyesi esbabının istikmâli maruzdur. Hey'et-i Temsîliye nâmına M. Kemal.

Üçüncü şifre:

15. Kolordu Kumandanlığı'na

Şimdi 4 Mart saat 10 sonra Harbiye Nâzırı Fevzi Paşa hazretlerinin vaziyet-i hazıra hakkındaki mütalâat-ı âtiyeleri bilvasıta vürud etmiştir. Müstafi kabine erkânı dahi Ferit Paşa'nın makam-ı sadarete gelmemesini temin için müştereken teşebbüsatta bulunmaktadırlar. Maahaza her türlü ümit ve intizar hilâfına olarak Ferit Paşa re's-i kâra gelirse Anadolu ve Rumeli Müdafaa-i Hukuk Cemiyeti'nin İstanbul'a karşı kat'î ve belli icraata girişmekten ibaret olan esasının tatbîki tabiîdir.

Dördüncü şifre:

Celâlettin Arif Bey'in Meclis-i Meb'ûsân reisi olduğu ve 5 Mart'ta 4.3 saat sonrada huzura kabul olunacağını,

Beşinci şifre:

Geçen Pazartesi günü İtilâf mümessilleri tercümanları Bâbıâli'de Sadrıâzam'ı ziyaretle Ferit Paşa Kabinesi'nin divan-ı âliye sevklerine muvafakat edemeyeceklerini ve sevkedilmek istenilse fiilen müdahale eyleyeceklerini şifahen tebliğ eyledikleri hey'et-i merkeziyelere de tamimi rica olunur.

Bu şifrelerden, istifayı akşam makina başında öğrenmiştik. Mühim olan şifre Fevzi Paşa'nın tavsiyesidir. İstanbul'a karşı kesin girişimden önce, oradaki meb'ûslar Meclisi'nin sesini duymamız gerekir. Yahutta sesinin boğulduğunu görmeliyiz. Ferit Paşa gelmesin diye Padişah'a her taraftan yazıldı. Buna rağmen gelirse, temenni etmeliyiz ki işi meclisi feshetmek olsun. Bundan sonrası kolaydır.

Altıncı şifre:

15. Kolordu Kumandanlığı'na,

1. Kabine, düvel-i İtilâfiyenin tazyikiyle istifa etti. Meb'ûsân Padişah'a müracaat etmiş ise de Padişah, Başmabeynci ve Başkatiple görüşmelerini irade buyurmuştur. Bunlara Ferit Paşa ve emsalinin tâyin edilmemesi lüzûmu anlatılmıştır.

2. İstanbul'daki vaziyet İngilizlerin yardımiyle hazırlanan irtica vaziyetidir. İstanbul'da beynel-İslâm bir şûrayı Hilâfet teşkil etmek istiyorlarmış.

3. İstanbul'dan şimdi itâ olunan malûmatın hülâsası bilihrac arzolundu. Alâkadarların haberdar edilmesi ve hey'etimizi bera-yı irşad mütalâat-ı âliyelerinin sür'at-i iş'arı mercudur. Vaziyeti takip ediyoruz.

Hey'et-i Temsîliye nâmına

Mustafa Kemal

Üçüncü maddesi görüşlerimi isteyen bu şifrelerin fırkalara tamim olunduğunu görerek hayret ettim. Şifre memurunun hatası kabul ederek 20. Kolordu kumandanına yazdım ki: "Her türlü yanlış anlamalardan ve yanılmalardan sakınmak için bilcümle haberleşmelerin yalnız kolordu ile yapılmasını rica ederiz." Bu şifrenin yazıldığı akşam (4/5'de) makine başında Hey'et-i Temsîliye ile görüştük. Padişah'a müracaat kararı da yapıldığı için başka bir şey yazmaya lüzum görmedim. Esasen Hey'et-i Temsîliye'nin Bolşeviklik veya Bolşeviklerle irtibat yapmak gibi benden bekledikleri işe Kara Vasıf Bey'in şifresi dolayısıyla bugün bir daha yazdım. Yeni mütalâa için durumun gelişmesini beklemek en muvafıktır. (10 Mart'ta yazdım). 6 Mart'ta her tarafta olduğu gibi Erzurum'da dahi halk dükkânları kapayarak, toplanıp vilâyete giderek: Meclis-i Millî'nin kabul ettiği hükümete dışardan nasıl baskı yapılır? diye protesto ettiler. Rauf Bey'in de 3'te yazdığı aşağıdaki şifre geldi.

Ankara
5.3.1336

15. Kolordu Kumandanı Kâzım Karabekir Paşa Hazretleri'ne,

Zâta mahsustur

Dersaadet'te Rauf Bey'den alınan 3.3.1336 tarihli şifre sureti zîrde bera-yı malûmat arzolunur. Hey'et-i Temsîliye nâmına M. Kemal.

Amerika mümessilinin arzusu üzerine dün 2.3.1336 kendisiyle görüştüm. Amerika'nın evvelce Irak, Elcezire de dahil olduğu halde Manda talep etmesi sebebi buralarda İngilizlerin hakk-ı fethini tanımadıkları ile tefsir etli Ben de buraları hakkında müddeiyatta bulunmaklığımızın doğru olamayacağı sebebini izah ettim. Amerikalıların bizi tanımadığını bir seneden beri şahsen uğraştığını, fakat raporlarını hükümet neşretmediğini hattâ Harbord Hey'eti'nin bile raporu neşir edilmediğini; fakat kongrenin bu raporları talep eylemediğini işittiğini söyledi. Wilson prensiplerine evvelce Amerika efkâr-ı umûmîyesinin zahir olduğu; fakat bugün Amerikalılar Wilson'u terkeylediklerinden bu prensiplere bizim bel bağlamaklığımızın faide-bahş olamayacağını; fakat Amerika efkâr-ı umûmiyesinin seriül tahavvül bulunması cihetiyle belik âtide Amerikalılar şark işine kat'î müdahaleye karar vereceklerinin müsteb'ad olmadığını izah etti. Ben cevaben: Amerika işe karışmaz ve Avrupalılar da bizi mahvetmekteki kararında sebat edecek olurlarsa çarnaçar şarktan kendisine nokta-i istinad arayacağını lâyiki vechiyle anlattım. Müşarünileyh harekât-ı milliyye hakkında herkesin Avrupalıların İttihatçılık ve Hristiyan düşmanlığı isnadına şahsen inanmadığını, çünkü sebeb-i neş'eti ve tarz-ı cereyanı takip etmekte olduğu ve aksini görünceye kadar kanaatinde sabit olacağını ilâveten söyledi.

20. Kolordu Kumandan Vekili

Mahmut

Amerika mandası cereyanının nereden geldiğini anlamak farklıydı. Demek mesele İngilizlerle Amerika vesairenin arasındaki mülk genişletme rekabeti! Her yerde insanlıktan ve bilhassa hakkımızdaki hayırseverlikten bahseden Amerikalılar kendi memurlarının lehimizdeki raporlarını bile yayınlamamışlar. Rauf Bey iyi tehdit etmiş. Amerika ve Avrupalıları en iyi tehdit cümlesi bizi mahvetmek istenirse "Dayanma noktasını ister istemez doğuda arayacağımız" dır.

8'de Erzurum'daki birlikleri talimhanelerinde gözden geçirdim. 5 Mart'ta saat 17'de Meclisi Meb'ûsân reisinin huzura kabul edildiği, Padişah'ın kabine reisini tayinde tereddütlü olup İtilafçılardan müşir Zeki Paşa'nın kabine reisliğine getirileceği rivayeti de olduğunu Kemal Paşa 5 tarihle yazıyor. 8 akşamı bu şifreyi almakla beraber Salih Paşa'nın sadrâzam tayin olunduğu bilgisini de aldık 8'de Hey'et-i Temsîliye'ye şu teklifi yaptım:

Bir taraftan Balıkesir ve Bursa havalisinden Anzavur'u tedip için Kuva-yi lâzime sevk ile takibat yapılmakta iken diğer taraftan da bu mel'anetin payitahttaki ocağının belli başlıları olmasa bile esamisi hey'et-i muhteremelerinin muhtelif telgraflarında bildirilen icra-yı hidematlarında kullanılan bazı Arnavut, Çerkeslerin ve bilhassa ümerâ ve zabitanının hükûmet-i cedîde tarafından bir gece ansızın tevkif edilerek aynı gece zarfında Anadolu'ya meselâ evvelâ Bandırma'daki 14. Kolordu karargâhına veyahut ahval ve şerait-i hazıraya göre en muvafık ve en emin görülen bir askerî karargâha sevk ve divan-ı harpleri Anadolu'da icra kılınmak üzere vesaik-i cürmiyenin müteakiben Dersaadet'ten gönderilmesini pek lüzumlu mütalâa ediyorum. Bu suretle hükûmet-i cedîdenin ikaz buyurulması muvafık-ı mütalâa kılındığı maruzdur.

Kâzım Karabekir

Hey'et-i Temsîliye bunu isabetli gördü. Fakat acaba bu işe imkan var mıdır? İstanbul, gençliğin irfan ocağıdır. Her türlü yüksek okullar, üniversiteleri senelerden beri bağrında taşımaktadır. Gerçi istibdat devri, gençleri seciyesiz yapmaya uğraşıp durmuştu. Gerçi hürriyeti elde eden insanlar da İstanbul'da yine o şartlar altında feyz almışlardı. Fakat o insanlar teşkilâtlarını ancak o zaman en hür muhit olan Rumeli'de kurabilmişler, İstanbul'da da ancak altmış, yetmiş kişilik bir çekirdek yapabilmişlerdi. Şimdi de Anadolu'nun hür muhitinde o insanlar varlıklarını gösteriyorlardı, acaba bu varlık karşısında İstanbul gençliği ne yapacaktı? On küsur senelik hürriyet idaresinin gençlik seciyesini ne derece düzelttiğini imtihan edecek bir suali, bir teklifi ortaya atmıştım. Lüzumsuz politika cereyanlarına sürüklenen irfan ordusu yine siyasî kışkırtmalarla Balkan Harbi istemişlerdi. Şuursuz ve siyasî tahriklere "isteriz, istemeyiz" devrinde değiliz. Milletin hürriyet ve namusu söz konusudur. Eğer İttihat ve Terakki idaresi gençlere bu ruhu, bu aşkı verebilseydi bugün bu teklifi benim yapmaklığıma bile lüzum kalmazdı. Fakat ne yazık ki gençlik sindirilmiş, ölümün de bir aşk olduğu, milletin hür yaşaması için bu ölüm aşkının biricik çare olduğu öğretilmemiş... Esir yaşamaktansa hür ölmek düsturunu şiar edinmemiştir. Bunu biliyordum; fakat tarihin de misaliyle görmesi için bu güzel örnekti. Herhalde bir şey yapılmasa bile bir şey düşünülmüş, görüşülmüş olacak bir tesirden uzak kalmayacaktı. Madem ki Türk'ü boğmak isteyenler millî teşkilâtımız aleyhine her şeyi yapıyorlardı, İstanbul'da dahi bu gibiler aleyhine bir şeyler de bizim yapmak istediğimizi bildirmek dahi bir şey yapmaktı. Bugün Hey'eti Temsîliye'ye bir şifre daha yazdım! "Eğer İstanbul'da Meclis-i Millî'yi dağıtırlarsa biz de millî hükümet tesisiyle Bolşeviklerle fiilen teması temin etmek üzere harekâta hazırlanır teşebbüslere girişiriz." Hey'et-i Temsîliye'ce doğu hareketi planının uygulanması, mevsimi gelmeden bile arzu edildiğinden muvafakat cevabı geldi.

10 Mart'ta aşağıdaki şifreleri aldım:

Dakika tehiri mucib-i mes'uliyettir.

Ankara
8.3.1336

15. Kolordu Kumandanlığı'na,

Dersaadet'te Rauf Beyefendi'den mevcut şifrelerin sureti aynen zîrdedir. Bu babdaki mütalâat-ı âlilerinin sür'atle iş'ar buyurulmasını rica ederim.

Hey'et-i Temsîliye nâmına
Mustafa Kemal

Suret

Bugün Salih Paşa Meclis'e geldi. Dünkü kararı veçhile Meclis'ten üç nâzır almaklığı mümkün olamayacağını, kabinesini tamamen hariçten teşkile mecbur olduğunu bildirdi. Hariçten alacağı zevat için müdavele-i efkârı teklif eyledi. Grup bu babda vaki olan medit müzakerât neticesinde eseriyetin fikri bu işi bir Meşrutiyet mes'elesi yapıp ipi koparmak ve hariçten olacak azâlar için hey'et-i idare ile Salih Paşa'nın görüşerek âmal-i milliyyeyi tatmin edecek bir hey'et husulünü temin etmek suretinde tebellür etti. Bizim kanaatimizce hariçten ne kadar iyi zevat bulunursa bulunsun esas ile muayyen selâhiyetten men eden ve Meclis'i müşkilât karşısında bulunduran İstanbul zabıtasının ıslahını ekseriyetin halet-i nahiyesini Meclis'i kat'î harekete icra edebilecek bir teşebbüse sebebiyet vermemesi bu iztırarın muhalif taraftan gelmesini tercih eylemesi merkezindedir efendim.

İkinci Suret

1. Kabine şu suretle teşekkül etmiştir:

Sadrıâzam: Salih Paşa - Bahriye: Salih Paşa vekâleten

Şeyhülislâm: İpkaen - Nafia: Tevfik Bey asaleten

Dahiliye: İpkaen - Maliye: Tevfik Bey vekaleten

Hariciye: İpkaen - Şüra-yı Devlet: Abdurrahman

Şeref Bey vekâleten

Harbiye: İpkaen - Maarif: Abdurrahman Şeref Bey

asaleten

Evkaf: Şeyhülislâmdı esbak Ömer Hulûsi Efendi asaleten

Adliye: Celâl Bey asaleten

Ticaret ve defterhane emini: Ziya Bey vekâleten

2. Celâl Bey'in mesleğini bilmiyoruz. Bu şekil Ferit Paşa'ya zaman kazandırmak maksadıyla Saray'ın tertibidir. Salih Paşa bir buhrana sed çekmek suretiyle bu suretle vatana nafî bir hizmet yaptığı itikadındadır. Bizim fikrimiz: Bu kabineye itimad vermemektir. Ve bunu Grup'da temin etmek için çalışıyoruz. Ferit Paşa tehlikesi el'an mevcuttur. Ona nazaran vaziyetin teemmül buyurulması maruzdur.

3. Şayan-ı dikkat olarak şunu da arz edelim ki: Salih Paşa'ca Meclis-i Meb'ûsân dahilinden nazır almaklığın adem-i imkânı anlaşıldıktan sonra hariçten alacakları zevatın tesbiti için Grub'un fikrini istihraç edecekti. Halbuki ahirn bundan da sarf-ı nazar ederek esasen maruz kabineyi kendiliğinden

teşkil eylemiştir, efendim.

20. Kolordu Kumandan Vekili
Mahmut

Diğer Şifre:

Ankara
8.3.1336

15. Kolordu Kumandanlığı'na,

Dersaadet'ten alınan malûmat arz olunur. Hey'et-i Temsîliye nâmına M. Kemal.

İngilizler Cemiyet-i Ahmetliye ile resmen itilâf eylemi ve tertibat-ı ihtilâlkâranenin ilk asarı müşahede edilir edilmez gerek nakid gerek eslaha ve mühimmat husûsunda kendilerine vâsi mikyasta yardım edeceklerini ve sû-i kast tertibatına kat'iyyen göz yumacaklarını ve firarlarını ve teshil eyleyeceklerini beyan etmişlerdir. Yalnız Lloyd George'un müfrit Türk düşmanı olması hasebiyle binnetice Türkler aleyhinde verilecek bir karar muvacehesinde kıymetlerini kaybedeceklerini ileri sürmeleri üzerine nasıl ki Fransa'da Piyer Loti efkâr-ı umûmiyeyi Türkler lehine imale etmiş ise Türk muhibbi İngilizler vasıtasıyla aynı rolün İngiltere'de de ifâsına çalışacağını ve Lloyd George'un ıskat edilip yerine Türk muhibbi bir kabine getirileceğini ve Kuva-yi Milliyye ile bu kuvvete istinad eden hükümetlerde İttihadcılık zihniyetinin mevcut olmasından ve harbin uzamasına da bunların sebebiyet vermesinden İngiltere efkârını tatmin etmek halen mümkün olmadığından, her hâlde bu yeni teşkilâta istinaden mevki-i iktidara gelecek İngiliz muabbi bir kabine ile Türkiye menafiine muvafık sulbün temin edilebileceğini cevaben ifade eylemişlerdir.

20. Kolordu Kumandan Vekili
Mahmut

Şu mütâlaatımı yazdım:

Erzurum
10 Mart 1336

20. Kolordu Kumandanlığı'na,
Zâta mahsustur.
C. 8 Mart 1336 Hey'et-i Temsîliye'ye:

1. Ahvali nasıl görüyoruz: Bütün ecnebi matbuatı ve Hilâl hükümetlerinin etvar ve harekâtı pek sarih gösteriyor ki hakkımızda yapılan imha plânı ile Meclis-i Millîmizin toplanmasından sonra dahi kemafıssabık hatve be hatve yürüyor. Bu plânın hutut-ı asliyesini evvelâ Kürdü, hattâ Çerkesi ayırmak, Türkleri bir birine düşürmek, Anadolu'yu paylaşmak, en sonra da Endülüs'teki gibi Engizisyon mezalimini tatbikle Anadolu'da Türklüğü ve İslâmlığı bitirerek Rum ve Ermeni gibi kendilerine sabık kültürlü yapmaktır. Bu plânın tatbikini Kuva-yi Milliyye tehir etti. Bolşevizm galebesi ise bir mâni olarak tebellür etti. Bolşeviklerin Kafkası aşmalarıyla tahassül edecek netice muhayyel olan bu mel'un plânı alt üst etti. Ve değil Türklük, belki İslâmın zarûrî ittihadına sebep olacak korkusu esas plânı ilk fırsattı talikan daha basit ikinci bir plân tertip ettirdi. O da Anadolu'nun Bolşeviklerle ittifakına karşı Boğazları ve garbı, cenubî Anadolu parçalarını elden kaptırmamak ve bu suretle bugün Rus milletine tatbike muvaffak oldukları birbirine vuruşturmak plânını tatbîk etmek. Yani Anadolu Bolşeviklerle birleşince İngilizden ziyade İngiliz olan mel'unları Türk hükümeti diye tanımak ve başta padişah olmak üzere hükümet nüfuziyle toplayabilecekleri kuvvetle bir hatt-ı müdafaa yapmak, bir Türk Denikini ordusu ile tehlikeyi tutmaya çalışmak. İşte bu son ayların bütün ihzaratı Türk Denikini olmak üzere Kiraz Hamdi, Süleyman Şefik gibi bir namussuz generali ve ordusunu tedarik ve bunlara saha-i harekât olacak araziyi temin ve oradaki efrad-ı milleti bu alçaklar ordusunu hazim ve kabul edecek bir hale koymaktır. Zamanında bu işlerin pürüzsüzce yapılabilmesini temin için iş başına geçecek sadakat ve hamakati mücerrep Ferit Paşa

kabinesine şimdiden her türlü esbab-ı icraiye ve eşhas-ı lâzimeyi tertip ve tesbit etmek de bu son ayların müstesna faaliyetleridir. İşbu eşhas bittabi polis, jandarma devairi ile beraber bütün nezâretlerin şekil ve istifleridir. Romanya ve Lehistan'ın Bolşeviklerle sulh akdi ihtimali İtilâfı şaşkın bir hale koymaktadır. Nereye baş vuracaklarını bilemeyen bu zümre Bolşeviklerle bizim irtibatımızın husulünden evvel kabine buhranı yaptırmak ve neticede işi ele alarak bütün Türkiye'yi Denikin yapmayı ümit ederek fiiliyata geçmek istedilerse de adem-i muvaffakiyeti görünce tekrar gizli mesaîyi tercih ettiler. Balâdaki mütalâata nazaran kabine ancak bir köle gibi zaman geçirmesi ve icabından Ferit Paşa kabinesi iş başına gelince her şeyin matlûp veçhile veride bulunması İtilâf hükûmat'ının esas düşüncesi ve tedbiri olması pek tabiîdir. Şu hâlde kabineye Kuva-yi Milliyye'ye sadık ve faal kimseleri sokturmayacakları gibi kabine erkânı meyanında ibraz-ı faaliyet edenleri de ya şahsen veya olduğu gibi toptan istifaya mecbur ettireceklerdir. İşte milletimizin bugünkü ahval-i umûmiyesi ve hususiyesini böylece gördükten sonra yapılacak tedbirleri arz edelim:

2. Milletin yapması lâzım gelen işler: Ferit Paşa ve emsali bir kabineyi işbaşına getirmemek ve son zamana kadar Kuva-yi Milliyeye teşkilâtını tarsin ile beraber İstanbul'dan kıymetli insanları ve hattâ eşya ve malzemeyi Anadolu'ya atmak, kıymetli meb'uslarımızın ve zâtların hin-i hacette kaçabilmelerini temin etmek, sû-i kastlere, tevkif ve nefiylere karşı müteyakkız ve tedbirli bulunmak ve mukabil şedit tedbirler esbabını daima hazır tutmak, gazete ve risaleciklerle ve husûsî mektuplarla milletin içinde bulunduğu tehlikeyi ve düşeceği uçurumu umûm efrad-ı millete anlatarak fikir ihtilâfını kaldırmak muhalefeti yalnız namussuz ve vicdanını İtilâf parasına satanlara hasrettirmek. En mühim bir iş de şimdiden hiç bu taahhüde girmemek şartile Bolşeviklerin bir ân evvel Kafkasları cenuba aşmasını temin için kendilerini bir tinimi gibi bekleyen milyonla halk olduğunu kendilerini anlat-

maktır. Bu husûsta icab eden teşebbüste bulunmaklığım için hey'et-i celilerinin mütalâalarına intizar eylerim. Hükümetin de yapacağı bazı işler vardır. Bunu bugünkü hükümet pek faydalı yapabilir. Bunun için her zaman verilmesi mümkün olan adem-i itimad kararım mücbir ahval için muhafaza ederek hükümete itimad bayan etmek ve Salih Paşa'nın sözünde durmaması esbabım araştırmakla beraber hoş görmek muvafık olur. Bu kabineye iyilile mümkün mertebe yaptırılacak işler şunlardır: Anadolu'nun ve mümkün mertebe İstanbul'un dahi köhne ve namussuz memurlarını iyileriyle tedbil etmek, Anadolu'ya kıymetli ümera, erkân-ı harp zabiti, zabit ve doktor, memur para ve eşya göndertmek, her türlü şekavete karşı şedit davranmak.

15. Kolordu Kumandanı
Kâzım Karabekir

12'de şu cevabı aldım:

Ankara
11/12.3.1336

15. Kolordu Kumandanı Kâzım Karabekir Paşa Hazretleri'ne,

1. Kabineye itimad edilmesi hakkındaki fikriniz bizim de mütalâamıza tevafuk ediyor. Ancak yeni kabinenin icraatında muhalif-i maksad noktalar görülüp bilâhare bunun önüne geçilmezse meclisin adem-i itimad hususunda nokta-i nazarına iştirak etmemekle ve meclisi itimada teşvik eylemekle kabinenin yolsuzluklarına sebebiyet vermiş addedilmemiz ihtimali vardır. Binaenaleyh kabinenin meclisçe mazhar-ı itimad olup olmaması husûsunda ekseriyet grubuna hiç bir mütalâa dermiyan etmeyerek serbest bırakmayı tercih eyliyoruz.

2. Bolşeviklerle temas ve muhabere için buradan ayrı bir hey'et izamına lüzum görmüyor musunuz? Hey'et-i Temsîliye'nin şarkla teması husûsundaki nokta-i nazarı malûm-u

âlileridir. Binaenaleyh bu işin icabında bizimle de muharebe ederek bizzat zât-ı âlileri tarafından görülmesini münasip görmekteyiz. Başka bir mütalâaları varsa iş'arı mercudur. Hey'et-i Temsîliye nâmına M. Kemal.

20. Kolordu Kumandan Vekili
Mahmut

Bolşeviklerle konuşulacak esasın madde madde teşbih lâzımdır. Görüşler umûmîdir. Beklediğim yeni bilgiler geldikten sonra Hey'et-i Temsîliye'den soracağım.([2]) Kabinenin ve meclisin ömrü sayılı günlerde olduğuna zerre şüphem yok. Zan ediyorum ki bu mühlet ve hazırlıklarını tamamlamak içindir. Salih Paşa kabinesine meclisin güvenmemesini teşvikde başarılı olurlarsa, Padişah vasıtasıyla şiddetli hareketi haklı göstereceklerdir. Ben gereği gibi vaziyeti açıklayıp yapılması gerekli işleri birçok kere yazdım. 11 Mart'da hâzinedeki mücevherlerin yabancılara ve muhtekirlere kaptırılmaması için Anadolu'ya nakli lüzumunu yazdım. 15 tarihli cevapta, Sadrâzam'da söylenmiş ise de İtilâfın gözü altında bulunduğunu ve böyle bir teşebbüsün aleyhimize tehlikeli söylentilere sebep olacağından şimdilik kabul olamayacağı cevabı alındığı bildirildi.

11'de yazılıp 11'de gelen samimiyet telgrafı manevî bağlarımızı teyid ediyor:

15. Kolordu Kumandanı Kâzım Karabekir Paşa Hazretleri'ne,

Ankara'ya dün akşam üzeri gelerek 12 saat kalan yeni misafirlerle sabaha kadar bilâ aram devam eden uzun müzakeratın hitamında misafirlerimiz trene binerek avdet ederlerken gözlerinizden öpmeye ve arz-ı hürmete müttefikan karar ver-

---

2   14 Mart'ta sordum, fakat 16 Mart hâdisesi dolayısıyla cevap gecikti, nihayet 4 madde üzerine ben bir teklif hazırladım, bu kabul olundu ve bu esasta anlaşma oldu.

dik. Mustafa Kemal, Ali Fuat, Refet, Fahrettin, Mahmut.

20. Kolordu Kumandan Vekili
Mahmut

Ben de bu samimiyete teşekkür ettim. 12'de şu bilgiler geldi:

Ankara'dan
11/12.3 1336

15. Kolordu Kumandanı Kâzım Karabekir Paşa
Hazretleri'ne,

Bizzat açılacaktır.

İstanbul'dan şimdi vücud eden telgraf sureti bera-yı malûmat aynen arzulunun Bir suretinin 14. Kolorduya verilmesi Fahrettin Beyefendi'den rica olunur.

Hey'et-i Temsîliye nâmına
Mustafa Kemal

Suret

Dün akşam mevsuk İtalyan menabiinden şayan-ı itimat! bir zâta vaki olan mahremane ihbaratta mümessillerin dün bedelzeval içtimâ ederek Londra'dan gelen Dersaadet'teki Kuva-yi Milliyye rüesasının tevkifi emrini havi olan mes'eleyi tezekkür eylediklerini, binaenaleyh bu gibi zevatın bir ân evvel Dersaadet'ten uzaklaşmaları, icab eylediği iş'ar kılınmıştır. Biz bunu ya Mutelifi'nin bir blöfü veyahut Meclis-i Millî'nin feshini müntec olarak Ferit Paşa'nın mevki-i iktidara getirilmesi gibi iki şıkka hamlediyoruz. Birinci şıkla bu gibi zevâtın firarı neticesinde bir skandal yaparak teemmül-i emel olmak, ikinci şıkla da adem-i itimad vererek meclisi fesh ve vasî bir tevkifat yaparak İtilâf devletlerinin de müzaheretiyle saltanat, hükümet ile birlikte milliyetperverlerin aleyhine hareket etmektir. Tabiî her iki ihtimale karşı da buradan hiç bir yere gidilmeyecek, işin sonuna kadar vazife-i namus ifâ kılınacaktır. Salih Paşa bu hali bilerek sebep olmaktadır. Binaenaleyh evvelce de arzeylediğimiz veçhile bu renksiz yeni kabinenin ıskatı için son derce çalışacağız. Ve muvaffak olacağımıza eminiz.

2. Mevsuken istihbar olunduğuna göre Allenby Mütareke zeylinin Yaver ve Reşit Paşalar tarafından hükümet nâmına Tevfik Paşa Kabinesi zamanında imza edilmiştir. Ele geçince sureti takdim kılınacaktır.

Rauf

Bu durumda kailine ile uğraşmak bence hatâdır. Elde kalan sayılı günlerde teklifim gibi istifade olunması daha hayırlı olur. İkinci maddede bildirilen ekden Genel Kurmay ikinci başkanı Kâzım Paşa'nın da haberi olduğunu zannedenler bulunduğundan Hey'et-i Temsîliye'ye yazdım.

Anzavur ve karşı teşkilât hakkında da şu bilgiler geldi:

Ankara
11/3/1336

15. Kolordu Kumandanlığına,

İstanbul'dan alınan malûmat aynen arzolunur.

Hey'et-i Temsiliye nâmına

Mustafa Kemal

1. Anzavur'a karşı son harekât-ı taarruziyeden ve neticenin adem-i muvafakiyetlerini mucip olmasından ve ihrak edilen köylerden dolayı Çerkesler pek müteessirdir. Bu halata sebebiyet veren Kuva-yi Milliyye rüesasının münferiden katillerine karar vermişlerdir. Vasıf, Rauf, Bekir Sami Beylerin katli hakkında Adapazarlı Kâzım'ın kardeşi Hikmet deruhde etmiştir.

2. Gümülcineli İsmail, Debre meb'ûs-ı sabıkı Basri, Çam-

lık meb'ûs-ı sabıkı Şahin ve Karahisar meb'ûsu Ömer Fevzi ve Bursa ahz-ı asker reis-i sabıkı Binbaşı Akif dün bir içtimâ yaparak ayrı bir grup halinde Bursa dahilinde mukabil ve Kuva-yi Milliyye'ye muhalif bir zîr teşkilât yapmaya karar vermişlerdir.

20. Kolordu Kumandan Vekili
Mahmut

2 Mart'da Kafkasya hakkında birçok doğru bilgiler toplandı. Azerbaycanlı Yusuf Ziya Bey -orduda Umûmî Harp'te fahri binbaşı idi- Bakû'dan Erzurum'a geldi. Bir miktar silah ve 20 assubay ve subay ayırarak Oltu'da millî teşkilâtı genişlettireceğim.

Bunun verdiği bilgiler: Nuri Paşa Müsavat hükümetiyle beraber Bolşeviklerin gelmesine taraftarmış. Bolşevikler Rostof'dan güneye başarılı hareketlere başlamışlardır. İstavropol'u zapteden bir kolda iki İslâm alayı da varmış. Bu kol 4000 esir, 52 top, ganimet almış ve Kafkasya'yı da işgal ve 4000 esir almış. Sahil isyanı da Novorosiki'ye kadar dayanmış, 300 subay ve bir hayli er esir alınmış. Bu bilgileri her tarafa bildirdim.

Trabzon'da 3. Fırka kumandanından da aşağıdaki şifre geldi:

Trabzon
11.3.1336

15. Kolordu Kumandanlığı'na,

Temmuz'da Krosnovosk üsera garnizonundan firar ederek bugün Trabzon'a muvasalat eylemiş olan 50. Alay Kumandanı kaymakam Gani Bey, Doktor Fuat Bey'in Bakû'dan yazmış olduğu 7 Mart 1336 tarihli bir mektubunu getirmiştir. Mektubun hülâsası bervech-i zîr maruzdur:

Fuat Bey iki gün evvel... Dağıstan'dan Bakû'ya avdet eylediğini yazdıktan sonra vaziyetin pek buhranlı olduğunu ve Azerbaycan hükümetinin tamâmıyla İngiliz siyaseti takip eylediğini ve İngilizlerin de maksadının Gürcü ve Ermeni ve Azerbaycan'dan ibaret vücude getirilecek bir grupla Bolşeviklerin harekâtını durdurmaktan ibaret bulunduğunu zikrederek mektubuna bervech-i âti devam etmektedir: Azerbaycan bir taraftan İngiliz siyaseti takip etmekle beraber bir taraftan da Zengezor Ermenileri İslâm köylerini tahrip ve Kars, Şüregel taraflarında katliâma devanı etmektedirler.

Azerbaycan hükümeti bütün bunlara karşı Ermenileri konferansa çağırmaktan başka bir şey yapamıyor. Elviye-i selâsenin kendi vesayeti altında Mavera'yı Kafkas Konfederasyonuma girmesi şartını kabul ettiğini ileri süren Azerbaycan hükümeti bugün Batum'un Gürcistan'a ilhakını kabul ediyor. Ve bütün bunlar Azerbaycan'ı idare eden Müsavat Fırkası'nın İngilizlerden emir almakta olduğunu gösteriyor. İngilizler şimalî Kafkasya'da da Bolşeviklere karşı hareket edilmesi için tahrikâtta bulunuyorlar. Ve Azerbaycan hükümeti şimdiye kadar şimalî Kafkas'a bilâşart yapmakta olduğu muaveneti badema Bolşeviklerle birlikte çalışmamak ve Sovyet esasını kabul etmemek şartiyle yapıyor. Ve Azerbaycan'ın bu yolda vaki olan teklifini Nuri Paşa kabul etmek zaafında bulundu. Ben Kafkasya Türklüğünü Gürcü ve Ermeni ve emperyalizmden kurtarmak için Sovyet esasının kabulünü lâzım görüyorum. Sovyet esasatı kabul edilince elviye-i selâseden başka Ahıska, Burcalı da kendi seçtiği Sovyet taraflarından idare edilecektir. Ve Gürcü istilâsından kurtarılacaktır. Binaenaleyh ben Bolşeviklerle beraberim. Türkiye haricindeki Müslümanların Bolşeviklerle beraber çalışmaları ve Sovyet esasatını kabul etmeleri lâzım geleceğini Dağıstan'da umûmî ictimâlarda söyledim. Bu halk üzerinde büyük tesir yaptı. Bolşevikler Rostof'tan Vilâd-ı Kafkas istikametinde ilerliyorlar. Tribhariski ve Kafkas Kaya'yı aldılar. Diderhen istikametinde ilerleyen kuvvet, Kızlar'ı bir ay evvel aldı. Grozni üzerine yürüyor. 15 gün sonra Bolşevik donanması, Volga açılacağından, Hazer'de gezinebilecektir. Türkistan'dan ilerliyen kuvvet Krosnovosk'u aldı. Fuat Bey Türkistan'dan yeni bir haber alamadığım ve maamafih Türkistan'da İslâmların Bolşeviklerden memnun ve Bolşeviklerle teşrik-i mesaî eylemiş olduklarını ve Bolşevikler Türkistan'da programlarını tatbîk etmeyerek yalnız şûra teşkiliyle iktifa eylediklerini ve yakında mevsuk malûmat alırsa vereceğini yazmakta ve mektubuna nihayet vermektedir.

2. Gani Bey, Nuri Paşa'nın Azerbaycan hükümetinin Dağıstan hakkındaki teklifatını kabul eylediğinden Dağıstan'da kendisine karşı nahoşnudî hasıl olduğunu ve Nuri Paşa'nın terke mecbur kalacağını ve yerine Halil Paşa'nın geleceğini işittiğini söylemiştir. Gani Bey'in ayrıca vereceği malûmat derdest-i arzdır.

3. Fırka Kumandanı

Rüştü

Doktor Fuat Sabit Bey'in asıl vazifesi Kafkasya durumunu bildirmek ve görüşlerimizi lâzım gelenlere bildirdikten sonra Moskova'ya gitmekti. Bakû'dan 29 Aralık'ta yazılıp pek geç olarak bana gelen mektubunda: "Nuri Paşa'nın Azerbaycan'a gelmesi zararlı bir vaziyet doğurduğundan bir ay daha kalmaya mecbur oldum. Türkistan'a bir arkadaş gönderdim" diyordu. Bu mektubunda mühim olarak şunu da yazıyordu: "İngilizler İran ile Azerbaycan Konfederasyonu yapmak bile istiyorlar. İran ellerinde olduğundan bu suretle Azerbaycan'ı da tabiiyetlerine almaya çalışıyorlar. İleride bir buhran olacaktır. Ya İngilizlere yaklaşacak veya Bolşeviklere yaklaşacak bir kaninenin iktidar mevkiine geçeceği kesindir. Bolşevikler eski hatalarını tamir edecek bir yol tutmağa başladıkları anlaşılıyor. Rusya'da seçimlere yalnız komünist programı kabul edenler, işçi ve askeri iştirak ettirdikleri halde Türkistan'da zengin fakir herkesi seçimlere iştirak ettirdiler. Ve Müslüman Türk âleminde millî hareketlerin meydan almasını kabul ettiler. Bu fikir Moskova'da sekizinci milletler arası kongrede söz konusu oldu. Reislerden Buharin: "Bolşevikler ancak o milletlerle münasebetlere girebilir ki orada komünizm uygulansın" diyordu. Lenin bu fikri Batı Hristiyan âlemi için kabul etmekle beraber Türk ve Müslüman âlemi için yalnız Avrupa'nın kapitalist ve emperyalist kuvvetlerine ayaklanmayı kabul eden herhangi bir hükümetle temas ve münasebete girmeye taraftar olduğunu bildirdi. Ve kongre bu fikri kabul etti. Gönderdikleri beyannamelerde Kafkasya'da Dağıstan, Azerbaycan ve Gürcistan'ın da istiklâlini tanıyacaklarını bildiriyorlar. Ermeniler kapitalist devletlere dayandıklarından ve Taşnaklar emperyalist gayeye saparak hiç hakları olmadığı ve çoğunluğa sahip olmadıkları yerlerde hükümet sürmek istediklerinden Ermenilerden hiç bahis yoktur."

11'de Batum muhabirimizden gelen bilgiler: "Batum'da Bolşevikliğin ilânı mümkündür. Selâmet de bundadır. Bura Bolşevikleri Batum ve çevresini işgal edecek derecede kuvvetlidir. Biz bunu başa çıkarabiliriz". 12'de verdiğim cevapta kabul etmedim ve "Henüz İngilizlerin işgali alında bulunan Batum gibi bir şehirde vakitsiz yapılacak bir hareketin aksi bir netice doğurabileceği göz önünde tutulmalıdır" dedim. Bolşevikliğin ilanı düşüncesi Gürcü esaretine girmemek için İslâm toplumunca düşünülmüş en son bir tedbirdir. Bunlar bu cereyana yatkın bulunan çevre ahalisiyle Batum'da bulunan ve büyük kısmı Bolşevik ilânına hazırlanmışlar. Bolşeviklik ilân edilirse şehirde yarısı silahlı olmak üzere 10.000 çevreden 15.000 Bolşevik çıkabilecekmiş, Çürüksulular Türkiye menfaatları için gerekirse çoğunluğu kayıtsız şartsız Türkiye'ye katılmayı arzu etmekte imişler. Batum ve Poti civarında dahi aynı zamanda Bolşeviklik ilanıyla Soçi civarındaki Bolşevik taraftarlarıyla irtibat tesisi mümkün imiş... Bir taraftan da şu bilgiler geldi: Denikin'in kılıç artıkları Batum'a çıkmak teşebbüsünde imiş. Bu malûmatla beraber Batum'da İngilizlerin de henüz mevcutiyetinden Bolşeviklik meselesinin İngilizler veya Bolşevikler tarafından bir teşvik olduğunu, neticede oradaki İslâmların vaktinden önce mahvolacaklarını düşündüm.

13 Mart'ta Erzurum'un kurtuluşunun yıl dönümü törenleriyle meşgul olduk. Ali Ravi kışlasındaki asker ve halk ile parlak bir surette kutladık. 14 Mart'ta Hey'et-i Temsîliye'ye Doğu ahvali ve buna karşı müsbet maddelerle anlaşmak husûsunu şöyle yazdım:

Erzurum
14 Mart 1336

Ankara'da 20. Kolordu Kumandanlığı'na,
Zâta mahsustur.

C. 11/12.3.1336 Hey'et-i Temsîliye'yedir.

1. Şark ahvaliyle ve Bolşeviklerle temaslar tıpkı mütalâa-i âlileri veçhile buradan ve vesatet-i âcizi ile yapılması en eşlem ve ifrat ve tefritten mümkün mertebe masun bir tarik addediyorum. Bakû ile temasım pek muntazamdır ve en yenisahih malûmatı almaktayım. Ayrıca bir hey'et göndermeye lüzum olmayıp, şimdiye kadar birbiri ardınca gitmiş olan kimseleri ledilhace bir veya iki kişi ile takviye ve tezyid eylemek kabildir. Binaenaleyh bugün müttehit olduğu ve mutabık kılındığı üzere devam edilecek ve alınacak malûmat üzere hey'et-i muhteremeleri ile muhavere ve icabına müsaraat olunacaktır.

2. 7 Mart 1336 tarihiyle Bakû'dan ve 9 Mart 1336 talihiyle Batum'dan alman mühim malûmat Denikin, ordusunun Karadeniz sahili akşamında da fena halde bozulduğu ve fakat bakiyet-i süyufunun Batum'a çıkarılmak üzere olduğunu bildiriyorlar. Denikin ordusu Ballıma çıkarıldıktan sonra alacağı hattı hareket ve o kuvvetin miktar ve mevcutu ayrıca cay-ı bahis ve tedkik olup herhalde Bolşeviklere karşı Gürcülerle beraber Kafkas dağlarında yeni bir cephe yapmaya çalışacaklardır. Gerek bunu ve gerekse Bolşeviklerin memleketlerine tahribat yapmasını nazar-ı dikkate alan Azerbaycan hükûmet-i hazırası âdeta Bolşeviklerden pek çok ictinab etmektedir. Denikin gibi İtilâf devletlerinin her türlü müzaharetine uğrayan büyük bir orduyu perişan eden Bolşevizm karşısın-

da yanlış bir hareket veyahut mukavemet eseri bir daha Azerbaycan'ı kurtaramayacak şekilde tahrip ve perişan eyleyebileceğini ve binaenaleyh ona göre vaziyet almak ve hazırlıkta bulunmak lüzumunu müstacel vesait ile Azerbaycan'a iblâğ eyledim. Bu husûsta bizim de nokta-i nazarımızı öğrenecek olan Azerbaycan hükümeti nezdinde hüsn-i tesir edeceğine eminim. Şu ahval ve vaziyet karşısında 10 Mart 1336 tarihinde yazdığım tafsilâtı nazar-ı dikkate alarak Bolşeviklerle temasta veyahutta onların harekâtını teshil ve tesri'e medar olacak teklif ve münasebetin şekil ve vaziyetini açık olarak buraya yazarsanız ona göre şerî bir tevessül yapılır ve garpta İtilâf devletlerinin aleyhimizde zunun ve harekâtı ve her gün bir suretle daha tavazzuh eden tazyikat karşısında daha müsbet ve daha müdebbir hareket edilmiş ve mechuliyetlere bina-yı âmal edilmemiş olur. Binaenaleyh mütalâa ve izahat-ı senalarına intizar eylediğim maruzdur.

3. En sahih malûmata göre Enver Paşa son günlerde Berlin'den Moskova'ya gelmiş olup kendisi henüz Hindistan cephesine hareket etmemiş ve maahaza bütün harekât ve istilâ müşârünileyh nam ve unvaniyle yapılmakta ve Moskova'dan tertip edilmekte olduğu anlaşılmaktadır. Rusya ve Türkistan matbuatının Lenin'in intişar eden beyannâme-i umûmisinde Enver Paşa'nın cihan-ı İslâm için bir halaskâr namiyle yâd ve kendisi silâhsız Napolyon ismiyle tevsim olunmaktadır. Bu malûmatı verenler mezkûr beyannameyi bizzat okuyanlardır.

Kâzım Karabekir

Azerbaycan'daki adamlarımız vasıtasıyla Azerbaycanlıların bir daha dikkatlerini çekerek "Denikin'in bir işe yaramayacak olan kalıntılarının gelmeyeceğini, gelse dahi dağılıvereceğini ve bu ordunun yüz binlerce kuvvetli İtilâf devletlerinin her türlü yardımlarına mazhar olmuşken perişan olduklarını unutmamalarını izahla Bolşeviklerle anlaşmalarını ve yanlış bir hareketlerinin Azerbaycan'ı tahrip ve perişan eyleyeceğini" bir kaç kanaldan bildirdim. 9 Mart tarihli de iç durumumuzu ve Kuva-yi Milliyye'ye İstanbul'daki aleyhtarlığı da bildirerek şunu da ilâve ettim: "İlkbahara karşı Bolşevikler gelecek ve Türkiye'de Bolşeviklik olacak nazariyatıyla Türkiye'yi ve payitahtını vaktinden evvel ezmeye sebepler aramaktadırlar. Büyük ihtimalle meclisi fesh ile dağıtacaklardır. Bolşevik hareketinin Kafkasları aşması menfaatimizedir".

12 Mart'ta yazdığım Nuri Paşa ve Azerbaycan hükümetine nasihat olup aynen şudur:

(Halil ve Nuri paşalara Hacı Ali takma adıyla yazdığım):

Bolşeviklerin Dağıstan ve Gürcistan hududlarında ve sevahil mıntıkalarındaki harekât ve muvaffakiyatı pek ziyade inkişaf etmektedir. Buna karşı İngilizlerin plânı mucibince Bolşevizm harekâtını bizim memleketimize ve Arabistan ile daha cenup mıntıkalara sirayet ettirmemek ve Kafkasya şeddini husule getirmek için Azerbaycan ve Gürcistan hükümetlerini Bolşevizme muhalif ve bu nokta-i nazardan İngilizler tamamen mümaşetkâr göründüğü haber alınıyor. Nuri Paşa'nın da bu karara temayülü şayiası her tarafta teessürü mucip olmaktadır.

İtilâf devletlerinin sevahili boyunca her türlü maddî ve manevî muavenet-i fevkalâdesine mazhar Denikin gibi bir orduyu mahv ve perişan etmek kudretinde bulunan ve bilhassa içlerinde külliyetli İslâm teşkilâtı olan Bolşevik ordularına karşı İngiliz zihniyetiyle mukavemet edilir de tarafeyn arasında bir kere silâh patlarsa neticenin ve cereyan edecek hâdisatın Azerbaycan için pek elîm olacağı muhakkaktır. Farz-ı muhal olarak mukavemet edilebilse dahi bugün İtilâf hükümetleri hâlâ hükümetimizle sulh akdetmediler. Avrupa gazetelerine ve şayiata nazaran Türkiye'yi aralarında taksim edecekleri ve sonra müstemleke askeri gibi milletimizi şurada-burada sarf ve harcedecekleri ve bir taraftan da Ermeni ve Yunanlılara katliâma müsaade edecekleri suret-i kat'iyyede anlaşılıyor. Türklük ve İslâmlık böyle hatırnâk bir merkezde iken Azerbaycan'ın ve Dağıstan'ın Bolşeviklere karşı muhalif bir vaz ve tavır almalarındaki vahamet âşikârdır. Ancak

Azerbaycan'da şimdilik İngilizlere karşı zahirî bir tavır ve vaziyetin alınmış olduğunu tahmin ile müteselliyiz. Herhalde fiilen temas vukuunda bu hatt-ı hareketi tebdil ile hakikî vaziyetin icab ettirdiği ciddiyetin tatbîk edileceğinden eminiz. Bu babda serian tenvir buyurmanızı hassaten rica eylerim. Hürmetlerimizi takdim eyleriz. 12 Mart 1336

Genel Kurmay Başkanı Şevket Turgut Paşa'dan aldığım şifreye verdiğim cevap, Kafkas hükümetleri hakkındaki son malûmatı haiz olduğundan Hey'et-i Temsîliye'ye ve kolordulara da yazdım:

Müstaceldir

Harbiye

13.3.1336

15. Kolordu Kumandanlığı'na,

Dersaadet matbuatında Kars ahali-i İslâmiyesi hakkında Ermeniler tarafından yapılan mezalime lâkayd kalamayacağını müş'ir bir notanın Azerbaycan Hariciye Nezâreti'nden Ermenistan Cumhuriyeti'ne verildiği ve bilmukabele Ermenistan Hariciye Nâzırı, cevabî notasında evvelâ bu husûsun Ermenistan umur-ı dâhiliyesine müdahale teşkil ettiğini beyândan sonra keyfiyetin doğru olmadığını bildiriyor. Jamanak gazetesinden naklen bugünkü Türkçe gazetelerde görülen malûmata nazaran da Azerbaycan hükümetinin resmen Ermenistan'a ilân-ı harb ettiği münderictir. İhbarat-ı vakıanın derece-i sıhhati hakkındaki malûmatın âcilen iş'arı mercudur.

Nâzır nâmına

Erkân-ı Harbiyye-i Umûmiyye Reisi

Şevket Turgut

Cevabım:

Erzurum
15 Mart 1336

Harbiye Nezâret-i Celîlesi'ne,

C. 13 Mart 1336 ve İstihbarat: 1208 Şifreye.

1. Ermenilerin Kars vilâyetine tâbi Çıldır, Akbaba, Zarşat ve Şüregel ahali-i İslâmiyesine yaptıkları kital ve mezalime lâkayd kalamayacağını müş'ir bir notanın Azerbaycan Hâriciye Nezâreti'nden Ermenistan hükûmeline verildiği hakkındaki istihbarat doğrudur. Fakat, Azerbaycan hükümetinin Ermenistan hükümetine resmen ilân-ı harb eylediği hakkında Jamanak gazetesindeki neşriyatın aslı yoktur. Bu münasebetle istihbarat-ı mevsukaya nazaran Kafkasya'daki son vaziyet bakında malûmat-ı âtiyeyi ikinci maddede arzeylerim:

2. Bolşeviklerin Rostof cenubundan Stavropol'a kadar uzayan Denikin cephesine karşı Şubat bidayetinde ufak-tefek keşf-i taarruzîlere başladıkları sıralarda İngilizler, Bolşeviklerin harekâtını adem-i muvaffakiyet halinde göstererek ve bazı menafi vererek Gürcistan'la Ermenistan arasında bir itilâf akdine muvaffak oluş ve Yeşil Ordunun isyanına Gürcülerin iştirâk etmemesini temin etmiştir. Bu itilafı müteakib Gürcistan Cumhuriyeti Ardahan'dan Batum'a kadar olan mıntıkayı işgal için hazırlanırken diğer taraftan Ermenistan ve Kars taraflarındaki İslâmiyeye karşı pek vahşiyane kıtallere başlamış ve Azerbaycan tarafından verilen mezkûr notanın sebebi de işbu faaliyet olmuştur. Ahval bu merkezde iken, Mart ihtidasında Bolşevik taarruzları ve Karadeniz sahilindeki Yeşil Ordu'nun harekât-ı vasia ve şedidesi ile bozulan Denikin ordusu kaçırabildiği eslâha ve mühimmatını Batum'a çıkarmaya başlamış ve Denikin generallerinden Eşfora ile Romanofstki Novorosiski'den Batum'a gelmiş ve Bolşeviklerin önünden kurtulabilecek Denikin ordusu bakiyetüssüyufunun da Batum'a geleceği anlaşılmıştır. Bundan başka Denikin'in Mart ihtidasında başlayan son inhizamını müteakip Dağıstan

hükümetinin Ermenistan ve Gürcistan hükümetlerine verdiği mevsuken istihbar kılınan bir notada Dağıstan'ın istiklâl ve hürriyeti nâmına Denikin ile çarpışarak onu mahvettiği ve şimdi Kafkas hükümetleriyle dost geçinmek isterse de gayesinin temin-i husulüne mâni olmak isteyenlere her vakit çarpışacağı zikredilmiştir. Binaenaleyh, Mart ihtidasından itibaren şimalî Kafkasya'da inkişaf etmiş olan Bolşevik muvaffakiyatı ve bu muvaffakiyetleri takiben de Dağıstan'ın aldığı vaziyet karşısında Şubat oltalarında akdedilmiş olan Ermeni-Gürcü itilâfının devam edip etmeyeceği ve bu iki cumhuriyetin nasıl bir hatt-ı hareket takip eyleyeceği meşkûktür. Herhalde Kafkasya'daki vaziyet-i siyasiyenin peyderpey inkişaf etmekte olan yeni ve pek mühim bir safhaya dahil olduğu görülmektedir.

Kolordulara, Bahr-i Sefid Mevki-i Müstahkem Kumandanlığı'na,

Nezaret-i Celîle'ye arzedilen şifrenin sureti bera-yı malûmat kolordulara ve Bahr-i Sefid Mevki-i Müstahkem Kumandanlığı'na arzolunur.

Kolordu Kumandanı
Mirliva
Kâzım Karabekir

Umûmî vaziyetimiz hakkında gelen 15.31.336 tarih ve 83No.lu basın hülâsasında şu bilgiler vardır:

1. Hariciye Nâzırı Lord Gurzon Avam Kamarası'nda mühim bir nutuk söyleyerek şunları demiştir: "Müttefikler, Türklerin İstanbul'da kalmasına karar verdi, Trakya'dan sonra Kilikya'yı Fransızlara teslim ettik. Plansızlar Maraş'ta kuşatılarak üstün kuvvetler karşısında çekilmeye mecbur oldular. İnsanca pek zayiat olmuştur. Büyük ve menfur cinayet sabit olmuştur. Derhal temsilcilerimiz Türkiye hükümetine müracaat etti. Elimizde mevcut delillere göre son zamanlarda

İstanbul'da küstahlık ve meydan okumak husûsundaki zihniyet arttığından bu hal ilerisi için fena bir belirti olmaktadır. Anadolu'daki Kuva-yi Milliyye ile Payitaht arasındaki sürekli muhabereler asker ve silâh sevkiyatı vuku bulmuştur. Türk subayları sokaklarda üstleri tarafından verilen emirlere uymak için olduğu anlaşılan fiil ve hareketlere cesaret ediyorlar. Rus Ermenistanında Erivan'da bir Ermeni hükümetinin esası vazedilmiştir. Denize bir çıkışı olan ermeni m an teşkilini arzu ediyoruz. Türkiye muahedesinin bu ayın sonuna doğru tamamlanacağını ümit eylerim. Öyle bir vaziyet doğmuştur ki birlikte hareket eden müttefikler başka yerlerde kıtaller vuku bulduğu sırada İstanbul'da kendileriyle alay edilmesine daha fazla göz yumamayacaklardır. Vazifemizin en müşkül kısmı bu harap yerlerde istikbal teminine çalışmaktır. "Londra."

2. Avrupa gazetelerinin yazdıklarına göre sulbümüzün esasları aşağıdadır:

"İstanbul, Türkiye başşehri olarak bırakılacak, Boğazlar kontrol altında bulunacak. Suriye, Filistin, Irak Türkiye'den ayrılacaktır. Suriye'ye bazı kısıtlamalarla istiklâl verilecektir. İzmir'de Osmanlı hükümranlık hukuku altında bir Yunan idaresi kurulacak ve Trakya'da Fransa himayesi altında mahallî bir idare husule getirilecektir. Midye-Enez hattının hudut olması muhtemeldir. Kilikya'da Fransa, Antalya'da İtalyan İktisadî menfaatleri sağlanacak, Van, Bitlis ve Erzurum'dan bir parça arazi Ermenistan'a verilecek ve Ermenistan Karadeniz'de Batum'la Trabzon arasında İktisadî bir çıkışa sahip olacaktır. Ordu, hudut muhafazası ve zabıta vazifesini görecek derecede olacak ve donanmamız bulunmayacaktır. Mâliyemizin tamamı kontrol altında bulunacak, Düyûn-ı Umûmiyye'nin (Genel borçlar) büyük kısmı Türkiye'den ayrılacak mahallere bölünecektir. İzmir, Edirne ve Trakya ile doğu hudutları hakkındaki kararların bir daha tetkiki muhtemel görülüyor." Vakit.

16 Mart sabahı Hey'et-i Temsîliye'nin 15 tarihli şu şifresini aldım:

Ankara
15.3.1336

15. Kolordu Kumandanı Kâzım Karabekir Paşa
Hazretleri'ne,

Dersaadet'ten bugün alınan malûmat âtide arzolunur: İngilizler dün telgrafhaneyi kontrol etmişler. Yarın 16.31336 saat onda teşebbüsat vaki olacağı İtalyan menabiinden tekrar bildirilmektedir. Sadrıâzam'ın mümessillere, Hariciye Nazırını göndererek bugünlerde Mütelifi'ne istinaden bazı meb'ûsların tevkif olunacağına dair şayiat çıktığını söyleyerek ve anlatarak arz-ı malûmat eyledi. Hey'et-i Temsîliye nâmına M. Kemal.

20. Kolordu Kumandan Vekili
Mahmut

III.
İSTANBUL İŞGALİNDEN DOĞU HAREKATI SONUNA KADAR

62. İSTANBUL'UN İTİLÂF DEVLETLERİNCE İŞGALİ

Saat 11'de aşağıdaki telgraf geldi:

Ankara
16.3.1336

15. Kolordu Kumandanlığı'na,

Bu sabah (16.4.1336) İngilizler Şehzadebaşı karakolumuzu askerimiz uykuda iken basarak altı kişiyi şehit ve on kadarını mecruh ellikten sonra karakolu ve bir taraftan da Harbiye Nezâreti'ni ve Tophane'yi işgal ettikleri bildirildi. Bu harekâtı yapan, rıhtıma yanaşan İngiliz zırhlıları bahriye efradıdır. İstanbul'da fevkalâde bir halin cereyan etmekte olduğu anlaşılıyor. Vaziyet hey'etimizce takip edilmektedir. İstanbul ile muhaberede müteyakkız bulunulması arzolunur.

Hey'et-i Temsîliye nâmına
M. Kemal

Zeyil: Beyoğlu telgrafhanesini de işgal ve memurlarını oradan tardetmişlerdir. Telgrafhane, Dersaadet telgrafhanesini de bir saate kadar işgal edeceklerini haber almıştır.

M. Kemal

Bu haberi zaten bekliyorduk. Tabiî Meb'ûslar Meclisi'nin de hissesine düşen belâ yapılmış ve yapılacaktır. Teessüre değer olan nokta da bu durum bilindiği halde İstanbul'dan kimsenin çıkmamasıdır. Tabiî şimdi ele düşen düştü. Kaçanlar da talihin lütfune dua etsinler. Tedbirde kusur edenler takdire kabahat bulmasınlar. Durumu bölgenin vali ve kumandanlarına tamim ettim. Haberim olmadan İstanbul ile haberleşmeye izin verilmemesi için telgrafhanelere Millî hareketin başlangıcında olduğu gibi birer subay koyarak haberleşmeleri kontrol altına almak ve İstanbul ile şifreli ve açık konuşmaları önlemek husûsu, telgraflardan şüpheli görünenleri bana bildirmeleri emrini verdim. Ermenilerin ve bâzı hareketlere girişmeleri ihtimalini düşünerek hudutlarda uyanık olmayı ve Ermenistan içinde cereyan eden olaylardan ve hareketlerden günü gününe bilgi alınması için gerekenlere emir verdim. Trabzon vilâyetinde Hristiyan unsurların bir olay yaratmamaları için birlikte tedbir almalarını vilâyete ve kumandanlığa yazdım. Sahillerde de uyanık olmakla beraber Trabzon'un müdafaası için Fırka karargâhı ağırlığı, bütün mühimmatın içerlere taşınması ve Bayburt'daki kuvvetli dağ takımının Trabzon'da taburuna katılması emrini verdim.

Saat 14.15'de İstanbul'da İtilâf temsilcilerinden vilâyetlere aşağıdaki tamim geldi:

Vilâyetlere

Beş buçuk sene evvel memalik-i Osmaniye'nin mukadderatını her nasılsa elde etmiş olan İttihad ve Terakki Cemiyeti'nin rüesası Alman telkinatına kapılarak Devlet ve Millet-i Osmaniye'yi Harb-i Umûmîye iştirâk ettirdiler. Bu haksız ve meş'um siyasetin neticesi malûmdur.

Devlet ve Millet-i Osmaniye bin türlü felâket geçirdikten sonra öyle bir mağlûbiyete dûçar oldu ki İttihad ve Terakki Cemiyeti'nin rüesası bile bir mütarekenâme akdederek firar etmekten başka bir çare bulamadılar. Mütarekenâmenin akdini müteakip düvel-i İtilâfiyeye gayet ağır bir vazife terettüb etti. İşbu vazife eski memalik-i Osmaniye'nin bütün ahalisini bilâ tefrik cins ve mezhep saadet-i müstakbelelerini, inkişaflarını, hayat-ı içtimâiye ve iktisadiyelerini temin edecek bir sulhün temellerini atmaktan ibaret idi. Sulh Konferansı bu vazifenin ifâsiyle meşgul iken firâr-i İttihad ve Terakki erkânının mürevvic-i mefkûreleri bulunan bazı eşhas Teşkilât-ı Milliyye nâm-ı müstearı altında bir tertip teşkil ederek padişah ile hükûmet-i merkeziyenin evamirini hiç addetmekle harbin netayic-i elîmesinden büsbütün tükenmiş olan ahaliyi askerlik için toplamak, anasır-ı muhtelife meyanında nifak çıkarmak, iane-i milliye bahanesiyle soymak gibi ef'ale cüret ettiler. Ve bu veçhile sulh değil âdeta yeni bir muharebe devrini açmaya teşebbüs eylediler. Bu teşvikat ve tahrikâta rağmen Sulh Konferansı vazifesine devam etti ve nihayet İstanbul'un Türk idaresinde kalmasına karar vermiştir. İşbu karar kulub-ı Osmaniye'yi müsterih edecektir. Ancak bu kararlarını Bâbıâli'ye tebliğ ettikleri zaman icrasının ne gibi şeraite tâbi olduğunu da izhar eylediler. İşbu şerait vilâyat-ı Osmaniye'de bulunan Hristiyanların canlarını tehlikeye bırakmamak ve elyevm düvel-i İtilâfiye ile müttefiklerinin Kuva-yi askeriyyeleri aleyhine mütemadiyen vuku bulmakta olan hücumlara hüsn-i niyet göstermiş ise de Teşkilât-ı Milliyye nâm-ı müstearı altında işbu karar bugün mevki-i 'icraya vazedildiğinden efkâr-ı umûmiyeyi bera-yı tenvir nikat-ı âtiye tasrih olunur:

1. İşgal muvakkattir.

2. Düvel-i İtilâfiyenin niyeti makam-ı saltanatın nüfuzunu kırmak değil, bilâkis idare-i Osmaniye'de kalacak memalikte o nüfuzu takviye ve tahkim etmektir.

3. Düvel-i İtilâfiyenin niyeti yine Türkleri Dersaadet'ten mahrum etmemektir. Fakat Maa'zallalni Taalâ iğtişaş-ı umûmî veya kital-ı âm gibi vukat zuhur ederse bu kararın tadili muhtemeldir.

4. Bu nazik zamanda Müslim olsun gayr-ı Müslim olsun herkesin vazifesi kendi işine gücüne bakmak, asayişin teminine hizmet etmek, Devlet-i Osmaniye'nin enkazından yeni bir Türkiye'nin ihdası için son bir ümidi cinnetlerle mahvetmek isteyenlerin iğfalâtına kapılmamak ve halen makarr-ı saltanat kalan İstanbul'dan itâ olunacak evamire itaat etmek.

5. Balâda zikrolunan teşvikata iştirak eden eşhasın bazıları Dersaadet'de derdest olunarak onlar tabiî kendi ef'alinden

ve bilâhire o ef'alin neticesi olarak vukuu melhuz ahvalden mes'ul tutulacaktır. 16.31336

Düvel-i İtilâfiye Mümessilleri

İtilâf devletleri temsilcileri makina başında valilerden cevap bekliyormuş. Cevap verilmemesini valilere bildirdim. Hey'et-i Temsîliye'ye yazdım. Bu durumdan sonra İstanbul'dan verilecek emirler tabiatıyla idam kararlarımızdı. Silâhları ver, kumandanları ver, şu, bu bölgeleri boşaltın.. İlla. Halbuki gafil adamlar bu teşebbüsleriyle bize yardım ediyorlardı.

16 Mart, Anadolu üzerinde yeni şafak doğuruyordu. Bu bir arife idi. Millî bir hükümetin Ankara'da her tarafa ışıklarını saçacağı bayram gelmişti.

Kurmaylarım ve Erzurum valisi ile ve Müdafaa-i Hukuk Merkezi ile telgrafhaneye geldim ve Hey'et-i Temsîliye'den makine başında olay hakkında tafsilat istedim. Vilâyetlere gelen, İtilâf temsilcilerinin tamimine cevap verilmemesini bölgem valilerine tebliğ ettiğimi bildirdim.

Mustafa Kemal Paşa şu bilgileri verdi:

"Bu sabah 16/3/1920 İngilizler İstanbul'da Şehzadebaşı karakolunu basarak 6 erimizi şehit ve 15 erimizi yaraladıktan sonra adı geçen karakolu ve bir taraftan da Harbiye Nezâreti'ni, Tophane'yi ve bütün telgrafhaneleri işgal ederek payitahtın (İstanbul'un) Anadolu ile bağlantısını kesmişlerdir. İngilizler rıhtıma deniz erleri çıkartmaya devam etmişlerdir. İzmit'e bir torpido ile gelen bir İngiliz, 1. Fırkaya ve oranın mutasarrıfına İstanbul'da alınan askerî tedbirlere karşı hükümetin korunmasından şahsen sorumlu olduklarını tebliğ eylemiştir.

Hey'etimiz gelişecek durumlara göre tedbirler almak üzere vaziyeti takip etmektedir. Alınacak bilgileri ve durumun gerektirdiği tedbirler hakkındaki görüşlerimizi arzedeceğiz.

İşbu bilgilerin bütün Müdafaa-i Hukuk Merkez Hey'etleri

ve İdarelerine sür'atle tebliği rica olunur. Hiç bir tarafda tek başına teşebbüs ve harekette bulunmayarak talihimizi milletin müşterek ve azimli tedbirleriyle müdafaa husûsuna umûmun dikkatlerini çekmeyi bir vatan vazifesi addeyleriz."

Görüşme sırasında şu şifre de alındı:

"İstanbul'daki arkadaşların tehlikeye düştükleri muhakkaktır. Rawlinson hakkında eski kararı hatırlatırım. M. Kemal"

Açık muhaberemiz şöyle devam etti:

Kemal Paşa arzettiğim malûmat İstanbul vaziyetini tesbite kâfi geliyor mu? Ben - İstanbul vaziyetine tamamıyla hâkim olamadık. Mühim olarak tevkif edilen zevat kimlerdir? Meclis-i Millî ne hâldedir? Hükümetin şekli nedir? Yeni bir kabine çıkacak mı ve kimler olacaktır? Saray'ın vaziyeti nedir? Umûmî asayiş nasıldır? İtilâf hükümetiyle bu işde teşrik-i mesaî eden zümrede kimler görülüyor?

M. Kemal Paşa Zât-ı samileri gibi azimkâr rüfekâ-yı muhterememizin, milletin ve ordunun başında olarak vuku bulacak mesaî neticesinin İnşallah muvaffakiyetli olacağına itimadımız berkemâldir. İstanbul telgrafhanelerinin İngilizler tarafından işgaline kadar aldığımız malûmatı İstanbul'un düvel-i İtilâfiye tarafından cebren işgali ve Harbiye Nezâreti ve Meclis-i Meb'ûsân dairesi, Tophane vesair müessesata vaz'ı-yed edilmiş olduğuna aittir arzettim. Dahiliye Nezâreti ve Saray, Bâbıâli'yi arayan valilere muhatap olarak daima bir İngiliz zabiti çıkmıştır. Binaenaleyh artık İstanbul'dan malûmat almaya imkân kalmamıştır. Rauf Bey'in dünkü tarihli tevkifata ait şifresini arzetmiştim. Ne oldukları mâlum değildir. Salih Paşa'nın bu vaziyet karşısında çekilerek yerine İngilizlere hâdim bir kabinenin gelmesi kaviyyen memuldur. İtilâf hükûmatı kâmilen Yunanlılar da beraber olmak üzere müştereken hareket eyledikleri anlaşılıyor. Yalnız İtalyan gayr-ı resmî dostluğundan bahsediyorlar. Zonguldak işgal olunmuştur. İcraata ait husûsatı şifre ile arzettim. Tensip buyurursanız akşama kadar vaziyeti takip ettikten sonra akşam tekrar görüşerek tarz-ı hareketimizi tensip edelim. Bir çok yerlerden vali ve kumandan arkadaşlar tarz-ı hareket hakkında nokta-i nazarı soruyorlar. Şimdi Ankara eşraf ve muteberanından bir kaç yüz kişi toplanmışlar ve vaziyet hakkında tenvit etmekliğim için bendenizi davet ediyorlar. Müsaadenizle onların yanına gidiyorum. Fuat Paşa muhabereye devam edecektir.

Ali Fuat Paşa bazı talimatın şifre ile tebliği edilmekte olduğunu bildirdi. Muhabere sırasında şu şifre geldi:

Bu telgrafı bir dakika tehir eden hain-i vatandır.

Ankara
16.3.1336

15. Kolordu Kumandanı Kâzım Karabekir Paşa Hazretleri'ne,

İngilizlerin İstanbul'u ve hükûmet-i Osmaniye'yi işgal eylemeleri üzerine bervech-i âti husûsatın tatbik ve icraası münasip görülmüştür.

1. Geyve Boğazı'nın tarafımızdan işgali ve şimendifer köprüsünün tahribi,

2. Geyve, Ankara, Pozantı mıntakasındaki şimendifer hatlarına ve malzemesine vaz'-ı yed edilmek için bu hat boyundaki kuvve-i İtilâfiyenin silâhları alınarak tevkifleri,

3. Konya'da Anadolu hat komiser muavinin derhal şimendiferlere vaz'-ı yed ederek işletmesinin temini ve emrine itaat etmeyen şimendifer memurlarının tedibi için tedabir-i lâzime ittihazı,

4. İstanbul ile mevcut telgraf hututunun kısm-ı azamisi Geyve'den geçtiğinden Geyve santralının cihet-i askeriyye tarafından derhal işgali. Hey'et-i Temsîliye nâmına Mustafa Kemal.

20. Kolordu Kumandan Vekili
Mahmut

Makina başında iken Sivas'tan 3. Kolordu Kumandanı Selahattin Bey'in sorusu üzerine aşağıdaki görüşmelerimiz oldu:

Selâhattin Bey: İstanbul vaziyetine karşı ittihaz olunacak hatt-ı hereket hakkında ne mütalâada bulunuyorsunuz?

Ben (Cevaplarımı Sivas'a ve aynı zamanda Ankara'ya yazdırdım.) İstanbul vaziyetine esasen bir müddettir intizar ediyorduk. Binaenaleyh fevkalâde telâkki etmedim. Mıntakamca telgrafhaneleri sabık-ı misillü zabitanla kontrola aldırdım. İstanbul ile resmî muhabberatı kestirdim. Şüpheli görülen husûsî muhaberata dahi müsaade etmiyorum. Bilhassa sahilde daha ziyade müteyakkız bulunmak ve anasır-ı Hristiyaniye ile vak'a çıkartmamak için icab edenlere emir verdim. Kafkas vaziyeti iyi bir surette inkişaf etmektedir. Esasen İstanbul vaziyetini bununla alâkadar görüyorum. İstanbul vak'asının teferruatını anlamak mühimdir. Hey'et-i Temsîliye'den sordum. Mıntıkam dahilindeki hükümet ve millet ve cihet-i askeriyye yekvücut bir hâldedir. Zât-ı âlilerince başka bir malûmat var mıdır?

Selâhattin Bey;

1. Üç gün sonra İstanbul'da nisbî bir sükûn husulünden sonra donanmanın aynı vak'ayı Samsun ve Trabzon'da da tekrara kalkması tahmin buyurulur mu? İstanbul işgalinn sırf herhangi bir sulh imzalatmaya matuf bir hareket-i basite mi, yoksa Anadolu'yu kâmilen Kürdistan ve şarktan ayırmak ve hükûmet-i Osmaniye'yi mahva uğratmak hakkındaki projenin mukaddemesi mi görülüyor ve milletin harekât-ı vakıaya karşı müttehiden her taraftan reddetmesi ve bu şekil olsun faideli bulunuyor mu? Sükûn-ı mutlak iraesi daha mı doğrudur? Son suret bir kabul addedilemez mi?

2. Hutuda vaziyet buraca da yaptırılacaktır. Sahil boyundan giden hattı Ereğli ilerisinde vaz'-ı yed ettirmeyi Ankara'ya yazacağım.

3. İstanbul'dan gelen posta, mektup ve yolcu da **kontrola** tâbi tutulmak lâzım gelecektir zannındayım.

Ben;

1. İngilizler belki aynı tedabiri Trabzon ve Samsun'da da yaparlar. Buna karşı Ordu ve Millet müştereken ittihaz-ı tedabir eder. Bittabi harekât-ı hasmane başlar.

2. İstanbul işgalinin herhangi bir sulhü imzalatmaya matuf olmasını daha muhtemel addediyorum, ki bu sulh şeraitin muhteviyatının ehemmiyeti işgaldeki maksatların derecesini gösterecektir.

3. Milletin bunu bu tarafta protestoda bulunması ve bunu reddetmesi pek faidelidir.

4. İstanbuldan gelen posta, mekâtup ve yolcuların da kontrolü pek muvafıktır efendim.

63. İSTANBUL İŞGALİNE MUKABELE OLARAK RAWLİNSON'UN TEVKİFİ

Rawlinson için Müstahkem Mevki Kumandanlığına şu emri verdim:

Erzurum
16.3.1336

Mevki-i Müstahkem Kumandanlığı'na,

İstanbul hükümetine İngilizlerin vaz'-ı yed etmesi ve bazı zevatı tevkif etmeleri gibi ahvalden Erzurum halkının galeyana gelerek buradaki İngiliz kaymakamı Rawlinson'a karşı arzu edilmeyen bir muamelede bulunmaları muhtemeldir. Binaenaleyh mumaileyhin ikametgâhına bir zabit kumandasında miktar-ı kâfi asker ikamesiyle muhafaza altına alınması ve kendi nezdinde ve maiyetindeki efrad üzerindeki eslâha ve cephanenin alınarak muvakkaten münasip bir mahalde bulundurulması ve yapılan bu muamelenin hayat ve şeref-i zâtisi için olduğu husûsuna da mumaileyhin nazar-ı dikkatinin celp buyurulması lâzımdır, efendim.

15. Kolordu Kumandanı
Kâzım Karabekir

Ben bu emri, Ankara ile haberleşirken yazdırmıştım.

İstanbul durumundan pek fazla ürken vali Reşit Paşa bir aralık yanıma sokularak dedi ki:

"Acaba Rawlinson da şimdi Erzurum telgrafhanesini işgal ile haberleşmeleri kontrol altına alırsa ne yaparız?"

Dedim ki: "Ben de şimdi onu düşünerek! şu emri veriyorum."

Emri okur okumaz Vali Paşa hayretler içinde kalarak neticeye hayır dua ettiler. Emrin derhal yapılmış olduğu cevabı geldi.

Rawlinson bana şunu yazıyor:

Paşam: Bildirdiğiniz havadisleri öğrendiğimden dolayı hasıl olan büyük teessüfümü arza müsaraat eylerim. Aynı zamanda maiyetimdekilerle ben emrinize amadeyim. İltifatınızdan ve pek meş'um olan bu ahvâl dahilinde nâzik ve pek doğru muamelenizden dolayı hissettiğim büyük minnettarlığı arzı bir vazife tanırım. Hissiyat-ı faikamın kabulünü rica ederim, Paşam.

Kaymakam

Rawlinson

Aynı zamanda bir tehlikeye meydan vermemesi için evindeki İngiliz bayrağını da içeri almış. Rawlinson, belediye reisine ve diğer görüştüklerine birkaç gün önce demiş ki: "Yakında güzel bir iş olacak, şenlik yapacaksınız ben de elimde bayrak iştirak edeceğim." Şimdi de İstanbul işgal olunca halk arasında kendisine karşı fena galeyan ve hisler uyandı. Trabzon'a da emir verdim ki oradaki İngiliz subayının haberleşmesine müsaade etmesinler, telgraf ve şifrelerini tutsunlar, kendisine de haber vermesinler. Rawlinson'un yanında 10 İngiliz eriyle bir Rus tercüman vardı. Bunlardan 5 ini 2 Mart'ta İstanbul'a göndermişti. Bunların Trabzon'dan hareket ettikleri anlaşıldı. Bölgem vali ve kumandanlarına umûmî ve husûsi vaziyeti ve buna karşı vazifemizi bir tamimle tebliğ ettim. Hey'et-i Temsîliye ve kolordulara da bildirdim. Aynen şudur:

Erzurum
16 Mart 1336

Tamim

1. Şimalî Kafkasya'da Rostof cenubundaki Denikin ordusu Mart ihtidasında başlayan büyük Bolşevik taarruzlarıyla ve Denikin ordusu gerisinde Karadeniz sahillerinde büyük muvaffakiyetler kazanan ve ekseriyeti yerli İslâm ahalinden mürekkep olan Yeşil Ordu karşısında kat'î bir hezimete uğramıştır.

2. Âlem-i İslâmiyete karşı Arabistan'dan başlayan tecavüz ve ilhaklar artık her tarafta alenî olarak devam ettiği görülen düvel-i İtilâfiyenin kabul ettikleri sulh esasatını bizzat tatbîk için bugün 16 Mart'ta Meclis-i Millî'yi ve Harbiye Nezâreti'ni bilhücum süngü ile işgal ve bizzat icra-yı hükûmete başladılar. Şimdilik sulh esasatı diye Erkân-ı Harbiyye-i Umûmiyyemizden aldığımız son telgrafta hülâsaten mevadd-ı âtiye mündericdir: "Suriye, Filistin ve Irak Türkiye'den ayrılacaktır. Suriye'ye bazı tahdidat dairesinde istiklâl verilecektir. İzmir'de Osmanlı hukûk-ı hükümrânîsi altında bir Yunan idarisi teessüs edecek ve Trakya'da Fransız himayesi altında mahallî bir idare husule getirilecektir. Ermenistan nâmına işgal altında bulunacak olan Kilikya'da Fransa ve Antalya'da İtalyan menafi-i iktisadiyesi temin olunacak ve Van, Bitlis vilâyetleriyle Erzurum'dan bir kısım arazi Ermenistan'a verilecek ve ayrıca Ermenistan'a Karadeniz'de Batum'la Trabzon arasında bir mahreç de verilecektir.

3. Vaziyetimiz gayet kuvvetlidir. İngilizler ve Denikin orduları Kafkasya'da mağlûbiyet-i kat'iyye uğramış olduklarından İngilizler İstanbul'da yaptıkları bugünkü caniyane icraat ile milletimizi tedhiş ederek vilâyat-ı şarkıyyeyi Ermenistan'a teslim ve bu suretle Musul üzerinden İngiliz kıtaatile irtibatı temine ve Ermenileri Bolşeviklerin imhası tehlikesinden kurtarmaya çalışıyorlar. Kolordum, şarkî Anadolu vilâyatı halkıyle yekvücut olarak Türk ve Kürt kardeşlerine vaki olacak herhangi bir tecavüze göğsünü gerecek ve uzanacak Ermeni

ayaklarını ve bununla alâkadar görülecek her türlü hasmane harekâtı inayet-i Hakk'la kıracaktır. Umûmun müsterih olması ve bugün Kafkasya'da vesair âlem-i İslâmdaki dindaşlarımızın da icab ettiği vakit elde silâh olarak mukaddesatımızı müdafaaya azim bulunduklarını icab edenlere tebliğ ve bu tarihî anlarımızda bütün dindaşlarımız arasındaki vifak ve vahdetin her zamandan ziyade kuvvetli bulunmasının temin buyurulmasını rica ederim.

4. Vilâyetlere, müstakil mutasarrıflıklara, fırkalara, süvari alayına ve kolordulara yazılmıştır.

15. Kolordu Kumandanı
Kâzım Karabekir

Bu tamimde herkesin maneviyâtını beslemek için aldığım bilgilere tahminlerimi de ekleyerek bir tablo vücude getirdim. Bana düşen vazifeyi kuvvetle ifade ettim.

Hey'et-i Temsîliye'den talimat:

1. Telgraf merkezlerine birer zabit veya memur vaz-ı ile telgrafların kontrola tâbi tutulması,

2. Sahil iskelelerinden ve dahilden gelecek eşhasın sıkı bir tedkike tâbi tutularak şüpheli olanların hakkında hükümetçe takibat icraası,

3. Mühim postahanelerde şüpheli addolunacak mektupların açılması.

Akşamdan sonra Hey'et-i Temsîliye'den gelen ve cevaben yazdığım şifreler şunlardır.

Ankara
16.3.1336

15. Kolordu Kumandanlığı'na,

Sureti âtide arzolunan mevad hakkında mütalâa-i âlileri mercudur. Tasvib buyurulduğu veyahut tadili münasip cihetler görüldüğü takdirde iş'ar buyurulmasını telgraf başında muntazırım. Cevab-ı âlileri alındıktan sonra tamim olunacaktır.

1. Meclis-i Meb'ûsân dahi dahil olduğu halde Bâbıâli ve bilcümle devair-i hükümetle beraber İstanbul İngilizler tarafından cebir ve resmen işgal edilmiştir. Telgrafhaneler dahi işgal altında bulunduğundan dolayı ne makam-ı hilâfet ve saltanata ne de sair makamat-ı resmiyeye maruzatta bulunmak imkânı kalmamıştır. Bu şeraite nazaran Anadolu Dersaadet'le ve makamat-ı resmiye ile muhabereden mahrum kalmış oluyor. Ve muhabere teşebbüsü doğrudan doğruya düşmanları karşımıza çıkarmakta olduğundan dolayı da gayr-ı caizdir.

2. Vaziyet-i haziranın icabatına ve tahaddüs edecek ahval ve vekayi göre milletçe müttehiden ittihazı zaruri olan tedbirin temini için bilûmum vilâyat-ı Osmaniye'de rüesa-yı memûrin-i mülkiye ve askeriyenin Hey'et-i Temsîliye ile muhafaza-i irtibat buyurmaları ricasını bir vazife-i vataniye addederiz. Hey'et-i merkeziyelerin de bittabi memurin-i mülkiye ve askeriye ile teşrik-i mesaî ederek vazife-i milliyye ve vicdaniyelerin ifâya müsaraat edeceklerdir.

3. İstanbul'daki hal-i fevkalâde Anadolu'da kavanin-i mer'iyetini haleldar edemeyeceğinden her ne şekilde olursa olsun ittihaz olunacak tedabire milleti Osmaniye'nin kabiliyet-i medeniyesi bilhassa şayan-ı dikkat bulunduğundan kanun haricinde hiç bir muamele icra olunmaması ve bilûmum vezaif-i mahalliyede esasat-ı kanuniye ve her zamandan ziyade itinakâr davranması menafi-i hayatiyemiz iktizasındandır. İşbu telgrafın vüsulünün hemen iş'arı bilhassa rica olunur.
Hey'et-i Temsîliye nâmına Mustafa Kemal

20. Kolordu Kumandan Vekili
Mahmut

Verdiğim cevap:

Erzurum
16.3.1336

20. Kolordu Kumandanlığı'na,

C. Hey'et-i Temsîliye'ye: 16.3 1336 ve 25 No. lu şifreye: Tamim edilmek üzere kararlaştırılan mevaddın pek muvafık olduğunu arzeylerim. Mevadd-ı âtiyenin dahi nazar-ı dikkate alınması menut-ı rey-i samileridir.

1. Ahval ve vaziyetin alacağı şekle nazaran ittihaz olunacak tedabir ve yapılacak tamimlerde itikadat-ı diniyenin esas ittihaz edilmesi ve milletin kuvve-i maneviyesinin yüksek tutulması ve kuvve-i cebriye ile İstanbul'u işgal ve hükümete vaz-ı yed etmek suretiyle İngilizlerin hilâfet ve saltanata indirdikleri darbeye dair bir icmâl yapılması,

2. Bu husûs lâzımı gibi elviye-i selâse ve Azerbaycan'a kadar buradan îsâl edilecektir. Hey'et-i Temsîliye'ce de iki koldan Arabistan'a îsâli ve hamiyet-i diniyelerinin tahriki Musul ve Arabistan'da İngilizler aleyhine bir cereyan husulünün temini.

3. Bazı telgraf memurlarının İstanbul ve mevaki-i saire ile gizli muhaberatta bulunarak ihanet-i vataniyede bulunmaları muhtemeldir. Bunların tarassut ve nezâret altında bulundurulması ve hiyanetleri anlaşılanların derhal tevkifiyle haklarında pek şiddetli muamele tatbîk edilmesinin ilânı ve Hey'et-i Temsîliye'nin malûmat ve muvafakati olmaksızın hiçbir memur ve makamın İstanbul'da hiç bir makamla muhabere etmemesinin temini.

4. Cihan efkâr-ı umûmîyesini büsbütün aleyhimize çevirmemek için anasır-ı Hristiyaniyyeye karşı hüsn-i muamelede bulunulması ve en ufak bir asayişsizlik hudüsüne bile meydan verilmemesi.

15. Kolordu Kumandanı
Kâzım Karabekir

Hey'et-i Temsîliye teklif ettiği sureti aynen 17'de tamim etti. Benim tekliflerim ayrıca göz önüne alınarak tamim olundu. İstanbul hâdisesine bir aksi seda olmak üzere Batum'da Bolşeviklik ilânına müsaade edilmesini uygun bularak Hey'et-i Temsîliye'ye teklif ettim. Hopa'ya gelen delegelerine de beklemelerini Trabzon'a yazdım. Ayni zamanda Hey'et-i Temsîliye'den şu şifre geldi:

Ankara

16.3.1336

15. Kolordu Kumandanı Kâzım Karabekir Paşa Hazretleri'ne,

Şarka taarruz hakkında öteden beri bahsolunan fikrin zaman ve mekân-ı tetbîki hakkındaki mütalâa-i âlilerinin iş'ar buyurulmasını rica ederiz efendim. Hey'et-i Temsîliye nâmına Mustafa Kemal.

20. Kolordu Kumandan Vekili

Mahmut

Hareket çok gereklidir. Fakat 29 Kasım 1919'da Sivas Hey'et-i Temsîliye ve kolordu kumandanları toplantısında imzaladığımız kararların 3. maddesi açıktır. O da "Millî İrade'ye danışarak" sözü mühimdir. Mes'ul bir hükümet teşekkül etmeden aceleye lüzum yoktur. İstanbul olayı Anadolu Millî hükümetini tesis ettirecektir. Bu zamana kadar da Kafkas durumu ve mevsim harekâta tamamıyla müsaade edecektir. Mart, doğunun en şiddetli kışıdır. Evvelki sene Erzurum'un Ermenilerden geri alınmasında Rusların bıraktıkları çok miktarda erzak bulmamıza rağmen harekât pek tehlikeli oluyor ve kuvvetlerin bütünüyle sevk ve idaresi mümkün olmuyordu. Şu cevabı verdim:

Erzurum
16.3.1336

20. Kolordu Kumandanlığı'na,

C. Hey'et-i Temsîliye'ye: 16.3.1336 şifreye. İstanbul vaziyeti henüz tamamen inkişaf ve hükümetin alacağı şekil taayyün etmemiştir. Bolşevik orduları da Kafkas dağlarına gelmemiş ve hiç bir cepheden irtibat ve temas hasıl olmamıştır. Bolşevikler Nisan nihayetinden evvel donanmalarını Volga Nehrinden Bahr-i Hazer'e indiremeyecekler ve Kafkasya'da bundan evvel mühim harekata başlayamayacaklardır. Mıntakam dahilinde ve bilhassa Erzurum'la Sarıkamış arasında pek fazla kar mevcut olduğu için Nisan iptidaları ve hattâ evasıtından evvel harekât-ı cesime icrası pek müşkil olacaktır. Şimdilik şark harekatına mukaddime olmak üzere Batum'da Bolşeviklik ilânıyla Bolşevikliğin Elviye-i Selâse, Gürcistan ve Azerbaycan'a teşmil ve tamimi ve Bolşevik ordularının harekâtının tesrii esbabının istikmâli ve buraca da harekât için tedabir ve istihzaratta bulunarak müsait vaziyete ve ahvalin inkişafına intizar olunmasını muvafık bulduğumu arz eylerim.

15. Kolordu Kumandanı
Kâzım Karabekir

Şu cevabı aldım:

Ankara
16.3.1336

15. Kolordu Kumandanlığı'na,

Saniye tehir eden hain-i vatandır, gayet müstaceldir.

C. Battım ve havalisinde Bolşeviklik ilânı husûsundaki mütalâat-ı âliyelerine tamamen iştirâk eyleriz. Bu fikrin hemen tatbikatına geçilmesi için icab edenlere tebligat icrasını ve oranın girişeceğimiz yeni mücadelâtta bizim için nafi bir kuvvet halinde idamesine sarf-ı mesaî buyurulmasını rica eyleriz efendim. Hey'et-i Temsîliye nâmına M. Kemal.

20. Kolordu Kumandan Vekili
Mahmut

3. Fırka'ya bunun için şu talimatı verdim: Gayet müstaceldir.

Erzurum
16.3.1336

3. Fırka Kumandanlığı'na,

1. Batum'da Bolşeviklik ilânı memleketimizin geçirmekte olduğu yeni buhran için de faideli olacağı cihetle Hey'et-i Temsîliye'ce de buna muvafakat ve tesri-i icraat talep olunuyor. Binaenaleyh Batum'dan gelip Hopa'da bekleyen murahhaslara bu suretle tebligat yapılmasını ve sahil boyunca Yeşil Ordu ile irtibat husulünü ve bunun Elviye-i Selâse ve Gürcistan'a da intişarının pek faideli olacağının tebliğini rica ederim.

2. Vekayiden günü gününe haber almak ve icab ediyorsa harekâtın da hüsn-i idaresine delâlet etmek üzere sizce münasip görülecek muvazzaf ve ihtiyat bir kaç zabitin Batum'a gönderilmesi,

3. Her zabitanın gönderildiğinin ve hem de tarafımızdan tebligat verildiğinin ve idare edildiğinin tamamen mahrem kalmasının ve Batum hâdisatının vakitsiz Trabzon'a sirayet ettirilmemesinin temin buyurulması.

15. Kolordu Kumandanı
Kâzım Karabekir

Hey'et-i Temsîliye artık milletin kaderini idereye başladığı bir tarih dönümünde idik. Bugünü bitirmeden önce şunu sordum:

20. Kolordu Kumandanlığı'na, (Hey'et-i Temsîliye'ye)

Hey'et-i Temsîliye'yi elyevm teşkil eden zevat kimlerdir, iş'ar buyurulmasın! rica eylerim.

Kâzım Karabekir

Şu cevap geldi:

Ankara
16.3.1336

15. Kolordu Kumandanı Kâzım Karabekir Paşa Hazretleri'ne,

C. Hey'et-i Temsîliye'den elyevm âza olarak ifâ-yı vazife eden bendenizden başka Hakkı Behiç Bey ve Müftü Rıfat Efendi, Mustafa Bey ve Hüsrev Bey ve Hacı Bayram ve Şeyh Şemsettin Efendi ve Konya eşrafından Rıfat Bey ve Hanifezade Mehmed Efendi, Ankara Darül-hikmetül İslâmiye şubesi azasından Hasan Efendi ile beraber Yahya Galip Beyefendi ve Fuat Paşa hazretleri ve Kastamonu vali vekil-i sabıkı Ferit Bey'dir. Hey'etin şimdilik muvakkat bir tarzda takviyesi için kurb ve civariyet nazar-ı itibara alınarak bugün esbabına tevessül edilmiştir, efendim. Hey'et-i Temsîliye nâmına M. Kemâl.

20. Kolordu Kumandanı
Mahmut

16 Martla Trabzon limanında bulunan İngiliz torpidosundan iki subay çıkarak rıhtım ve kale yüksekliğini ölçmüşler. İstanbul'dan gelip limanda bulunan vapuru mendireğe girerken mani olmuşlar. Gece de sahili projektörle aydınlatıyorlarmış.

17 Mart'ta Hey'et-i Temsîliye'den aşağıdaki şifreler geldi:

Ankara
17.3.1336

Tamim

1. İstanbul ile resmî ve husûsî bilcümle muhaberat-ı telgrafiye ve telgraf muhabere memurlarının kendiliklerinden gizli muhaberatı memnundur. Husûsiyle İstanbul'dan düşman tebliğlerin alıp Anadolu dahiline işaa edenler ve Anadolu dahilindeki muhaberatı İstanbul'a verenler casus telâkki edilerek işbu haraketlerinin tahakkuku halinde der'akap şiddetle tecziye olunacaklardır. İşbu tebliğin bilcümle elâkadarane başmüdürlerce sür'ati tebliği ve keyfiyetin inbası mütemennadır.

2. İşbu telgraf, bilumûm vilâyet, kolordu kumandanlıklarına, müstakil livalara, posta telgraf başmüdiriyetlerine keşide edilmiştir.

Hey'et-i Temsîliye nâmına
M. Kemal

Tamim

Hey'et-i Temsîliye'nin malûmat ve muvafakati olmadıkça hiç bir makam ve memur İstanbul ile muhabere etmeyecektir. Bu hususun bilcümle alâkadarana sür'at-i tebliği ve keyfiyet-i tebliğin inbası tamimen mercudur.

Hey'et-i Temsîliye nâmına
M. Kemal

Sahil ve hudutlara da gereği gibi talimat verildi Aşağıdaki tamim ve beyannâme de geldi:

Umûma

İstanbul'un İtilâf devletleri tarafından bilmüsademe cebren işgali tahakkuk etmiştir. Bu sû-i kastten bilistifade bir çok makasıd-ı hiyanetkârane sahiplerinin iğfale teşebbüsleri muhtemeldir. Nitekim tebligat-ı resmiyye şeklinde imzasız bazı beyannâmeler neşredilmek istenildiğine kesb-i ıttıla ediyoruz. Yanlış harekâta mahal kalmamak ve hakayik-i ahvale mugayir heyecanlar tevlidine meydan verilmemek üzere bu gibi iş'arata kat'iyyen ehemmiyet verilmemesi lâzımdır. Vaziyet-i hakikiyeyi takip eden Anadolu ve Rumeli Müdafaa-i Hukuk Cemiyeti milleti tenvir edecektir.

Hey'et-i Temsîliye nâmına
M. Kemal

Ankara
17.3.1336

Umûma

Bugünkü vaziyete nazaran milletimiz, cihan-ı medeniyetin hissiyat-ı insaniyetkârane ile mütehassis vicdanlarından ve bütün âlem-i İslâm Mütareke ahkâmından emin olmakla beraber bir müddet için dost olsun, düşman olsun bütün resmî âlem-i haricî ile muvakkaten temas edemeyecektir. Bugünler zarfında vatanımızda yaşayan Hristiyan ahali hakkında göstereceğimiz muamele-i insaniyetkâranenin pek büyük olduğu gibi hiç bir hükûmet-i ecnebîyenin faal veya zımnî himayesine girmeyen Hristiyan ahalinin kemâl-i huzur ve sükûnetle imrar-ı hayat eylemeleri ırkımızın mütehali olduğu kabiliyet-i medeniyeye en kat'î bürhan teşkil eyleyecektir. Menfaat-i vataniyeye mugayir faaliyetleri meşhud olanlar huzur ve asayiş-i memleketi ihlâle yeltenenler hakkında din ve millet mensubiyetine bakılmayarak ahkâm-ı kanûniyenin şiddetle tatbîki ve hükûmet-i mahalliyeye itaat vezaif-i tabiiyeti ifâda kusur etmeyenler hakkında da şefkatle muamele edilmesini ehemmiyetle arz ve bu husûsatın tamamıyla alâkadarâna sür'atle tebliğini ve bütün efrad-ı millete vesait-i münasebe ile tamimini rica ederiz.

Hey'et-i Temsîliye nâmına
M. Kemal

Ankara
17.3.1336

Umûma

İtilâf devletlerinin şimdiye kadar memleketimizi taksime yol bulmak için tevessül ettikleri muhtelif tedabir malûmdur.

Evvelâ Ferit Paşa, milleti müdafaasız bir hâlde ecnebi idaresine esir etmek ve memleketin muhtelif aksam-ı mühimmesini galip devletler müstemlekâtına ilâve eylemek düşüncesini Kuva-yi Milliye'nin müzaharet-i umûmiye-i milliyye ile müdafaa-i istiklâl husûsundaki gösterdiği azim ve metaneti alt üst etti. Saniyen Kuva-yi Milliye'yi iğfal ve onun müsaadesiyle şarkta bir rüchan siyesiti takip etmek için Hey'et-i Temsîliye'ye müracaat edildi. Hey'et, milletin istiklâli ve memalikin tamamiyeti temin etmedikçe ve husûsiyle işgal sahalarının tahliyesine teşebbüs olunmadıkça hiç bir nevi müzakereye yanaşmadı.

Salisen, Kuva-yi Milliyye ile tevhid-i harekât eden hükümetlerin icraatına müdahale etmek suretiyle vahdet-i milliyyeyi sarsmak ve hainane muhalefetleri teşvik ve tezyid cür'etine sevkeylemek tariki takip olundu. Vahdet-i milliyyenin teşkil ettiği metanet ve tesanüd karşısında bu savletler de eridi. Rabian mukaddemi-ı memleket hakkında endişeaver kararlar verildiğinden bahis olunmak suretiyle efkâr-ı umûmiyenin tehyicine başlandı. Müdafaa-i namus ve memleket uğrunda her fenalığı göze almış olan millet-i Osmaniye'nin azim ve iradesi önünde bu tehdidat dahi fide vermedi.

Nihayet bugün İstanbul'u cebren işgal etmek suretiyle Devlet-i Osmaniye'nin 700 senelik hayat ve hâkimiyetine hatime verildi. Yani bugün Osmanlı milleti, kabiliyet-i medeniyesinin hakk-ı hayatı ve istiklâlinin ve bütün istikbalinin müdafaasına davet edildi. Cihan-ı insaniyetin intizar ve âlem-i İslâmın âmal-i istihlâsı, makam-ı hilâfetin tesirat-ı ecnebiyeden tahlisine ve istiklâl-i millînin mazi ve şevketimize lâyık bir iman ile müdafaa ve teminine mütevakkıftır. Giriştiğimiz istiklâl ve vatan mücahedesinde Cenab-ı Hakk'ın avan ve inayeti bizimledir.

Rumeli ve Anadolu Müdafaa-i Hukuk Cemiyeti
Hey'et-i Temsîliyesi nâmına
M. Kemal

Ermenistan'ı işgal için münasip mevsim gelmektedir. Fakat Bolşevikler Kafkas Dağları güneyine inmedikçe İngilizlerin Ermenilere yardımları ihtimali olduğu gibi Gürcülerin de yardım etmeleri ihtimali olduğundan Bolşevik ordusunun bir iki ay içinde Gürcülerle sıkı teması bizim için harekâta geçilecek en uygun bir durum olur. Herhalde biz harekâta geçmeden önce Bolşevikler karşısında bir Kafkas cephesi bulunmadığını görmeliyiz. Azerbaycan'da Halil ve Nuri Paşaların nüfuzu fazladır. Halil Paşa maksadımızı da biliyor. Her ikisine son vaziyeti ve maksadımızı şöylece yazarak Trabzon ve Beyazıt yoluyla mevcut iki kanaldan gönderdim:

Erzurum
17.3.1336

Halil ve Nuri Paşalar Hazaratına,

16 Mart 1336 sabahı daha herkes uykuda iken İngilizler Şehzadebaşı karakolunu basarak altı nefer şehit ve on kadar mecruh ettikten sonra karakolu, Harbiye Nezâreti, Meclis-i Mes'ûsân dairesi, Bâbıâli ve telgrafhaneleri işgal ve bir çok kıymettar zevatı tevkif ettikten sonra İstanbul hükümetine vaz'-ı yed etmişlerdir. Aynı günde İtilâfın mümessilleri tarafından vilâyetlere bir tamim yapılarak Kuva-yi Milliyye'nin İttihad ve Terakki zihniyet ve propagandasiyle vücude geldiğinden bahsolundukta ve aleyhinde bir takım bühtan ve iftiralardan sonra bu işgalin muvakkat olduğu, binaenaleyh makarr-ı saltanat olan İstanbul'dan verilecek emirlere itaat olunması ve aksi hareketin Türkiye için fena âkıbetler tevlid edeceği bildirilmiştir. 16 Mart 1336 sabahı Hey'et-i Temsîliye

vasıtasıyla İstanbul'dan bu kadar malûmat alındıktan sonra İstanbul'da herhangi telgrafhane ve makam aranırsa karşıya İngilizler çıktığından muhabere imkânı kalmamış ve İstanbul ile muhabere kat'edilmiş. Binaenaleyh fazla malûmat alınamamıştır. Bu suretle tahaddüs eden vaziyet Anadolu halkının azim ve iradesine hiç bir halel getirmemiş, bilâkis millî vahdeti tezyid ve İngilizlere karşı beslenen kin ve intikam hislerini teşdid eylemiştir. Ordu ve millet yekvücut bir kitle halinde Türklüğün ve Türkiye'nin halâs ve necatı için büyük bir azim ve imanla hazırlanmakta ve Müdafaa-i Hukuk Cemiyeti Hey'et-i Temsîliye'nin mukarrerat ve evamirine intizar eylemektedir. Şu halde hilâfet-i İslâmiye ve saltanal-ı Osmaniye ruhundan darbelenmiştir. Bütün bu kin ve hücum âlem-i İslâmın Bolşevikliğe temayülü ve Türkiye'nin ve merkez-i hilâfetin İslâm üzerinde İtilâf kuvvası ve galip devletler aleyhinde gösterecekleri tesirat-ı muhtemeleye karşı yapılmaktadır. Binaenaleyh milletimizin bütün mukabele ve istihzaratına rağmen aleyhimizdeki tazkiyatı arttıracaklardır. Bunun için Bolşevizmin zaten müheyya olan memleketimize ve hudutlarımıza. bilfiil dayanması için derhal Kafkasların istilâsı ve hattâ Bolşevikler küçük bir kuvvetle Azerbaycan'a gelerek Azerbaycanlılarla beraber hududumuza doğru hareketi halinde temin-i maksada pek kâfi gelecektir. Bu mes'elenin din ve vatan ve milletimiz nâmına ehemmiyetle takip ve tesrii ve makarr-ı hilfâfette cereyan eden bu hâdisat-ı caniyanenin bütün âlem-i İslama en serî ve müessir vasıtalarla neşrini ve harekât ve vakayiin safahatından haberdar edilmekliğimize pek ziyade ehemmiyet verilmesini rica ederim. Batum Cemiyet-i İslâmiyesi kendilerinin selâmeti Bolşeviklik ilânında olduğunu ve bin kişilik bir kuvvete malik bulunduklarını bildirmişler ve bu babdaki mütalâatımızı anlamak üzere Hopa'ya iki murahhas göndermiş idiler. Kendilerine düşünce ve hatt-ı hareketlerinin muvafık olduğu 16 Mart 1336'da cevaben bildirilmiştir.

Azerbaycan ve Dağıstan'da Bolşeviklik fikrinin hâkim olması ve icabında Batum Bolşeviklerine muavenet edilebilmesinin ve Gürcistan'ın da Bolşevik zümresine ithalinin temin buyurulması pek münasip olur. Harekâta başlanacağı zaman Nahcivan'a bir müfreze-i askeriye ile bir telsiz-telgraf istasyonu gönderilecektir. Baku'dan telsiz-telgrafla Nahcivan'la muhabere edilmesi ve Nahcivan harekâtına Karabağ cihetinden Azerbaycan kuvvetlerinin de iştirâk ve muavenet eylemesi muvâfık olur. Tayyare ile Gence Erzurum arasında muhabere ve muvasalanın icrası kabil midir? Azerbaycan hükümetinin tayyaresi var mıdır? Bu mevad hakkında bizi lâzımı gibi tenvir edecek malûmat ve mütalâat-ı âliyelerinin âcilen iş'ar ve muhaberenin muntazaman icrasının temin buyurulmasını arz ve istirham eylerim.

Kâzım Karabekir

17'de 3. Fırka'dan gelen şifre ve cevabım ve Hey'et-i Temsîliye ile bu husûstaki muhaberem mühim olduğundan aynen yazıyorum:

Gayet aceledir.

Trabzon
16/17.3.1336

15. Kolordu Kumandanlığı'na,

Azerbaycan'a gitmek üzere Trabzon'dan hareket eyleyen erkan-ı harp yüzbaşısı Mustafa Bey Rize'den bervech-i zîr raporu göndermiştir. Mustafa Bey'e malûmat aldığı murahhasların kendilerine tebligat yapılıncaya kadar Hopa'da intizar eylemeleri lüzumu bildirilmiştir. Şimdi kendisi Hopa'dadır. Bu babda emr-i samileri maruzdur.

3. Fırka Kumandanı
Rüştü

Suret

Teşkilât yapmak ve Bolşevikliğe mütemayil cemiyet ve fırk-ı siyasiye ile anlaşmak üzere yedi ay evvel Lenin tarafından İstanbul'a gönderilen ve bugün Moskova'ya avdet etmek üzere Rize'de bulunan kiyefli üç Bolşevikle görüştüm. Bunlar pantolon kemerlerinin iç astarına yazılmış resmî damga ile memhur vesikalarını ibraz ettiler. İşbu vesaik ve muhaveremiz esnasında bende bıraktıkları ihtisasat ve muhaverede hakikaten Bolşevik murahhası olduklarına kendilerine şüphe bırakmıyor. Muhaveremiz netayicini bervech-i zîr arzediyorum:

1. Program: Bolşevikliğin siyaset-i hariciye hakkında esas sabit teferruat ahval ve zamana göre mütebeddil ve idare-i dahiliye, iktisadiyat, maarif hakkında gayet şümullü ve mufassal programları mevcuttur. Ve bunlar zamana ve kazanılan tecaribe nazaran tanzim edilmektedir. Değişmeyen esasat dahilen adalet ve müsavat-ı mutlaka, kapital ve emperyalizmi imha etmek ve köylünün yükselmesi için maddî, manevî muavenette bulunmak ve zabit, memur tahakkümünden ve bunların sû-i istimalâtından ahaliyi masun bulundurmak, haricen dünya inkılâbını vücude getirmek. Kapital, emperyalizm hükümetlerinin bütün bütün vücutlarını kaldırmak ve bunlarla mütemadiyen mücadelede bulunmak maksatlarının husulünden sonra kürremiz üzerinde teşekkül etmiş bulunacak olan Sovyet hükümetlerinin münasebat-ı siyasiye ve iktisadiyeleri birbirine karşı muarız çıkacak her şeyi imha ve haricen dünya inkılâbında bir mevcutiyet-i mühimmesi olan şark hükümetleri ve bilhassa âlem-i İslâm ile tesis-i münasebet ve tevhid-i faaliyet ederek emperyalizmi yıkmak.

2. Türkiye ve âlem-i İslâmla tesis-i münasebatı şimdilik dahilde mahdut ve fakat mühim ber şekildedir. Türkiye'den Rusya'ya iltica etmiş münevver fikirli bir çok gençlerin teşkil etmiş oldukları Türk Komünist Partisi'ne Bolşevik'ler maddî ve mânevî müzaherette bulunmakta ve Türk ve âlem-i İslama karşı her milletten fazla teveccüh beslemekte dahilde bulu-

nan Müslümanların dinî, millî muhtariyetlerini kabul etmektedirler.

3. Ordularının kuvveti 1919 Ağustos'a dört milyon olup şimdi bu kuvvet altı milyona çıkmıştır. Teslihat ve techizat-ı askeriyeleri pek muntazamdır. Çariçin'de 24 saat çalışan ve altmış bin müstahdemi bulunan iki topla Arol ve Moskova şehirlerinin beherinde de aynı cesamette ve daha büyük ikişer malzeme ve mühimmat-ı harbiye fabrikaları vardır.

4. Almanların tabakat-ı münevvere ve ekserisi asil tabakalara mensup hey'et-i zabitanı Almanya dahilinde Bolşevik esasatına taraftar olmamalarına rağmen esasen Bolşevizme meftun bulunan Alman amele ve avam tabakasiyle müttehiden Bolşeviklerle teşrik-i faaliyet etmişler, tayyare ve vesait-i saire ile bir çok alât ve edevatı ve mühendisleri ve bir çok zabitan Rusya'ya geçmiştir. Halen Bolşevikler Lehistan maniasını ortadan kaldırarak kendileri için pek müsait bir zemin olan Alman kudret ve kuvvetine doğrudan doğruya temas etmek teşebbüsatında bulunuyorlar. Fakat İngiliz kâbusunu zir-ü zeber etmek bu sayede esas gayeleri olan dünya inkılâbı vücude getirmek için kuvvetli bir ordusu ile Romanya ve Bulgaristan üzerinden Çanakkale ve İstanbul'u zabtederek İngilizlerin Karadeniz havzasiyle temas ve icraatını ve nüfuzunu kat' ve Kafkasya'da Azerbaycan, Gürcü ve Ermeni hükümetleriyle oynamak istedikleri rollere hatime vermek ve bundan sonra Halife'nin âlem-i İslâm üzerindeki nüfuzu mâneviyesinden istifade ederek İslâm kavvitiyle Hindistan'a teveccüh etmek.

5. Programlarında bazı nokta tadil edilmek şartiyle Türkiye'deki Rus Bolşevikleriyle tevhid-i hareket, iki taraf için de mucib-i istifadedir. Rus Bolşevizmi, kabiliyet ve şerait-i mahalliyye için Bolşevikliği şayan-ı kabul bulur.

6. Bolşeviklerin padişah hakkındaki nazarları manevî kuvvetinden istifade için sıfat-ı hilâfeti kemafıssabık Al-i Osman'da ibka ve fakat hakk-ı saltanatı tamamıyla millete ircadır.

7. Kendilerin Lenin'e arzedilmek üzere her suretle sahib-i selâhiyet, Kuva-yi Milliyye Hey'et-i Temsîliyesi'nden öğrenmek isledikleri husûsat berveeh-i âlidir:

a) Kuva-yi Milliyye Bolşeviklerle ne şekilde tevhid-i harekât ve faaliyet etmek ister?

b) Kuva-yi Milliyye'nin Bolşeviklere karşı nokta-i nazarı nedir?

c) Kuva-yi Milliyye Kafkasya'da ne dereceye kadar haiz-i kuvvet ve nüfuzdur?

d) Türkiye'de Bolşeviklik ilân edilirse padişah ve halifeye karşı ne vaziyet alınacak?

8. Kuva-yi Milliyye ile temasta bulunmak üzere bir ay evvel Moskova'dan gelen ve bu yakınlarda Ankara'ya giden nam-ı müsteârı Hacı Şeyh Süleyman, hüviyet-i hakikiyesi Kırım emlâk ve arazi komiseri Süleyman İdrisof ve refiki Veli İbrahimof Dersaadet'te İngilizlerin sıkı takibatına maruz kaldıklarından kendileriyle görüşmeden Şam vapuriyle İstanbul'dan savuşmuşlar; fakat halen nerede olduklarını bilmiyorlar. Bu iki zât Mustafa Kemal Paşa ile görüşmeye muvaffak olmuşlar mı?

9. Daha fazla malûmat edinmek resmen münasebatı siyasiyeye girmek arzu buyurulduğu takdirde kendileriyle beraber Moskova'ya murahhas gönderilmesini pek mühim görüyorlar. Ve kendileri bendenizi inha ve arzu ediyorlar. Murahhas gönderildiği takdirde münasebatın ve aradaki vaziyetin çok metin bir şekle gireceğini arzediyorlar.

10. Batum'daki Bolşeviklerle temas arzu ediyorlar. Bunun için Batum'da kim ile görüşmek lâzım?

11. Bâlâ'daki mevaddın Kuva-yi Milliyye'ye arzile sordukları suallere ecvebe-i lâzimenin yarın sabahına kadar behemehal iş'arını ehemmiyetle arzederim efendim.

Erkân-ı Harp
Mustafa

Cevabım

Erzurum
17.3.1336

3. Fırka Kumandanlığı'na,
C. 16/7. 31336. Numara 133 şifreye,

1. Erkân-ı Harp Mustafa Bey'in Rize'de görüştüğü adamların şüpheli olması dahi melhuzdur. Bu şüphe kendilerine hissettirilmeden âtideki suallerin Mustafa Bey tarafından sorulması münasiptir:

a) Bu adamlar ne milletten ve nerelidirler? Ne zaman ve ne için İstanbul'u terk ve ne zaman Rize'ye muvasalat etmişlerdir. İstanbul'da iken Türklerden kimlerle, ne zemin üzerinde görüşmüşler ve ne netice elde etmişlerdir?

b) İstanbul'da iken nasıl olmuş da Ankara'daki Hey'et-i Temsîliye ile doğrudan doğruya veya vasıta ile görüşmek fırsatını bulamamışlardır? Niçin, esaslı bir iş temin etmeden Rize'ye çıkmışlar ve Batum'a gidiyorlar?

c) Erkân-ı Harp Mustafa Bey Rize'de bu adamlarla ne münasebet ve suretle görüşmüş, bunlarla ne lisanla görüşmüştür? Bu adamların cinsleri nedir? Ve Bolşeviklik mes'elesine ne veçhile temas etmiştir?

2. Bu adamların İngiliz casusu olarak ve muayyen vezaifle Mustafa Bey'i takipte bulunmaları da muhtemeldir. Böyle bir ihtimâl olunca Mustafa Bey ve arkadaşlarının kıymetli vazifelerinden kalmamaları lâzımdır. Bunları bulundukları yerde diğer emin bir zabitinize takdim etsin? Hey'et-i Temsîliye ile arzu ettikleri mütebaki muhaberat ve müzakerata devam için orada misafir kalsınlar, takat İni adamlar behemehal durmayıp Batum'a geçmek isterlerse casus olduklarına ve Mustafa Efendi'yi takip ettiklerine şüphe kalmayacaktır. Derhal tevkif ve Trabzon'a celbolunsun.

3. Mustafa Bey onlara yalnız âtideki malûmatı vermelidir: Bütün Kafkasya İslâmları Türkiye'nin istikbal ve selâmet-i âtiyesinin temini için Kuva-yi Milliyye ile hemfikirdir. Bütün

Anadolu halkı Kuva-yi Milliyye nâmı altında müttehit ve pek kuvvetli olduğu ve istiklâlleri uğruna her şey yapabileceklerini söylesin. Bolşeviklik ve Batum'daki insanlar hakkında kat'iyyen bir şey söylemesin.

4. Balâdaki icraat neticesinin ve Mustafa Bey'in hangi sınıftan ve nereli olduğunun da ilâvesini zât-ı âlinizden rica eylerim.

15. Kolordu Kumandanı
Kâzım Karabekir

Erzurum
17.3.133

20. Kolordu Kumandanlığı'na,

Hey'et-i Temsîliye'yedir: Erkân-ı Harbiye Mektebi muallim muavinlerinden olup Azerbaycan'a gitmek üzere Trabzon'dan geçen Erkân-ı Harp yüzbaşı Mustafa Bey'in Rize'de tesadüf ettiği ve sıdk-u ifadelerine kanaat eylediği ve nereli oldukları ve milliyetleri hakkında malûmat vermediği üç Bolşevikle cereyan eden muhavere hülâsası ile bu husûs hakkında 3. Fırka kumandanına verilen emrin hülâsası zîrde arzedilmiştir.

1. Mustafa Bey'in muhaveresi: Bu adamlar teşkilât yapmak ve Bolşevikliğe mütemayil cemiyet ve fırk-ı siyasiye ile anlaşmak üzere yedi ay evvel Lenin tarafından İstanbul'a gönderilmişler ve Moskova'ya avdet eylemek üzere Rize'de bulunuyorlarmış. Kendilerinin Bolşevik olduklarını isbat için pantolon kemerlerinin iç astarına yazılmış resmî damga ile memhur vesikalarını da ibraz etmişler ve hülâsası emperyalizmi yıkmak ve dünyada bir inkılâp vücude getirmekten ibaret olan programlarını beyap ve âlem-i İslama ve Türklere temayül ibraz ederek dahilde bulunan Müslümanların dinî ve millî muhtariyetlerini kabul eyledikleri ve Bolşevik ordularının altı milyon olduğu ve silâh ve mühimmat fabrikaları ve İstanbul üzerine yapılacak büyük sevkülceyş hareketi

hakkında malûmat itâsından sonra Lenin'e arzedilmek üzere her suretle sahib-i selâhiyet Kuva-yi Milliyye Hey'et-i Temsîliyesi'nden âtideki mevaddı öğrenmek istediklerini ifade etmişlerdir:

a) Kuva-yi Milliyye Bolşeviklerle ne şekilde tevhid-i harekât ve faaliyet etmek ister?

b) Kuva-yi Milliyye'nin Bolşeviklere karşı nokta-i nazarı nedir?

c) Kuva-yi Milliyye Kafkasya'da ne dereceye kadar haiz-i kudret ve nüfuzdur?

d) Türkiye'de Bolşeviklik ilân edilirse padişah ve halifeye karşı ne vaziyet alınacak?

e) Kuva-yi Milliyye ile temasta bulunmak üzere bir ay evvel Moskova'dan gelen ve bu yakınlarda Ankara'ya giden nam-ı müsteârı Hacı Şeyh Süleyman ve hüviyeti haikikiyesi Kırım emlâk ve arazi komiseri Süleyman İdrisof ve refiki Veli İbrahimof Dersaadet'te İngilizlerin sıkı takibatına maruz kaldıklarından kendileriyle görüşmeden Şam vapuriyle İstanbul'dan savuşmuşlardır. Fakat halen nerede oldukları malûm değildir. Bu iki zât Mustafa Kemal Paşa ile görüşmeye muvaffak olmuşlar mı?

2. Bu ifadeler calib-i şüphe görüldüğünden malûmat ve mütalâa-i samilerine muntazır bulunduğumu arzeylerim.

3. Cevap sureti: (3. Fırka'ya yazılan emrin aynı)

15. Kolordu Kumandanı
Kâzım Karabekir

Cevap:

Ankara
18.3.1336

15. Kolordu Kumandanı Kâzım Karabekir Paşa Hazretleri'ne,

c. İrad buyurulan sualler gayet muvafıktır. Alınacak cevaplara göre icab ederse neticenin iş'ar buyurulmasını rica ederiz efendim.

Hey'et-i Temsîliye nâmına
M. Kemal

20. Kolordu Kumandan Vekili
Mahmut

Trabzon
19.3.1336

15. Kolordu Kumandanlığı'na,

C. 17/3/1336 tarih ve 43 No.lu şifre ile bilâ numaralı şifreye 18/3/1336 ve bilâ numaralı şifreye: Batum'da Bolşeviklerin İslâmların müzaheretini temin ederek faaliyete geçmesi ve bu havalinin işgaliyle İngiliz kuvvetlerinin tardı ve Yeşil Ordu ile de irtibat husulü ve Gürcülerin tarafımıza imâlesini temin eylemek üzere bu havalide uzun müddet kalmış ve tanınmış olan ve akrabası da bulunan 7. Alay kumandanı Rıza Bey'i bugün 19 Mart'ta Hopa'ya gönderdim. Kendisi buradan Yumre'deki alayının taburunu teftiş eylemek bahanesiyle hareket eylemiştir. Rıza Bey'in işbu muvakkat vazifesiyle bir kaç güne kadar Batum'un ahval-i hakikiyesine ve bu havalinin lehimizde ne gibi icraat ve faaliyette bulunabileceğine dair sahih ve kat'î malûmat elde edilecek ve aynı zamanda emir ve irade buyurulan faaliyete de serian geçilmesine çalışacaktır.

2. Erkân-ı Harp Mustafa Bey'e de beraberindeki zabit arkadaşlarıyla birlikte Batum'da arzu edilen faaliyetin derhal başlaması için icab edenlerle görüşmesi hakkında talimat-ı lâzime verilmişti. Mustafa Bey Birinci Kafkas Kolordusu erkân-ı harbiyesinde bulunmuş kıymetli, her veçhile şayan-ı itimad bir erkân-ı harp zabitidir. Batum'a gitmek üzere bindiği motor muhalefet,i hava dolayısıyla Rize'ye iltica eylemiş ve aynı sebeple oraya gelen diğer motörün yolcularıyla onlar

da tesadüfen buluşarak 6 Mart ve bilâ numara ile arzedilen malûmatı almıştır. Bu malûmatı veren Bolşevikler Müslümandır ve biri, beş-altı sene evvel Rusya'ya geçen bir Osmanlı Türk'tür. Diğeri Kırımlı ve Yâltalı bir Tatar Müslümandır. Trabzon'a Fırka'ya gelerek görüşmek istemişlerse de Mustafa Bey'e oradan ifadeleri alınması bildirilmiş ve bu suretle arz olunan malûmat alınmıştır. Bu adamların doğrudan doğruya motörle 16 Mart günü Batum'a hareket eyledikleri anlaşılmıştır. Mustafa Bey 17 Mart'ta Hopa'dan Batum'a geçmiştir.

3. Halil ve Nuri Paşalara verilmek üzere tebliğ buyurulan şifrenin birer sureti çıkarılarak Rıza Bey'e tefrik edilen topçu mülâzımı İbrahim Efendi vasıtasıyla Baku'ya gönderilmiştir. Rıza Bey, İbrahim Efendi'nin en emin ve serî bir surette Bakû'ya varmasını temin edecektir. İbrahim Efendi Bakû'da Halil ve Nuri Paşalar vesair icab edenlerle görüştükten sonra avdet edecektir.

4. 10 Mart'ta İstanbul'dan hareket eden bir Fransız vapuriyle Azerbaycan'a gitmek üzere yüzbaşı İhsan Efendi maiyet-i samilerinde Birinci Kafkas Kolordusu erkân-ı harbiyesinde çalışmış ve Erzincan'da arzusuyla kıtaata gitmiş olan İhsan Efendi'dir. Mumaileyhe de Halil ve Nuri Paşalara gönderilecek tahrirat-ı samilerinin birer sureti gönderilecektir. İhsan Efendi yarın Rize'ye oradan kara tarikiyle Batum'a hareket edecektir. Azerbaycan'a gönderilecek irade-i samileri var ise mumaileyhle gönderilmek üzere tebliğ buyurulması maruzdur.

3. Fırka Kumandanı
Rüştü

64. MECLİS-İ MİLLÎ'NİN ANKARA'DA TOPLANMASI KARARI

17 sabahı Hey'et-i Temsîliye'ye bir teklifte bulundum: "Meb'ûsların bir kısmı yoldadır. Bunları ve İstanbul'dan gelebilecekleri Ankara'da toplamak ve noksanlar için de ikinci seçmenler mevcut olduğundan noksanların tamamlanarak Millî Meclis'i Ankara'da açmak."

Akşam aldığım şifreden de bu husûsa karar verilmiş olduğu anlaşıldı. Şifre şudur:

Ankara
17.3.1336

Tehiri mucib-i mes'uliyettir.

15. Kolordu Kumandanı Kâzım Karabekir Paşa Hazretleri'ne,

Âtide arzolunan suretin gerek esas, gerek suret-i tatbîkinin tasvib edildiğini veyahut tâdili münasip olan nıkatın yarın vakt-i zahre kadar iş'arını rica ederim. Cevap ve muvafakat-i âlileri alındıktan sonra tamim edileceği maruzdur.

Hey'et-i Temsîliye nâmına
M. Kemal

Suret

İstanbul Meclis-i Meb'ûsân'a ve hükûmet-i merkeziyeye başta İngilizler olduğu halde Kuva-yi İtilâfiye tarafından resmen ve cebren vaz'-i yed olunarak hâkimiyet ve istiklâl-i Osmanî'nin haleldar edilmiş olması devletin vaziyet-i umûmiyesinde esaslı bir tebeddül vücude getirmiştir. Kanun-ı esâsîmizin taht-ı siyanetinde bulunması lâzımken kuvve-i teşriîye, adliye ve icrâiyeden ibaret olan Kuva-yi selâse-i devlet bugün mevcut değildir. Binaenaleyh vaziyet-i haziranın İstanbul ile rabıtası tamamen kat'edilmiş bulunan Anadolu'da icab ettireceği tarzı idareye ait esasâtı her milletin bu gibi zamanlarda müracaat ettiği ahvâle tevfikan bir meclis-i müessisan teşkiliyle tesbit etmek zarurîdir. Aynı zamanda makam-ı hilâfet ve saltanatın masuniyet ve istiklâlini ve makam-ı hilâfet ve saltanat olan İstanbul'un tabiisini istihdaf edecek mücahedat-ı milliyye meclis-i müessisanın mürakebesi elzemdir. Bu meclisin şu ahvale göre müstacel en ictimâındaki ehemmiyet dahi aşikâr olduğundan ve Meclis-i Millînin iştirakiyle meclis-i müessisanın davetine imkân-ı maddî dahi gayr-ı mevcut bulunduğundan bervech-i âti azanın nihayet 15 gün zarfında Ankara'da ekseriyet teşkil edecek surette içtimâ ettirilmesi hey'etimizce karargir olmuştur.

1. Meclis-i müessisan, Ankara'da içtimâ edecektir.

2. Meclis-i müessisan, azalan cesaret-i medeniye, kabiliyet-i fikriye, selâbet-i diniye ve milliyye gibi evsafı haiz olmakla beraber yirmi beş yaşından ekal olmamak ve sû-i şöhret esbabından bulunmamak meşruttur.

3. Meclis-i müessisan intihabında livalar, esas ittihaz edilecektir.

4. Anasır-ı gayr-ı müslime intihabata iştirak ettirilmeyecektir.

5. Her livadan beş azâ intihab olunacaktır.

6. Meclis-i müessisanın müstacelen ictimâındaki zaruret, ârâ-yı umûmiye-i milliyeye doğrudan doğruya müracaat suretiyle intihabatın icrasını mâni olduğundan intihabat idare ve belediye meclislerinde temerküz eden ârâ-yı milliyeye istinad ettirilmek tariki tercih edilmiştir. Binaenaleyh intiha-

bat her liva idare ve belediye meclisleriyle müdafaa-i hukuk hey'et-i merkeziyeleri tarafından aynı günde ve aynı celsede içtimâ edilecektir.

7. Meclis-i müessisan azâlığına her fırka, zümre, cemiyet -tarafından namzet gösterilmesi caiz olduğu gibi her ferdin bu mücahede-i mukaddeseye fiilen iştirak için müstakilen namzetliğini istediği mahellere ilâna hakkı vardır.

8. İntihabata her mahallin en büyük mülkiye memulu riyaset edecek ve selâmet-i intihabattan mes'ul olacaktır.

9. İntihab, rey-i hafi ve ekseriyet-i mutlaka ile icra ve tasnif-i ârâ meclisin içlerinden intihab edeceği iki zât tarafından ve fakat huzur-ı Meclis'te ifâ edilecektir.

10. İntihab neticesinde bilumum azanın imza veya mühürlerini muhtevi üç nüsha mazbata tanzim olunacak, bir nüshası mahellinde alıkonulacak diğer iki nüshasının biri intihab olunan zâta tevdi ve diğeri meclise irsal olunacaktır.

11. Meclis-i müessisan azâları meclisçe aralarında vaz'edecekleri usul ve nizama tevfikan muhassesat alacaktır. Ancak azimet harc-ı rahları intihab meclislerinin mesarif-i zaruriye hesabiyle takdir edeceği miktar üzer inden mahallî mal sandıklarınca ayrıca bir hesab-ı mahsus açılarak tesviye olunacaktır.

12. İntihabat işbu telgrafnamenin vüsulünden itibaren nihayet beş gün zarfında itmam olunarak azalarının tahrik ve netice ve isimleriyle iş'ar edilecektir.

20. Kolordu Kumandan Vekili
Mahmut

Kurucu Meclis sözünü şimdiden ilan doğru değildir. Meb'ûslar toplandıktan sonra verecekleri karara göre olmalıdır. Seçimlerde usullerimiz kanun ile belli iken neden değiştirmeli? Şu cevabı verdim:

Erzurum
17 Mart 1336

20. Kolordu Kumandanlığı'na,

C. 17/3/1336 tarihli şifreye:

Hey'et-i Temsîliye'yedir: Meclis-i âlileri ehemmiyetle tedkik edildi: Bugünkü telgrafname-i âcizîde dahi bahsettiğim veçhile kanun-ı esasinin ve intihabat kanununun vazıh ve müeyyit usulleri mevcut ve müntehib-i saniler muayyen iken bunları terk ve ihmal caiz değildir. Meclis i Millî'ye gelecek zevatın evsaf ve şeraitine gelince, bu da intihabat kanununda sarihtir. Şu takdirde belediyelerin ve meclis-i idarelerin intihabat umuruna tesir ettirilmesine lüzum yoktur. En mühim noktaya gelince Dersaadet'te hangi meb'uslarımızın mevkuf, hangilerinin serbest bulunduğu ve kaç kişinin, kaç gün sonra Anadolu'ya kaçıp sine-i millete iltihakına imkân hasıl olacağı bilinemeyeceği cihetle şimdilik bütün Meclis-i Millî'nin aynı badire-i felâkete uğradığı nazar-ı dikkate alınarak ve yine kanunun tâyin ettiği nüfus ve miktar üzerinden yeni meb'ûslar sür'atle intihab edilir ve fakat fevkalmemul inşallah bir çok meb'ûslarımız sağ salim kurtulur da Anadolu'ya geçerse teşekkül edecek Meclis-i Millî'de yeni ve eski meb'ûslarımızın iştirak ve karariyle ol zaman meclis-i müessisanın tesis ve ilâm daha muvafık olur. Evsaf-ı mümtâze-i lâyikaya sahip olanlardan Meclis-i Ayân ve hattâ hükûmet-i icraiye dahi teşekkül eder. İntihabatın sırf İslâmlara hasrı pek muvafıktır. İşte mütalâalarımızın bundan ibaret olduğunu ve bu mühim vaziyetin iyice tedkik ve tahlil buyurulmasını arzeylerim.

15. Kolordu Kumandanı
Kâzım Karabekir

Hey'et-i Temsîliye'den şu cevabı aldım:

Erzurum
18.3.1336

15. Kolordu Kumandanı Kâzım Karabekir Paşa
Hazretleri'ne,

C. Meclis-i Millî'nin mahiyet-i teşriîyeyi haiz olması için ayân ve meb'ûsânın müctemian bir mahalde bulunmaları lüzumu malûm-ı âlileridir. Binaenaleyh meb'ûs arkadaşlarımızdan kaçabileceklerin ekseriyet hasıl etseler bile âyân olmadıkça ki bunların gelmelerine meydan yoktur. Yine mahiyet-i teşriîyeyi haiz olamayacaklardır. Saniyen bir meb'ûsun cebren ifâ-yı vazifeden men'i veya tevkifi meb'ûsluk sıfatını ıskat edemeyeceğinden mevcut müntehib-i sanilerle yeniden intihab yapılarak ikmâli de kanunen caiz değildir. Salisen muamelât-ı umûmiye devlet-i merkeziye alâkasının münkati olması sebebiyle teşrî ve yapılacak icraat-ı mürakabe ve kavanin-i mevcutun in muhafaza-i ahkâmını temin edecek bir meclis, ancak milletin müessisan selâhiyeti ile intihab edeceği vekillerden mürekkep olabilir. Bunların haricinde bir hey'et veya bir meclisin kuvvetli bir sıfat ve selâhiyeti olamaz. Şu hâlde kavanin-i mevcutenin mer'iyetini ve tarz-ı idare-i kadimini kemafıssabık muhafaza etmekle beraber memlekette vahdet-i idareyi temin ve icabında ittihaz edilecek tedabir-i fevkalâdenin ittihazı için selâhiyet-i teşrîye milletten alan bir hey'ete lüzum vardır ki o hey'et meclis-i müessasan olabilir. Meclis-i Millî'nin hükümetin mefkudiyeti kanun-ı esâsı ahkâmının tamamı tatbikine imkân bırakmadığı gibi meb'ûsan Ankara'da toplanabilmese dahi tamam-ı tatbikine kanunî bir tarzda davet edebilmesi âyanın tasdik ve iradenin sudur etmesine mütevakkıftır. Kurtulup gelebilecek meb'ûsların muvasalatı ve burada içtimâ zamanı gayr-ı muayyen olduğu için ve bugünkü hâlin devamı memlekette anarşi tevlid edebileceği mülâhazasiyle Hey'et-i Temsîliye meb'ûslardan kurtulup iltihak edebilecekleri dahi dahil olmak üzere böyle bir meclisin ictimâa davetini elzem mütalâa ediyor. Her tarafta başlaması muhtemel olan münferit hareketlerin ve ictihadların ancak böyle bir meclisin hâkimiyetiyle telif olunabileceğini tasavvur ediyoruz. Meclis-i müessisan azâları müntehib-i saniler tarafından intihab ettirmek yine arzu buyurulan vaziyet-i kanuniye temin edemeyecektir. Çünkü müntehib-i saniler ancak meb'ûs intihab edebilirler ve intihab ettikleri meb'ûslar vefat veya istifa etmedikçe sıfat-ı vekâletleri sükut etmeyeceğinden yerlerine diğer bir meb'ûs veya mevcuta ilâveten fazla meb'ûslar intihabına selâhiyetleri yoktur. Maahaza müntehib-i saniler de livalarda intihab meclisine idhal olunarak o nokta-i nazardan varid-i mahzur bertaraf edilebilir. Evvelce de arz olunduğu veçhile zamanın müsaadesizliğine mebni kendisinde ârâ-yı umûmiyenin temerküz etmiş olduğuna şüphe olmayan idare ve belediye meclisleriyle Müdafaa-i Hukuk hey'etlerince şu intihabatın icrasından başka çare-i âcil olmadığı mütalâasındayız. Hristiyanlar hakkındaki kaydın tayyi muvafıktır. Tekrar mütalâa-i âlilerine makina başında intizar eylediğim maruzdur. Bu babda serî karar vermek ve hemen icabatına tevessül eylemek lüzumunu hissediyoruz, efendim.

Hey'et-i Temsîliye nâmına
M. Kemal

Şu cevabı yazdım:

Erzurum
18.3.1336

Ankara'da Müdafaa-i Hukuk Hey'et-i Temsîliyesi'ne,

C. 18.3.1336 şifreye:

1. İzah buyurulan mütalâata ve bazı taraflardan yeniden meb'ûs intihabında görülecek müşkilâta binaen tasavvur buyurulan tarzda bir meclisin intihab ve Ankara'da içtimâi muvafık görülmüştür. Yalnız meclis-i müessisan tâbiri milletimiz için pek yabancı olduğu gibi bazı sû-i tefehhüm ve telâkkilere de sebebiyet vereceğinden bilâhire ictimâdan sonra icab ederse bu nâm verilmek üzere şimdilik her tarafta padişahsız ve hükümetsiz kalan İslâmların müracaat ettiği ve Kitab-ı Mübinimizde mezkûr olmak itibariyle itikad-ı diniye ve an'anat-ı

milliyemize de muvafık ve ülfet dolayısıyla efkâr-ı umûmiyeye de pek mülâyim ve pek men'us geleceği cihetle bu meclise Şûra-yı Millî denilmesini daha münasip buluyoruz.

2. Esbab-ı mucibenin esasat-ı diniyyeye ittiba ettirilerek gayet kuvvetli ve müessir kelimelerle ifadesini ve meselâ hâkimiyet ve istiklâl-i Osmanî'nin haleldar edilmiş cümlesi yerine hilâfet ve saltanat kalbgâhında vurulmuş hâkimiyet ve istiklâl-i Osmanî ref ve imhâ edilmiş cümlesinin konulması ve bu meclisin inşallah kurtulup gelecek meb'ûsların da iltihakıyle takviye edileceği kaydının ilâvesini,

3. Beşinci maddede her livadan beş azâ intihab edileceği bildiriliyor ise de gerek kaht-ı rical ve gerekse masrafın fazlalığı ve müreffehen seyahatlarının teminindeki müşkilât dolayasiyle bu miktarı çok gördüğümüzden 2 ilâ 3 olarak tadilini muvafık gördüğümüzü arzeyleriz.

Kâzım Karabekir

Gelen cevap:

Ankara
19.3.1336

15. Kolordu Kumandanı Kâzım Paşa Hazretleri'ne,
Aceledir.

C. 18.3.1336 Mütalâat-ı âlileri tamamıyla rnusip görülmüş ve nazar-ı dikkate alınmıştır.([3]) Yalnız adet mes'elesi hakkında bervech-i âti mütalâatta bulunuyoruz. Meclis-i Meb'ûsân'ın ekseriyet mes'elesi hakkında vaki olan şikâyet ve itirazat malûm-ı âlileridir. Toplanacak meclisin hiç olmazsa Meclis-i Meb'ûsân ve Ayan azâsı mecmuuna tekabül etmesi selâhiyet ve mahiyet itibariyle lüzumlu telâkki edildiği gibi

---

3 Meclis-i Müessisan teşkili için lüzum görmüyordum. Nitekim Ankara'da toplanan Meclis-i Millî de buna lüzum görmedi. Ben bu lüzumu iyi bir sulha nailiyetten sonra şekl-i devleti kararlaştırmak için faideli ve elzem görüyordum. Maatteessüf icab ettiği zaman **teklifim kaale alınmayarak devletin şekli tebdil olunurken bana dahi haber vermeye lüzum görmediler.** Tafsilâtı gelecektir.

bazı yerlerden gelmemesi ihtimâline binaen ekseriyetin de haiz-i ehemmiyet bir yekûnda bulunması mülâhazasiyle her livadan beşer azânın intihabı düşünüldü. Talimat badetteyiz tamim edilmek üzeredir efendim.

Hey'et-i Temsîliye nâmına
M. Kemal

Telgrafla 20'de talimat da geldi, şudur:

Tamim

Makarr-ı hilâfet-i İslâmiye ve payitaht-ı saltanat-ı Osmaniye'nin düvel-i İtilâfiye tarafından resmen işgali kuvve-i teşriiye ve adliye ve icradan ibaret olan Kuva-yi temsîliye-i devlet-i muhtel etmiş ve bu vaziyet krşısında ifâ-yı vazifeye imkân görülemediğini hükümete resmen tebliğ ederek Meclis-i Meb'ûsân dağılmıştır. Şu hâlde makam-ı hilâfet ve saltanatın masuniyet-i istiklâliyeti ve Devlet-i Osmaniye'nin tahlisi temin edecek tedabiri teemmül ve tatbîk etmek üzere millet tarafından selâhiyeti fevkalâdeyi haiz bir meclisin Ankara'da ictimâa davet ve dağılmış olan meb'ûsândan Ankara'ya gelebileceklerin dahi bu meclise iştirak ettirilmesi zarurî görülmüştür, binaenaleyh zîrde dercedilen talimat mucibince intihabatın icrası hamiyet ve vatanperveranelerinden muntazırdır.

1. Ankara'da selâhiyet-i fevkalâdeyi haiz bir meclis umur-ı milleti tedvir ve mürakabe etmek bir meclis âza olarak intihab olunacak zevat-ı meb'ûsân hakkında şerait-i kanuniyeye tâbidir.
2. İntihabatta livalar esasat ittihaz edeceklerdir.
3. Her livadan beş azâ intihab olunacaktır.
4. Her liva kazalardan celbedebileceği müntehib-i sanilerden ve merkez liva müntehib-i sanilerden ve liva idare ve belediye meclisleriyle liva müdafaa-i hukuk hey'et-i idarele-

rinden ve vilâyetlerde merkez-i vilâyet hey'et-i merkeziyelerinden ve vilâyet idare meclisiyle merkezi vilâyet belediye meclisinin ve merkezi vilâyet ile merkez kaza ve merbut kazalar müntahib-i sanilerden mürekkep bir meclis tarafından aynı günde ve aynı saatte icra edilecektir.

5. Bu meclis azâlığına her fırka, cemiyet tarafından namzed gösterilmesi caiz olduğu gibi her ferdin de bu mücahede-i mukaddeseye fiilen iştirâki için müstakil namzetliğini istediği mahalde ilâna hakkı vardır.

6. İntihabata her mahallin en büyük mülkiye memuru riyâset edecek ve selâmet-i intihaptan mes'ul olacaktır.

7. İntihab rey-i hafi ve ekseriyet-i mutlaka ile icra ve tasnif-i ârâ meclisin içlerinden intihab edeceği iki zât tarafından huzur-ı mecliste ifâ edilecektir.

8. İntihab neticesinden bilumum âzâların imza ve zatî mühürünü muhtevi üç nüsha tanzim olunacak, bir nüshasının bir intihab olunan zevata tevdi, diğeri meclise irsal olunacaktır.

9. Azâların alacakları tahsisat bilâhire meclisçe takarrür ettirilecektir. Ancak azimet harc-ı rahları intihab meclislerinin mesarif-i zaruriye hesabiyle tekarrür edeceği miktar üzerinden mahalleri hükümetlerince temin olunacaktır.

10. İntihabat nihayet onbeş gün zarfında ekseriyetle Ankara'da içtimâını temin edebilmek üzere ikmâl olunarak azâlar tahrik ve neticede azânın isimleriyle birlikte dahilî iş'ar edilecektir. İşbu telgrafın saat-i vücûlü bildirilecektir. Kolordu kumandanları ve vilâyete ve müstakil livalara tebliğ olunmuştur. 19 Mart 1336

Hey'et-i Temsîliye nâmına
M. Kemal

Tehir edilemez:
15. Kolordu Kumandanlığı'na,
İntihabat hakkında icra edilen 19.3.1336 tarihli tebligata zeyildir.

Müntehib-i sanilerin merkez-i livaya celbi tehirat ve müşkilâtı mucib olacağından bahisle intihabatın kaza merkezlerinde icra hakkında bazı makamattan teklifat vuku bulmaktadır. Meclisin sür'at-i mümkine ile içtimâi icab ettiğinden bu teklif nazar-ı dikkate alınmış ve müntehib-i sanilerin celbi mucib-i tehir olacak livalar intihabatın kazalarda icrasına bir beis görülmemiştir. Bu takdirde husûsat-ı âtiye nazar-ı dikkate alınmalıdır:

1. Livanın muhtelif kazalarında aynı günde ve kaza hey'et-i idaresine belediye meclisi, Müdafaa-i Hukuk azâları ve müntehib-i sanilerden mürekkep hey'et tarafından icra-yı intihabı.

2. Bütün liva nâmına beş azâ intihab olunacağından kazalarca intihab olunacak zevâtın listeleri telgrafla merkezi livaya verilerek tasnif-i ârânın liva merkezlerinde meclis-i idare, belediye mecalisi, Müdafaa-i Hukuk azâları ve merkez-i livada mevcut müntehib-i sanilerden mürekkep hey'et huzurunda intihabat hakkındaki talimatın sekizinci maddesi fıkra-i ahiresi mucibince icrası,

3. İntihabatı kazalarda yapılacak livalardan intihab olunacak zevata ait mazbataların dahi dokuzuncu madde mucibince ihzarı.

Hey'et-i Temsîliye nâmına
M. Kemal

Mahallî hükümetlere gereken yardımın yapılmasını birliklerime emrettim.

18 Mart ve sonraki günlerde her tarafta halk mitingler yaptı. İstanbul fecî olayının medenî hukuk ve insanlığa aykı-

rı olduğunu protesto ettim ve İstanbul'da Felemenk, İsviçre, Danimarka, İspanya, İsveç, Norveç ve Antalya'da İtalya temsilcileri vasıtasıyla bu hükümetlerin dışişleri bakanlıkları ile millet meclisi başkanlıklarına telgrafla yazıldı. Hey'et-i Temsîliye'den bildirilen beyannameyi binlerce bastırttım. Elviye-i selâseye, Kafkasya'ya İran'a her tarafa gönderttim. Bölgeme de dağıttım.

Âlem-i İslâm a Beyanname,

Hilâfet-i mukaddese-i İslâmiye'nin makarr-ı âlâsı olan İstanbul'da Meclis-i Meb'ûsân ve bilcümle müessesat-ı resmiye ve askeriyeye vaz'-ı yed olunmak suretiyle resmen ve cebren işgal edilmiştir. Bu tecavüz saltanat-ı Osmaniyye'den ziyade makam-ı hilâfeti, hürriyet ve istiklâllerinin istinadgâh-ı yegânesi gören bütün âlem-i İslama racidir. Asya ve Afrika'da Peygamber pesendane bir ulviyetle hürriyet ve istiklâl mücahedesinde devam eden ehl-i İslâmın Kuva-yi mâneviyesini kırmak için son tedbir olarak İtilâf devletleri tarafından tevessül olunan bu hareket, Hilâfet makamını taht-ı esarete alarak bin üç yüz seneden beri payidar olan ve müebbetlen masun-ı zeval kalacağına şüphe bulunmayan hürriyet-i İslâmiyeyi hedef ittihaz etmektedir. Mısır'ın on bine baliğ olan şüheda-yı muazzezesine, Suriye ve Irak'ın binlerce fedakâr evlâd-ı muhteremcesine, Şimalî Kafkasya'nın, Türkistan'ın, Efganistan'ın, İran'ın, Hinci, Çin velhasıl bütün Afrika'nın ve bütün şarkın bu gün azîm bir heyecan ve derin bir emel-i istihlas ile titreyen efkâr-ı müşterekçesine havale edilmiş olan bu darbe-i tahkir ve tecavüzün düşmanlar tarafından tahmin edildiği veçhile maneviyatı haleldar etmek değil belki bütün şiddetiyle mucizeler gösterecek bir kabiliyet-i inkişafiyeye mazhar eylemek neticesini tevlid edeceğine şüphemiz yoktur. Osmanlı Kuvayı Milliyyesi hilâfet ve saltanatın uğradığı müteselsil sû-i kasdların başladığı günden beri devam eden samimî vahdet ve tesanüd içinde vaziyeti bütün vahametine rağmen azim ve metanetle telâkki etmekte ve bu son ehl-i salib muhacematına karşı bütün İslâmiyet, cihanın hissiyat-ı müşterekesi mukavemetine emin olmaktan mütevellid bir hiss-i müzaheretle azim ve imanın âmil olduğu mücahedede inayet ve muvaffakiyat-ı ilâhiyeye mazhar olacağına itimad eylemektedir. Kurun-ı vustanın şövalyeliklerinden bugünün ittifak-ı itilâfiyelerine kadar meş'um bir teselsülü gaddarane ile tevali eyleyen ehl-i salib ekradının bu son amele-i sefilesi İslâmiyetin nur-ı irfan ve istiklâline ve Hilâfetin tarsin ettiği uhuvvet-i mukaddeseye merbut olan bütün Müslüman kardeşlerimizin vicdanında da aynı hiss-i mukavemeti ve aynı vazife-i galeyan ve kıyamı uyandıracağından emin olarak Cenab-ı Hakk'ın mücahedat-ı mukaddesemizde cümlemize tevfikat-ı ilâhiyesini terfik etmesini ve ruhaniyet-i Peygamberiyeye istinad eden teşkilât-ı müttehidemize muin olmasını niyaz eyleriz.

Müdafaa-i Hukuk
Hey'et-i Temsîliyesi nâmına
Mustafa Kemal

Matı durumu ve gereksiz yere tahripler yapılmamasını yazmıştım. Cevap geldi.

Ankara
18.3.1336

15. Kolordu Kumandanlığı'na,

C. 17 Mart 1336

1. 17 Mart akşamı istihkâm müfrezesi de dahil olduğu halde 150 kişilik bir müfrezemiz Lefke'ye muvasalat edip bugün alessabah Geyve Boğazı'na hareket etmiştir. Vazifesi Geyve Boğazı'ndaki mühim tünel ve köprüleri tahrib etmek, Geyve'yi işgal ederek Dersaadet'ten sonra Anadolu telgraf hututunun santralını teşkil eden mevki-i mezkûru işgal ederek Anadolu muhaberatını Geyve üzerinden temin etmek ve tahribat mahallerini müdafaa etmek ve Geyve Boğazı'nın esaslı bir surette müdafaasını temin edecek olan Kuva-yi Milliyye'yi

cem ve tahşid etmekten ibarettir. Adapazarı'ndan da bir nizamiye kuvvetinin Geyve'ye gönderilmesi 7. Fırka Kumandanlığı'na tebliğ edilmiştir. Geyve Boğazı'nın yarın akşama kadar arzumuz dahilinde işgal edileceğini tahmin etmekteyiz.

2. Eskişehir'de kalmış olan 350 muharip ve 16 otomatik tüfek ve 2 bomba topundan ibaret İngiliz müfrezesinin silâhları alınıp şimendifer istasyonu ve hattına vaz'-ı yed etmek ve Eskişehir'e tamamen hâkim olabilmek için icra edilen tahşidat bu akşama kadar hitam bulmak üzeredir. Ve teşebbüsata bu geceden itibaren başlanılacaktır. Elyevm Eskişehir'de 250 muharip ve 4 makinalı tüfekten ibaret bir nizamiye taburu olup mahallinde de 200 kadar Kuva-yi Milliyye cemedilmiştir. Sivrihisar'daki nizamiye taburu da dün sabah Eskişehir'e tahrik edilmiştir. Bu sabahki trenle kaymakam Mahmut Bey iki kudretli, iki makinalı tüfek ve 211 muharip piyade ile Eskişehir'e hareket etti. Saat 4, sonrada Sarıköy'e muvasalat ettiğine dair haber alınmıştır. Bu istasyon Eskişehir'den sonra Ankara'ya doğru ikinci istasyondur.

1. Afyon Karahisarı'ndaki İngiliz kuvvetlerinin plân mucibince silâhlarının alınması yeniden yazılmıştır. Bugün Afyon'dan alman malûmattan İngilizlerin oradaki mevcut kuvvetlerini vagonlara irkâp ettiği anlaşılmıştır. Bunların Eskişehir'e hareketi halinde Afyon ile Eskişehir arasında tahribat yapılması tebliğ edilmiştir.

2. Çiftehan ile Ulukışla arasında 15 metre tulünde bir şimendifer köprüsü tahrib edildiği gibi Ulukışla cenubunda da 125 metre tulünde bir tünelin tahrib ihzaratı ikmâl edilmiştir.

3. Geyve Boğazı Eskişehir ve Ulukışla'daki icraat ve teşebbüsat plân mucibince icra edilmekte olup şimdiye kadar da gayr-ı müsait bir ahval zuhur etmemiştir efendim....

Mustafa Kemal

Hey'et-i Temsîliye'nin 19 ve 20 Mart tarihli telgraflarında bildiriliyor: "Rauf ve Vasıf Beylerin İngilizlerin Meclis-i

Meb'ûsan'dan zorla aldıkları ve eski Harbiye Nâzırı Cemal Paşa (Isparta meb'ûsu), göz doktoru Esad, âyândan Çürüksulu Mahmut, Genel Kurmay eski başkanı Cevat Paşaları ve diğer bazı kimseleri de tevkif ettikleri([4])"

---

4   Meclisi İngilizlerin nasıl bastıkları ve Meclis'in ne yaptığı hakkında vak'ada bulunan meb'ûslardan sonraları şöyle dinledim: İngilizler Rıza Paşa kabinesini tazyik ediyorlar ki, Anadolu harekâtına iştirak edenlere âsî densin. Rıza Paşa kabul etmiyor, sonra gelen Salih Paşa kabinesi de kabul etmiyor. Bunun üzerine 16 Mart Vak'ası hadis oluyor. İngilizler meclisten Rauf ve Kara Vasıf Bey'i alıyorlar. Teslim olmamak hakkında bazı fikirler dermiyan olunuyorsa da neticede cebren aldıklarına dair İngilizlerden senet alınarak teslim oluyorlar. Ertesi gün Edirne meb'ûslarından Şeref ve Faik Beyler ve İstanbul meb'ûsu Numan Efendi de aynı tarzda alınıyor. Celâlettin Arif Bey'i de arıyorlarsa da kaçmış bulunuyor. Yazıhanesinde de arıyorlar, bulamıyorlar. Bazı meb'ûslar meclisin dağılmasını teklif ediyor. Erzurum meb'ûsu Ziya Bey itirazla diyor ki: Halk bizi ya Malta'ya, ya baltaya diye gönderdi, dağılmayalım, İngilizler bizi süngü ile dağıtsın bu -zatın Erzurum müftüsüne yazdığı mektupta, meclise bir taarruz olmadığı, İttihatçı gürültüsü olduğu, İstanbul'da değişmiş bir şey bulunmadığı, meclisin İstanbul'da devamı lüzumunu bildiriyordu. Bu mektup ele geçerek Ankara Meclis-i Millîsine gönderildi ve bu adamın meb'ûsluğu ıskat olundu.- Meclisin ekseriyeti şu kararı veriyor: Umûmî müzakereler tatil olunsun, encümenlerde işlere devam olunsun, İngilizleri protesto ederek medeni devletlere bildirelim. Meclisin kararı ayana bildiriliyor. Ayânda vasfi/Molla itiraz ediyor. Bilhassa Rıza Tevfik de itirazla: "üç devlet-i muazzama birkaç caniyi aldı, bunda meclise taarruz yoktur, meclis haksızdır, protestoları da haksızdır" diyor. Çürüksulu Rıza Paşa diyor ki: "Mahmut Paşa'yı da İngilizler haksız aldı, bu zat namuslu bir zattır, kurtarılması için teşebbüslerde bulununuz." Rıza Tevfik cevap veriyor: "O da sebepsiz alınmadı, O da İttihatçılardan olduğundan alındı." Rıza Paşa diyor ki "İttihatçılar Mahmut Paşa'yı Harb-i Umûmî'ye iştIrak etmediğinden dolayı Köprü'de başına taş vurmuşlardı, sırf tezviratla alındı" diyor. (Milletin ayanının müzakere ve kararı tarihimiz için en büyük şindir) Ferit Paşa kabinesi bu müzakerenin ferdasında iş başına geliyor ve Kuva-yi Milliyye aleyhine hatt-ı hümâyûn neşrediliyor. Hatt-ı hümâyunun hülâsası: "Harekât-ı milliye fesad ocağıdır. İştirak edenler imhâ olunacaktır" bir de fetva çıkarılarak hükm-i idam da şeraite uyduruluyor! İki reis vekili "Abdülaziz Mecdi ve Hüseyin Kâzım beyler" Ferit Paşa'ya tebrike gidiyorlar. Ferit Paşa meclisden şunları anlamak istiyor:

(1) Anadolu'da bir meclis toplanıyormuş, bu hususta meclisin fikri nedir?

İstanbul hakkında malûmat olduğundan aynen her iki telgrafı da yazıyorum:

18.3.1336 tarihine kadar İstanbul hakkında alınabilen malûmat bervech-i âti tamim olunur:

1. İngilizler Sivas meb'ûslarından Rauf ve Vasıf Beyleri Meclis-i Meb'ûsân içinde cebren alarak götürmüşlerdir. Meb'ûslar Meclis'i terk edip dağılmışlar ve vaziyet-i hazıra karşısında ifa-yı vazife mümkün olamayacağını hükümete bildirmişlerdir. Harbiye Nâzır-ı sabıkı İsparta mebûsu Cemâl, A'yândan Çürüksulu Mahmut, sabık Erkân-ı Harbiye-i Umûmuye Reisi Cevat, İstanbul'daki Millî Kongre Reisi Es'ad paşalarla Edirne meb'ûslarından Eşref(⁵) ve Faik Beyler ve İstanbul meb'ûsu Numan ve Mevki-i Müstahkem Kumandanı Miralay Şevket Bey mevkufin meyanında bulunmaktadırlar. Tevkifata devam olunmaktadır. İstanbul'dan Anadolu'ya se-

(2) Şerait-i sulhiye ağır geleceği anlaşılıyor. Bunu tasdik edip etmeyeceği?

(3) Hatt-ı hümâyûn ve fetva hakkında meclisin istisasatı nedir?

Reis vekilleri bu sualleri meclis diye toplanan kümeye soruyor. Erzurum meb'ûsu Ziya Bey diyor:

(1) İstanbul meclisi asildir. İntihabla gelmiştir. Anadolu'dakiler hadis olan vaziyet üzerine toplanıp anlaşacaklar, bir karar verecekler, bundan bir şey lâzım gelmez.

(2) Şerait-i sulhiye bilinmeden evvel söz söylemek abestir. Bu da mevzu-i bahis olamaz.

(3) Harekât-ı milliyeye iştIrak edenlere âsi demeye gelince, doğu vilâyetleri halkı memleketlerinin istihlâsı için olduğundan bunlara âsi denemez. İzmir meb'ûslarından biri de kendi mıntıkası halkını müdafaa ediyor. Kütahya meb'ûsu Rasih Efendi diyor ki: Hükümetin aczi evlerimizde rahat yatırmıyordu. Kuva-yi Milliyye bize emniyet verdi. Biz de bu harekete iştIrak edenlere âsi diyemeyiz. Meclis de umûmî kararını böyle veriyor. Ferit Paşa'ya iblâğ olunmak isteniyor. Fakat Ferit Paşa Saray'a gittiğinden bulamıyorlar. Hey'et-i Vükelâ ise meclisin feshini kararlaştırmış. Akşamdan merkez kumandanı Mustafa Natık Paşa meclisin muhafızlarını değiştirmiş. Ertesi gün polis müdürü ile birlikte gelerek mevcut bir kaç meb'ûsa demiş ki: Meclis kapandı, buyurun!... Herkes çıktıktan sonra kapıyı kapatıp anahtarları alıp gitmiş!... Şerefsiz adamlar!... Halbuki bu meclise kilit vurulurken millî hükümet Ankara'da tulu' ediyordu...

5   Şeref Bey olacak [Naşir]

yahate ancak İngiliz pasaportu ile müsaade olunmaktadır.

2. İngilizlerin İstanbul'u işgali gerek İstanbul ve gerek mülhakat ahalisi tarafından istihfaf ile karşılanmıştır. İngilizlerin göstermiş oldukları telâş ve büyük caddelerin ağzında köprünün etrafında yüksek mebaninin üzerlerinde top, mitralyöz müsellâh efrad ikamesi ve sefain-i harbiyenin toplarını İstanbul'a çevirmek suretiyle aldıkları tertibat pek gülünç görülmüştür. Ahali-i Müslimeden hain-i vatan olanlardan gayrısında kuvve-i mâneviyeleri pek yüksekten Anadolu'ya rapt-ı kalp ile atiye muntazırdırlar.

17.3 1336'da Hürriyet ve İtilâf Fırkası Sadık Bey'in riyâsetinde içtimâ ile şehrî altmış İngiliz lirası maaşla bazı kesanı Anadolu'ya iknaa memur etmek kararı vermişlerdir.

Başta İngilizler olmak üzere İtilâf devletlerinin bütün medeniyet ve insaniyet esasat-ı mukaddesesini ve harekât-ı vakalarından dolayı kariben izhar-ı nedamet edeceklerine şüphe edilmemelidir. Tevfik-i İlâhidir.

Bu tamim, bilcümle kolordulara, vilâyetlere, müstakil livalara ve bilcümle Müdafaa-i Hukuk, Anadolu Kadınlar Cemiyetlerine, Belediye riyasetlerine yazılmıştır.

Heyet-i Temsîliye nâmına
Mustafa Kemal

15. Kolordu Kumandanlığı'na,

19/20.3.1336 akşamına kadar İstanbul'dan alman yeni malûmat bervech-i âti arzedilir:

1. Ayandan Çürüksulu Mahmut Paşa ile Millî Kongre reisi Esad Paşa ve refikası darpedilerek alındıkları ve Cevat Paşa ile Mahmut Paşa'nın kelepçelerle sevki edildikleri, İzmir meb'ûsu Tahsin Bey'in ve İsparta meb'ûsu Cemal Paşa'nın yatak odalarından ve refikaları yanından cebren alındıkları, Meclis-i Meb'tısân Reisi Celâlettin Arif Bey'i tevkif etmek istemişlerse de müşarünileyh ihtifa eylediği bildirilmiştir.

2. İstanbul'da cebren kapılar kırılarak evlere duhul ediyorlar. Ayandan Abdülkadir Efendi'nin İngiliz tarafından bu hafta zarfında Kürdistan'a gönderileceği anlaşıl iniştir. Alâkadaranın nazar-ı dikkati celbolunur.

İngiliz polislerine eşhas göstermek için plâncılar refakat ediyor.

Yakında İstanbul'daki bütün kıtaatın eslahası alınacak, efrad haricî bir mahalde esir-i harp olarak zabıtan da aynı vaziyette bulundurulacaktır.

19/3/1336'da sabık Samsun ve havalisi kumandanı mirliva Refet Paşa da Dersaadet'te İngiliz tarafından tevkif edilmiştir.

Almanya'da askerî bir ihtilâl neticesinde Petrih ve Kap vesaire hükümeti ele aldılar.

Bulgar reis-i nuzzarı garbî Trakya'nın Yunanistan'a terkinden dolayı süferaya bir ültimatom verdi ve fena akıbetlere intizar edilmesini söyledi.

Batum'da Cemiyet-i Hayriye-i İslâmiye ile Bolşevik Kulübü müttehiden çalışıyorlar. İşbu malûmatın köylere kadar îsâli bilcümle cemiyetten rica olunur.

Mustafa Kemal

20 Mart'ta Hey'et-i Temsîliye'den gelen şifrede pek mühim olarak iki Sırp ve iki Romen tümeninin Anadolu harekâtına ayrıldığı kesinleşmiş olarak bildirildi. Ben buna inanmadım. Bolşevikler Romanya hududunda iken buna nasıl inandılar. Bu husûstaki şifreleri sırasiyle yazıyorum:

Tehiri caiz değildir

Ankara
19.3.1336

15. Kolordu Kumandanlığı'na,

19/20.3.1336 akşamına kadar açık tamın muhteviyatından maada mevsuk malûmat bervech-i âti maruzdur:

17 lokomotif Rumeli'den Haydarpaşa'ya çıkarılmış,

İki Sırp iki Romen fırkası Anadolu harekâtına tahsis edilmiş,

İzmir Yunan kuvvası kırk bin kişi ile takviye edilmiş,

Hükümeti iskat ile muhalif bir hükümetle tevkifat ve icraatını teşdid İngilizlerin emelidir.

Buradaki Fransızlar İngilizlerin nümayişkârane harekatından müteessirdir.

Posta ve telgraf el'an taht-ı işgal ve mürakabededir.

Sizin mümkünse İngilizlerden bir kaç rehin zabit almanız lâzımdır.

Bir İngiliz hey'etinin o tarafa gelmesi muhtemeldir.

Bandırma ile irtibat vardır.

24 meb'ûsla Halide Edip Hanım yoldadır.

Hey'et-i Temsîliye nâmına
M. Kemal

Cevabım:

Hey'et-i Temsîliye'ye,

C. 19/3/1336 Şifreye:

1. Mevsuk bir menbaa atfen iş'ar buyurulan malûmat sırasında iki Sırp ve iki Romen fırkasının Anadolu harekâtına tahsis edilmiş olduğu bildirilmektedir. Besarabya hududunda dayanan ve buradan da Romanya hududuna teveccüh edecek Bolşevik taarruzlarının ve Bulgaristan'daki Bolşeviklik cereyanının tevlid edeceği tehlikelere karşı Romanya ve Sırbistan'dan ikişer fırkanın Anadolu'ya celb ve tahsisi hakkındaki malûmatın sıhhati tasavvur ve kabul buyuruluyor mu ve bu fırkalar halen nerede imiş ve kim görmüş?

2. Mezkûr şifrenin yedinci maddesine İngilizlerden bir kaç

rehin zabit alınması emir buyurulmaktadır. Kolordu mıntıkasında Erzurum'daki İngiliz kaymakamı eslâhadan tecrid edilmiş ve taht-ı tarassuda alınmıştır. Ve her zaman elimizdedir. Trabzon'daki İngiliz mümessiline ve Yunan Salib-i Ahmer eşhasına ise sahilin hususiyet-i ahvali itibariyle bir şey yapılmamış ve tatbik edilecek suret-i muamele İtilâf mensubini hakkında diğer mümessillere de yapılan muamele hakkındaki iş'ar-ı devletlerine talik olunmuştur.

3. Keza şifrenin 8. maddesinde aynen bir İngiliz hey'etinin nereye, ne suretle ve nereden geleceği anlaşılmamıştır. İzah buyurulmasını istirham eylerim.

15. Kolordu Kumandanı
Kâzım Karabekir

Mukabil cevap:

Ankara
22.3.1336

15. Kolordu Kumandanlığı'na,

1. Anadolu harekâtı için iki Sırp, iki Romen fırkasının tahsis olunacağı hakkındaki havadis menbar bize İstanbul hakkında Kartal telgrafhanesi vasıtası ile malûmat ve İstanbul'un teşkilâtımızca şayan-ı itimad olan zevâttır. Bunlar bu havadisi diğer haberler meyanında ve İstanbul muhitinden almışlardır. Mahiyeti gayr-ı resmî olduğu gibi bizce de itimad-ı kat'iyye lâyık addolunmamıştır.

2. Bir İngiliz hey'etinin buraya geleceği hakkındaki haberin menba ve mahiyeti aynıdır. Mahza zât-ı âlilerince de malûm olmak üzere aynen arzedilmişti.

Hey'et-i Temsîliye nâmına
M. Kemal

20'de Trabzon'dan aldığını bilgilerde: "İngiliz bandıralı iki mühimmat yüklü vapur Novorosiski'ye çıkarılmak üzere gitmiş iken Bolşeviklerin şehri zabtetmek üzere olduğunu gördüklerinden Batum'a gelmişler ve mühimmatı Ermenilere teslim etmişlerdir. Gürcüler bunu İngiliz valisine protesto ile mütemadiyen Ermenilere mühimmat getirildiğinden şikayet etmiş." Yapacak şimdilik bir şeyimiz yok, inşallah bütün bu mühimmatı Ermeniler elinden alacağımıza kanaatim tamdır. Hey'et-i Temsîliye'den 20 ve 21'de gelen malûmata: "İstanbul'dan 24 meb'ûsun daha kaçıp yolda oldukları, tutuklular arasında bir çok tüccarların ve şehzadelerden Abdülhalim ve Ömer Efendilerin de bulunduğu, yabancı basını İstanbul'un işgalinden dolayı İngilizlere hücum ettiği İstanbul'daki birliklerden ve depolardaki silahlardan sürgü kollarını İngilizlerin topladığı geceleri Harbiye Nezâretindeki İngiliz askerleri öteye beriye silah atıyorlar ve civar Türk birlikleri kendilerine attığından mukabelede bulunduklarını yayıyorlar, İstanbul'un hariçle telgraf ve posta muhaberatı mennedilmiştir. Alman ihtilali devam ediyor."

İstanbul'dan yalnız Peyam-ı Sabah gazetesi harice çıkarılıyormuş. 19 tarihlisinin metni Trabzon'dan bildiriliyor: "İstanbul'da hiç bir şey olmamış, kabine vazifesine berdevam imiş, herkes işiyle, gücüyle meşgulmüş, işitilen şeyler esassızmış, Genel Kurmay Başkanı Şevket Turgut Paşa ve ikinci reis Kâzım Paşalar 18 Mart'ta Harbiye Nazırı yanında toplanarak müzakerelerde bulunmuşlar, askerî muameleler ile meşgul olan şubelerden başka levazım ve muhasebe gibi dairelerde vazife yapılıyormuş. Orient News gazetesinden naklen: İşgal keyfiyeti sulh şartlarının uygulanması için geçici imiş. Anadolu'da hükümeti hiçe sayan bir idare kurulmuş, Meclis-i Mebûsân'a kendi seçtiklerini göndermiş, sadrıâzam'ı düşürmüş, İtilâf kuvvetlerine karşı koyuyormuş, Ermenileri katliâm ediyormuş, Bolşeviklerle münasebette bulunuyormuş... Bu sebeblerden dolayı Kuva-yi Milliyye tarafından çevrilen entrikaların beyhudeliğinden Türkler kanaat getirinceye kadar işgal devam edecekmiş" gibi hain neşriyat var. Tabiî gazeteler sahilde imha olunmaktadır. Vapurlarda tek İslâm yolcu yoktur. Gelenler hep Hristiyandır. İstanbul'un işgalinden önce Rawlinson beni hiç olmazsa Aras'a kadar olan bölgeyi ve Soğanlı Dağlarını işgal için teşvik ediyordu. Böyle bir hareket yapılsa idi İstanbul işgali cihana meşru gösterilebileceği gibi Ermenilerin İslâmları katliâmı için de meşru bir sebep bulacaklarmış. Nitekim biz bunu yapmamakla beraber Ermeli iler İstanbul işgaliyle beraber cür'etlerini daha ziyade atılırdılar. İngilizler de işgalden önceki günlerde "Her tarafta Ermeniler katliâm olunuyor" diye her vasıta ile cihana propagandaya başlamışlardır. Bunu güzel bir perde yaparak İslâmlara katliâm başladı. Ermeni Cumhuriyeti'nin askerî kumandanlığına tarafımdan ihtarname yazılmasını, Hey'et-i Temsîliye'den de medenî devletlere protesto yazmasını uygun buldum. Metinlerini Hey'et-i Temsîliye'ye bildirdim. Uygun görüldü ve yapıldı.

65. İSLAMLARIN KATLİÂMINDAN DOLAYI ERMENİ CUMHURİYETİ ASKERÎ KUMANDANLIĞINA YAPILAN İHTARNÂME

Ermenilere yazdığım mektup:

Erzurum
22 Mart 1336

Erivan Ermeni Cumhuriyeti Askerî Kumandanlığı'na, Ermeni hükümeti dahilinde kalan İslâm ahaliye öteden beri yapılan mezalim ve kıtal gayet sahih malûmat ile tevsik edilmiş ve bu mezalimin Ermeniler tarafından yapıldığı Erzurum'daki İngiliz mümessili kaymakam Misler Rawlinson'un müşahedat ve ifadatı ile de teyid eylemiş ve evlâd ve ayalini, can ve malını zayi ederek aç ve perişan bir surette bize iltica eden binlerce muhacirleri Amerika'nın General Harbord Hey'eti dahi görmüş ve mezalimin şahidi olmuştur. Ve hattâ kıtaat ve ahalimizin gözü önünde bile bir çok İslâm köyleri top ve makinalı tüfeklerle mücehhez Ermen kıtaat-ı askeriyesi tarafından tahrib ve imha olunmuştur. İşbu harekâta nihayet verileceği ümit edilmiş iken maatteessüf 1336.1920 senesi Şubat'ı iptidasından beri bilhassa Şüregel, Akpazar, Zarşad ve Çıldır mıntakasındaki ahali-i İslâmiyeye yapılan mezalim daha ziyade artmıştır. Mezkûr mıntakada 28 pare İslâm köyünün tahrib ve iki bini mütecaviz nüfusun katil ve bir çok eşya ve hayvanatının gasp edildiğini ve genç İslâm kadınlarının alınıp Kars'a ve Gümrü'ye götürüldüğü ve köylerden kaçabilen yüzlerce kadın, çoluk çocuğun da dağlarda dövülüp öldürüldükleri ve İslamların mal, can, ırz ve namuslarına yapılan bu tecavüzün hâlâ devam etmekte olduğu mevsuken haber alınmaktadır. Din kardeşlerine yapılan bu şenaat ve fecayii işiten bütün Müslüman ahali ve efrad-ı askeriyye ve bilhassa akraba ve kafiyelerinden bir çoğu idareniz altındaki mahallerde bulunan aşair halkı fevkalâde galeyan ve heyecana gelmiştir. Ahiren kumandanlarınızın ve memurlarınızın imzalarıyla hudut haricinde öteye-beriye atılan ve gönderilen ve gûya Kürtlerle Ermenilerin itilâf ettiklerine ve ayrıca bir Kürdistan hükümeti teşkil edildiğine, Van ve Bitlis, Erzurum ve Trabzon'un Ermenilere verildiğine dair olan unsur-ı İslâm arasına tefrika ve nifak sokmak mahiyetinde bulunan beyannâmeler Şerif Paşa ve emsali gibi vicdanını düşman paralarına satmış olan vatan haini kimselerin hiç bir hakk-ı vekâleti olmadığı Kürtler nâmına söz söyleyemeyeceği ve Kürtlerin hiç bir surette camia-i Osmaniye'den ayrılmayacakları bütün Kürtler tarafından her tarafa ve bilhassa İtilâf hükümetlerine müteaddit defalar ilân ve Şerif Paşa ve emsali tel'in edilmiş bulunduğundan büyük bir hiddet ve nefretle karşılanmış ve bu hâllerde mevcut olan heyecan ve galeyanı teşdit eylemiştir. Ermenilerin yapmakta oldukları mezalim dolayısıyla efkâr-ı umûmiye-i İslâmiyede hasıl olan galeyan ve heyecanın teskin ve tatmini için mezâlim ve kitale nihayet verdirilmesini ve İslâmlardan alınan eşya vesairenin iade ve zararların tazmin ettirilmesi ve İslâmların ırz ve namus ve can ve mal her türlü hukuklarının muhafaza altına alınması Ermeni hükümetine teveccüh eden bir vazifedir.

Her millet gibi Ermeni milletinin de hakk-ı hayat ve istiklâl-i idareye malikiyeti en zayıf ve tehlikede bulunduğumuz bir zamanda bile hükümet ve milletimizce temin edilmişti. İki sene evvel Erzurum'un istihlâsını müteakip harekâtta kıtaatımla oralarda bulunurken mevcutiyet-i milliyenize karşı gösterdiğim adil ve şefkat hatırlarınızda olacağından bu vesaya-yı halisanemin de samimiyetle telâkki buyurulacağını ümit eder, hürmetlerimi takdim eylerim.

15. Kolordu Kumandanı
Mirliva
Kâzım Karabekir

Düvel-i Mütemeddine'ye protesto,

Tohumluk istemek, vergi tarhetmek, silâh toplamak gibi bahanelerle öteden beri Ermeni zulüm ve işkencesine maruz kalan şark hududumuz haricindeki ahali-i İslâmiye son Şubat ayı zarfında Ermeni fırka kumandanları tarafından sevk ve idare edilen sunuf-ı muhtelifeden mürekkep müteaddit müfrezelerin taarruzları karşısında bir çok kurban vermiş ve Kars vilâyetine tâbi Çıldır, Zarşat, Şüregel, Akbaba kazalarında isimleri mazbut kırk İslâm köyü kamilen tahrip ve imha olunmuştur. Bu köylerin biçâre halkından iki binden ziyade İslâm nüfusu pek fecî şekilde katlolunmuştur. Katliâma uğrayan İslamların eşyası, Kars pazarlarında satılmıştır. Hemen bir ilâve olmak üzere Ordubad, Ahur, Civa, Vedi mıntıkalarındaki ahali-i İslâmiyeye karşı Ermeniler 19 Mart'tan itibaren taarruza başlamışlardır. Ayrıca Oltu havalisine karşı da yeni bir taarruza hazırlandıkları mevsuken haber alınmıştır. Bu harekâtı kemâl-i şiddetle protesto ettiğimizin ve bu tecavüzlerin önü alınmazsa pek büyük fecayi zuhuruna şahit olacağının mensup olduğunuz hükûmata sür'atle iblâğını rica ve takdim-i ihtiramat eyleriz.

Anadolu ve Rumeli Müdafaa-i Hukuk Cemiyeti
Hey'et-i Temsîliyesi nâmına
Mustafa Kemal

20, 21, 22'de muhtelif şifrelerle Hey'et-i Temsîliye'ye yazdım: Batı vilâyetlerinde batıya yönelecek büyük kuvvetleri beslemeye imkân olabilecek ekim yaptırılması, şimendiferler için kömür, mümkün olmayan yerlerde odun depo edilerek mühim bir zamanda nakliyatın sekteye uğramaması, millî menbalara derhal el koyarak Millî Meclis'in ilk müzakeresi için bu hususta hazırlıkta bulunulması. Hesabım ilkbaharda Ermeni harekâtını tamamlayıp ve yazın nihayet sonbaharda doğudan batıya iki kolordu ile muhtelif aşiret ve süvari alayları göndermektir. Hey'et-i Temsîliye beslenme hususunda vilâyetlere yazdığını bildirdi. 21 Mart'ta 20. Kolordu'nun verdiği bilgilere göre Kuva-yi Millîye'nin baskısıyla İngiliz birlikleri Eskişehir'i boşaltarak İzmit'e çekilmiş. Hey'et-i Temsîliye'den bildirildi: Edirne meb'ûsu Eşref ve Faik Beyler, İstanbul meb'ûsu Numan Efendi, İzmir meb'ûsu Tahsin Beylerin tutuklandıkları, İstanbul'da İngiliz baskısı devamda, ayandan Seyit Abdülkadir İngilizler tarafından Kürdistan'a gönderildiğinden kolorduca tedbir alınması, Almanya'da askerî bir ihtilâl neticesi Petrih ve Kap'ın hükümeti ele aldıkları. Elviye-i selâseden gelen haberli ide Ermenilerin Nahcivan bölgesinden Büyük Vedi, Ordubad, Civa, Ahuri ve Kars'a bağlı, Çıldır, Akbaba, Süregel ve Zarşad kazalarında İslâmlara uygulanan mezalimin Oltu'ya da yayılacağı anlaşıldı. Oltu'nun teşkilâtını tetkik ve takviye etmek ve Kars civarındaki İslâmlara emniyet ve itimad bahşederek kuvve-i maneviyelerini yükseltmek ve icab ederse Oltu'ya gönderilecek kuvvetlerle bunlara yardım edilmesini temin için 9. Fırka kumandanı Halit Bey'i 21'de Oltu'ya gönderdim. Doğu hareketi için kağıt üzerindeki hazırlıklarımızı vaktiyle yapmıştım. Şimdi yedek subayların tayinini, haberleşmenin düzenlenmesi, beslenme ve hastane husûslarını tanzimle meşgul oluyoruz. Sahillerimizin âni işgaline karşı da her şey yapıldı. Trabzon İngiliz temsilcisi Giresun'da belediye reisi Topal Osman Ağa'nın Hristiyanları katledeceği haberini aldığından vali Hamit Bey İngiliz torpitosiyle Trabzon'dan Giresun'a 18'de gitmiş; Osman Ağa da Trabzon'a gelerek ahali elinde beş bin tüfek var, bir emir var mı diye fırkaya müracatta bulunmuş. İcabında istifade edeceğimizi, Hristiyanlarla hoş geçinmesini tenbih ederek Osman Ağa'yı[6] Giresun'a gönderttim. Valiye de bir daha düşman vasıtaları ile seyahat etmemesi lüzumunu yazdım. Hey'et-i Temsîliye'ye de bildirdim. -Gerek bu husûsda ve gerekse Trabzon seçimleri fena tesir yapıyor diyerek kışkırtmalarda bulunan vali Hamit Bey için Hey'et-i Temsîliye

---

6 Ermeni harekâtında Kars'a Giresun'dan bir gönüllü taburu celbettim. Müsademelere yetişemediler. Sonra bu taburu batıya gönderdim. Mustafa Kemal Paşa'nın muhafız taburu olup Trabzon meb'ûsu Ali Şükrü Bey'in katli hâdisesi neticesinde Çankaya müsademesinde maktul düşen Osman Ağa'dır.

ile hayli muhabereler cereyan etti. Erzurum, Van valileri, Erzincan mutasarrıfı haklarında dahi şikayetler ve istihbarat neticesi Hey'et-i Temsîliye ile vakit vakit muhabereler olmuştur. Yalnız Van valisi Mithat Bey hakkında seksen muhaberelik bir dosya vardır.- Trabzon'da vali beyin kumandana tesiriyle emir verdiğime rağmen sahildeki cephane nakliyatının uygun olmayacağını fırka bana şöylece yazıyor:

20.3.1336

15. Kolordu Kumandanlığı'na,

Trabzon cephaneliğinde mevcut mühimmatımızın nakli hakkında dün de 19 Mart'ta vali beyin mütâalası soruldu. Cephanenin nakli Trabzon'u işgale vesile olacağı ihtimaline ve tarafımızdan na be mevsim böyle bir vesilenin ihdası Trabzon halkına da işgal felâketlerine tarafımızdan sebebiyet verilmiş gibi bir fikir hasıl edileceği ve binnetice Trabzon'daki hububatın da elden çıkacağı cihetle işgalin bir emr-i vaki şekline gireceği hissedilir edilmez nakil etmek üzere şimdilik cephaneliğe dokunulmaması vali beyle birlikte muvafık görülmüştür. Emir ve irade-i devletleri maruzdur.

3. Fırka Kumandanı

Rüştü

Kumandanlığa ve vilâyete yazdığım aşağıdadır. İzmir ve İstanbul işgalleri daha dünkü mesele iken vali beyin düşüncesi kumandanın da ona uyması hayret.

Trabzon Vilâyetine,

3. Fırka Kumandanlığı'na,

C. 20.3.1336 şifreye İngilizlerin İstanbul'da yapmış oldukları muamele malûmdur. Cephane ve silâhlarımızın da bunların yedd-i gasbına geçmemesi için yapılacak bir tedbir ve hareketin işgale vesile olmayacağı şüphesizdir. Düşmanlarımız hakkımızda nasıl bir plân tertip elmişler ise bunu sırası geldikçe tatbik edecekleri bu gibi vekayiin bunu tadil ve tesri edeceği tabiîdir. İzmir ve İstanbul'da uğranılan akibet ve felâkete düçar olmamak ve elimiz kolumuz bağlı bir vaziyette bulunmamak için gayet müteyakkız ve tedbirli bulunmaklığımız lâzımdır. İstanbul'a müteaddit defalar maruzatta bulunduğum veçhile değerli ve kıymetli zevat ve malzeme bir suretle harice çıkarılmış olsa idi bir çok ricalimizin elleri bağlanarak İngilizlere teslim edilmemiş ve Anadolu da bunların zekâ ve hizmetinden mahrum bırakılmamış olurdu. Binaenaleyh erzak ve malzeme-i sairenin nakli tesri edilmekle beraber cephanelerin de bir ân evvel emin bir mahalle nakli temin edilmeli ve hiç bir suretle teehüre uğratılmamalıdır. İşgalin vaktinden evvel haber alınması veya hissedilmesi mümkün değildir. Anî olarak yapılacak böyle bir harekette hiç bir şey yapılamaz. Halk vaziyeti iyi muhakeme edemeyeceği için işgali cephanelerin kaldırılması vesaire gibi şeylere atfedebilir. Bunun için de halkın lâzımı gibi tenvir ve irşad edilmesi lâzımdır. Cihet-i askeriyece bir tedbir-i ihtiyatî olmak üzere kasa ve mühim evrakın Trabzon haricine naklini teklif eylemiştim. Böyle bir tedbirin hükümetçe de ittihazı pek muvafık olur. Sahil her zaman bir tecavüz ve işgale maruz kalabilir. Bu cihet nazar-ı dikkatte tutuldukta icabında idare-i hükümetin muhtel olmaması ve İzmir gibi her şeyin düşmanlarımız eline geçmemesi için böyle bir halde sahil hükümetlerinin ahz-ı askerlerin, telgraf merakizinin nerelerde vazifelerini ifâ edecekleri şimdiden tâyin edilerek hariçte fena bir tesir bırakmayacak surette bazı şeylerin de buralara nakil olunması münasip olacağını arzeylerim. Cevaben 3. Fırka Kumandanlığı'na, re'sen Trabzon vilâyetine arzedilmiştir.

15. Kolordu Kumandanı
Kâzım Karabekir

Hey'et-i Temsîliye'ye de bunu bildirdim. Cevaben "Mütalâat ve icraatınız aynı isabettir. Aynen tatbikini 3. Kolordu'dan da rica ettik." dediler. Hükümet memurlarımızın çoğu vaziyeti kavrayamıyordu. Valiler de başta olduğu halde itilâfın işgalleri genişleteceğinden millî hareketin tehlikesinden korkuyorlardı. Sahil halkı da İstanbul vaziyetinden endişelenmişler ve aynı halin başlarına geleceği korkusundadırlar. İşte bu vaziyet İstanbul'da meclis ve hükümet basılmış, millete hakaretler edilmiş, istiklâlimiz mahvolmuş olduğu halde Millî Hükümet tesisine doğru atılan adımlarımızın ne büyük müşkilatla karşılaştığına ve eğer Meclis-i Meb'ûsân İstanbul'da toplanıp bugünkü vaziyet meydana gelmeden Anadolu'da meclisi toplamaya kalkışsa idik başımıza neler geleceğine ve şimdiye kadarki emeklerimizin de heba olacağına aşağıdaki muhabereler en açık şahittir.

20 Mart'ta 12. Kolordu benden bir mütalâa sordu. Şifre şudur:

Konya
18.3.1336

15. Kolordu Kumandanlığı'na,

Hey'et-i Temsîliye'ye arzedilen mütâlaat sureti zîrde arzedilmiştir. Bu husûsta lâhik olacak mütâlaat-ı âliyeler inin iş'arını rica ederim.

12. Kolordu Kumandanı
Fahrettin

Hey'et-i Temsîliye'ye,

1. Afyonkarahisarı'ndaki İngiliz kuvvetleri hakkında tedabir-i lâzime 23. Fırka'ca ittihaz olunmuştur. Mezkûr müfreze şimale hareket etmeyecektir. Şunu da arzetmek isterim ki, evvelce tertip edilen plân ancak Yunanlıların İzmir'i ilhak eylemlerine nazaran idi. Bugünkü vaziyet büsbütün başkadır.

2. İstanbul'un işgali üzerine tahaddüs eden vaziyet-i siyâsiyenin tavazzuh ve tebellür etmiş bir şekl-i maani henüz

yoktur. Dahil-i memlekette bulunan cüz'i miktarda İngiliz kuvvetleri bugünkü mevcut ve vaziyetleriyle bizim için korkulacak bir âmil olamazlar. Bir müddet evvel kuvvetlerini İstanbul'da toplamak cihetini takip eden İngilizlerin İstanbul mes'elesini tamamen halletmeden dahil-i memlekete nüfuz ve tevsi-i işgal maksadını takip etmelerine şimdilik ihtimal vermiyorum. Buradaki Fransız mümessili Çiftehan köprüsünün atıldığını haber alınca bunu İstanbul şimendifer hattı üzerindeki tahribat takip edeceğini ve bunlar itmam edildikten sonra Anadolu'da vasi mikyasta anarşi ve katliâm başlayacağını söylemiştir. Tabiî kendisine mukabele-i lâzimde bulunulmuşsa da böyle bir fikir ortaya atılmış iken Geyve civarında tahribata başlanması bu gibi isnadat ve müfteriyata vücut verebileceğinden ve İstanbul'un bu tarz işgaliyle lehimize tebeddülü muhtemel efkâr-ı cihanın yeniden aleyhimize şiddetle dönmesi mucip olmasından endişe edilebilir. Bu cihetle Kuva-yi Milliyye'nin makarr-ı mukaddesini âleme daha âlicenabanesinden başka bir gayesi olmadığını bir kere daha ishal etmiş olmak ve zât-ı devletleri ve menafi-i âliye-i vataniyeyi istihsale matuf mesai-i fedakâranelerini daha vasi ve şumullü bir sahada cereyan ettirmek için tahribattan ve İngilizlerle müsademeye sebeb olmaktan sarf-ı nazar buyurulmasını hassaten rica ederim. Hat elde bulundukça İngilizlerin kuvvet sevketmeleri halinde tahribat-ı lâzimenin ifâsı daima mümkündür.

3. İngilizlerle bab-ı muhasemenin yeniden küşadı halinde, bunların İzmit üzerinden ilerleyeceklerini zannetmiyorum. Bunlar İzmir'deki Yunan kuvvetlerini takviye ederek oradan ilerlemek isteyeceklerini daha ziyade muhtemel görüyorum ki bu hal bizim için pek vahim netayici intaç eder.

4. Ahalimizin hal ve şanı malûm-ı devletleridir. Bunlara karşı daima tazyik ile hareket muhalefeti tezyid ve netice-i kat'iyye anında felâket-i mucip harekâta vesile bahşolunacağını da nazar-ı mütalâaya almak ve binaenaleyh sah-i siyasette muvaffakiyetler elde etmek suretiyle millete ümidi necat irae etmek zarurîdir.

5. O sebeble heyecan ve asabiyetten, isticalden biltevakki düşmanlara karşı dahi ulv-i cenapla mütecelli bir seciye ve vekar ve sükûnet ile cereyan-ı ahvali karşılamak ve küşad-ı muhasemeye sebep olacak harekâttan ictinabla bir taraftan teşebbüsat-ı siyasiyede devam ve diğer taraftan da memleketin her tarafından murahhaslar davet edilerek bir kongre akdiyle bir karar-ı millî istihsal edilmek münasip olur mütalâasında bulunduğum maruzdur.

Cevabım:

Erzurum
21.3.1336

Konya'da 12. Kolordu Kumandanlığı'na,

C. 18.3.1336 No.lu 814 şifreye:

1. Demiryolunun tahribatı hakkında Hey'et-i Temsîliye'ye arzedilen 20 Mart tarih ve 82 No.lu mütâlâamın bir sureti bera-yı malûmat zât-ı âlilerine de takdim kılınmıştı.

2. İngiliz müfrezelerine gelince: İstanbul'un işgali üzerine tahaddüs eden vaziyet gerçi meçhuldür. Fakat İstanbul'un işgaline sebep ve âmil olan efkâr ve mukarreratın ve bunu takip edecek harekâtın da daha evvelden mürettep olduğu ve bizim ufak-tefek müsbet veya menfî harekâtımızın hakkımızda çizilmiş olan plânı tebdil veya tadil edemeyeceği de tahakkuk etmiştir. Binaenaleyh dahilde bulunan İngiliz kıtaatına yapılacak muamelede artık bir mahzur göremiyorum. Bu tedbir sayesinde ittihazı zarurî olan tedabirimizin serbestisini temin etmiş olacağız. Yalnız sevahilde ve İngilizlerin donanmalarıyla derhal yetişebilecekleri mahallerde vakitsiz işgal ve müdahaleye meydan verilmemek için şimdilik bu tedabir müsait fırsata tehir edilmelidir.

3. Her türlü müşkülâtın en son zamana kadar siyaseten halli husûsundaki mütalâa-i âlilerine iştirâk ederim. Fakat bunun için de makul muhataba ihtiyaç vardır ki bugün bu muhatablar yoktur. Binaenaleyh Kuva-yi Milliyye'nin mak-

sadı bir taraftan âleme ilân edilmekle beraber tedabir-i iptidaiyeden ibaret olan harekâta devam ve ergeç kendilerine müracaata edeceğimiz ahaliye de keyfiyetin anlayacakları veçhile her tarafta ifham edilmesini muvafık görüyorum.

4. İngilizlerin Anadolu'ya yapmaları muhtemelen harekâtın cihet-i istikameti kendi maksad ve plânlarına göre evvelce tertip edilmesi tabiî bulunduğundan bizim harekâtımızın onu değiştiremeyeceği mütâlâasında bulunduğumu arzeylerim.

15. Kolordu Kumandanı
Kâzım Karabekir

Demiryollarının tahribi hakkındaki mütalâam: Vaktinden evvel Geyve, Lefke köprüleri gibi yapılması bizim için belki de mümkün olmayan sanayi varlıklarının tahribi bizim için lüzumlu zamanda çok büyük zorluklara sebep olacağından vaziyetin gelişmesine kadar yalnız hazırlık yapılması ve İzmit'e kadar bir çok mahallerde ray kaldırmak vesaire gibi bazı tedbirlerin yapılması muvafık olacağı Hey'et-i Temsîliye'ye ve ilgili kolordulara yazmıştım.

22'de aldığım Hey'et-i Temsîliye'nin 21 tarihli cevabında Geyve Boğazı'ndaki iki köprüde ellişer kişilik İngiliz muhafızları mevcut olduğu gibi İstanbul ve İzmit'ten Geyve Boğazı'na 1500 er ve mühimmat da geldiği haber alındığından Eskişehir'de bulunan 700 erlik İngiliz kuvveti baskı ve tehdit sonucu Eskişehir'den kuzeye çekildiği ve Lefke köprüsünün de tahribi 20. Kolordu'ca zarurî görüldüğü bildirildi. İşte cevabın birinci maddesi bahsettiğim bir mütâlâadır. Meseleyi siyaseten hal husûsundaki beyanat en mühimdir. Karşımızdakiler düşmanlığı açmışlar ve biz dinledikleri yok iken siyaseten hal demek millî teşebbüsten vazgeçip teslim olmak gibi başlangıcı zillet, sonucu felâket olan bir faciadır. İşte cevabımda bu husûsları şerhettim. Günlerin vakalarını araya karıştırmadan Fahrettin Bey'le süregelen muhabereleri kaydediyorum:

23'de 21'de yazılmış şu şifre geldi:

Konya
21/3/1336

15. Kolordu Kumandanlığı'na,

Beş günden beri Kolordu'nun Harbiye Nezâreti ile muhaberesi münkatidir. Zât-ı âlileri muhabere edip edemediğinizin iş'arını rica ederim.

12. Kolordu Kumandanı
Fahrettin

İstanbul ile muhabere! Buna artık lüzum ve imkan var mıdır? Bu suali kumandan ve kurmaylarının şahsıma karşı olan güvenlerine atfettim şu cevabı verdim. Bunda Hey'et-i Temsîliye'yi de hatırlatmış oldum:

Erzurum
21 Mart 1336

12. Kolordu Kumandanlığı'na,

C. 21/3/1336. İtilâfın darbesiyle dağılan hükümet ve Meclis-i Millî'den bir eser kalmadığını zannediyorum. Ne Nezâretle ne de İstanbul'da sair bir yerle muhaberemiz yoktur. İstanbul hakkında Hey'et-i Temsîliye'nin verdiği malûmattan başka da malûmatımız olmadığını arzederim.

15. Kolordu Kumandanı
Kâzım Karabekir

66. 12. KOLORDU KUMANDANI FAHRETTİN VE 14. KOLORDU KUMANDANI YUSUF İZZET PAŞALARIN MİLLÎ HAREKÂTA ALDIKLAR MUHALİF VAZİYETLER

27'de aldığım aşağıdaki şifre 12. ve 14. kolorduların Hey'et-i Temsîliye'yi tanımayarak İstanbul hükümetinden ayrılmayacaklarını gösterdiğinden pek mühimdir. Ankara'da Millet Meclisi toplanmakla meşgul iken Hey'et-i Temsîliye'ye ve millete karşı bu iki kolordunun aldıkları vaziyet basit bir şey değildir. "Kemal Paşa kulakların çınlasın!" dedim. Bu hal İstanbul rezaletinden sonra oluyor; ya da daha evvel millî bir hükümet tesisine karar vermek gafletini kabul etseydik acaba halimiz ne olacaktı?

Fahrettin Bey'in şifresi:

Konya
26.3.1336

15. Kolordu Kumandanlığı'na,

Ankara'da Anadolu ve Rumeli Müdafaa-i Hukuk Cemiyeti Hey'et-i Temsîliyesi'nin 17 Mart 1336 tarihli tamiminde İstanbul'daki hal-i fevkalâdenin Anadolu'da kavanin-i Osmaniye'nin meriyetini haleldar edemeyeceği iş'ar edilmiştir. Esasen kanaat-i zâtiyem de bu merkezdedir. Binaenaleyh kanunen merciini olan Harbiye Nezâreti ile bir haftadan beri muhabere edemeyince kendime bir merci-i kanunî bulmak mecburiyetinde kaldım ve bu sebeple taraf-ı şâhâne'den müntehap ve mirliva rütbesini haiz en kıdemli olan 14. Kolordu kumandanı Yusuf İzzet Paşa hazretleri ile tesis-i muhabere ederek kanunen müşrünileyhin taht-ı emrine girdiğimi arzettim. Cevaben kabul ettiğini ve fakat kıtaatımın da itaat edip etmeyeceklerini kendilerinden sormaklığımı emir eylediler. Kıtaatından vaki olan suale cevaben itaat edeceklerini bildirdiler. Binaenaleyh bugünden itibaren müşarünileyhin taht-ı emrinde ifâ-yı vazife eylemekte olduğumu ve bu muamelenin kanundan inhiraf etmemek mesleğine sadakatten gayrı hiç bir maksada matuf olmadığını arzederim.

12. Kolordu Kumandanı
Fahrettin

Bu mühim vaziyeti Hey'et-i Temsîliye'ye yazdım ve Fahrettin Bey'e de bu münasebetsizliğin sebebini sordum:

Erzurum
27.3.1336

Müdafaa-i Hukuk Hey'et-i Temsîliyesi'ne,

1. Kolordu kumandanı Fahrettin Bey bir merci-i kanunî bulmak mecburiyeti dolayısıyla 14. Kolordu kumandanının taht-ı emrine girdiğini ve mezkûr kolordu kumandanı tarafından da bu husûsun tasvib ve kabul edilmiş olduğunu 23.3.1336 tarihli şifre ile bildiriliyor. Ve bu muamelenin kanundan inhiraf etmemek mesleğine sadakatten gayrı hiç bir maksada matuf olmadığını ilâve ediyor ise de nazar-ı dikkati calip olan bu husûsu ve Yusuf İzzet Paşa ile Fahrettin Bey haklarındaki mütalaa ve kanaat-i samilerinin iş'ar buyurulmasını istirham eylerim.

15. Kolordu Kumandanı
Kâzım Karabekir

Fahrettin Bey'e cevabım:

Erzurum
27.3.1336

Konya'da 12. Kolordu Kumandanlığına,
Bandırma'da 14. Kolordu Kumandanlığı'na,
Zâta mahsustur.
C. 23.3.1336 No. 853 şifreye.

İstanbul hakkında şimdiye kadar alınan haberlere nazaran orada bir nezâret yoktur. Ve şerait-i hazıraya nazaran da olamayacaktır. İngilizler İstanbul'un yakalayabildikleri vatanperver rical ve meb'ûslarını bağlayarak tevkif ve bir kısmını yalın ayak firara mecbur ettikleri hâlde, İstanbul'da meşru bir hükümet teşekkül edeceğine intizar eylemeyi de beyhude görüyorum.

Fakat Kafkas dağlarına kadar dayanan ve ekserisini İslamların teşkil ettiği halâskar ordularla bir ay sonra irtibatımız muhakkaktır. Şimdilik vaziyet-i hazıradan memleketi tahlis edecek yegâne kuvvetin kolorduların ittihadı ve müttehit kolorduların da bir vaziyet-i meşruada bulunan ve müsaraaten bir meclis-i fevkalâdeyi davet etmiş olan Hey'et-i Temsîliye vasıtasıyla hareket eylemeleri itikadındayım. Binaenaleyh bu husustaki fikrimi açıkça ve âtide arzediyorum:

Muharebede rütbe veya kıdemce büyük olan bir kolordu kumandanının emrine girmek olabilir. Fakat 12. Kolordu'nun böyle mecburiyet ve vaziyette olduğunu bilmediğimden ve bahusus maiyet kıtaatından işbu yeni merci hakkında fikr-i itaat sorulmasını bir türlü idrâk edemediğimden teşebbüs-i vakiin başka bir sebebi mevcut olduğunu ve en ziyade Hey'et-i Temsîliye ile bir ictihad tesadümü vukuuna ihtimâl veriyorum. Hudanekerde vatan ve milleti en ziyade birbirimize bağlı olmaklığımız lâzım geldiği bu zamanda düşmanlarımızın arzu ettiği tefrika asarı gösterilmemek ve milletin maneviyatına su-i tesir yapmamak için vaziyetin bu nokta-i nazardan bir kere daha tedkik ve âcizlerine de mufassalan malûmat itâ buyurulmasını samimiyetle rica eylerim.

15. Kolordu Kumandanı
Mirliva
Kâzım Karabekir

Hey'et-i Temsîliye'den 29'da cevap aldım. Kolordular cevap vermedi. Hey'et-i Temsîliye vaziyetten müteessir olduklarını anlatıyorlardı. Bence yapılacak şey bir kaç gün bekledikten sonra her iki kumandana bir şey yazarak kesin vaziyetlerini anladıktan sonra Hey'et-i Temsîliye'ye daha şiddetli bir tedbir teklif etmekti. Düşündüğüm, bunları kumandadan düşürmek idi. Maiyet fırka kumandanlarından ve kurmaylardan pek emin olduğum arkadaşlarımız vardı.

Hey'et-i Temsîliye'nin cevabı:

Ankara
28.3.1336

15. Kolordu Kumandanlığı'na,

C. 27.31336 şifreye:

Yusuf İzzet Paşa ve Fahrettin Bey'le bu mes'ele üzerine nikat-ı nezarlarımızı teati ettik. Kendileri İstanbul ile muhaberenin ve hattâ temasın kat'ını icab ettirecek bir vaziyetin tahaddüs etmediğini İngilizlerin Eskişehir'den çekilmeleri münasip olduğu kanaatini beyan eylediler..... hükümetin İngiliz..... muhalif ve menafi-i milliyemize muvafık icraat ve tebligatta... mümkün olmayacağını ve binaenaleyh payitahtın işgal-i resmîsinden itibaren İstanbul tebligatının vahdet-i milliyemizi baltalayacak İngiliz tebligatından başka bir şey olamayacağını ve payitahtla muhabereye devam edersek lâyuat vesaitle halkımızı izlâl ve iğfale çalışan İngiliz propagandasının... revacından başka bir şeye hizmet etmiş olamayacağımızı mükerreren ve tafsilen kendilerine arzederek Anadolu'daki ahenk ve vahdet-i ihlâlden tevakki için mukarrerat-ı umûmiyet-i milliyemiz dairesinde hareketi tekiden rica eyledik. Yusuf İzzet Paşa ile Fahrettin Bey'in vaziyetlerini esasat-ı milliyemiz nokta-i nazarından hoş göremediğimizi arzeyleriz. Fuat Paşa ve Refet Bey, Kâzım Bey, Bekir Sami Bey de aynı suretle mütehassis oldular, efendim.

Hey'et-i Temsîliye nâmına

M. Kemal

4 Nisan'da Yusuf İzzet Paşa Harbiye nâzırı Fevzi Paşa'nın 25, 27 ve 28 Mart tarihli tamimlerini yayınlamaya aracılık etti. Bu tamimler silahlarımızı teslim etmeyi hamiyet-i vataniyelerimizden rica ediyordu. Aynen şifre şudur:

Bandırma

3.4.1336

15. Kolordu Kumandanlığı'na,

Harbiye Nezâreti'nden mevrud üç kıt'a telgrafnâme sureti Nezâret-i Celîle'nin suret-i mahsusada emir ve iş'arı üzerine taraf-ı âlinize de aynen ve zîrde naklen maruzdur.

Düvel-i İtilâfiyece İstanbul işgal-i askerî altına alındıktan sonra kolordulara tarafımdan yapılan tamimlere ilâveten vaziyetin tamamen nazarımızda tavzihi için bilhassa tafsilât-ı âtiyeyi itaya lüzum gördüm. Kuva-yi İtilâfiye ve bilhassa bu nâma hareket eden Harbiye Nezâreti'ndeki İngiltere ordusu mümessili general Şatlolef cenapları pek mükerer vaki tebliğ ve ifadeleriyle tarafıma hâl-i harb ihdasından son derece tevakki lâzım geldiğini ve her hareketin Türkler için gayet ağır olacağı nakabil-i tadad bir çok netayic-i mühlike tevlid edeceğini söylemişlerdir. Binaenaleyh: Devlet ve memleketin bugün karşısında bulunduğu mehalik-i âzime hakkında fazlaca söz söylemeyi zait adle beraber bu mehaliki bir kat daha tezyid edici en küçük hareketten ictinab olunarak Mütarekenâme'nin bilcümle ahkâmından kat'iyyen harice çıkılmamasını hey'et-i İtilâfiye mensubînine karşı gayet nazikâne ve mihmanperverane harekâtta asla eksiklik gösterilmemesini ve bilhassa tarafımdan verilecek tekmil evamirin hemen icra edilmesinin teminini zât-ı âlileriyle bütün silâh arkadaşlarımın hamiyet-i vataniyelerinden rica ve intizar eylerim. 25 Mart 1336, Harbiye Nâzırı Fevzi.

İkinci suret: Düvel-i mutelife kıtaatı tarafından nezâret ve muhafaza edilmeyen şimendifer hattımızın kolordularca mühim imâlat-ı sınaiye ve icab eden mahallere nöbetçi ve postalar ikamesiyle taht-ı muhafazaya alınması ve hangi mahallerin ve hangi kısmın kolordularca taht-ı muhafazaya alınmış olduğunun âcilen iş'arı mercudur. 27 Mart 1336. Harbiye Nâzırı Fevzi.

Üçüncü suret: İstanbul'un işgalini müteakip dahil-i memlekette ahval-i gayr-ı tabiîyenin hudus eylediği buraca istihbar olunmaktadır. Evvelce de tamim edildiği vech ile Mütareke ahkâmına münafi bilcümle harekâttan ictinab edilerek sükûn ve huzurun devam ve husulüne son derece itina olunması tekraren ve fart-ı ehemmiyetle tebliğ ve rica olunur. 28 Mart 1336. Harbiye Nâzırı Fevzi.

14. Kolordu Kumandanı
Yusuf İzzet

Yusuf İzzet Paşa'ya şu cevabı verdim. Hey'et-i Temsîliye'ye ve kolordulara da tamim ettim:

Erzurum
5 Nisan 1336

Bandırma'da 14. Kolordu Kumandanı Yusuf İzzet Paşa Hazretleri'ne,

Aceledir

C.3.4.1336 Garp mıntakasındaki ahvale dair tenvir buyurmanız hakkındaki ricalarıma cevap intizarında iken Fevzi

Paşa'nın imzasını havi Dersaadet'in üç telgrafnâmesini nakil ve îsâle vesatet buyurmaları hazin bir tesir ve teessür bıraktı. İngilizler süngü kuvvetiyle Meclis-i Millîyi basarak yaptıkları icraat ile devlet ve milleti merkez-i namusundan rahnedar eylemiş ve bugün İstanbul'da yaşattıkları teşkilâtın içinde yine süngülerinin ve paralarının tesiri ile bir takım edaniye ve bir takım âsabı çözülmüş bedbahtlara istediklerin yazdırıp imza ettirmek ve her suretle amâl ve mâneviyatı imhakârane için projelerine tatbike müsaraat eylemiş bulundukları bir sırada bedbaht Fevzi Paşa'nın hâlâ Mütareke ahkâmının muhafazasından bahsetmesi veyahutta bahse icbar edilmesi dine, vatan ve milletine bütün vicdaniyle merbut olan zât-ı âlileri ve bizler gibi kumanda rical-i mes'ulesi nazarında acaba zaaf ve saffetle mi, belâhatle mi, ihanetle mi velhasıl nasıl kabul ve tevil olunacaktır? O Mütarekenâme ki ahkâm ve vüs'atiyle namusları yıkmış, İzmir'i, Adana'yı ve havalisini, Trakya'yı ve en nihayet cebren payitahtı zabıt ve işgal ettirmiş ve İstanbul'da kurulu olan kasıt ve ihanet şebekesinin muhteris ve bîvatan elleriyle de düşman hesabına ve devlet ve milletimizin tarih-i âlemden kalkmasına müstenit bir plânın tatbîki için bir perde şeklini almıştır.

Bu perde arkasında her gün daha fazla ve daha hasmane bir tarzda yapılan zalimane icraat yarın orduyu da terhis ve inhilâle ve milletin bütün istinadgâhını, vesait-i müdafaasını, tırnaklarına varıncaya kadar söküp tamamıyla bîmecal bir derekeye indirmeye muhakkak çalışılacak ve plânın bu elîm safhasını tatbike de en evvel ve en erken İstanbul'un doğrudan doğruya kurb ve temasında bulunan zât-ı âlilerinin kolordusu mıntakasından başlamak istenecek. Ve ilk inkiyad ve mutavaat âsarını oralardan aramaya, zehirli emellerin mahsulünü oralardan toplamaya müsaraat edilecektir. Hiç şüphe yok ki vücude getirmek istenilen bu inhilâl ve inhidam arzusunu vatanımızdaki İslâmın bîaman şekildeki imhası ve hâkimiyetin düşmana, Rum, Ermeni gayelerine geçmesini takip ve intaç eyleyecektir. İşte hakikat; bir kat'iyyet-i riyaziye ile ve bürhan-ı kat'i halinde meydanda göründüğüne göre bugün için gayr-ı meşru, gayr-ı mut'a ve düşmanın, düşman âmâlinin fiilen hâkim bulunduğu İstanbul ile muhabere ve irtibat-ı resmiyede bulunmak hiçbir veçhile gayr-ı caiz ve esasen bu da karar-ı millî ile memnu olduğundan idame-i münasebette, tebliğ ve tebellüğde bulunmamak bir lüzum-ı tabiîdir. Ve inşallah yakın günlerde vatan ve milletimizin mukadderatına ve serbesti-i tam ile sahip olmak üzere küşadım Ankara'da yapacak olan Meclis-i Millî-i fevkalâdemizin karar ve evamirine intizaren Ankara'da elyevm kıymetli meb'ûslarımızla da takviyet bulan Hey'et-i Temsîliye'den başka hiç bir merdimiz mevcut değildir.

Ve mesail-i vataniyelerinden bugün için Hey'et-i Temsîliye'nin ve kolordu kumandanları arkadaşlarımızın nuraniyet-i efkâr ve mülâhazatı bizleri nokta-i halasın tahakkukuna kadar intizam ve vahdet-i kat'iyyede tutmaya pek kâfidir. Gerçi cümlemizce maruf olan irfan ve takdir-i samileri karşısında bunları bahis ve tekrara lüzum olmamakla beraber hayat-ı askeriyede Şark cephesinde Kafkaslar'da ve her yerde hidemat-ı mümtazesiyle, namus ve faaliyetiyle tanınmış olan zât-ı âlilerine bu derin nokta etrafında böyle açık bir lisan ve kanaatle hasbihal etmek ve daha derin ve daha nafiz nazarlarla vaziyete hâkim bulunmamızı teyid ve müzakere etmek için mütehassıl farzî iğtinam eylemek pek vicdanî telâkki ediyorum. Şark cephesinde şahsımın ve kolordumun mevki ve hidematından ne kadar kuvvet-i kalb ile emin isem, Garp cephesinde de zât-ı samilerinin ve Kolordunuzun mevki-i mümtazından ve hidematından aynı derecede emin olduğum cihetle ahval ve harekât-ı âtiye hakkında tenvir buyurmanızı hürmetle arz ve rica ederim.

15. Kolordu Kumandanı

Mirliva

Kâzım Karabekir[7]

---

7   Sonradan anlaşıldı ki Fahrettin Bey 20. Kolordu Kumandanı Ali Fuat Paşa ve 3. Kolordu Kumandanı Selâhattin Bey'le de muha-

12. Kolordu kumandanı Fahrettin Bey Hey'et-i Temsîliye'nin emrine girdiğini 6 Şubat'ta açık bir telgrafla aşağıdaki şekilde ilan etti: Yusuf İzzet Paşa Balıkesir Müdafaa-i Hukuk merkeziyle de hemfikir olarak Mütareke şartlarına bağlı kaldığını ve Fahrettin Bey'in de kendi isteğiyle katılması dolayısıyle ona da aynı talimatı verdiğini, İstanbul ile telgraf yoksa da muntazaman merkezî hükümet ile mutasarrıflığın ve kendisinin bağlantısı ve muhaberesi gittikçe artmakta olduğu, Mustafa Kemal Paşa'nın merkezî hükümet ile ilişkinin kesilmesi hakkındaki emrini pek ağır bir ittiham bulduğunu belirten 31 Mart tarihli şifresini Ankara alıkoyarak bana çektirmediğini sonra haber aldım.

10 Nisan'da Hey'et-i Temsîliye bildiriyor:

Zâta mahsustur

Ankara

10 Nisan 1336

15. Kolordu Kumandanı Kâzım Paşa Hazretleri'ne,

1. Anzavur ve tevabii bilmuhabere Gönen'i işgal etmişler ve Karacabey'e de girmişlerdir. 56. Fırka ile 24. Fırkadan bir alay ve İzmir şimal cephesiyle... cephesinden iktisad edilen kuvvetler Anzavur'u tenkil etmek üzere toplanmaktadırlar.

2. Yusuf İzzet Paşa Bandırmadan Bursa'ya gelmiş ve 56. ve 6l. Fırkaları harekâtında müstakil olarak bırakmıştır. Kolordu mıntakasında nafi bir unsur olmayan ve malûm olduğu veçhile son zamana kadar Harbiye Nezâreti ile muhabereye devam eden müşarünileyhin Ankara'ya celbi icab etmiş ve kendisine de yazılmış ise de romatizma tedavisi için bir kaç

---

bere etmiş. ileri ki kolordu kumandanı da kendisine nasihat etmişler. Hey'et-i Temsîliye'den ayrılmamasını rica etmişler. Yalnız İzzet Paşa kendisiyle hemfikir olmuş. Yusuf İzzet Paşa, "fırka kumandanları da aynı fikirde midir?" diye sormuş. Fahrettin Bey de, "Evel" cevabını vermiş ve bu suretle yanlış adım atmışlar. Bu vaziyetin Batı muhitindeki aksi pek fena olmuş, kordular Kuva-yi Milliyye'den ayrıldı, artık halkça da müzaheret hatadır diyerek seçimlere bile fena tesir yapmış.

gün Bursa'da banyolara devam edeceğini bildirmiştir. 6l ve 56. Fırkalar müstakilen idre olunmaktadır.

3. Fahrettin Bey Konya'da malûm olan ihatasızlığı ile makasid-i milliyemize mugayir bir muhit yapmış ve iş Refet Bey'in Konya ahvalini tanzim için bilfiil müdahaleye memur edilmiş idi. Binnetice Konya valisi ile Fahrettin Bey ve Konya eşraf ve mütehayyiratı Ankara'ya celb ve burada vaziyet-i umûmiyemizin icabatı hakkında tamamen tenvir edilmişlerdir. Fahrettin Bey bu izahat üzerine tuttuğumuz yolun isabetine tamamen kanaat getirdiğini bildirmiş ve kolordusunun kumandasına devam etmekte bulunmuştur.

4. 3. Kolordu Kumandanlığı'na ve 15. Kolordu Kumandanlığı'na yazılmıştır.

Hey'et-i Temsîliye nâmına
Mustafa Kemal

Cevaben yazdım ki Fahrettin Bey gibi Yusuf İzzet Paşa'da behemahal Ankara'ya davetle millet vekilleriyle münakaşa ederek kanaatindeki yanlışlığı açık bir alın ve saf bir vicdan ile anlaşması pek namuslu bir hareket olacağını anlatmak ve eğer gelmemekte ısrar ederse herhalde Bursa'da bir muhit yapması Anzavur'un harekatını genişletmeye yarayacağından önlenmesi gereklidir. Eğer anlaşılırsa kolordusuna veya münasip diğer kolorduya tayin olunarak veya göz ününde şerefli bir hizmette alıkoymak muvafık olur. Ben kendisine sırasiyle irşad, tesir, tehdit mahiyetinde yazdım. Yusuf İzzet Paşa'nın daveti kabul ile Ankara'ya geldiğini 14 Nisan'da Kemal Paşa bildirdi.

Bu iki kolordu kumandanları bu vaziyette iken 26 Mart 1920'de Mustafa Kemal Paşa'dan 13. Kolordu'nun aşağıdaki iki şifresi geldi:

Ankara

26 Mart 1336

15. Kolordu Kumandanı Kâzım Karabekir Paşa Hazretleri'ne,

İstanbul'un işgal hâdisesinin Diyarbekir havalisinde Kürtçüleri canlandırdığı Cevdet Bey'den bildiriliyor. İntihabata başlamaktan korkuyorlar. Cevdet Bey'in malûm zaafı Diyarbekir'de pek muzir bir şekilde tebarüz ediyor. Kendisine hey'etçe yazıldı. Taraf-ı samilerinden teşci buyurulması münasip olur.

Hey'et-i Temsîliye nâmına

M. Kemal

Diğer şifre:

15. Kolordu Kumandanlığına,

Suret

İstanbul ahvali hakkında buralara ajans olarak gelen ve köylere kadar tamim bildirilen telgraflar bu muhitde muhaliflerin Kürtlük propagandasına germi vermelerini mucip olmuştur. Mıntakamda sabıkan cereyan eden ahval, memurin-i mülkiyenin cesaret-i medeniyeleri malûmdur. İstanbul hâdisesinin tesiriyle Diyarbekir'de evrak-ı nakdiyeyi kabul etmemeye başladılar. Şurada, burada kolordunun gideceğini, buraların Kürdistan olduğunu işaaya başlamışlardır. Bazılarının, "Türk memurları hâlâ ne duruyor? Hükümet kalmadı, burası Kürdistandır" dediklerini de istihbar ettim. İkinci Fırka'nın muharip mevcutunun 500 nefer olduğu ve muhitin şiddet-i tab'ı ve millî cereyanlar düşünülürse bu gibi açık neşriyatın kolorduyu nasıl müşkel mevkie sokacağı kolayca anlaşılır. Bu sebeble bu mıntakayı muhitin icabatına göre mahremane yazılması icab eden telgrafların şifre ile yazılmasını bilhassa istirham ederim.

Cevdet

Halbuki bölgemdeki Kürt aşiretleri telgrafla bildiriyorlardı ki: "Hilafet ve Saltanat makamının uğradığı tecavüz ve ihanetin tazmini ve mevcudiyet ve istiklâlimizin temini için son damla kanlarımıza kadar mukavemete ahdediyoruz." ben de hamiyetlerine teşekkürle zamanında hizmetlerinden faydalanacağımı yazmış ve her tarafa tamim etmiştim. Aşağıdaki şifreyi 13. Kolordu ve Hey'eti Temsîliye'ye yazdım. Bu suretle Cevdet Bey'in ve muhitinin maneviyatını düzeltmek ve Kürtlük cereyanlarına karşı iki fırka ile icraata geleceğimi bildirerek tesir yaptım.

Erzurum

28.3.1336

13. Kolordu Kumandanlığı'na,

Safahatı muhtelif raporlarla arzedilmekte olan şimal Kafkasya'daki Bolşevik orduları tarafından ahiren Novorosisk'nin de işgal edilmesinden ve Karadeniz sahilinde ekseriyet-i âzimesi yerli İslâm ahaliden ibaret olan Yeşil Ordu ile mezkûr Bolşevik ordularının tamâmıyla irtibatlı ulan ve bu suretle Denikin'in inhizam-ı tammından itibaren her iki ordunun müştereken cenuba tevcih-i harekât eyledikleri anlaşılmıştır. Gürcistan ordusunun üç muhafız alayından maadası kâmilen ve Gürcistan münevveran ve halkının kâffesi Bolşevikliğe taraftar ve teşkilâtına dahildir. Mezkûr orduların pek yakında Gürcistan'la temasına intizar edilmekte ve bu temas ile beraber Batum dahi dahil olmak üzere bütün Gürcistan'da Bolşevikliğin ilânı muhakkak görülmektedir. Binaenaleyh bu vaziyetin husuliyle beraber Gürcistan, Azerbaycan ve Bolşevik kuvvetleri ile dahildeki İslâm tevaif-i mülûkünün mütehacımatı karşısında Ermenistan dahi mahv ve nabud olacaktır. Artık bundan sonra kolordunun tekmil fırkaları ile şimdiki mıntakasında kalmasına bittabi lüzum kalmayacak ve bu suretle iktisad edilecek olan iki fırka kadar bir kuvvetle âmal-i mukaddesemizin temin-i selâmeti için Onüçüncü Kolordu'nun icraat ve tertibatına muavenette bulunabileceğimi şimdiden arzeylerim.

15. Kolordu Kumandanı
Kâzım Karabekir

Hey'et-i Temsîliye'ye de bunu aşağıdaki şifremle bildirdim:

Erzurum
28.3.1336

Hey'et-i Temsîliye'ye,
Acele

C. 25.3.1336 şifreye Mıntıkamdaki Kürt aşarinin İstanbul'un son vaziyet-i müessifesi dolayısıyla gösterdikleri asar-ı sadakat ve hamiyete karşı beyan-ı teşekkür ve şimdilik sükûn ve itidal tavsiyesine dair olarak yaptığım ve bir suretini bera-yı malûmat hey'et-i celilerine arzettiğim 27 Mart tarihli ve 133 No. lu tamimi diğerleri gibi 13. Kolordu'ya ve o mıntıka vilâyetlerine yazdım. Muhalif cereyanların tenkili için âtiyen iki fırka itâsı ile muavenet edebileceğime dair Cevdet Bey'e ayrıca yazdım. Şifrenin bir suretini de zîrde aynen arzeylerim.

15. Kolordu Kumandanı
Kâzım Karabekir

Hey'et-i Temsîliye 28 tarihiyle yazıyor:

Ankara
28.3.1336

15. Kolordu Kumandanlığı'na,
Gayet müstaceldir

13. Kolordu'ya dahil bulunan menatıkla huzur-ı efkâr-ı sâlib bazı tahrikât icra edilmekte olduğu malûm-ı samileridir..... Cevabı kolordunun lâzım gelen faaliyeti ibraz edemeyeceğine nazar-ı dikkati celbetmekte idi. Halit Bey'den

istifsar ve alman bir telgrafta kolordunun kumandanı Cevdet Bey'in esasen faaliyetten mahrum olması ve kendisinin Arap kavmine mensubiyeti neticesi bir takım muzir cereyanlara tâbi bulunması ve vatan ve memlekete ait mesailde tamamen lâkayd davranması neticesi buralarda bazı vekayi-i müessifenin zuhurunu tacile sebebiyet vereceği dermiyan olunmuş ve Cevdet Bey kumandan mevkiinden kaldırılmadığı takdirde kendisinin affını talep eylemiştir. Filhakika Cevdet Bey milliyet cereyanı tesirinde bulunduğundan Osmanlı vatanı için faideli bir unsur-ı faaliyet olamayacağını Urfa mesaili ile de isbat etmiş ve bu husustaki atalet ve lâkaydisi kendi bıkkındaki şüphelerimizi teyid eylemiştir. Mezkûr kolordunun bir arkadaşın yedd-i faaliyet ve iktidarına tevdi-i teemmül etmekteyiz. Kenan Bey'in de kolordu vekâletinde bulunmasını Halit Bey caiz görmüyor. Erzurum'un Diyarbekir'e buradan daha karip olması ve buradan gönderilecek ümeradan kimse de mevcut olmaması dolayısıyla Kâzım Bey'in mezkûr kolordunun emir ve kumandasını deruhte etmek üzere hemen hareketi hususunda nokta-i nazar-ı devletlerinin sür'at-i iş'arına muntazırız. Tensib buyrulduğu takdirde gerek taraf-ı samilerinden ve gerek Hey'et-i Temsîliye tarafından Cevdet Bey'e açık ve kat'î olarak kumandayı Kâzım Bey'e terketmesini bildirmek münasip olacağı mütâlaasındayız efendim.

Hey'et-i Temsîliye nâmına
M. Kemal

Vaktiyle birçok defalar, bugünkü vaziyeti düşünerek, yazdığım halde o kadar önem verilmemişti. İstanbul'daki arkadaşlarımızdan ziyan olacaklar olursa pek yazık. Ben doğu harekâtı için hazırlıklara başladım. Menzil işleriyle Kâzım Bey meşgul olmaktadır. Harekât başlayınca geride bırakacağım başka kimse yok. Bunun için şu cevabı yazdım:

Erzurum
29.3.1336

Hey'et-i Temsîliye'ye,

C. 28 Mart 1336. Diyarbekir Kolordu Kumandanlığı'nın vaziyeti ve o havalinin ehemmiyet-i mümtazesi cidden cay-ı tedkik ve nazardır. Vaktiyle hep bunu keşif ve takdir ettiğimiz cihetle bu cerihaya çare bulmak yollarına tevessül edilmiş; fakat Cevat Paşa ve mes'ele-yi mühimmeyi arzumuzun fevkinde bir fena şekle sokmuş idi. Kâzım Bey hakkındaki mütalaa-i âlilerinde isabet olmakla beraber bervech-i âti vaziyetin muhakemesini nazar-ı im'an ve dikkate arzeylerim. Vatan ve milletimizin miftah-ı istikbali olan cephemizde büyük hâdisatın inkişafı karibül vukudur. Bu mıntakada kumanda ve idare ricali hemen bir kaç kişiye münhasırdır. Kâzım Bey bütün cephenin dahil ve hariç mıntakasındaki hidematı tanzim ve karargâh içeriye hareket edince vekâlet edecektir. Aynı zamanda tertib-i halde cephemizde büyük kumanda makamlarının namzetsiz ve nüsha-i saniyesiz bırakılması pek tehlikelidir. İşte bu vaziyet Diyarbekir vaziyetini bize nazaran ikinci derecede gösteriyor. Binaenaleyh İsmet Bey'in inşallah salimen hâlas ve iltihakı halinde Diyarbekir için biçilmiş kaftandır. Nihayet bu da olmadığı takdirde Diyarbekir mıntıkasına bir müddet daha teşci ve takviye ve muhaberat ile hüsn-i idare cihetlerine hem Hey'et-i Temsîliye'ce ve hem de âcizlerin-ce musaraat olunması zaruretindedir. Cephemin herakât-ı icraiyesinin ilk müsait safhasından sonra yine Diyarbekir vaziyeti müphem şekilde kalır ve devam ederse o zaman için yeni tedbir müzakeresinde muvafık olacağı cihetle fikr-i samilerinin inba buyurulması müsferhamdır.

15. Kolordu Kumandanı
Kâzım Karabekir

30 tarihiyle Cevdet Bey'in yazdığı ve cevabım da aşağıdadır. Haziran'da doğu meselesini bitireceğimi kuvvetle ümit

ediyorum. Herhalde Cevdet Bey'e gereği kadar kalb kuvveti verebildim:

Diyarbekir
30.3.1336

15. Kolordu Kumandanlığı'na,

C. 28.3 1336. Bolşevik muvaffakiyat-ı ahiresi ve Kafkas ahvalinin gittikçe lehimize kesb-i kuvvet eylemesi üzerine vaad buyurduğunuz muavenet-i âlilerine arz-ı teşekkür ederim. Kolordu elyevm biri Fransız, diğeri İngiliz, üçüncüsü de dahildeki iftirakçı amal besleyenlerin propagandaları neticesi olarak üç mühim tesire mukavemet etmektedir. Arapları tefrik ve ifsadları da ayrıca bir mes'eledir. İskenderun ve Bayburt'a yeniden çıkarılan Fransız kuvvetlerinin Maraş, Antep ve Urfa istikametlerine tahsis-i şayi edildiği ve bu maksadla nakliyata başlandığı mevsuken haber alınmaktadır. Üç bin kişilik Fransız kuvvetinin Kilis'ten Anteb'e yürüdüğü ve 30 vagonluk askerin Suruç'a gelerek köprüyü tamir etmekte olduğunu bu kuvvetin Urfa'ya gelmesinin muhtemel bulunduğu da haber alınmıştır. Urfa mes'elesinin bir ay karibinde hâllolunacağı iş'ar edilmekte ve bu maksatla İkinci Fırka kumandanı kaymakam Akif Bey Siverek'de bulundurulmakta ise de bugün alınan malûmatta İstanbul hâdisesi üzerine Urfa'da İtilâf taraftarlarının tesiriyle Kuva-yi Milliyye'ye taraftar olanların ağnamı gaspedilmiş ve jandarmalar zabitlerini tahkir etmiş olduklarından bu... olmaktadır. Ahvalin bizi İkinci Fırka şimdilik Siverek mıntakasına gönderilmesine veyahut Elâziz ve Malatya'da bulunan kıtaatın buraya doğru ilerlemesine mecbur edeceği zan ve tahmin olunmaktadır. Rıdvan Suyu ile Dicle şarkındaki mıntakanın 15. Kolordu'ca tesellümü veya şimdilik ve Siirt'te sunuf-ı muhtelifeden mürekkep bir alay kuvvetinde bir müfrezenin izamı halinde gerek Fransız ve İngilizlerle ve gerek dahile karşı mehmaemken kuvvetli bulunmak imkânını bize bahşedecektir. Binaenaleyh şimdiden Siirt'teki sunuf-ı muhtelifeden mürekkep bir kuvvet imkânı olup olmadığının iş'arını hassaten istirham eylerim. İâşe müşkilâtı hasebiyle şimdilik daha fazla kuvvete lüzum görmüyorum. İleride ahvale nazaran istirhamda bulunacağımı arzeylerim.

13. Kolordu Kumandanı
Cevdet

Cevabım:

Erzurum
2 Nisan 1336

13. Kolordu Kumandanlığı'na,

C. 30 Mart ve 921 şifreye: 13. Kolordu mıntıkasındaki vaziyet-i muavenetin ifâsı için Kafkasya'da tamamen inkişaf etmiş olan vaziyetin netice-i halline ve Ermenistan hakkında intizar edilen akıbetin idrakine intizar etmek zarureti vardır. Kafkasya'da ahval ve harekâta nazaran mezkûr vaziyetin nihayet Haziran ayı ihtidalarında husulü ve idraki ise muhakkak gibidir. Bu hâlde mıntaka-i âlilerine arz-ı muavenet için ilk fırsat ve imkânın zuhurundan istifade edileceğini maalihtiram arzeylerim.

15. Kolordu Kumandanı
Kâzım Karabekir

Meclis İstanbul'da toplanmış ve taarruz İngilizler tarafından gelerek masum vaziyetimiz hasıl olmuşken Anadolu'da ordunun yarısı ve bittabi bölgeleri halkının vaziyeti böyle oldu; acaba Sivas'ta Mustafa Kemal Paşa'nın ısrarını kabul ederek meclisi Anadolu'da toplamaya kalkışarak İstanbul vaziyeti meydana gelseydi ne olacaktı. Sebep olanlar bizler göründüğünden bilmem hangi bölgeler bize emniyet verici olurdu. Anadolu millî hükümetinin tesisine kadar göreceğimiz ahval bize daha iyi bir miyar olacaktır. Ben Diyarbekir bölgesinden çok batı vilâyetlerinden endişe ediyorum. Diyarbekir bölgesinde tesirim manevî ve icap ederse maddî mümkündür. Ankara'ya kadar da ufak tefek milli kuvvetlerle tesir imkânını görüyorum. Fakat, Konya, Bursa havalisi acaba Yeşil Ordu diye hayali bir düzenleme yaparak ürkütülebilir mi? olacakları bekleyelim.

23 Mart'ta Kafkas Bolşevik teşkilâtını teftişe memur yahudi milletinden Yuzak isminde biriyle Abaza milletinden Yakup isminde biri Batum'dan Abısalah'a gelmişler. Yahudi Almanca, Rusça, Fransızca, Çerkeş Rusça konuşuyor. Batum Bolşeviklerinden bir iki kişi davetle görüşmek üzere bu mahalla 7. Alay kumandanı Rıza Bey gönderilmiştir. Görüşmüşler. Fırkadan gelen şifreler şudur:

(Trabzon civarında)
Soğuksu, 24.3.1336

15. Kolordu Kumandanlığı'na,

Hududa gelmiş oldukları arzedilen zevattan 23 Mart'ta alınan malûmat bervech-i zîrdir:

a- Batum kasabasiyle mülhakatında her gün kuvvetleri artan bir komiteleri vardır. Bu havalideki mevcut-ı hazıraları 7.8 bindir. Rum ve Ermeni milletinden bellibaşlı efradı el'an 200 kadardır. Tuapse tarikiyle külliyetli eslâha ve mühimmata intizar etmektedirler. Bu eslâha ve mühimmatın Batum'a vüruduna kadar İngilizleri Batum'dan atmak üzere Bolşevik faaliyetinin başlamasına vaziyet müsait değildir. Fakat tarafımızdan beş-altı bin silâh ve miktarı kâfi cephane verilir ise bu maksadın bir kaç gün içerisinde temini mümkündür.

b- Batum'da İngilizlerin bin dört yüz neferleri, otuz makinalı tüfekleri, sekiz topları vardır. Gönüllü ve sefihane bir hayat süren İngiliz efradının maneviyatı düşkündür.

c- Batum'da bulunan general Liyahof Bolşeviklere muhalif bulunan Terek Kazaklarından yeniden teşkilât yapmaya çalışmaktadır. Kazakların Batum'a şimendifer muvasalasını katetmek için Batum Tiflis hattının tahribi maksadıyla hazırlık yapmaktadırlar. Şu kadar ki: Ellerinde mevcut madde-i infilakiyye ile bu maksadı da istihsal edememektedirler. Geçende Novorosiski'ye giden mühimmat yüklü bir Rus vapurunu berhava etmek üzere yaptıkları tertibat nâ-tamam vesait yüzünden husul bulamamış olduğunu da söylemişlerdir. Trabzon istihkâm parkında Ruslardan saklanmış bir ateşleme makinesiyle bir miktar fünye vardır. Bu zevâta verilmek üzere ilk vasıta ile Hopa'ya gönderilecektir.

d- Gürcistan ordu ve ahalisinin kısm-ı azami Bolşevizm teşkilâtına dahildir. Ancak üç muhafız alayı muhalif bulunduğunu ve bunları da iknaa çalışmakta oldukları ve hattâ buna muvaffakiyet elvermezse daha ilk haftaya kadar Gürcistan'da Bolşeviklik ilân edileceğini ve Bolşevik ordusunun Vilad-ı Kafkas'a yürümekte olduğunu, Armadir taraflarında Yeşil Ordu, Bolşevik ordu hal-i irtibatta bulunduğunu ve bu vaziyet dolayısıyla yakın bir âtide Gürcülerin Bolşeviklere iltihak edeceğini söylemişlerdir. Ve Batum ve havalisi hakkında ne düşündükleri sorulmuş ve mezkûr havali adamlarının idaresi altında bir Sovyet hükümetinin teşkilinden başka bir şey kabul edemeyecekleri cevabını vermişlerdir.

e- Yeşil Ordu on ay evvel Bolşevik ordusu enkazından kalan Karadeniz ordusu nâmında teşekkül etmiş ve gittikçe kuvvet bulmuş bir ordudur. Ve tamamıyla Bolşevik değildir. İngilizler Yeşil Ordu ile Gürcistan ve Azerbaycan'ı birleştirerek Bolşeviklere karşı bir kuvvet vücude getirmeye çok çalıştılar ve çalışmaktadırlar. Fakat buna muvaffak olamamakta ve olamayacaklardır. Yeşil Ordu'nun kolbaşısı Novorosiski'ye on beş kilometre uzaktadır. Bu ordu Armadir taraflarından alınacak Bolşevik takviye kuvvetlerine intizar ediyor. Bugün yarın bu kuvvetlerin iltihakı ve binaenaleyh Novorosiski'nin derhal işgali beklenmektedir. Yeşil Ordu'nun Lenin tarafından tebliğ edilen bu müşterek hareketi kabul eylemesi her iki ordunun birleştiğine delildir.

f- Umûmî programları yirmi yedi sayfalık olup gayet basit ve bütün insanların seve seve kabul edecekleri esasâtı ihtiva etmekte bulunduğunu, Rusların gasp, ırz ve namusa tasallût vesaire buna mümasil işaatın kezb-i muhassan olduğunu ve bütün insanların saadet ve refahları için bütün dünyaya neşretmek arzu ve emelinde oldukları ber meslek ve idaredir. İnsanlar için menfur ve akıl ve ilmin kabul edemeyeceği harekât ve icraatın hiç bir suretle saha-i tatbîk ve kabul bulamayacağını kat'iyyetle ifade etmiş ve ilk seneler bazı uygunsuzlukların olduğunu ve hal-i hazırda idarelerinde ve ordularında lâyetezelzel bir intizam ve itaat bulunduğunu ve hiç bir muhasım Avrupa ordusunun ordularıyla mukayese edilemeyeceğini, zabitanın Çar üniforması olan alâmatı taşımakta fakat diğer işaretleri bulunduğunu ve eshab-ı iktidarın meziyetleriyle mütenasip muhassesat ve mevkide istihdam edilmekte olduğunu hattâ iaşe, ilbas vesair husûsatta dahi fark gözetilmekte bulunduğunu, ilbas, iaşe hususundaki mükemmeliyeti bütün cihana göstermek maksadıyla kışın harekât-ı taarruziyeye geçtiklerine de söylemiştir.

g- Din, Allah'la insanların münasebatı olduğundan Sovyet hükümeti buna kat'iyyen müdahale etmemekte ve müessesat-ı diniyeye hiç bir muavenet yapmamakta, insanlara kendiliklerinden istedikleri tarzda idare hakkını bahşeylemektedir.

h- Enver Paşa'nın Türkistan'da ordu kumandanı olduğunu ve yakında Moskova'ya gittiğini söyledi. Fevkalâde kabiliyet-i idareye, büyük bir nüfuz-ı idareye malik bulunduğunu, ordusunu teşkil ve Hindistan üzerine sefer yapması için Lenin ve Troçki bütün mevcutiyetiyle müzaharet ve muavenet eylemekte olduğunu izah etmiş insanların saadet ve refahları için çalışan Bolşeviklere karşı silâh istimâl eden ve ettiren İngiliz milletinin ebedî düşmanı bulunduklarını ve İngiliz aleyhinde hareket eden her kim olursa olsun Bolşeviklerin mergubu ve hakikî insanların en samimi dostudur diyerek ilâve etmiştir.

i- Daha alınacak malûmat arzedileceği ve bu zât üzerinde nazar-ı dikkat celb edildiği, şu kadar ki Batum'da şayan-ı itimad ve tanılan zevat tarafından görülmüş olduğundan hakikî Bolşevik olduklarında itimad-ı tam bulunduğunu ve maamafih daima ihtiyatkâr davranılması lüzumu da tekrar yazıldığı maruzdur.

3. Fırka Kumandanı
Rüştü

Karargâh
25.3.1336

15. Kolordu Kumandanlığı'na,

1. Hududda görüşülen zevâtla mevadd-ı âtiye kararlaştırılmıştır:

a) Batum ve mülhakatındaki komiteler vasıtasıyla teşkilâtı serian ikmâl eylemek, Yeşil Ordu'dan miktar-ı kâfi eslâha ve mühimmat celbeylemek, Denikin enkazı ve Fransız, İtalyan kuvvetleri Batum'a gelmezden evvel Bolşevikliği ilân eylemek. Gürcistan'a da Bolşevikliği sirayet ettirerek Kafkas geçitlerine takarrüb eyleyen Kırmızı Ordu ile serian irtibat tesis eylemek.

b) Ateşleme makinasının irsalini müteakip de şimendifer tünelini berhava eylemek.

c) Tiflis'e yeni gelen delegeyi sür'atle Batum'a çağırıp Kafkasya'ya dair mühim husûsatı kararlaştırmak.

d) Acara ve Çürüksu ahalisinden sahibi-i nüfuz olanlarının kendileriyle teşrik-i mesaî eylemelerinin ve ihtilâl esnasında Acara, Çürüksululara İngilizlerin ateşleri arasında kalmamaları için mezkûr mahaller ahalisiyle anlaşmalarının tarafımızdan temini.

e) Bolşeviklik umûmî harekâtından vakit ve zamaniyle bizi haberdar eylemeleri ve Moskova ile bizim aramızda olacak müraselâtın ve irtibatın sür'at ve suhuletle taraflarından temini.

2. Moskova Sovyet'ini idare eden on yedi Bolşevik rüesa olup Sovyet reisi Lenin, Kuva-yi müsellâha reisi Troçki, Bolşevik ordusu kumandanı Budiyenni, Yeşil Ordu erkân-ı har-

biye reisi Voltoviç imiş.

3. Yahudi olan zâtın dört ay evvel Moskova'dan ayrıldığı, Dağıstan'da ve Azerbaycan'da iyice dolaşmış Halil ve Nuri Paşaların icraat ve faaliyetleri hakkında en ufak teferruata kadar malûmattar bulunmakta olduğu anlaşılmaktadır. Yahudi Moskova'da iken Enver Paşa Türkistan'a geçmiştir. Türkistan'da teşekkül edecek ordu için lâzım gelen para, malzeme ve bilcümle teçhizat Troçki tarafından itâ edilmekte ve Enver Paşa'nın ordusuna Bolşevik ordusu gibi muavenet yapılmakta olduğu ve Hindistan hududunda Enver Paşa tarafından bir muharebe yapıldığına dair malûmatı bulunmadığı ifade eylemiştir.

4. Gürcü müteneffizanından Mehmet Bey Hristiyan ve Gürcülerden selâhiyettar bir zât çağırılmış ve bunlar da görüşülerek ve İslâm ve Gürcistan gürcülerinin de miktar-ı istihraç edileceği ve bunlarla da görüşüldükten sonra Rıza Bey avdet edeceği maruzdur.

3. Fırka Kumandanı

Rüştü

Bu adamlara bazı sualler sorularak şu cevaplar alınmıştır:

a- Bolşeviklerin mühim harekatı hakkında söz söylemeye yetkili değilmişler. Moskova'dan yetki sahibi bir delege isteyeceklermiş. Bizim de Moskova'ya yetki sahibi bir delege göndermemizin uygun olacağını söylemişler. Bundan iki ay önce Can Bey namında bir kişi yanında biri albay diğeri mühendis iki delegenin İstanbul'a gönderildiğini ve bunların yetkili kişilerle sözlü olmak üzere mühim kararlar verdiğini, Kafkasya hakkında söz söylemeye yetkili bir kişinin yakında Tiflis'e gelmiş olup Batum'a çağıracaklarını söylemişler.

b- Batum komitesi içinde İngilizler de varmış. Fakat Batum'daki gönüllü İngilizler yüksek para aldıklarından Bolşevikliğe temayülleri yokmuş.

c- Amansız düşmanımız; Bolşevikliği imha için uğraşan İngilizler ve ikinci derecede Fransızlardır. Bolşevikler kendilerine muharip olarak yakaladıkları Rum ve Ermenileri yok ettiklerini ve düşman ordularındaki muvazzaf erlere bir şey yapılmıyorsa da gönüllüler yok edildiğini söylemişler.

d- Bolşevikler programlarını zorla ve istemeyerek kabul ettiriyorlarmış. Kabul eden milletleri takdir ve lazım gelen yardımda bulunuyorlarmış. Bolşevikliği yaymak için her tarafa propagandistler gönderilmekte ve meslek ve gayelerine dair pek çok eserler yayınlamakta imiş.

e- Bir çok Alman kurmay ve kumandanları ve sanayi adamları Bolşevik ordularında bulunuyormuş. Almanya'dan bir çok silah mühimmat ve uçak almışlar.

f- Gürcistan'da iki üç haftaya kadar Bolşeviklik ilan edileceğini kesinlikle söylemişler.

Bu iki adam Batum'a dönmüştür. Bolşeviklerin daha evvel İstanbul ile iş görmek istediklerini biliyorduk. Hey'et-i Temsîliye'den de Kara Vasıf Bey'in bazı teşebbüsleri haber verilmişti. Tabii yakında o kanal iptal olunarak milletin kaderini verdiğimiz Hey'et-i Temsîliye daha doğrusu teşekkül edecek olan Millî Hükümet teması ele alacaktır. Alınan bilgileri Hey'et-i Temsîliye'ye de bildirdim.

24 Mart millî emeller aleyhine propaganda yapan Peyam-ı Sabah, Serbesti, Alemdar, Bosfor gazeteleriyle aynı mahiyette olan Rumca ve Ermenice gazetelerin Anadolu'ya sokulmasını Hey'et-i Temsîliye menetti. Lâzım gelenlere tebligatta bulundum.

25'de Ankara'da Hakimiyet-i Milliye gazetesinin ve 20. Kolordu'nun verdiği bilgiler şunlardır:

1. İngilizler Padişah'ın korunmasına memur birliklerin selâmlık resm-i âlisinde silâhlı bulunmasını yasaklamışlardır.

2. Dün İngilizler İstanbul muhafızı Sait Paşa, Onuncu Fırka kumandanı Kemal Bey'le Matbuat Cemiyeti müdürü ve Tasvir-i Efkâr gazetesi sahibi Velit Bey'i tevkif etmişlerdir.

Vakit gazetesi sahibi Ahmet Emin Bey de aranıyor. Rivayete göre İngilizler 350 kadar memleket aydınını tevkif ederek İstanbul'da kendi zalim icraatlarına itiraz edebilecek İslâm sesini boğmak istiyorlar. Damat Ferit Paşa Mabeyn-i Hümâyuna giderek uzun müddet Padişah'la görüşmüştür. Anadolu'da milletin vakarlı birliği en çok İngilizler üzerinde derin bir tesir yapmaktadır. Bâzı meselelerin çıkması üzerine Türkiye sulhünün bir müddet daha geciktirileceği Paris'ten bildiriliyor. Londra Konferansı ordumuz hakkında mareşal Foş'un raporunu tetkik ediyor.

3. Anadolu'dan gelecek bir bir harekete karşı İstanbul'u müdafaa için İngilizler Pendik ve Çamlıca cihetlerinde tahkimat yapmaktadırlar.

4. Amerika'dan Paris'e gelen bir telgrafa göre Amerika Ayan Meclisi'nin sulh muahedesini kabul etmediği bildirilmektedir. Cumhuriyetçilerin ihtirazı kaydı havi olan takdiri lazım gelen üçte bir çoğunluğu sağlayamamış olduğundan bahisle Mösyö Luç muahedesinin tasdikine imkan olmadığından Reisicumhur Wilson'a geri verilmesini teklif etmiştir.

5. İngiltere bakanlarından Mösyö Lav, İstanbul işgalini Avam Kamarası'na tebliğ etmiştir. İstanbul'da Harbiye ve Bahriye nezâretleriyle Posta ve Telgraf ve Telefon Müdürlüğü'nün işgal olunduğunu ve Boğazlarda bütün deniz vasıtalarının teftiş altında bulunduğunu ve İstanbul'da zabıta işlerinin Müttefik devletlerin kontrolü altına alındığını söylemiştir.

Ankara
23.3.1336

15. Kolordu Kumandanlığı'na,

22 ve 23.3.1336'ya ait Kolordu raporu:

1. Bundan evvelki raporda Lefke civarında tahrib edildiği şayi olan köprünün filhakika Lefke ile Mekece arasındaki büyük köprü olduğu tahakkuk etmiştir.

2. Eskişehir'i tahliye etmiş olan iki taburluk Hintli İngiliz müfrezesi köprünün tahrib edilmiş olmasından dolayı Lefke civarında şimendiferlerden inerek orada kalmaya mecbur olmuştur.

3. 21.3.1336'da İzmit'ten Mekece'ye dört askerî tren hareket etmiştir. Birincisinde biri bölük İngiliz askeri olmak üzere bir Hintli tabur, İkincisinde malzeme-i tamiriye ile bir amele müfrezesi, üçüncüsünde bir sahra bataryası, bir sıhhiye ve bir nakliye müfrezesi, dördüncüsünde keza bir Hintli tabur olduğu anlaşılmıştır. Bu trenlerdeki piyade askeri evvelâ İzmit ile Mekece arasındaki tekmil şimendifer imâlat-ı sinaiyesine kuvvetli postalar ikame ettiğinden elyevm Mekece'de bulunan İngiliz müfrezesinin kuvveti hakikî bir surette anlaşılamamıştır. Maamafih bir tabur kadar tahmin edilmektedir.

4. 22.31336'da İstanbul'dan İzmit'e ve İzmit'ten Mekece'ye nakliyat olmamıştır. Aynı tarihte İzmit istasyonundaki İngiliz ablokası ref' edilmiş ve İngiliz istasyon kumandanı bir kaç gün için nakliyat olmayacağını mutasarrıfa tesadüfen söylemiştir.

5. Köprü tamiratı Kuva-yi Milliyye tarafından taciz edildiğinden ameleler kamilen Geyve'ye nakil edilmişlerdir.

6. Lefke, Mekece, Geyve Boğazı'ndaki İngiliz kıtaatının İzmit'e avdet eylediği haber verilmekte ise de bu malûmat henüz teeyyüd etmemiştir.

7. İzmit limanında bir deritnot, iki torpito ve bir tayyare gemisi vardır.

8. 22.3 1336'da Eskişehir, Bilecik ve Söğüt Kuva-yi Milliyyesi kamilen Bilecik havalisinde içtimâ etmiştir. Şimdilik ileri harekâtları hakkında bir malûmat alınamamış ise de Bilecik ve havalisini sonuna kadar müdafaaya azmetmiş oldukları anlaşılmaktadır.

9. İngiliz işgalinden tahliye olunan şimendifer akşamında mevcut mahrukat ile seksen trenin hareket ettirileceği zannolunmaktadır. Kolordunun bu husûstaki nokta-i nazarı

mezkûr trenlerin her nevi nakliyata tercihan vatan ve memleketin müdafaası husûsundaki nakliyata tahsis edilmiştir.

10. 24., 11. Fırka kumandanlıklarına, Kastamonu Mıntıka Kumandanlığı'na, 5. Kolordu Ahz-i Asker Hey'eti'ne ve bera-yı malûmat 12., 14., 13.,15. Kolordulara, 56. ve 61. Fırkalara ve Nazilli Mevki Kumandanlığı'na yazılmıştır.

20. Kolordu Kumandanı
Ali Fuat

24 Mart'ta kolordu telsiziyle aldığımız aşağıdaki tebliği tamim ettim:

Erzurum 24 Mart 1336

Hey'et-i Temsîliye'ye,

3., 12., 13., ve 20. Kolordulara,

1. Erzurum telsiz-telgraf istasyonunun aldığı 23 Mart tarihli Moskova tebliğ-i resmîsiyle neşredilen malûmata nazaran Bolşevik garp cephesinde Litvanya ve Lehliler ile Bolşevikler arasında yeniden muharebata başlandığı anlaşılmıştır. Bolşeviklerin vasıl olduğu hatt-ı harb suret-i umûmiyede ikinci maddedeki mevakiden geçmektedir.

2. Donaburg ve nâm-ı diğerle Diyonisk'in 90 kilometre şimâl-i şarkisinde Rebyaçiça, şehrinden başlayan cephe cenuba doğru imtidad ederek Borisof ve Minsk şehirleri arasından geçerek Brest-Litovsk'un 115 kilometre şarkında Koronsnesko şehrine gelmekte ve bunlardan şark-ı cenubiye tebdili istikametle Novograddoltisk şerhinin 10 kilometre şimaline vasıl olmaktadır.

3. İşbu malûmat telgraf hatası yapılmaması ve isimlerin doğru okunması için şifre ile Hey'et-i Temsîliye'ye ve kolordulara arzedilmiştir.

15. Kolordu Kumandanı
Mirliva
Kâzım Karabekir

67. İSTANBUL'DAKİ MEB'USLARDAN BAZILARININ VE KIYMETLİ ZÂTLARIN FİRARLA ANADOLU'YA GELMEYE BAŞLAMALARI

25'de bazı kıymetli kişilerin İstanbul'dan kaçmış olduklarına dair Hey'et-i Temsîliye'den sevinçli bir şifre geldi:

Zâta mahsustur.

Ankara
24.3.1336

15. Kolordu Kumandanlığı'na,

1. İngilizler meb'ûsların İzmit üzerinden Anadolu'ya firar etmekte olduklarını haber almışlardır. 23.3.1336'da İzmit mutasarrıfına bir İngiliz miralayı gelerek en ileri kafilede bulunanların isimlerini ve her gece kaldıkları köyleri söylemiştir. Aynı zamanda 200 kişilik bir İngiliz bölüğü İzmit'in şimâl-i şarkisine yolları tutmak üzere ve Gebze, Derince üzerine ayrıca da takip müfrezeleri sevkolunmuştur. Verilen malûmata nazaran fimabaad İzmit üzerinden firar gayr-ı mümkün gösterilmektedir.

2. Meclis-i Meb'ûsan reisi Celâlettin Bey, meb'ûsândan İsmail Fazıl Paşa, Süreyya, Reşit ve Rıza Beyler ile kıymetli kumandanlarımızdan Miralay İsmet, Erkân-ı Harb Miralayı Kâzım, Erkân-ı Harbiye kaymakamı Seyfi, Erkân-ı Harbiye binbaşısı Saffet, Erkân-ı Harbiye kolağalığından mütekait Nevres, Üsküdar'ın Özbek Tekkesi şeyhi ve polis merkez memurlarından Nuri Beyler, 23/24.3.1336 gecesi İzmit'in 22

kilometre şimâl-i şarkisinde Tekkenişin nâm kariyede gecelemişlerdir. İngiliz takip müfrezeleri mezkûr kariyenin 12 kilometre mesafesinde geceyi geçirmişlerdir.

3. Meb'ûslarımızdan Cami, Adnan Beylerle Halide Edip Hanımefendi ve isimleri tamamen anlaşılmayan bazı zevat Gebze'de 23/24.3.1336 gecesini tehlikeye maruz geçirmişlerdir. İngiliz müfrezelerinin tazyiki, mahallî jandarmaların şayan-ı itimad görülememesi bu tehlikeyi tevlid etmektedir. Tedabire tevessül olunmuştur.

4. Diğer bazı meb'ûslarımıza bazı zevatın dahi Gebze ile İzmit arasında tehlikede oldukları tahmin edilmektedir. Bunlar meyanında Trabzon meb'ûsu Hüsrev ve biraderi kıymetli zabitandan binbaşı Besalet Bey bulunmaktadır. Firar eden diğer meb'ûsân henüz Kartal mıntıkasını geçmemiştir. Vesaitsizlik dahi hareketlerini tehir ediyor.

Hey'et-i Temsîliye nâmına
Mustafa Kemal

Kaçış başarılı olursa talih, olmazsa tedbirsizliğin acı cezası.

Şu cevabı yazdım:

Erzurum
25.3.1336

Hey'et-i Temsîliye'ye,
Zâta mahsustur.

C. 24/3/1336. İstanbul'dan firar edenlerden İzmit hizalarına kadar gelebilenlerin olsun salimen Anadolu'ya geçebilmeleri için İzmit havalisindeki askerden ve Kuvayı Milliyye'den müteaddid fedai müfrezelerini icra-yı faaliyetiyle İngiliz müfrezelerini tevkif ve imhaya çalışmaları için icab edenlere talimat verilmesini istirham eylerim.

15. Kolordu Kumandanı
Kâzım Karabekir

26'da bir şifre daha geldi:

Ankara
26.3.1336

15. Kolordu Kumandanlığı'na,

Bugün Gebze'nin Kuşçu mevkiinden hareket eden Trabzon meb'ûsu Hüsrev Bey'den şifre ile malûmat hülâsasına nazaran İstanbul'dan bir çok münevveran ve zabitan Anadolu'ya hareket ediyor. Ahmet Emin, Yunus Nadi, Celâl Nuri, Ahmet Ferit, Rıza Nur Beylerin firarları...... edilmiştir. Veliahd hazretlerinin de Anadolu'ya geçmek istediği anlaşılmıştır. İstanbul'dan Gebze'ye kadar menzil yolu...... tanzim edilmiştir. Daha Şark akşamında köylü vesaitinden istifade için mühimce bir paraya ihtiyaç vardır. Parasızlık bu babda müşkilât ihdas ediyor. Bu malûmat suret-i mahremanede arzedilmiştir.

Hey'et-i Temsîliye nâmına
M. Kemal

Ne kadar yazık. Bu işin esaslı hazırlanmasını ne zamandan beri yazdım, durdum. İstanbul'dan kaçacak arkadaşlara yardım edecek kadar vasıta ve para yokmuş. Benden ancak samimi dua etmek gelir. Parasızlığın Millî Meclis ve hükümetinin teşekkülü için mühim bir noksan olduğunu düşündüm. Bu hususta Hey'et-i Temsîliye'ye teklifte bulunmuştum. 27 Mart'ta Azerbaycan'da Halil ve Nuri Paşalara iki kanaldan aşağıdaki mektubu gönderttim.[8]

Erzurum
27 Mart 1336

İstanbul, İngilizlerin tamamıyla işgal-i resmî ve idarelerine girdikten sonra artık payitaht ile Anadolu'nun revabıt-ı idariyesi uzun müddet ayrı kalacak ve Anadolu kendi ken-

---

8 Bu hususu şifahen de Halil Paşa'dan rica etmiştim. Tahriren de yazdığıma rağmen müsbet bir netice olmadı.

dini idareye mecbur bulunacaktır. Anadolu yeni bir Millet Meclisi'ni sür'atle Ankara'ya toplamaktadır. Maahaza evvelce memleketimizin şerait ve ihtiyacatı iktisadiyesini bildirmiştim. Haricî devletlerden hiç birisiyle ne istikraz ve ne de muavenet imkân ve ihtimâli şimdilik yoktur. Bizim için en seri ve müessir çare-i muavenet, evvel be evvel Azerbaycan hükümet ve milletinden olacaktır. Vekayi-i umûmiye-yi cihan daha ziyade inkişaf edinceye ve Bolşeviklerle olacak teması neticesinde memleketimizin iktisadiyatı daha vasi ve emniyetli bir şekle sokuluncaya kadar işbu Azerbaycan'ın kıymettar muavenet-i seriasını ve bunun idamesini temin ne zamana kadar ilk taksitin ne vasıta ile îsâl olunacağının iş'ar buyurulmasını rica eylerim.

15. Kolordu Kumandanı
Kâzım Karabekir

    25 Mart'ta: 19 Mart'tan beri Ermeniler bilhassa Nahcivan bölgesinde -Büyük Vadi, Civa, Ahura, Ordubad'a taarruzda bulunduklarından ve muvaffak oldukları yerlerde İslâmları katliâm ettiklerinden millî teşkilâtı takviye ile hudud dışındaki bütün şûra kuvvetlerine cephelerindeki Ermenilere taarruz etmelerini ve gerilerindeki en yakın birliklerimiz tarafından yardımda bulunmasını emrettim. Hey'et-i Temsîliye'ye de bildirdim. Oltu bölgesinde 9. Fırka kumandanı Halit Bey Narman'daki piyade taburumuz çekirdeğini teşkil etmek üzere 3 taburluk bir müfreze teşkil etmiştir. 1600 piyade, iki top, iki makinalı tüfek. Bu müfreze Merdenik güneyindeki -Kolaslı Taşdağ-Çolpanek- Muzart batısı-Ağundur- hattını işgal ile Ermenilerin yayılma ve faaliyetine mani olacaktır. Bu bölge kamilen İslâmdır. Kars ve Sarıkamış bölgelerinde istihbarat merkezleri tesis olundu. Hey'et-i Temsîliye gerek Batum ve gerekse bu cephedeki tedbirleri tasvib ediyor. Moskova telsizinin resmî tebliğlerini 26 Mart'tan itibaren Erzurum'daki telsizimiz almaya başladı. 25/26'da muhabere karıştırmak için aynı zamanda Fransızca Harb-i Umûmi'ye ait Alman

ileri yürüyüşlerinde Almanca, Fransızca tebliğler yapılıyordu. 26/27'de Moskova tebliği: "Maykop, Grozni, Petrovsk, Vilad-ı Kafkas şehirlerini zabtettik. Yekaterinodar'ın 50 kilometre güney batısında ve Novorosiski'nin 20 kilometre kuzey doğusunda da taarruzlara devam ediyoruz. Yekaterinodar'la Novorosiski arasında bir çok fırkalık Denikin kuvveti ordumuza iltihak etmiştir. İkinci Kuban Kolordusu sarılmıştır. Ayrıca 10.000 esir, 14 top, 40 mitralyöz iğtinam ettik." Yine bu gece nereden geldiği anlaşılamayan İngilizce bir tebliğde: "24 Mart'ta Novorosiski'nin Kızıl Ordu tarafından işgal edildiği" ilan olunuyor. Bolşevik ordularının Kafkasya kuzeyinde mühim başarılar elde ederek Denikin ordusunu bozguna uğrattığını ve Kafkas dağlarına dayandıklarını gösteren bu tebliğler herkeste büyük sevinçler uyandırdı. Her tarafa bildirdim. 26/26 tebliği daha mühimdir: "Kızıl Ordu Dağıstan'la beraber Petrovsk, Grozni, Vilad-ı Kafkas şehirlerini işgalde Denikin ordusundan 66 bin esir almış. Bir kol Vilad-ı Kafkas'tan güneyde iki istasyon işgal etmiş. Diğer bir kol Derbend'in 25 kilometre güneyinde Bali istasyonunu muhasara etmiştir." Her tarafa neşredilen bu havadisler umumi bir sevinç hasıl ediyordu. Artık Denikin ordusunun Kafkaslarda mukavemet imkânı kalmamıştı. İlkbahar da geldiğinden bizim de Ermeni ordusuna darbe vurmak fırsatımız geliyordu. 25 Mart'ta Trabzon'daki İngiliz temsilcisi Karefurd, bir Rus vapuriyle İstanbul'a, Rus albayı Aleksandr da Fransız kruvazöriyle Batum'a gitmiş. Limanda daima bir İngiliz torpitosu duruyor. Giresun'da Fransız kruvazörü subayları valiyi ziyaret etmişler ve gayr-ı Müslim unsurların derece-i emniyetlerini ve asayişin derecesini ve bir şey vukuv muhtemel olup olmadığını sormuşlar. Ahaliden mecbur edilmedikçe asayişi bozacak bir hadise olmayacağı cevabını alarak dönmüşler.

26'da Hey'et-i Temsîliye'den gelen şifrede "Trabzon'da vali Hamit Bey'in tesiriyle seçimler tehir edildiğinden bu mühim işin temin buyurulmasını hassaten rica ederiz" deniliyordu.

31'de de "Hamit Bey'in tereddüd ve takip ettiği hatt-ı hareket ve emsali yerlerde de kötü tesir ettiğinden çabuk ve kat'î hareket etmesi lüzumunun taraf-ı devletlerinden bir defa daha tekidi rica olunur" deniliyordu. Trabzon livaları seçimleri bitirdiği halde Trabzon şehrinin gecikmesinin millet ve memleket selâmeti için şiddetli tedbirler almak zorunda kalacağımızı valiye ve fırkaya yazarak seçime başlattım.([9])

28 Mart'ta vali Hamit Bey'den aldığım şifre ile verdiğim cevab şayan-ı mütalâa olduğundan aynen yazıyorum. Hey'et-i Temsîliye'ye ve kolordulara da yazdım:

Mühim ve müstaceldir

Trabzon
27.3.1336

15. Kolordu Kumandanlığı'na,

Burada bir Fransız mümessili var. İtilâfçıların şark politikasının barometresidir. Halinden bugünlerde pek düşkün olduklarını anlıyorum. Bu adam ara sıra ziyaretinde herhalde milliyetperverlerle itilâf lâzım geldiğini İngilizlerin hareketleri muvafık olmadığını ileri sürdükten sonra Anadolu'yı Şarkî için bir zemin-i itilâf bulunur, bir teklif dermiyan olunursa Paris'e bildirmeye hazır bulunduğunu bugün konferansı en ziyade teşkiline mecbur olduğu Ermenistan mes'elesi meşgul etmekte bulunduğunu, bir Ermenistan teşkili zarurî olduğuna ve buna bir mahreç vermek iktiza edeceğine göre bunun hangi araziyi ihtiva ve neresinin mahreç olarak kabulü

---

9 Hamit Bey de Trabzon meb'ûsu oldu; fakat muvafatimle vilâyette kalmasını tercih ederek Ankara'dan müsaade alındı ise de bilâhire Trabzon meb'ûslarının Çarşamba ile Samsun arasında eşkıya pususuna uğrayarak Trabzon meb'usu İzzet ve Gümüşhane meb'ûsu Ziya Beyler şehit olduklarından, Meclis-i Millî, Hamit Bey'i istedi. Fakat Hamit Bey gitmek istemedi. Ahali telgrafla Ankara'dan rica ettiler. Mustafa Kemal Paşa ve Erkân-ı Harbiyye-i Umûmiyye Reisi İsmet Bey Haziran'da işe benim müdahalemi ve behemahal Hamit Bey'i göndermekliğimi ve Trabzon muhitinde mahsus fesad hazırlığını tasfiye etmekliğimi yazdılar. Tafsilât gelecektir.

mümkün olabileceğini sual eder. Bu defa daha mütehallik bir vaziyette gelerek bu hususta rey-i âlilerine müracaat etmekliğimi rica etti. Kendisi şark mes'elesinde alâkadar Bertlo'nun adamı imiş. Muvafık-ı mütâlaa buyurulursa bu babdaki nokta-i nazarımızı kat'î bir surette bunlara tebliğ edelim.

Vali Hamit

Verdiğim cevap:

Erzurum
28.3.1336

Trabzon Velâyeti'ne,

C.27.3.1336 şifreye

1. Bu gibi şeyler ancak hükümetle görüşülür. Hükümetimiz ise başta İngilizler olmak üzere maatteessüf İtilâf hükümetleri tarafından İstanbul'da boğulmuş ve imha edilmiştir. Şimdiki hâlde İstanbul hariç olmak üzere bütün memleket Ankara'daki Kuva-yi Milliyye karargâhı tarafından idare edilmektedir. Bir meclis-i fevkalâde yine Ankara'da toplanmak üzeredir. Ben Kuva-yi Milliyye karargâhının her bir emrine münkad şark cephesi kumandanı bulunuyorum. Binaenaleyh bu husûsta şahsî bir rey ve mütâlâam olamaz. Tavassutum dahi caiz değildir. Doğrudan doğruya Ankara'da Kuva-yi Milliyye karargâhıyla anlaşması icab edeceğinin Fransız mümessiline anlatılmasını arzeylerim.

2. Şimalden inen halâskâr ordular, Novorosiski, Vilâd-ı Kafkas, Petrovsk, Drino mıntıkasını tamamen işgal etmiş ve daha cenabu müfrezelerini sürmüştür. Ermeniler hâlâ tehlikeyi görmüyor ve anlamıyor. İslâmlara karşı öteden beri yaptığı mezalim ve kitale daha şiddetle devam ediyor. Mümessiller ile mülakatınızda bir münasebet aldırarak bu cihetten de nazar-ı dikkatlerini celb buyurmanızı rica ederim.

15. Kolordu Kumandanı
Kâzım Karabekir

İstanbul işgali meselesi Kürt aşiretlerine de layıkiyle anlatıldığından "Din ve vatan uğrunda açılacak mücahedeye ya büsbütün dünya yüzünden kalkmak veyahutta düşmanları kahır ve mahvedinceye kadar uğraşmak" kararlarını her taraftan bildiriyorlardı. Aşağıdaki tamimi yaptım ve istiklâl mücadelemizde Kürtlerin vaziyetini de göstermek için Hey'et-i Temsîliye'ye ve kolordulara bu bölgem fırka ve valilerine de tamim ettim:

Erzurum
26 Mart 1336

1. İngilizler tarafından makam-ı hilâfet ve payitaht-ı salatanat-ı seniyenin işgal ve Bâbıâli ve nezâretlerimizi ve Meclis-i Millîmizi basarak en muhterem rical ve münevveranımızın süngüler altında hapis ve tevkif edilmesi ve vatanımızdan bir kısmının Ermenilere terkine karar verilmesine dair aldıkları son haberlerden dolayı müteheyyic olan bütün Kürt aşairinin el ele vererek düşmanların harekât ve icraat-ı zalimanelerine karşı mücahedeye ve din ve vatan uğrunda açılacak mücahedede ya büsbütün dünyadan kalkmak veyahutta düşmanları kahır ve mahvedinceye kadar azim ve sebat göstermeye karar verdikleri hakkında mıntakamdaki aşair rüesasından müteaddit telgraflar alıyorum. Verilecek her emri icraya müheyya olduklarını bildiren ve makina başında cevap bekleyen rüesa-yı mumaileyhime ve vatan uğrunda gösterdikleri âsar-ı hamiyet ve gayretten dolayı teşekkür ederek indelicab pek kıymettar hizmet ve muavenetlerinden istifade olunacağını ve şimdiki hâlde sükûn ve itidali muhafazalarına hâdim vesayada bulunulmasını ve bu necib hissiyata teşekkür olunmasını rica ederim.

2. Fırkalara yazılmış ve bera-yı malûmat kolordulara ve vilâyetlere arzedilmiştir.

15. Kolordu Kumandanı
Kâzım Karabekir

Doğuda sükûnet, birlik, Kürtler arasında dahi temin edildiğine mukabil batıdan fena sesler gelmeye başlıyordu:

Ankara
26.3.1336

15. Kolordu Kumandanlığı'na,

Balıkesir'den alınan malûmat bervech-i zîr maruzdur.

Hey'et-i Temsîliye nâmına
M. Kemal

Suret

Anzavur ile Gavur İmam ve avenesinin Biga'ya tekrar baskın yapacakları haber alınmış olduğundan Gönen'de mütehaşşit takip kuvvetlerinden 100 süvari 13.3.1336 da Biga'ya tahrik olunmuştur. Süvariler her ne kadar kasabaya bilâ müsademe germeye muvaffak olurlarsa da bilâhire Biga kazasındaki ahalinin kısm-ı azami silâha sarılarak hücum etmiş olduklarından şiddetli bir müsademeden sonra çekilmeye mecbur olmuşlardır. Piyademiz de müsademenin nihayetine yetişerek eşkıyayı Biga'nın garbinde tevkif etmişlerse de Biga kazası ahalisinin eşkıyaya iltihakları sebebiyle müsademe ilk gün ve pek şiddetli olarak devam ve Gönen ile Biga arasındaki Çerkeş köylüleri de müfreze ve cephane ve mevadd-ı iaşenin sevkine müsellâhan mümanaatlarından süvari ve piyademiz Gönen'e avdete mecbur olmuşlardır. İsyan şimdilik Biga kazasına münhasır ise de tevessue müsaittir. Tedabir-i lâzimeye tevessül olunmuştur. Müsademe esnasında âsiler bir top dahi istimâl etmişlerdir. Müfrezeden iki zabit ile altı nefer şehit ve üç zabit ile yirmi yedi nefer mecruh döndüğü ve âsilerin de pek ziyade telafat verdikleri ve şimdiki halde Anzavur ve avenesinin Biga'ya hâkim bulundukları maruzdur.

20. Kolordu'nun aşağıdaki raporunda da İngilizlerle çarpışmadan bahsediliyordu:

15. Kolordu Kumandanlığı'na,

1. 25 Mart 1336 tarihli kolordu raporunda Lefke civarındaki Kuva-yi Milliyye'nin İngilizlere hemen İzmit'e hareket etmeleri için tebligatta bulunduklarına dair malûmat alındığı arzedilmişti. İngilizler iki kişiden ibaret olan Kuva-yi Milliyye mükâleme hey'etini iade etmeyerek Lefke şarkındaki şimendifer köprüsünü kısmen tahrip etmiş ve Kuva-yi Milliyye'nin de sağ cenahına taarruz etmişlerse de muvaffakiyetli bir mukabil taarruzla İngilizler Lefke ve Sakarya'nın şimaline tardedilmiş ve kendilerine zayiat da verdirilmiştir. Bu vak'a Kuva-yi Milliyye'nin hakk-ı meşruunu duçar-ı tecavüz olmadıkça kan dökülmemek karar ve azminde bulunduğuna en parlak ve yeni bir misal olduğu gibi Eskişehir'den İzmit'e çekileceklerine dair söz vermiş olan İngilizlerin de sözlerinde durmayıp hile ve desiselere tenezzül eylediklerini bir daha göstermiştir. 25/26 Mart 1336'da içinde İngiliz askeri bulunan üç trenin birbirini müteakip İzmit'e çekileceği anlaşılmaktadır.

2. Memalik-i Osmaniyye dahilinde bulunan İngiliz kuvvetlerinin kısm-ı azami Hintli asker olduğu malûmdur. Bunlar her fırsattan bilistifade milletin hakk-ı meşruuna tecavüz edemeyeceklerini ve bilhassa dindaşlarına böyle bir tecavüzde bulunmayacaklarını beyan etmişlerdir Bunun neticesi olarak İzmit ve Derince'de ordugâhlarındaki Hintli askerler kıyam etmiş ve bu kıyamı bastırmak için İngilizler ki torpito ile 400 bahriye silâhendaz efradını bu ordugâhlara sevkeylemişlerdir.

3. Bolu ve Bilecik sancakları havalisi makam-ı hilâfet ve saltanatı ve istiklâl-i milletin muhafazası husûsunda bu kere de bir azm-i kat'î ile ittihad ederek her taraftan Lefke'ye girmiş olan Kuva-yi Milliyye'ye iltihak etmekte oldukları maruzdur.

20. Kolordu Kumandanı

Ali Fuat

Bolşevik resmî tebliğini Hey'et-i Temsîliye'ye ve kolordulara tebliğ ettim:

Erzurum

27 Mart 1336

1. Erzurum telsiz telgraf istasyonunun aldığı 26 Mart 1920 tarihli Moskova Bolşevik tebliğ-i resmîsidir:

a) Avrupa Baku demiryolu üzerinde ve Demirhan Şûra'nın 125 kilometre şimâl-i garbhisinde kâin Grozni şehri 24 Mart'ta tarafımızdan zabtedilmiştir.

b) Yekaterinodar'ın 120 kilometre cenub-ı şarkîsindeki Maykop şehrini 22 Mart'ta zaptettik.

c) Yekaterinodar şehrinin 50 kilometre garb-ı cenubîsinde ve mezkûr şehir ile Novorosiski arasında demiryolunun üzerindeki Kolmskaya istasyonu mıntıkasında ikinci Don kolordusu kâmilen kıtaatımız tarafından ihata edilmiştir. Bu mıntıkada tarafımıza bütün hey'etiyle iltica eden Birinci Edhilân Alayı da taarruzlarımıza iştirâk ederek düşmandan on bin esir, on dört top ve kırk makineli tüfek ve beş yüz hayvan vesair vesait-i harbiye iğtinam edilmiştir.

d) Yekaterinodar'ın 40 kilometre kadar cenubundaki kıtaatımıza düşmanın Birinci Koban Fıkrası ile Don Kazak Alayı kâmilen iltihak eylemişlerdir. Koban Fırkası 3000 atlı, 48 zabit ve 10 toptan ve Don Kazak Alayı da 250 atlıdan müteşekkildir.

e) Novorosiski'nin 20 kilometre şimâl-i şarkîsinde bulan kıtaatımız şimendiferle aldıkları takviyelerle taarruzlarını şiddetlendirmişlerdir.

2. aynı gecede nereden verildiği anlaşılamayan bir İngiliz tebliği de aynen bervech-i âtidir: Mart'ın 24'ünde Novorosiski kırmızı ordu tarafından işgal edilmiştir. Denikin son ilticagâhını da kaybetmiştir.

28 Mart'ta Ermenilerin Nahcivan bölgesinde -yüzbaşı **Ha-**

lil Bey kumandasında birkaç subay ve assubay gönderilmişti- taarruzu hakkında gelen bilgileri de Hey'et-i Temsîliye'ye, kolordulara ve bölgem vali ve fırkalarına tamim ettim:

Erzurum

28 Mart 1336

Alınan mevsuk malûmat hülâsasıdır:

1. Kafkasya'da Denikin ordusunun hayatına hatime çeken son muvaffakiyetler esnasında ne yapacağını büsbütün şaşırmış olan Ermeniler, Mart'ın 19gününden itibaren Ordubad, Nahcivan ve Vedibasar mıntakalarındaki İslâmlara âni ve şiddetli taarruzlar yaptılar. Hakkını ve namusunu kemâl-i şehamet ve fedakârî ile müdafaaya azmetmiş olan mezkûr üç İslâm mıntıkasında da bu Ermeni taarruzları tamâmen tard edildi. Ve Ermenilere bir çok maktul verdirildi. Vedibasar mıntakasındaki İslâmlar kendilerini sessiz ve sebebsiz basmak isteyen faik kuvvetteki düşmanı perişan ederek dört makinalı tüfek vesair ganaim-i harbiye almışlardır. Bilâhire mağlûp Ermenileri takip ederek Ermenistan'ın merkezi olan Revan şehrinin 7.8 kilometre şarkındaki dağa kadar kovalamış ve Ermenilerin Revan'ı muhafaza için tahkim etmiş oldukları işbu dağda mevcut tel örgülerine kadar yanaşmışlardır. Bu dağda bir gece kalarak tel örgülerini hançer ve bıçaklarla kesmek ve parçalamak suretiyle de azimkârlıklarına pek kıymetli bir misâl gösteren İslâm kuvvetleri kendi mıntıkalarına muzafferen avdet etmişlerdir.

2. Hey'et-i Temsîliye'ye, kolordu ve fırkalara, kolordu kıtaatına ve vilâyetlere arz ve tamim edilmiştir.

15. Kolordu Kumandanı

Kâzım Karabekir

26/27 Mart tarihli Kafkasya havadislerini aşağıdaki şekilde tamim ettim:

Erzurum

28 Mart 1336

Kafkasya'daki Bolşevik orduları harekâtına dair alınan gayet mevsuk 26 Mart tarihli istihbarat âtide arz ve tamim olunur:

1. 23 ve 24 Mart tarihlerinde vuku bulan muharebelerden sonra Baku'ya gelen demiryolunun üzerinde ve Bahr-i Hazer sahilinde kâin Petrovsk ile Grozni ve Vilâd-ı Kafkas şehirleri Bolşevikler tarafından zaptolunmuştur. İşbu muhaberatda Dağıstan İslâm ordusunun dahi pek yararlıkları görülmüştür. Düşmandan 66 bin esir ve külliyetli ganaim elde edilmiştir.

2. Dağıstan da Rusya dahilindeki bütün Müslümanlar gibi Bolşevik orduları ile birleşmiştir. İşbu müttehit orduların kolbaşıları Derbend şehrinin 30 kilometre cenub-ı şarkîsinde Balam istasyonuna varmıştır. Diğer bir ordunun kolbaşısı dahi Vilâd-ı Kafkas'ın 40 kilometre kadar cenubunda iki mühim mevkii zabtederek Gürcistan payitahtı olan Tiflis şehri üzerine yürümektedir.

3. General Denikin'in bizzat kumandası altındaki ordu ise Yekaterinodar ile Novorosiski arasında 23 ve 24 Mart tarihlerinde mahv ve perişan edilmiş ve 24/25 Mart'ta Denikin'in son ilticagâhı olan Novorosiski müstahkem limanı da zaptedilerek külliyetli esir ve ganaim Bolşeviklerin eline düşmüştür.

4. Artık Kafkasya'nın Bahr-i Hazer ve Karadeniz sevahili kamilen Kırmızı ve Yeşil orduların hâkimiyetine geçmiştir.

5. Hey'et-i Temsîliye'ye, kolordu ve fırkalara, kolordu kıtaatına ve vilâyetlere, Erzincan livasına arz ve tamim edilmiştir.

15. Kolordu Kumandanı
Kâzım Karabekir

Erzurum telsiz-telgraf istasyonunun aldığı 27 Mart tarihli Moskova tebliğ-i resmînin aksam-ı mühimmesi bervech-i âtidir:

1. Lehistan hükümeti Bolşevik murahhaslariyle muahede müzakerâtına başlamak üzere 10 Nisan tarihinde Borisof şehrinde içtimâi kabul ettiğini Bolşeviklere bildirmiştir.

2. Litvanya hükümeti dahi 10 Nisan'da Moskova'da sulh müzakerâtına başlamaya hazır oldukları hakkında Bolşeviklere müracaat etmiştir.

3. Hey'et-i Temsîliye, kolordu ve fırkalara, Mevki-i Müstahkem'e arz ve tamim edilmiştir.

15. Kolordu Kumandanı
Kâzım Karabekir

Azerbaycan batı bölgesinde en önemli bir şehir olan Gence'de ilk fırsatta bir telsiz merkezi açtırılmasına çalışılmasını Halil Paşa'ya söylemiştim. Azerbaycan'dan vaktiyle haber almak artık çok önem kazandığından Nahcivan ve Trabzon kanallarından Halil ve Nuri Paşalara şunu yazdım:

Erzurum
28.3.1336

Halil ve Nuri Paşalar Hazeratına,

Telsiz-telgrafla neşredilen Moskova ve Alman tebliğlerini Erzurum'daki kolordu hafif telsiz-telgraf istasyonu vasıtasıyla mükemmelen alıyoruz. Gence ile tesis-i muhabere etmek üzere diğer bir telsiz-telgraf istasyonu da Karakilise'den Beyazıt'a tahrik edilmiştir. Bu istasyon Gence ile muhabere mümkün olabilirse daima Beyazıt'ta kalacaktır. Hâl-i faaliyette olarak üçüncü bir istasyonumuz da Van'da bulunmaktadır. Kuvvetli bir telsiz-telgraf istasyonu vasıtasıyla bize vereceğiniz haberleri daima alabileceğiz, bunun için de kolordu mıntıkasındaki hafif telsiz-telgraf istasyonları 6 Nisan 1336 tarihinden itibaren 1200 veyahut 1500 tulümevç ile her gün saat

4 evvelden 5 evvele kadar dinleyeceklerdir. (E.B.K.) işaretiyle aranılmamızı rica ederim. Beyazıt'taki istasyonumuz da aynı işaretle her gün 5 evvelden 6 evvele kadar 1200 tulümevde Gence'yi arayacaktır. İhtiramatımı takdim ederim, muvaffakiyetlerinizi gözlüyoruz.

Kâzım Karabekir

29 Mart'ta Erivan'daki ermeni telsiz istasyonu Nahcivan bölgesindeki karşı taarruzlarımız hakkında aşağıdaki tebliğini İngilizce yayınladılar. Her tarafa tamim ettim.

Erzurum
29.3.1336

Tamim

1. Bugün 29 Mart'ta Erivan'daki Ermeni telsiz-telgraf istasyonunun İngilizce olarak neşrettiği tebliğinin tercümesinden anlaşılabilen akşamı ikinci maddedir.

2. Türk zabitanı tarafından idare edilen ve mecmuu tahminen 6000'e baliğ olan Tatar askerlerinin isyanı tevessü etmektedir. Asiler, Ermeni kuvvetleri üzerine yürüyorlar. Ve kendilerine askerî muavenet yapılması için Mustafa Kemal Paşa'ya rica ediyorlar. Erivan'dan Tebriz'e kadar demiryolu üzerindeki Ermeni köyleri tahrip ve ahalisi asiler tarafından katledilmektedir. Denikin ordusunun dağılan akşamından Fokkeroviç kumandasındaki kuvvet şimâli Kafkasya'da Bolşeviklerin önünden kaçarak gelmektedir.

3. İkinci maddedeki malûmattan sonra Gürcülerin Tiflis'te hapsettiği iki bin kişinin kâffesinin tahliye edildiğinden ve matbuata da serbesti bahşolunduğundan bahsediliyorsa da nihayeti anlaşılamamıştır.

4. Hey'et-i Temsîliye'ye, kolordu, fırkalara, kolordu kıtaatına, Mevki-i Müstahkem'e arz ve tamim edilmiştir.

15. Kolordu Kumandanı
Kâzım Karabekir

Hey'et-i Temsîliye 21 ve 25 tarihli Peyam-ı Sabah gazetesinden bazı bilgiler veriyor: 28 ve 29'da gelmişlerdir. Hülâsası:

Sadaret Ferit Paşa'ya teklif olunmuş ve kabul etmiş, aynı zamanda Hariciye nazırı şeyhülislâm ayândan Mustafa Sabri Efendi, Harbiye nâzırı Hürriyet ve İtilâf reisi Sadık Bey. Bahriye Hamdi Paşa. Dahiliye Mehmet Ali Bey. Evkaf, ayândan Vasfi Efendi. Nafia Kiraz Hamdi Paşa. Maarif kurena-yı sabıkadan Emin Bey, Adliye, sabık nazır Kâzım Bey. Şûra-yı Devlet ayândan Seyit Abdülkadir Efendi, olması muhtemeldir. Almanya'da ihtilâl devam ediyor. Darbe-i hükümet sekiz bin telefatı bâdi olmuş. Hey'et-i Temsîliye istihbaratından olmak üzere:

1. Londra'dan iş'ar olunduğuna nazaran bir İngiliz rahibi Yunanlıların Anadolu'daki harekâtı hakkında Avam Kamarası'na bir rapor vermiştir.

2. Üsküdar'daki bazı İngiliz efradı Anadolu'ya sevkolunrayı kabul etmemişlerdir.

3. Mısır'da müteaddit ihtilâller oluyormuş, Anadolu'daki harekât-ı milliye takdirkârane takip olunmaktadır.

Diğer malûmat: İngilizlerin aramızda kan dökülmemesini temin için gönderdikleri bir zâtın verdiği malûmat: İstanbul işgali için kan dökülemeyeceği Londra'ya baraapor temin edildikten sonra işgal kararı verilmiştir. İngiliz kıtaat Anadolu'dan kamilen İstanbul'a celbolunacaklardır.

Şu telgrafla da bazı malûmat geldi:

1. Peyam-ı Sabah ve Alemdar gazeteleri neşriyatı münderecatını İstanbul ahalisi gayz ve nefretle karşılıyorlar. Matbuat-ı saire dahi tekzib etmektedirler.

2. İstanbul piyasasında tevevvüş ve gayr-ı tabiînin mevadd-ı gıdaiye üzerinde mühim bir tereffü vardır.

3. Fransa âyâm hariciye encümeni Pazartesi günü içtimâ ederek hükûmetin Almanya mes'elesi ve muahede-i sulhiye ve Amerika ile olan münasebat ve aynı zamanda İstanbul ile

Asya-yı Suğra ve Rusya mes'eleleri hakkında bir an evvel istimâ edilmesi talebini havi bir tariri kabul etmiştir.

4. 13 Mart tarihli Tan gazetesinde Lord Gürzon, Avam Kamarası'nda irad ettiği bir nutukta Ermenilere dair demiştir ki: "Bana öyle geliyor ki, siz Ermenileri sekiz yaşında pek temiz ve masum bir kız gibi zannediyorsunuz. Bunda pek yanılıyorsunuz. Zira Ermeniler bilhassa son harekât-ı vahşiyaneleri ile ne derecelere kadar hunhar bir millet olduklarını bizzat kendileri isbat eylemişlerdir.

5. Mısır'da Zalül Paşa'nın hanesinde elli altı murahhastan mürekkep ve müşarünileyhin riyaseti altında içtimâ eden bir kongre hey'eti Mısır'ın istiklâlini elân eylemiştir.

6. Elâlemülislâm gazetesi müşir Hüseyin Elkübdavi'nin Zât-ı şâhâne'ye, çektiği telgrafı neşrediyor. Bunda, "Alem-i İslâm ve bilhassa yetmiş milyon Hint İslâmları nâmına rica ediyoruz kat'iyyen hukuk-ı hilâfeti cüz'iyyen muhil bir muahedenâmesiyle vazetmeyiniz. Tesliyetbahş bir cevaba muntazırız" deniliyor.

7. Kalküta'dan 29 Şubat'ta Taymis'e çekilen telgraf alem-i İslâmda mevcut hukuk-ı hilâfet cemiyetleri murahhaslarından mürekkep olan Kalküta Konferansı bervech-i zîr kararı ittihaz eylemiştir. Hukuk-ı hilâfet ve hilâfeti muhil bir kararı Büyük Britanya hükümeti tasdik ettiği takdirde Müslümanlar, bilhassa Hindistan'daki 75 milyon Müslüman İngiliz emtiasına boykotaj ilân edecektir.

8. Aynı gazete iki Mart'ta Kalküta'dan telgrafla madem ki konferansın mukadderatı düvel-i Mütelife keenlemyekün hükmündedir, o hâlde ictimâat ve iştigalatına devama hacet kalmamıştır. Binaenaleyh konferansı 19 Mart'ta tatil-i ictimâat edecektir. Konferansı hilâfet-i aliyemize mukarrerat ittihaz edilmiş ve edilmekte bulunmuş olduğunu istihbar etmekte olduğundan bu mukarrerattan birin tatbikine teşebbüs edildiği andan itibaren Hint Müslümanları Büyük Britanya hükümetiyle fekk-i irtibat edeceklerinden bu kararın hilafın-

da hareket edecek her Müslüman cemaat-i İslâmiyeden ihraç olunacaktır.

9. Beyrut'tan 380 kadar ulema ve eşraf ve muteberan imzalariyle Meclis-i Meb'ûsân riyaset makamına çekilen ve aslı Sulh Konferansı'na gönderilen bir telgrafta hilâfet-i Osmaniye'ye olan irtibatımız ezelî ve ebedîdir. Hilâfında bir karar ittihaz edilmemesi mercudur.

10. Celâl Nuri Bey tevkif edilmiş ve Rauf Ahmet Bey'in hanesi taharri olunmuştur. Kendilerinden malûmat alınamamıştır.

Hey'et-i Temsîliye nâmına
Mustafa Kemal

Açık telgraf ve şifre ile gelen bilgiler lüzumsuz tafsilatı havi olduğu gibi doğrulanmış da değil, yarınki bugünkünü yalanlıyor. Havadislerde özet olunsa ve lüzumsuzlarından vazgeçilirse mühim muhabereler gecikmeyecek. Pek çok haberleşme olduğundan mühim şifreler de arada bazen iki üç gün gecikmeye uğruyor. Lloyd George'un nutku Hey'et-i Temsîliye'den ve aynı zamanda Trabzon'da 3. Fırka'dan yazdırıldı:

25 Mart Peyam-ı Sabah'tan: "Lloyd George son defa Türkiye meselesi hakkında Hint İslâmları namına beyanatta bulunan Mehmet Ali'ye aşağıdaki cevabı vermiştir: "Türk önderleri bize karşı ayaklandılar. Ben zannetmem ki şimdiye kadar Türkiye'ye karşı harbetmiş olalım. Bilâkis bir çok defalar Türkler için harbettik. Halbuki daha sonra İngilizler şimdiye kadar kendisi için tarihte misli görülmemiş gayet müthiş bir muharebe ile meşgul iken Türkiye ansızın bize karşı harb ilan etti. Karadeniz'le serbestçe ulaşma yolundan mahrum bulunmamız yüzünden muharebe üç sene uzadı ki hiç bir Müslüman Hintli zannetmemelidir ki biz güya İslâmiyet'e karşı bir ehl-i salip (Haçlılar) muharebesi açmak üzere Türkiye ile muharebeye giriştir. Adalet isteniyor. Her halde Türkiye hakkın-

da adaletin gereği yapılacaktır. Avusturya hakkında ihkakı hakedildi. Almanya adaleti hem oldukça müthiş bir adaleti elde etti. Şu halde Türkiye için Türkiye hakkında icra-yı adalet edilmesin. Türkiye zannetti ki herhalde bizimle muharebe etmeye mecbur idi. Biz ölüm kalım çarpışmasında bulunduğumuz zaman Türkiye bizimle muharebeye girişti. Acaba Türkiye hakkında Almanya, Avusturya vesair Hristiyan milletlere karşı aldığımız tedbirlerden başka bir muamelede bulunmak için makul bir sebep var mı? Hint Müslümanlarının Türkiye hakkındaki mahza Müslüman olduğu için şiddetli bir surette şiddetli bir muamele ettiğimizi zannetmemelerini arzu ederim. Büyük bir Hristiyan milleti olan Avusturya hakkında dahi aynen tatbik edilen düsturları Türkiye hakkında dahi aynen tatbik edeceğiz. Bu düsturlarda hakk-ı hakimiyetlerini kaybetmiş olan imparatorluklar hakkında milletlerin mukadderatını bizzat tayin etmek hakkını mutazammın olarak tatbik edilen düsturlardan Araplar istiklâl ilan ettiler ve Türkiye İmparatorluğu'ndan ayrılmak istediler. Hırvatistan istiklâlini istedi ve bu isteğini yerine getirdik. Suriye dahi hürriyetini istedi ve elde etti. Şimdi aynı düsturları gerek Hristiyanlar gerekse İslâmlar hakkında uygulayacağız. Benim bildiğim şudur ki Türkler ancak Türk arazisinde hükümet yapacaklar ve Türk olmayan arazide hiç bir hakları olmayacaktır. Avrupa'daki Hristiyan milletler hakkında bu formülü uyguladık. Türkiye hakkında da aynı formülleri uygulayacağız.

29'da 20. Kolordu ve Hey'et-i Temsîliye'den gelen şifreli bilgiler şunlardır:

Ankara
27.3.1336

15. Kolordu Kumandanlığı'na,

27 Mart 1336 tarihli kolordu raporudur:

1. Evvelce Lefke ve Mekece arasındaki İngiliz kuvvetlerini general Mantagu Dah emrinde dört taburlu bir piyade

livasiyle bir sahra bataryasından ibaret olduğu ve bunların Kuva-yi Milliyye'nin tazyiki üzerine İzmit ve garbine nakline devam olunduğu anlaşılmaktadır. Çekilmekte olan İngilizlerin Mekece ile İzmit arasındaki şimendifer imalât-ı sınaiyesini tahrip edeceği hissolunmakta ve bu hâle karşı Kuva-yi Milliyye'nin tedabir-i lâzime ittihaz ettiği bildirilmektedir. Bu meyanda İngilizler Lefke istasyonu dahilindeki bütün eşyayı tahrip etmişler ve demerhaneyi hâl-i faaliyete getirecek birçok malzemeyi beraber götürerek istifade edilmeyecek bir hale koymuşlardır.

2. Kuva-yi Milliyye iki koldan ilerleyerek sol cenah kolu 26/27'de Mekece'nin cenub-ı şarkîsindeki Ericik ve sağ cenah kolu Akhisar cenubunda Kozan köyüne muvasalat etmiştir.

3. Niğde Kuva-yi Milliyyesi 23 Mart 1336'da Adana şimal-i garbisindeki Karaisalı kazasına hareket eyledikleri haber alınmıştır.

4. Kolordu mıntakasının her tarafında fevkalâde bir sükûn ve asayiş mevcut olup ahali hükûmet-i mülkiye ve askeriye kemal-i faaliyet ve sükûnetle Meclis-i fevkalâdeye âzâ intihabiyle meşguldür.

5. Evvelce Eskişehir ile Afyonkarahisar arasında tahrip edilen şimendifer köprüsünün 29 Mart 1336'da tamiratı hitam bulacağı ve bu tamirat hitam bulunca trenler aktarma yapmaksızın doğruca Eskişehir'e gelebilecekleri bildirilmektedir.

20. Kolordu Kumandanı

Ali Fuat

Ankara

28.3.1336

15. Kolordu Kumandanlığı'na,

28.3.1336 tarihli Hey'et-i Temsîliye istihbaratının mahrem kısmıdır.

1. Taymis gazetesi Pontus istiklâlinin kabul edildiğini yazıyor.

2. Hariciye komisyonunda Mösyö Milran, "Fransız hükümeti kabiliyet-i hayatiyesi olan bir Türk'ü arzu eder. Zât-ı Şahâne İstanbul'da kalmalıdır. Boğazlarda serbesti-i seyr ü sefer olmalıdır. Asya-yı suğrada...... ittibaen Fransa menafi-i mahsusaya malik olmalıdır" demiştir.

3. Tevfik Paşa, Meclis-i Ayan nâmına Zât-ı Şahâne'ye vaziyet-i hazırayı izah ederek sadaretin Ferit Paşa'ya tevdiine mütehassıl muhadderata dikkat nazarlarını celbetmiştir. Zât-ı şâhâne böyle bir tasavvurda bulunmadığını bildirmiş ise de İngilizlerle olan münasebetlerine nazaran ciddî...... işbu beyanata itimad edilmemektedir.

4. İstanbul işgal kumandanı idare-i örfiye mıntakasının Rumeli'de Makriköy hududuna kadar tevsi ve teşmilini Fransız kumandanına tebliğ eylemiş ise de kabul ettirememiştir Fransız ve İtalyanların efkârında İngilizlere karşı pek mühim tahavvül mahsustur.

5. Meclis-i Meb'ûsân reisi Celâlettin Arif Beyefendi ile 27/28 Mart 1336 gecesi Düzce'den görüştük. Müşarünileyh toplanacak Meclis-i Millî fevkalâdenin Fransa'da misal-i tarihiyesini kaydetmiş ve böyle bir meclisin mukarreratının muta olacağını ve Ankara'ya muvasalatında bir beyanname neşretmek mütâlâasında bulunduğunu bildirmiştir. Müşarünileyh ve rüfekası bir kaç güne kadar muvasalat edeceklerdir.

6. Refet Beyefendi'nin Kuşada'dan aldığı bir rapor hükûmet-i Osmaniye'ye tebliğ edilmek üzere Sulh Konferansının sulh muahedenâmesi İstanbul'daki mümessillerine gönderildi. Resmî İtalyan menabiine atfen bildiriliyor. Aynı menbaa göre Amerika-Almanya münferiden sulh muahedesini imza etmişlerdir.

7. Rodos'taki İtalyan Kuva-yi askeriyesi umûm Kumandanı general Pokar İstanbul hâdisesi üzerine telgrafla Antalya'ya âtideki nokta-i nazarı bildirmişlerdir: İtalya'nın maksadı Tür-

kiye dahilinde hayat-ı iktisadiyenin tekrar başlamasındadır. Milletin serbestçe inkişafı husûsunda İtalya hükümetinin samimi arzusu gayr-ı mütehavvil olarak kalmıştır. İhtimâl ki.... kuvvetini teyid edecektir. Fakat Yunanlılar bunu bir tehlike addeylememeleri bu ihtimâl daha ziyade emniyet-i umûmiyenin muhafazası ve hürriyet i şahsiyenin müdafaası maksadına varid olabilir. Zira İtalya bütün kuvvetiyle Osmanlı hukuk-ı hükümranisinin müdafaası, Osmanlı ülkesinin tamamiyeti husûsundaki azminde sabittir.

Hey'et-i Temsîliye nâmına
M. Kemal

Hey'et-i Temsîliye'nin verdiği bilgilerden Pontus istiklâli gülünç bir şey. İmkân-ı maddîsi olmadığını bilmeyen Paris efendileri Ermenilere olduğu gibi Rumlara da bol keseden hesabımıza hediyelerde bulunmuşlar.

29 Mart haber almalarımızı aşağıdaki şekilde yayınladım:

Erzurum
29.3.1336

Tamim

Alınan mevsuk malûmat hülâsasıdır:

1. Kafkasya'da Denikini ordusunun hayatına hatime çeken son muvaffakiyetler esnasında ne yapacağım büsbütün şaşırmış olan Ermeniler Mart'ın on dokuzuncu gününden itibaren Ordubad, Nahcivan ve Vedi basar mıntıkalarındaki İslâmlara ani ve şiddetli taarruzlar yaptılar. Hakkını ve namusunu kemâl-i şehamet ve fedakârî ile müdafaaya azmetmiş olan mezkûr üç İslâm mıntakasında da bu Ermeni taarruzları tamamen tardedildi ve Ermenilere birçok maktul verdirildi. Vedibasar mıntıkasındaki İslamlar kendilerini sessiz ve sebebsiz basmak isteyen laik kuvvetteki düşmanı perişan ederek dört makinalı tüfek vesair ganaim-i harbiye almışlardır. Bilâhire mağlûp Ermenileri takip ederek Ermenistan'ın mer-

kezi olan Revan şehrinin 7.8 kilometre şarkındaki dağa kadar kovalamış ve Ermenilerin Revan'ı muhafaza için tahkim etmiş oldukları işbu dağda mevcut tel örgülerine kadar yanaşmışlardır. Bu dağda bir gece kalarak tel örgülerini hançer ve bıçaklarla kesmek ve parçalamak suretiyle de azimkârlıklarına pek kıymetli bir misal gösteren İslâm kuvvetleri kendi mıntıkalarına muzafferane avdet etmişlerdir.

2. Hey'et-i Temsîliye'ye, kolordu ve fırkalara, kolordu kıtaatına ve vilâyetlere arz ve tamim edilmiştir.

15. Kolordu Kumandanı
Kâzım Karabekir

68. DENİKİN ORDUSUNUN MAĞLÛBİYETİ

Erzurum
29 Mart 1336

27 Mart tarihli doğru bilgilerdir:

1. Otuz bine karip perakende Denikin efradı Gürcistan'a iltica etmiştir. Büyük rütbedeki bir çok Denikin zabitleri firaren Batum'a gelmişlerdir.

2. Denikin'in bir-iki gün evvel Batum'dan Dersaadet'e gittiği Batum'da söylenmektedir. Gürcistan'da da heyecan fevkalâde olup her tarafta İngilizler aleyhine hararetli mitingler yapılmaktadır.

3. Bolşeviklerin yalnız Yekaterinodar havalisindeki netice-i muvaffakiyetleri hakkında âtideki malûmat alınmıştır:

a) Yekaterinodar şehrinde yirmi bin esir ile kırk top, yüzden fazla makinalı tüfek ambarlarda müdehhar iki yüz bin tüfek, yüz bin top mermisi, dört zırhlı tren, sekiz tayyare, sekiz sıhhiye treni iğtinam edilmiştir. Yine son taarruzlarda ikibin beş yüz yirmi zabit, altmış altı bin sekiz yüz nefer, yüz yetmiş beş top, üç yüz kırk makinalı tüfek iğtinam edilmiştir. Dağılıp kaçan on altı bin düşman neferi incimad etmiştir.

2. Hey'et-i Temsîliye'ye, kolordulara, fırkalara, Erzurum Mevki-i Müstahkem Kumandanlığı ve vilâyetlere arz ve tamim edilmiştir.

15. Kolordu Kumandanı
Kâzım Karabekir

Erzurum
29.3.1336

Moskova telsiz-telgrafının 28 Mart tebliğidir:

1. Bütün gazete idarehanelerine ve bütün makama ta: Herkese ve her yaştakilere anlatılmalıdır. "Kırmızı Ordu mukabil ihtilâlcilerin elinden Novorosiski şehrini almıştır. Bu şehrin işgali fevkalâde mühimdir. Çünkü orada Denikin ordusunun bütün mevad ve malzemesi ve ecnebilerin Denikin ordusuna gönderdikleri eşya ve malzeme kamilen burada zabtedilmiştir. Denikin düvel-i İtilâfiyeden en büyük himayeyi burada görmüştü. Bu mühim darbe ile Kırmızı Ordu gönüllü ordunun temelini dahi söküp atmıştır. Şimdi artık Denikin kalmamıştır. Fakat her şeyden evvel Sovyet hâkimiyeti bunun gibi bir kaç vazife halletmeye mecburdur. Yalnız mukabil inkılâplara galebe etmek kâfi değildir. Bilâkis hükümet dahilinde demiryollarını ve sanayii tekrar tesis etmek ve bilâhire kendi arazimizde bir taarruza karşı müdafaa etmek lâzımdır.

2. Kömür ocaklarının tekrar tesisi Don havzasında bulunan İş ordusu alayları tarafından icra edilecektir. Kömür ocaklarının hal-i hazırı İş ordusunda sağlam bir sosyalistlik nizam ve intizamını icab ettirmektedir.

3. On adet kabil-i nakil kütüphane ihzar edilmiştir. Kütüphaneler bilhassa ordu ve ahali için her kazaya gönderilecektir.

4. İş ordusu tarafından Kursk vilâyetinde dört yüz on beş bin pot şeker iki yüz otuz bin şurup imâl edilmiş ve mevcut olan şeker pancarından takriben yedi yüz bin pot şeker ve üç yüz bin pot şurup istihsal olunacaktır.

5. Almanya vaziyeti: Almanya'da Sovyet Cumhuriyeti teessüs etmiş ve şerait-i âtiye tâyin edilmiştir:

a) Umumî grev nihayet bulmalıdır,

b) Muhaliflerin amele partisine teslimi,

c) Maden ocaklarının millileştirilmesi.

6. Garbı Almanya'daki maden ocaklarına yüz bini mütecaviz silâhlı amele tarafından vaz'-i yed edilmiştir.

7. Hey'et-i Temsîliye'ye, kolordulara, fırkalara ve vilâyetlere ve Erzincan livasına arz ve tamim edilmiştir.

15. Kolordu Kumandanı
Kâzım Karabekir

Batı tarafından haberler:

30 Mart'ta 20. Kolordu kumandanı Ali Fuat Paşa Harbiye Nâzırı başyaveri Salih Bey'in bir şifresini yazıyor: "Harbiye Nezâreti'nden kolordulara çekilen telgraflar, Fransızca ve Türkçe nüsha olarak hazırlanıp ve iki suret Harbiye nâzırı tarafından imza edildikten sonra Harbiye Nezâretindeki İngiliz kontrol hey'eti tarafından sansür edilmekte ve ondan sonra çekilmesine müsaade edilmektedir." Buna şüphe etmiyor ve muhabere etmiyoruz. Bu baskıya tahammül edenlerle böyle bir makamdan emir almak isteyenler pek geniş kalpli olmalıdır. Salih Bey'in ve daha kaçan diğer kişilerin Ankara'ya geldiklerini haber alınca bir senelik derdimi tekrar şöylece yazdım:

Erzurum
30.3.1336

Hey'et-i Temsîliye'ye,

Seryaver Salih Bey'in Ankara'ya geldiği ve Celâlettin Arif Bey grubunun da salimen gelmekte olduğu pek ziyade mucib-i memnuniyettir. Saffet ve Salih Beylerin ve daha münasip görülecek erkân-ı harp zabitleriyle ümeradan muktedir bir kaç zâtın hemen Erzurum'a yola çıkmalarını pek ziyade istirham eylerim. Kolorduda halen tek bir erkân-ı harp vardır. Harekât-ı âtiye için Üçüncü ve bilhassa Onüçüncü kolordular emr-i âciziye tevdi buyurulursa karargâh teşkili için bu havalide tek bir erkânı harp dahi olmadığın arzeylerim.

15. Kolordu Kumandanı
Kâzım Karabekir

29 tarihli Moskova telsizini tamim ettirdim: Moskova telsiz-telgrafının 29 Mart tarihli tebliğ hülâsasıdır:

Tamim

Moskova telsiz-telgrafının 29 Mart tarihli tebliğinin hülâsasıdır:

1. Garp cephesinde muvaffakiyetli muharebeler devam etmektedir.

2. Kafkas cephesinde Novorosiski mıntıkasında Denikin'in bakiyye tüssüyundan on binden fazla esir daha alınmıştır.

3. Sahil boyunca Gelincik'e doğru kaçan ve Kırmızı, Yeşil ordular arasında kalan on beş bin kadar kuvvetle Denikin bakiyesi sıkıştırılmış ve bir miktarı esir edilmiştir.

4. Maykop mıntıkasından kaçan Kafkas dağlarına dağılmış ve perakende kalmış olan bazı Denikin parçalarından Maykop ile Anapa arasındaki demiryolu mıntıkası temizlenmektedir.

5. Hey'et-i Temsîliye'ye, kolordu ve fırkalara, velâyetlere arz ve tamim edilmiştir.

Kâzım Karabekir

30 Mart'ta Trabzon'dan gelen bilgilerde: "Gürcülerin Artvin kasabasını işgal etmekte olduğu ve Batum'dan da İngilizlerin Artvin'e kuvvet göndermekte oldukları bildirildi. Bu bölgenin kaybedilmiş olmasını, mevsimin müsaadesizliği dolayısıyla önemli görmedim. 31 Mart gece gündüz yine kar yağdı ortalık tam bir karış.

Erzurum İngiliz temsilcisi Rawlinson 22 Mart'tan beri "Beni bırakın ara buluculuk edeyim" zemininde yazar dururdu. 31'de yazdığı metni ve Hey'et-i Temsîliye'ye İstanbul İngiliz kuvvetlerine teklifi 7 Nisan'da Trabzon vasıtasıyla İstanbul İngiliz karargâhına yazıldı: "Eğer faydalı olursa arabuluculuk hizmetini yapmayı Kâzım Paşa'ya teklif ettim. Amirleri olan Ankara'daki Kuva-yi Milliyye karargâhı ile müşavere etti. Teklifi kabul ediyorlar ve 15. Kolordu vasıtasıyla aşağıdaki birinci resmî telgrafı göndermemi taleb ediyorlar. Evvel emirde İngilizler tarafından haksız olarak işgal edilmiş olan Adana, İzmir ve İstanbul tamamıyla tahliye edilmedikçe onlar İngilizlerle resmî münasebete girişemeyeceklerdir. Size arzederim ki Ankara yolu ile söz vererek veya başka suretle kendi hatlarımıza gönderebilirsem emirlerinizi yapabilirim. Ve buradaki vaziyet hakkında izahat verebilirim. Ve boylere çözümü kolaylaştırabilirim." Rawlinson.

İngiliz karargâhı sadece: "Maiyetinizle birlikte geliniz" cevabını verdi. Tabii Rawlinson da İstanbul'dan kaldırılan arkadaşlarımızın karşılığı olarak misafirimiz kaldı. Hey'et-i Temsîliye'den şifreli bilgiler:

Ankara
29.3.1336

15. Kolordu Kumandanlığı'na,

Tehiri gayr-i caizdir

29.3.1336 Hey'et-i Temsîliye istihbaratının mahrem kısmi:

1. 30 Mart Salı günü külliyetli bombaları hamil 40, 50 kadar tayyarelerin Anadolu'ya geçerek toplu gördükleri Kuva-yi Milliyye kıtaatına taarruz edecekleri haber alınmıştır. Bir İngiliz tayyare gemisi İzmit'e gelmiştir.

2. Karadeniz Boğazı'nın her iki sahilinin İtalyan idaresinde ve Çanakkale Boğazı'nın Rumeli sahilinin İngiliz ve Anadolu sahilinin Fransız kıtaatının taht-ı muhafazasına ve idaresine verileceğini İtalyan ajansı bildiriyor.

3. Cevat Paşa ile beraber tevkif edilen yaveri Tahir Bey'in firar ettiği ve mühim raporları hamilen Ankara'ya hareket eylediği bildirilmiştir.

Hey'et-i Temsîliye nâmına
M. Kemal

31 Mart'ta Hey'et-i Temsîliye'nin şifreli ve açık telgraf suretleri şunlardır:

Ankara
30.3.1336

15. Kolordu kumandanlığına,

30 Mart 1336 Hey'et-i Temsîliye istihbaratının mahrem kısımları:

1. Meb'ûs Bekir Sami ve Veli Beyler Dersaadet'ten Anadolu'ya hareket etmişlerdir.

2. İtalyan menabiinden tereşşuh eden malûmata nazaran ayın 25'inde muahede-i sulhiyemizin hükümete tebliğ edildiği ve henüz resmen ilân olunmadığı haber alınmış ve İstanbul'dan tahkikine tevessül edilmiştir.

3. Tan gazetesinin beyanatına nazaran Franca d'Esperey Avrupa-i Osmanî'deki ve İngiliz generali Milen de Anadolu'daki Kuva-yi İtilâfiye başkumandanlığına tâyin kılınmıştır.

4. İtalyanların İstanbul'da hiç bir işgal mıntakası kabul etmeyip suret-i işgali konferans nezdinde protesto ettikleri haber alınmıştır.

5. 160 bin kişilik Bolşevik orduları Dinyeper nehrini geçerek Besarabya'ya yaklaşmışlardır.

6. Taymis'in verdiği malûmata nazaran general Kropatkin Bolşevik hükümetini idare etmekte ve Brosilof da orduya kumanda etmektedir.

7. 3, 4, 5, 6. maddelerdeki malûmat son Bulgar gazetelerine atfen ve Kırkkilise'den verilmiştir.

Hey'et-i Temsîliye nâmına
M. Kemal

Ankara
30.3.1336

15. Kolordu Kumandanlığı'na,

(Her Tarafa Tamim)

30 Mart 1336 Hey'et-i Temsîliye istihbaratı:

1. Amerika cumhuriyetleri Trakya'nın Yunanistan'a, Besarabya'nın Romanya'ya verilmesini kat'iyyen arzu etmiyorlar.

2. Romanya Başvekili Şehrisku ilk işin yakın zamanda Bulgaristan'la sulh etmek olduğunu söylemiştir. Bütün Bükreş işçileri tatil-i işgal etmiştir.

3. Arnavutlar Görice kasabasında Yunanlılara karşı boykotaj etmektedirler.

Hey'et-i Temsîliye nâmına
M. Kemal

20. Kolordu'dan bilgiler:

Ankara
30.3.1336

15. Kolordu Kumandanlığı'na,

1. İngilizlerin İzmit'i dahi tahliye etmekte oldukları haber alınmıştır. Kuva-yi Milliyye'nin yeni vaziyetine dair haber alınmamıştır.

2. Çiftehan-Pozantı arasında Fransızlar tarafından dûçar-ı taarruz olan Kuva-yi Milliyye Fransızlarla müsademe etmeye mecbur olmuş ve netice-i müsademede Fransızlar 8 maktul ile makinalı tüfek ve eşyalarını kısmen bırakarak çekilmişlerdir.

3. Bu civardaki köprü, tünel Kuva-yi Milliyye tarafından işgal edilmiş ve Pozantı'ya çekilmiş olanların Pozantı'dakilerle beraber ric'ata hazırlandıkları haber alınmıştır.

20. Kolordu Kumandanı
Ali Fuat

69. TRAKYA'DAKİ VAZİYETİMİZ

Trakya'da Cafer Tayyar Paşa da oradaki durumu bildiriyor:

Bandırma
30.3.1336

15. Kolordu Kumandanlığı'na,

1. Kolordu Kumandanlığından gönderilen 27.3.1336 tarihli ve 82 No.lu raporu arzularıyla aynen bera-yı malûmat zîrdedir:

14. Kolordu Kumandanı
Yusuf İzzet

Suret

1. Edirne vilâyeti dahilinde esasen mevcut olan idare-i örfiyenin tamami-i tatbikine tevessül edilmiştir.

2. 310.315 tevellüdüne kadar yerli, yabancı, muhacir ve istisna ve bilâ tecil silâhlı mükellifin kıtaat kadrolarının pek zayıf olan mevcutlarını ikmâl edebilmek ve mahza temini asayiş ve haricen vuku bulacak Yunan işgaline mukabele eylemek maksadıyla celp ve davet olunmuşlardır.

3. Dersaadet'le şimendifer münakalâtı kemafısabık mevcut ise de telgrafla muhaberat Çorlu'dan katedilmiştir. İstanbul telgraf başmüdüriyeti izole edilen telin raptını Edirne telgraf müdürüne bildirmiş ise de bu husûsa kolorduca müsaade olunmamış ve Dersaadetile teati olunan müraselât-ı

hususiye kolorduca sansüre tabi tutulmuştur. Dersaadet'ten gelen bilûmum ceraid-i yevmiyeden teheyyüç ve teşvişi efkâr-ı mucip ve amal-i milliyeye münafi görülenler tevzi ettirilmemektedir. Edirne vilâyeti Dahiliye Nezâreti'yle teati-i mürselât eylemektedir. Kolorduya Harbiye Nezâreti Erkân-ı Harbiyye-i Umûmiyye Dairesi'nden gayr-ı sair devair ifadesiyle evrak-ı resmiye vürut etmekte ise de kolordudan Harbiye Nezâreti'ne hiç bir resmî evrak gönderilmemekte, bilâhâre vaziyetin daha ziyade inkişafına intizar olunmaktadır.

4. Evvelce hat boyuna taksim edilmiş olan Yunan taburu İstanbul işgalinden iki gün evvel toplanarak Hadımköyü'nde içtimâ ettirilmiştir. Yunan taburunun Hadımköyü'nde posta ve marşandiz trenlerini sıkı bir kontrol....

5. Karaağaç'ta bulunan Müslüman Fas ve Cezayirli efrad Karaağaç'tan celbedilen Senegal efradiyle tebdil edilmişlerdir. Yeni gelen efrad kırkar vagonlu iki trenle gelmiştir. İşbu tebeddülâtın evvelce arzedildiği veçhile Faslı efradın Müslüman ahaliye karşı eser-i muhadenet göstermelerinden Hristiyanlara da dürüstane muamelelinden ileri geldiği zannolunmaktadır.

6. İngiliz ve Fransızlardan mürekkep bir müfreze Gelibolu depolarında bulunan mühimmatı kısmen berhava etmek ve kısmen denize dökmek suretiyle imha etmişlerdir. Ancak topçu cephanesiyle toplara ilişememişlerse de topları da tahrib edecekleri haber verilmektedir.

7. Gelibolu'da bulunan ağır topçu 16. Alay zabitan ve efradı evvelce Harbiye Nezâreti emriyle yalnız depolar muhafızı bırakılarak... Kadıköyü'ne çekilmişlerdi. İstanbul işgali günlerinde Gelibolu'da bulunan Fransız kıtaatının kendi karargâhları efradını siperler kazarak ve makinalı tüfekler vazederek emniyet tertibatı almışlardır.

8. Kolorduca her kısım mükellefinin celbinden dolayı ahali-i Hristiyaniye her tarafta ve bir propaganda taht-ı tesirinde İngiliz ve Fransız mümessillerine hayatlarının taht-ı tehlikede bulunduklarından bahisle müracaatta bulunmuşlar ise de

memurin-i mezkûrece mahallerinde edilen tahkikatta kizp ve iftiradan ibaret olduklarına kanaat getirmişlerdir. Bilhassa işbu celb ve davet dolayısıyla de ahali-i Hristiyaniye beyninde mevcut ve malûm olan teşkilât, halen fiilî bir hâdise ikâ etmemektedir. İşbu rapor 82 numaralıdır.

Birinci Kolordu Kumandanı
Cafer Tayyar

Trabzon'da 3. Fırka da şu bilgileri, verdi. Hey'et-i Temsîliye'ye bildirdim.

Soğuksu
30.3.1336

Gümüşhane meb'ûsu Zeki Bey'in İstanbul'dan yazmış olduğu, 23 Mart 1336 tarihli mektubunda bervech-i âli malûmat vermekte olduğu maruzdur.

Tevkifat devam ediyor. Bugün dahi üç dört arkadaşımızı hariçte tevkif ettiler. Trabzon meb'ûsu Muhtar Bey, esbah Dahiliye Nâzırı Mehmet Ali Bey'in biraderinin elinde İngilizlerce tevkif edilecek yirmi bir kişilik bir liste görmüştür. Ve bu listeye ben de dahil imişim. Hükümet telgraf muhaberatı olmadığından müdavele-i efkâr için dört meb'ûstan ibaret bir hey'etin Ankara'ya izamına karar vermiş ve İngilizler de Kuva-yi Milliyye'ye mensup meb'ûslardan olmamak şartiyle heyetin azimetine müsaade eylemişlerdir. Bu hey'et Yusuf Kemâl, Rıza Nur, Konya meb'ûsu Vehbi, Abdullah Azmi Efendilerden müteşekkildir.

Şimdiye kadar Rauf, Kara Vasıf ikinci defa da Trakya Cemiyeti âzâlarından ve Edirne meb'ûslarından Faik ve Şeref Beyler İstanbul meb'ûsu Numan Efendi meclisin dahilinden alınarak tevkif edilmişlerdir. Hariçte tevkif edilenler sabık Harbiye nâzırı Cemâl Paşa, esbak Erzurum valisi Tahsin Bey'dir. Bugün de Celâl Nuri, Doktor Adnan, Yunus Nadi, gazetecilerden Velid, Ahmet Emin Beyler tevkif edilmişler. Biz burada mevkuf gibiyiz. Dün on sekiz zabit tevkif edildi.

3. Fırka Kumandanı
Rüştü

1 Nisan. Tribün gazetesinin 20 Ocak 1920 nüshasında Şam durumu hakkında oradaki muhbirinin mektubu şayan-ı dikkattir. Arapların istiklâl istediğini, Darülfünun mezunu münevverlerin işi idare ettiğini, ahalinin bayraklarla sokak sokak dolaşarak "yaşasın Arap vatanı, kahrolsun Fransa" diye bağırıştıklarını nümayişlerde silah atıldığını, bedevi süvarilerinin de iştirak ettiğini, trenlere taarruz, otomobillere ateş edildiğini, Arap istiklâlinin parolasının Şam şehrinde doğacağını tafsilen yazıyor. Trabzon ve Erzurum gazetelerine yazdırıldı. Umûmî Harp'te İngilizlerle birlikte aleyhimize yürüyen Araplar, şimdi de Fransa aleyhine ayaklanıyorlar. İngilizleri kendi diyarlarına da kurtarıcı gibi karşılayan bu millet acaba Fransızlara mı yoksa istiklâl aşkına mı ayaklanıyorlar? Her ne hal ise sükûnet ve miskinlikleri nefsimize değildir. Güney bölgelerimize musallat olan Fransızların arkadan sözle değil darbe ile sarsılması bizim için olduğu kadar Arap milleti için de faydalıdır. Trabzon'dan 26 Mart Peyam-ı Sabah gazetesinin mühim hülâsası şifreli telgrafla bildirildi: "Ayân hâlâ kanunlarla uğraşıyor, mühim olan B fıkrasıdır. Anzavur'un Bursa üzerine yürüdüğü, Adapazarı, İzmit bölgelerinde dahi hiyanet başladığı havadisler tatsızdır. Hey'et-i Temsîliye henüz bir şey yazmadı, kendilerine sordum. Gelen hülâsa şudur:

Soğuksu
31.3.1336

15. Kolordu Kumandanlığı'na,

26 Mart 1336 tarihli Peyam gazetesinde görülen mühim malûmat hülâsaten bervech-i zîr maruzdur:

a- Dün Meclis-i Ayân Tevfik Paşa'nın riyaseti altında içtimâ eylemiştir. Muhassesat erbabına itâ edilmekte olan tahsisat-ı fevkalâdenin Meclis-i Meb'ûsân riyâset ve azâlarına da teşmili hakkındaki lâyiha-i kanuniyeye dair Maliye encümeni mazbatası okundu: Vasi Efendi söz olarak demiştir ki: Meclis'in ne kadar devam edeceği malûm değildir. Meb'ûsân esasen kanunen muayyen nisab-ı ekseriyete malik olmadığı gibi ahiren bazılarının tevkif olunması, diğerlerinin de firar eylemesi dolayısıyla bugün otuzdan fazla meb'ûs yoktur. Bu miktarla ictimâat-ı umûmi akdedilmesine de imkân göremiyorum. Meb'ûslar bugüne kadar ne mesaî saffettiler ki zemaim istiyorlar. Ben kanunun reddini şiddetle talep ederim. Rıfat Bey kanunu müdafaa etmiş ve bir müddet müzakere cereyan eyledikten sonra beş maddelik lâyiha-i kanuniye ekseriyetle kabul edilmiştir. Tekrar içtimâ edilmek üzere celseye hitam verildi.

b- Ahmet Anzavur Bey Bursa üzerine yürümeye başlamıştır. Kuva-yi Milliyyeciler her tarafta firar ediyorlar. Adapazarı, İzmit, Bandırma taraflarında Kuva-yi Milliyye taraftarları bütün nüfuz ve ehemmiyetlerini gaip etmişlerdir.

c- Damat Ferit Paşa'nın kabine teşkiline memur edildiği hakkında dün vermiş olduğumuz malûmat bugün resmen teeyyüd ediyor. Damat Ferit Paşa kabineyi teşkil eylemek üzere rüfeka-yı siyasiyle müzakereye devem etmektedir. Mezkûr gazete, matbuat müdüriyetinin Sadrıâzam Salih Paşa'nın istifasını tekzib eylemesinden hakayik-i ahval karşısında bir mâna çıkaramadık, diyor.

d- Zât-ı Şâhâne Tan gazetesi muhabirine müttefiklerin Türkiye hakkında adilâne mukarrerat ittihaz edeceklerini ve Türkiye'ye muavenet ve müzaharette bulunacaklarını ümit eylediğini söylemiştir.

e- Washington'dan yazılan 4 Mart tarihli telgrafta ayanın kuyud-ı mailime ile Versay Muahedesi'ni kabul eylediği bildirilmektedir.

f- 20 Mart 1336 tarihli Londra'dan yazılan bir telgrafta Emir Faysalın Şam Meclis-i Millîsi tarafından kral ilân olunması, İngiltere ve Fransa hükümetlerince tasdik edilmediği kendisine iş'âr edildiği ve vaziyetin tâyini için de müşarünileyhin Avrupa'ya davet olunduğunu bildirilmektedir.

g- Hindistan hey'etine cevaben bir çok sözler arasında bilhassa bervech-i âti sözleri söylemiştir: Türkiye için de Avusturya ve Almanya gibi âdil olacağız. Türkiye'ye sırf Müslüman olduğu için şiddet gösterecek değiliz. Hint Müslüman efkâr-ı umûmiyesi Türk sulhünün tanzimi üzerine tesir etmiştir. Fakat bir Müslüman memlekete muharebe etmiş olduğumuz Hristiyan milletlere muahedelerle tatbik eylediğimiz şerait-i sulhiyeden farklı esaslar tatbîk edemeyiz. Trakya'ya gelince: Lloyd George Türk istatistiklerinin de havali-i mezkûrede ahali-i İslâmiyenin ekalliyette kaldığı, İzmir için de keyfiyetin böyle olduğunu söylemiştir.

h- İstanbul'un işgalinden mütevellid vaziyet hasebiyle şerait-i sulhiyenin tevdii maalesef bir kaç gün daha teehhüre uğradı, maamafih muahedenin ihzarı hayli ilerlemiş olduğu ve takriben San Remo'da içtimâ edecek konferans için evvelki celselerin mesaîsini itmam ve tasdikten başka yapılacak bir iş kalmayacağının temin edildiği Londra'dan yazılan 23 Mart tarihli bir telgrafta bildirildiği maruzdur.

3. Fırka Kumandanı
Rüştü

2 ve 3 Nisan istihbaratını aşağıdaki şekilde tamim ettim:

Erzurum
2 Nisan 1336

1. Erivan telsiz telgraf istasyonunun 1 Nisan'da İngilizce neşrettiği bir tebliğe nazaran Zengezor'da Akara nehri üzerinde Azerbaycan millî kuvvetleriyle Ermeniler arasında muharebe başlamıştır. Akara nehri Zengezor'la Karabağ'ın

cenubunda bulunup Azerbaycan toprağındaki Şuşa ve Zengezor'un merkezi bulunan Gerus kasabalarının arasından... dörder kilometre mesafelerinden geçer ve Aras'a akar.

2. Moskova telsiz-telgraf istasyonunun otuz bir Mart tarihinde neşrettiği havadislerin mühimleri zîrdedir:

a) Arap kıtaatı Antakya şehrine hücum etmişler. Fransızlar büyük zayiatla şehri tahliye ederek çekilmişlerdir.

b) İrlanda'daki ihtilâl tevessü etmiş her tarafta silâh depoları ihtilâlciler tarafından basılmıştır.

c) Garbî Almanya'da Ren Nehrinin garbine Ruhr mıntakasındaki maden kömür ocaklarına vaziyet ederek Versay Muahedesi'nin tatbikatına mâni olan ameleler Ruhr mıntakasında Sovyet hükümetini ilân etmişlerdir. İşbu Sovyet hükümetinin yüz bin mevcutundaki kırmızı ordusu Ren Nehri üzerinde kâim Vessel şehri cephesinde mukavemete tamâmen hazır bulunmaktadırlar.

3. Hey'et-i Temsîliye'ye, kolordulara ve Miralay Refet Bey ve On Beşinci Kolordu fırkalarına ve kıtaata ve vilâyetlere arz ve tamim edilmiştir.

15. Kolordu Kumandanı
Kâzım Karabekir

Erzurum
3.4.1336

Mevsuk istihbarattır:

1. Kafkasya'nın Karadeniz sahilindeki Yeşil Ordu, Kırmızı Ordu'nun taht-ı idaresine girmiştir.

2. Gürcistan'a iltica eden otuz bin Denikin perakende efradının silâhları Gürcüler tarafından alınmış ve kendileri tevkif edilmiştir.

3. Gürcistan'da pek yakında Bolşeviklik ilânına kat'iyyetli intizar olunmaktadır.

4. İngilizler Artvin kasabasına Batum'dan beş yüz kadar askerle iki top ve dört makinalı tüfek sevketmişlerdir. Mevkufinin bir kısmı Ardanuş'a gitmiş ve orada Gürcü askerleri ile 24 Mart 1336'da vuku bulan müsademede İngilizler kırk mecruh ve üç maktul vermişlerdir. Maktul ve mecruhların Batum'a geldiği görülmüştür.

5. Yirmi sekiz Mart tarihli malûmata nazaran Karabağ'da Ermenilerle Azerbaycan millî kuvvetleri arasında şiddetli muharebeler olmuştur. Karabağ'a hareket eden Azerbaycan gönüllü kafileleri pek parlak tezahürat ile teşyi edilmektedir.

6. Hey'et-i Temsîliye'ye, Kolordulara, vilâyetlere ve On Beşinci Kolordu kıtaatına arz ve tamim edilmiştir.

15. Kolordu Kumandanı
Kâzım Karabekir

Erzurum
3 Nisan 1336

Tamim

1. Moskova telsiz-telgraf istasyonunun 2 Nisan 1920 tarihinde neşrettiği mühim havadisler zîrdedir:

a) Mahreci Revak Kahire'de yerlilerin akdettiği bir ictimada Mısır'ın istiklâli ilân edilmiştir. Bunlar İngilizler in himayesini artık tanımadıklarını da bildirmişlerdir.

b) Litvanya hükümeti Litvanya amele ve köylülerinin ısrarı üzerine Sovyet Rusya'sının müsalâha akdi hakkındaki teklifini tekrar etmiştir.

c) Portekiz'de umûm demiryolları ameleleri grev ilân etmişlerdir. Şimendiferler tatil edilmiş ve hükümet kıtaatı ile grevciler arasında müsademeler olmuştur.

d) Japonya'da da Japon ameleleri Mayıs'ta büyük nümayişler yaparak günde sekiz saat çalışmayı taleb etmeye karar vermiştir.

2. Hey'et-i Temsîliye'ye, kolordulara, vilâyetlere ve On Be-

şinci Kolordu kıtaatına arz ve tamim edilmiştir.

15. Kolordu Kumandanı
Kâzım Karabekir

Hey'et-i Temsîliye'den gelen telgrafta Anadolu'ya geçen meb'ûsların ilk kafilesinin 3'de Ankara'ya geldiklerini yazdığı gibi 4'de Meb'ûslar Meclisi Reisi Celâlettin Arif Bey'den aldığım telgrafla yazdığım cevap şunlardır. Gazeteye ve Müdafaa-i Hukuk'a da bildirdim:

15. Kolordu Kumandanı Kâzım Karabekir Paşa
Hazretleri'ne,
İstanbul'a ve şahsıma karşı vuku bulan taarruzdan tahlis-i nefs ile hukuk-ı milletin müdafaası zımnında bugün Ankara'ya muvasalat eylediğimi lütfen Erzurum ahali-i mahteremisen bildirmenizi istirham eylerim. 3/4/1336

Meclis-i Meb'ûsân Reisi
Celâlettin Arif

Ankara'da Meclis-i Meb'ûsân Reis-i Muhteremi
Celâlettin Arif Beyefendi Hazretleri'ne,
Erzurum ahalisi ve Kolordum zât-ı âlilerinin ve diğer rüfekânın salimen Ankara'ya muvasalatından dolayı bahtiyardırlar. Meclis-i Millîmizin ve payitahtımızın tarihde emsali namesbuk bir surette uğradığı ihanet ve hakareti ve hâlâ devam etmekte olan gaddarlıkları hazmedemeyeceğiz. Bütün şark halkı ve askerleri Ankara'da toplanacak olan meclis-i kiramın her bir emrine kemâl-i sadakatle mutavaatı ve milletimizin hakk-ı meşruunu tasdik ettirmek için hisselerine düşecek her türlü fedakârlığı sonuna kadar götürmeyi en büyük şeref biliyorlar. Artık kurtarılacak yalnız Türklük değil, 350 milyon İslâmın hukuk ve namusudur. İstanbul faciasından kurtulup Ankara'ya gelebilen muhterem meb'ûslarımıza en

hâr ve samimî muhabbetle mübahiyim.

15. Kolordu Kumandanı
Kâzım Karabekir

Trabzon'da 3. Fırka'dan gelen 4 tarihli şifrede pek mühim bir mesele bildiriliyor: "Ferit Paşa sadarete geçerek ordumuzun terhisine dair bir irade-i seniye neşrettiği bu suretle orduda bir çözülme vücude getirileceği." Bu müthiş silâhı kırmak için fırkaya şunu yazdım: "İngilizler İstanbul'da ne Padişah'ımıza söz söyletiyorlar, ne de namuslu kimselere. İstedikleri şeyleri İngilizce yazıp tercüme ettiriyorlar. Ölüm tehdidiyle Padişah'a bile imzalattırabilirler. Orduda en ufak bir fesada çalışanlar derhal kurşuna dizilecektir. Her kim olursa olsun derhal elleri bağlanıp Erzurum'a gönderilsin." Ayrıca birliklere yaptığım tamimde "Bolşeviklik harekâtının cihana bulaşmasından endişe eden İngiliz ve Fransızların İstanbul'daki birlikleri tümüyle silâhsızlandırıldıkları gibi para kuvvetiyle de Ermeni ve Rum gazeteleri ile İstanbul, Peyam-ı Sabah, Alemdar gibi gazeteleri de iştirak ettirmişler ve bazı namussuz insanları satın almışlardır. Millet Meclisimiz Ankara'da toplanıyor. Saadet ve selâmet günlerimiz yakındır."

5 Nisan'da 3. Fırka'dan gelen bilgilerin diğer mühimleri:

"23 Mart 1920 tarihli İslâm Gürcistan gazetesi aleyhimize neşriyat yapar yazıyor: Devradan şayialara göre müttefik devletlerin Samsun ve Trabzon'u da işgal etmek fikrinde olduklarını Maten gazetesi yazıyor: İngiltere, Fransa ve İtalya'nın Osmanlı milliyetperverlerine karşı birlikte hareketi kararlaştırılmıştır. Maksat Türkiye'ye karşı sefer yapılması değil, kâh Berhin kâh Moskova'ya dayanan Enver ve Talat'ın yaradılışı, hükümet ve ahali üzerine bir baskı yapmaktan ve Doğu Hristiyan milletleri üzerine de hükmetmeyi önlemektir. Meclisi kontrol meselesi ve Türkiye'de ordunun yerine kalması muhtemel jandarma keyfiyetiyle meşgul olduğunu ve bu jandarma kuvvetinin Türklerden müteşekkil olacağını ve kadrosu dahilinde Fransız, İngiliz, İtalyan subayları bulunacağı." İslâm Gürcistan'ı Kuva-yi Millîyye aleyhinde yayın yaptığından sahil halkımızı korkutmak için Samsun ve Trabzon'u da işgal meselesini ortaya atıyor. Bu gazete İngilizlerin elinde olduğundan havadise inanmadım. Bununla beraber böyle bir vaziyet daha önceden göz önüne alınmıştı. Son durumu hülâsa ederek birliklerime tamim ettim.

Erzurum
5.4.1336

Fırkalara ve Mevki-i Müstahkeme

1. 2 Nisan 1336 tarihine kadar alman istihbarat ile malûm olan son vaziyet hülâsaten zîrdedir.

a- İstanbul'da İngiliz hakaret ve hâkimiyeti devam etmekte ve memleket ricali ve münevveranı peyderpey tevkif edilmektedir. İngiliz âmaline hâdim olmak üzere Ferit Paşa taht-ı riyâsetinde hayat-ı siyasiyeleri hiyanet ve mefsedetle dolu olan eşhastan mürekkep bir kabinenin teşkil edildiği hakkında alınan malûmat henüz teeyyüd etmemiştir.

b- İstanbul'daki İngilizlerin hâkimiyeti Rumeli'de Çatalca hududuna ve Anadolu'da Kandıra-İzmit-Derince hattına kadar olan menatıkta caridir. İstanbul'un bu hududların hariciyle muhaberat-ı telgrafiye ve münasebat-ı resmiyesi yoktur.

c- İtalyanlar işgal ile alâkadar olmadıklarını daima neşir ve ilân etmektedirler.

d- Son defa İstanbul'dan kaçan ve İngilizler tarafından takip olunan Meclis-i Meb'ûsân Reisi Celâlettin Arif Bey'le on iki meb'ûsumuz ve kıymettar kolordu kumandanlarımızdan erkân-ı harbiyye miralayı İsmet Bey ve diğer bazı zevat salimen Ankara'ya vasıl olmuşlardır.

2. Birinci Kolordu, mıntakası olan Edirne vilâyetindeki idare-i örfiyenin tamami-i tatbikine tevessül etmiş ve asayişi temin ve haricen vuku bulacak herhangi bir işgale karşı hukuk ve mevcutiyet-i millîmizi müdafaa ve mukabele için

310.315 tevellüdüne kadar yerli, yabancı, muhacir mükellef efradı bilâ-istisna silâh altına celb ve davet etmiştir. Kolordu serbesti-i harekât ve suhulet-i icraat için Bulgarlarla da anlaşmıştır.

3. İzmit ve Derince'deki İngiliz kıtaatı her iki mevkiin şimâl ve şarkında tahkimata başlamıştır. Geyve Boğazı'nın şimâl medhalinde toplanmış olan Kuva-yi Milliyye'nin pişdarları Adapazarı ve Sapanca kasabalarına parlak bir istikbal ile girmiştir.

4. Kuva-yi Milliyye'nin Gülek Boğazı ve Pozantı istikametlerindeki harekâtı da muvaffakiyetle devam etmektedir. Çiftehan ile Pozantı arasındaki Fransız kuvvetleri bilmüsademe kaçırılmış ve bu kuvvetlerin Pozantı'daki Fransız kuvvetleri ile birlikte ricate hazırlandıkları haberi alınmıştır.

5. Urfa vaziyetinde tebeddül yoktur. Antep, Cerablus, Telülebyaz, Katma havalisinde hâkim olan Kuva-yi Milliyye tevsi-i faaliyet etmektedir. Haruniye ve Birecikde mahsur kalan Fransızları kurtarmak üzere Bağçe'deki Fransızların yaptığı taarruzlar muvaffakiyetle tardedilmiştir.

6. Suriye'de Fransızlar aleyhindeki faaliyet de tezayüd etmiştir. Muhtelif şehir ve kasabalarda Arap gençlerinden teşekkül etmiş olan hafr cemiyetler Arabistan'ın Fransızlardan tathir ve temin-i istiklâli gayesine hararetle çalışmaktadırlar. Arap kıtaatı Antakya'daki Fransızlara hücum ederek şehri tahliyeye mecbur etmişlerdir.

7. Hunharlığa asla doyamayan Ermeniler son hafta zarfında yine İslâm mıntıkalarına musallat olmuşlar isi de her tarafta gördükleri tenkit ve mukavemet-i fedakârane karşısında hezimetlere uğrayarak pek ziyade şaşırmışlardır. Kafkasya'da Denikin'in mahv ve inkirazı İslâm mıntakalarındaki kuvvet ve faaliyetin tezayüdü Azerbaycan'la Türkiye'nin İslâmlara muavenette bulunduğu şaiyası Ermenileri yeis ve nevmidiye düşürmüş ve her tarafta azîm heyecanı badi olmuştur. Revan ve havalisindeki Ermenilerin kıymetli eşyalarını Gürcistan'a doğru şimâle göndermekte oldukları ve ailelerin muhacerete

hazırlandıkları mevsukan haber alınmıştır. Ermeniler Azerbaycan millî kuvvetleriyle Zengezor hududunda ve ayrıca İslâm şûralariyle Ordubad ve Büyük Vedi havalisinde muharebe etmektedirler. Ermeniler Ordubad'da iki yüz maktul ve yedi makinalı tüfek ve Vedi'de iki makinalı tüfeği İslâmlar tarafından iğtinam edilmiştir. Ermenilerin Zengi Basar'a taarruza hazırlandıkları haber alınmıştır. Ermeniler yine mıntakalarındaki müteferrik İslâm ahaliye her türlü işkence ve kıtalden fariğ olmuyorlar.

8. Gürcistan'da Denikin taraftarları hudut haricine çıkarılmakta ve Bolşevikliğin infilâkına intizar olunmaktadır. Batum limanının bîtaraflığı hakkında Sulh Konferansı'nın verdiği şayi olan karar ile Batum'daki Ermeni menafiinin İtilâf hükümetleri tarafından daha ziyade siyaneti Gürcistan'da azîm heyecana sebep olmuştur. Evvelâ Acara mıntakası sonra da Batum'u işgale hazırlanmış olan Gürcü kuvvetleri Ardanuş ve Şavşat'i işgal etmiştir. İngilizler bu işgale mâni olmak üzere Batum'dan sevkettikleri sunuf-ı muhtelifeden mürekkep beş yüz kişilik bir müfreze ile Artvin'i daha evvel işgal ederek Gürcülerin ileri hareketlerini bilmüsademe tevkif eylemişlerdir. İngilizler Acara'nın merkezi olan Hula kasabasını da küçük müfreze ile işgal etmişlerdir. Burada Acaralılarla İngilizler arasında müsademeler olmaktadır. Gürcülerin Şavşat'ta beş yüz piyade, iki top, Ardahan ve civarında bin beş yüz piyade kuvvetleri ve Ardanuş'da bir müfrezeleri vardır.

9. Azerbaycan'da Bolşevikliğe pek taraftar ve müncezip olan ekseryet-i avam tarafından dahilî bir inkılâbın hazırlandığı müstahberdir. Res-i kârda bulunan ve zengin tabakadan olan kabineye sû-i kast yapılmıştır.

10. Şimalî Kafkasya'da Denikin kuvvet ve mevcutiyetin ortadan kaldırmış olan Bolşevik orduları Gürcistan ve Azerbaycan hududlarına vasıl olmak üzeredir. Azerbaycan ve Gürcistan'da Bolşevik efkârı ve temayülâtı pek kuvvetlidir. Batum ve havalisinde kuvvetli bir Bolşevik teşkilâtı olduğu haber alınmıştır.

b) Garp Cephesinde Bolşevikler Litvanya ile sulh yapmak üzere harekâtı tatil etmişlerdir. Lehistan cephesinde muhaberat devam etmekte ve keza Lehlilerle de sulh müzakeratının başlayacağı zannedilmektedir.

c) Cenub-ı garbı Besarabya cephesindeki harekât Kafkas harekât-ı cesimesinin icra edildiği esnada sabit kalmıştır. İşbu cephedeki sükûnet henüz muhafaza edilmektedir.

d) Moskova'daki Ermenistan ve İspanya ve İran konsoloslukları Sovyet hükümeti tarafından teb'id edilmiştir.

11. Versay Muahedesinin tatbikatına ve İtilâf kuvvetlerinin işgaline mâni olmak üzere garbı Almanya'da maden kömürü ocaklarını havi olan Ruhr mıntakasına vaz-ı yed eden silâhlı ameleler Sovyet hükümeti ilân ve yüz bin kişiden mürekkep bir Kırmızı Ordu teşkil etmişler ve bu teşkilâtı nihayet Alman hükümetine kabul ettirmişlerdir. İşbu vaziyetle şeraiti pek ağır olan Versay Muahedesi tatbikatına mâni olacak vesailin ihdas edilmiş olduğu anlaşılmaktadır.

12. Bütün garbî Avrupa'da âzim bir amele inıkılâbının pek hararetli hazırlıkları görüldüğü ve bunun asarının Fransa'da sık sık müşahede edildiği ajans tebligatındandır.

13. İrlanda'da ihtilâl devam etmektedir.

14. Kahire'de Mısır'ın istiklâli ilân edilmiş ve millî teşkilât artık İngilizlerin himayesini tanımadıklarını bildirmiştir.

15. Amerika'nın Almanya ile münferiden sulh akdettiği haber alınmış ise de henüz teeyyüd etmemiştir. Amerika, Almanya'daki harekât ile İstanbul'un İngilizler tarafından işgali hakkında ne düşündüğünü Lenin'den sormuştur.

16. Fırkalara, Mevki-i Müstahkem'e tebliğ edilmiştir.

15. Kolordu Kumandanı
Kâzım Karabekir

4/5 gecesi Moskova telsizleri:

Paris'e ve Umûma

2 Nisan 1920 Komünist Fırkası'nın yeni kongresi: Radek'in nutku diyerek yazdırdığı nutkun mühim noktaları: "Yalnız Rus halkının kahramanane mücadelesinden bahis ile iktifa etmeyip bütün memleketlerin avâmının mücadelâtını da zikretmeliyiz. Sovyet Rusyası haricinde teşekkül eden kırmızı teşkilâttan birinci olarak ihtimal Ruhr havzasının kömür ameleleri muharebeye gireceklerdir. 3. Beynelmilel Komünist Fırka'nın arkasında beş senelik bir tarihi vardır. Çünkü emperyalist muharebenin bidayetinde Bolşevik Fırka'nın merkezî komitesi ilk defa kâinatta serzede-i zuhur oldu... Sosyalist harp yeni beynelmilelin parolası oldu. Biz biliyorduk ki harp bir inkılâp zuhur etmedikçe bitmeyecektir. Rus, Avusturya, Alman inkılâpları bizim beyanatımızı teyid ettiler. Vekayi bize gösterdi ki kapitalistlerin yegâne cephesi bir kabiliyettir. Versay Konferansı bu cepheyi ihdas etmekten uzak bulunarak üçüncü beynelmileli takviye etmekten başka bir şey yapmadı. Müttefiklerin Almanya'yı Sovyetist Rusya aleyhine sevketmek teşebbüsleri iflas etmiştir. Versay Muahedesi Alman Sovyetist inkılâbı yapmak için şayan-ı hayret bir zemin hazırladı. Bu senenin bütün tarihi, kapitalistlerin kendi elleriyle harabe yığınlarını çoğaltmaktan başka bir iş görmedikleri memalikin amelelere verdiği bir arzuhaldir. Hayat ancak 3. Beynelmilel tarafından vücude getirilen inkılâb essi üzerinde tecelli eder. Macar Komünistlerinin hata-yı esasîsi opportünist anasırla ittihad etmeleridir. Bu ders hiç bir avam tarafından unutulmayacaktır. Gerek opportünistler aleyhine ve gerek bütün... ara sıra karşı merhametsizce muharebe etmek husûsunda Komünist fırka hak kazanmıştır.

Aşağıdaki telsizle tamim ettim:

Erzurum
5.4.1336

1. Moskova telsiz-telgraf istasyonunun 3 Nisan tarihli tebliğidir:

a) Garp cephesinde muvaffakiyetli muhaberat devam etmektedir.

b) Kafkas cephesinde Karadeniz sahilindeki kıtaatımız muvaffakiyetle ilerliyorlar.

c) Denikin Litvanya'nın istiklâlini tanıdığını Litvanya Hariciye Nazırına bildirmiştir. Halbuki bu kabul keyfiyeti biraz geç kaldı... Çünkü artık dünyada Denikin hükümeti yoktur.

d) Ruhr mıntakasındaki umûmî grev hitam bulmuştur. Hükümet amelelerin bir Kırmızı Amele Ordusu teşkil etmesini kabul etmiş ve Kırmızı Ordu'da hizmet eden amelelerin fabrikacılar tarafından tard ve ihracını da menneylemiştir. Bu tevakkuf ve kabul yeni ve azîm bir inkılâp hareketi için fasıla addedilmektedir.

e) Ruhr mıntakasındaki Sovyet hükümetini idare ve Kırmızı Ordusu'na kumanda eden general Fon Der Golç'tur. Mezkûr ordu Ren Nehri üzerinde kâim (Vezel) şehrini işgal etmiştir.

f) Bolşevikler ile Litvanyalılar arasındaki iptidaî teklifat mütekabilen kabul edilmiştir.

2. Hey'et-i Temsîliye'ye, kolordulara, Miralay Refet Bey'e, vilâyetlere ve 15. Kolordu kıtaatına arz ve tamim edilmiştir.

15. Kolordu Kumandanı
Kâzım Karabekir

İran'ın kuzey batısında Beyazıt'ın doğusunda, Makû vilayeti valisinin -Makû serdarı- Ermenilere yiyecek maddeleri gönderdiği ve casuslarını muhafaza ve kolaylık gösterdiğini haber aldım. Beyazıt'taki 18. Alay vasıtasıyla kendisine bu münasebetsizlikten vazgeçmesini, eğer vazgeçerse ebediyen mevkiini daha şerefli olarak muhafaza edebileceğini aksi halde bütün hanedaniyle birlikte mahvına sebep olacağını 5 Nisan'da tebliğ ettim.

6 Nisan'da ilk defa olarak yağmur başladı. Bugün Hey'et-i Temsîliye'den telgrafla bildirilen bilgilerin hülâsası: -4/5 ta-

rihli- "Geyve'den itibaren İstanbul'dan kaçabilenler trenle geliyorlar. 12 meb'ûsla beş güzide ümerayı askeriye ve Halide Edip Hanım 2 Nisan'da Ankara'ya gelmişler, merasimle karşılanmışlar. Dün Meb'ûslar Meclisi başkanı Celâlettin Arif Bey'le beraber Albay İsmet Bey ve bazı değerli kurmay subaylar da gelmiş parlak merasim yapılmış."

İstanbul'un son vaziyeti hakkında da Salih Bey'den bilgi alınmasını 3'de rica etmiştim. Şifre ile gelen bilgilerin hülâsası: -5 tarihli- "Harbiye Nâzırı Fevzi, Genel Kurmay başkanı Şevket Turgut paşalardır. Harbiye Nezâreli'nde ölen yoktur. Lefke hadisesi üzerine İngilizler kabinenin şahsen mes'ul olacağını ve bağlantı için subay gönderebileceklerini nota ile bildirmişler. Başyaver kurmay Salih Bey de bu vesile ile gelmiş. Ailelere tecavüz olmamış, İstanbul'dan harice gidebilmek İngilizlerin müsaadesi iledir. Kurmay ikinci başkanı Kâzım Paşa vazifesi başındadır. Letafet Apartmanı hadisesinden başka bir fevkalâdelik yoktur. Boğaziçi ve Kadıköy vapurları serbesttir. Marmara vapur ve kayıkları kontrola tabidir. Edirne şimendiferi tabiî halde. Anadolu hattında banliyö nakliyatı normal. İzmit'ten doğuya tren geçmiyor. Malûm tutukluların gemilerle bilinmeyen bir tarafa gönderildiği söyleniyor. Polis müdürü Nurettin Bey, Jandarma kumandanı Kemal Paşa'dır. Kürt Kulübü'nün faaliyeti hakkında şayan-ı arz bir şey malûm değildir. İkdam, Peyam, Alemdar çıkmakta, Cemiyet-i Ahmediye teşkilâtı hakkında bilgi yoktur. Halk meyus, Anadolu harekâtı hakkında açık hiç bir fikir ve kanaat yok. Bolşevik harekâtındaki durgunluktan herkes endişede. Aydınlar Bolşeviklerden bir kurtuluş ümidi beklemektedirler. Padişah ve ayânın vaziyeti menfi. Veliahdın vaziyetinde bir manâ yok. Harbiye Nezâreti'ne kolordular bir şey yazmıyor."

12 Mart tarihli Taymis gazetesinin aşağıdaki mühim bilgi 5 Nisan tarihile şifre ile geldi: "Lord Brays Lortlar Kamarası'nda İstanbul'un Türklerin elinden alınması Hristiyan olan her yerde Türk idaresinin kaldırılması ve Hristiyanların himayesi için bir karar alınması hakkında beyanatta bulunarak

bunların Türklere zorla yaptırılması lüzumundan bahseylemiştir. Lord Gürzon uzun nutkunda şöyle demiştir: "Türkler hakkında uygulayacağımız esasları önceden kendisine hissettirmeyeceğiz. Şimdiden Ermenistan tesbit etmeyeceğiz. Şimdiki beyanatımız muahedenin kesin imzasından önce hiç bir kıymeti yoktur. Türkler hakkında alacağımız zorlayıcı tedbirlerin tam olarak uygulanması için gerekli kara ve deniz kuvvetlerinin kullanılması için meclisin bize vereceği senetlerle bu husûstaki kararlar hakkında beyanatta bulunmak mümkün olacaktır."

Hakkımızdaki yaman kararı bilmiyor değiliz. Bol keseden vaadlerde bulunan bu efendiler işin nereye varacağını bilmiyorlar.

Bolşeviklerin vaziyeti hakkında Hey'et-i Temsîliye'den gelen sual ve cevabım aşağıdadır:

Ankara
5.4.1336

15. Kolordu Kumandanlığı'na,

26 Mart'ta bildirilen vaziyetten sonra Kırmızı Ordu'nun harekât-ı müteakibesi hakkında malûmat almadık. Batum'dan Artvin ve Ardanuş'a İngiliz müfrezeleri sevkedilmiş olmasına ve Ermeni tebliğ-i resmîlerinde Bolşevik tehlikesinden bahsedilmesine ve on günden beri Tiflis ve Bakû istikametinde hiç bir hareket mevcut olmamasına nazaran şark vaziyet-i umûmiyesi mühim bir mahiyet kesbediyor. Kabil olduğu kadar bu müphemiyetin izalesine çalışılmasını rica ederiz.

Hey'et-i Temsîliye nâmına
M. Kemal

Cevabım:

Erzurum
6 Nisan 1336

Hey'et-i Temsîliye'ye,
Zâta mahsustur.
C 5/4/1336 Şifreye:

1. Kafkasya'daki Denikin ordusunun izmihlâli ve mahv-ı kat'iyye uğradığına ve Kafkasya vaziyetine kâmilen Bolşeviklerin hâkim bulunduğuna artık kat'iyyen şüphe kalmamıştır. Denikin perakende enkazının Maykop-Tuapse demiryolu üzerinde ve Karadeniz sahilinde keza Tuapse'nin on kilometre şimal-i garbisinde mukavemete çalıştıkları anlaşılmakta ise de vaziyet-i umûmiye ile alâkadar olmayan iş bu mukavemetin de bugün, yarın kaldırılacağı şüphesizdir. 4 Nisan tarihli son malûmata nazaran asıl Bolşevik ileri kıtaatının bulunduğu malûm olan hat suret-i umûmiyede Petrofsk'un elli kilometre cenubunda Boynak istasyonu -Vilad-ı Kafkas'ın cenubunda ve Gürcistan hududunda Kazbek geçidi- Kafkas Dağları- Tuapsa'nın yirmi kilometre şimal-i şarkîsinde Tuapsinka kasabası- Keza Tuapse'nin on kilometre şimal-i garbisinde Karadeniz sahilinde nihayet bulan hattır. Derben'i işgal edenlerin Dağıstan kıtaatı olduğu anlaşılmıştır Dağıstan Bolşeviklerle müttehiden hareket etmektedir.

2. Şu halde Azerbaycan ve Gürcistan hududlarına vasıl olmuş olan Bolşeviklerin harekâtına arız olan tevakkuf hiç bir mukavemetin neticesi değildir. Mart'ın başından itibaren karakışta Kafkasya'da harekât-ı cesime icra eden yarım milyonu mütecaviz mevcuttaki Denikin ordusunun hayatına hatime çeken Bolşevik ordusu harekât ve icraat-ı âtiyesinin esaslı hesablara ve metin esaslara iptinası için ihzaratta bulunmakta ve bittabi takip edeceği hatt-ı hareket için yeniden tahşidat yapmaktadır. Bundan başka son bir tebliğde Petrofsk'un Denikin'e mensup donanma tarafından bombardıman edildiği hakkında alınan malûmata nazaran Volga Nehrindeki Bolşevik donanmasının henüz buzlar çözülmemiş olmasından do-

layı Bahr-i Hazer'e inmediği ve bu sebeple Bolşeviklerin aşağı inecek donanmaları ile Bahr-i Hazer hâkim bir vaziyet almaya intizar ettikleri görülmektedir. Azerbaycan ve Gürcistan re's-i kârında burjuvazi sınıfına mensup birer kabine bulunmakta ve bu kabinelerin Bolşevikliğe temayüllerine dair bir emare görülememekte ise de ekseriyeti Bolşevikliğe taraftar olan halkın dahilî bir inkılâp ile Bolşevikliği infilâk ettirecekleri anlaşılmaktadır. Ezcümle Azerbaycan kabinesine yapılan ve fakat neticesiz kalan sûikast bu inkılâbın ilk asarındandır. Esasen Zengezor hududunda Ermenilerle henüz gayr-ı resmî surette ciddî muharebeler yapmakta olan Azerbaycan millî kuvvetlerine Bakû ve havalisinden mütemadiyen gönüllü kafileleri gelmekte ve Azerbaycan'ın Ermenilere karşı kin ve gaye-i millîsini istihdaf eden bu muhaberat Azerbaycan hükümetinin vaziyet-i siyâsiyye ve askeriyesini zaten tesbit etmektedir. Binaenaleyh Azerbaycan millet ve ordusunun Bolşeviklik aleyhinde bir vaziyet alacağına ihtimal vermiyorum. Gürcistan'a gelince Gürcüler memleketlerindeki Denikin taraftarlarını hudud haricine çıkarmakta, iltica eden Denikin perakendelerinin silâhlarını toplayıp tevkif etmektedir. Gürcistan efkârı Sulh Konferansı'nı Batum'un açık liman olarak kabulüne karar verilmiş olmasından ve Batum'da Ermeni menfaatinin siyanet edilmesinden dolayı pek müteheyyic ve Gürcü matbuatı Gürcistan'ın pek sarih hakkına yapılan bu tecavüzden dolayı çok dilgirdir. Ardahan'dan şimâle doğru Şavşat Ardanuş'u işgal eden Gürcü kuvvetleri Artvin-Acara'yı da işgal etmek üzere Ardanuş'tan ilerlerken Batum'dan Artvin'e sevkedilen zayıf bir İngiliz müfrezesi tarafından bilmüsademe tevkif edilmiş ve ayrıca Acara'nın merkezi olan Hula kasabası da keza cüz'i bir İngiliz kuvveti tarafından işgal olunmuştur. Hula'da yerli Acara kuvvetleriyle İngilizler arasında şimdilik âdi müsademeler olmakta ve Artvin kasabası da İngilizlerin taht-ı işgalinde bulunmaktadır.

Bu vaziyete nazaran İngilizlerle İslâm ve Hristiyan Gürcüler âdeta yekdiğerine hasım bir hâlde bulunuyorlar. Bundan başka alınan malûmata göre Karadeniz sahilinde ve Gürcistan dahilinde Gagri, Sohumkale taraflarında Bolşeviklerin ahaliyi tahrik ve teşviki yolundaki faaliyet tevessü etmiş. Bolşevikler tarafından neşredilen beyannâmeler her tarafa dağıtılmış, asılmıştır. Mevaki-i mezkûredeki Rumlar müessesat ve emvali Bolşeviklerden siyaneten ve muvakkaten ahali-i İslâmiyeye teslim etmektedirler. Batum'daki Bolşevik komitesinden üç kişilik bir hey'et, İngiliz valisi Kokkolis'e müracaat ederek idare-i örfiyenin refini ve serbest içtimalara ve Bolşevik kulübünün küşadına ve bir Bolşevik gazetesinin neşrine müsaade edilmesini taleb etmiş ve aksi hâlde beyannamelerle halkı taleplerinden haberdar edeceklerini söyleyerek tehditkâr bir vaziyet takınmışlardır. Ermeniler son hafta zarfında Ordubad ve Vedi İslâmları karşısında hezimete uğramış ve Zengezor hududlarında Azerbaycan millî kuvvetleriyle kendi aralarında vuku bulan muharebe ciddî bir mahiyet almıştır. Zaten Denikin'in mahviyle ezgin ve naümit olan Ermenistan'da pek âzim bir heyecan vardır. Şimdi ise Ermeniler son bir ümit ile mukavemete hazırlanmakta, millet ve ordusunun maneviyatını mehma imkân korumak maksadıyla yeni tehlikelerden bahsetmektedir.

3. Bolşevik ordusunun esbabı arzedilen tevakkufu bizim için de iyi oluyor; çünkü bir kaç haftaya kadar bizim bir hareketimiz müşkildi. Karların henüz kalkmamasından dolayı arazi icra-yi harekâta müsait değildir. Saniyen kolordunun Trabzon'da pek çok erzakı ve cephanesi vardır. Bunların nakli bir kaç hafta sürecektir. Vaziyetin bizim için matlaûp olan şekl-i tabiîsinde devam etmekte olduğu maruzdur.

4. Yalnız Hey'et-i Temsîliye'ye arzedilmiştir.

15. Kolordu Kumandanı

Kâzım Karabekir

7 Nisan'da Moskova telsizi ve cephe istihbaratını tamim ettirdim. Şunlardır:

Erzurum
7.4.1336

Tamim

6 Nisan 1920 tarihli Moskova telsiz-telgraf tabliği aynen zîrdedir:

1. Kırmızı Ordu erkân-ı harbiye-i umûmiyesinin harb raporu Vestink No. 81

a) Şimal cephesi Moziriç mıntakasında kıtaatımız Süved Nehrini geçmişlerdir. Bir çok esir, eslâha ve mühimmat aldık. Nehirdeki düşman zırhlılarının topçu ateşine uğradık.

b) Korustensk mıntakasında kıtaatımız Uvaça şehrinin 25 kilometre şimalinde bir kaç köy zabtettiler.

c) Beriçef mıntakasında da bir kaç köy aldık.

d) Cenup cephesi 5 Nisan'da bir Fransız gemisi Odesa'ya ateş etmiştir.

e) Kafkas cephesi Karadeniz sahilinde kıtaatımız Tuapse'ye ilerliyor. Bahr-i Hazer sahilinde Petrofsk'un şimalinde Karaman iskelesine yanaşan düşmanın bir torpil gemisi limandaki kıtaatımız tarafından zaptedilmiştir. Vilâd-ı Kafkas mıntakasında şimdiye kadar düşmandan 69 sahra obüsü, 140 makinalı tüfek, bomba makinaları ve bomba ve el silâhları aldık.

f) Şark cephesi Koğdinsk mıntakasındaki kıtaatımız Çin hududuna 50 kilometre mesafede bulunan Focağalro şehrinin muhafız kuvvetleri iltica etmiştir. Burada pek çok ganimet aldık.

2. Hey'et-i Temsîliye'ye, kolordulara, Miralay Refet Bey'e, vilâyetler, 15. Kolordu kıtaatına arzedilmiştir.

15. Kolordu Kumandanı
Kâzım Karabekir

Erzurum
7.4.1336

İstihbarat hülâsasıdır:

1. Ermenilerin Zengezor mıntakasındaki İslâm köylerine anî tasallût ve taarruzları ile zulüm ve işkenceye uğrayan dil ve din kardeşlerini kurtarmaya koşan Azerbaycan millî kuvvetleriyle Ermeniler arasında başlayan muharebenin İslâmların muvaffakiyetleriyle devam ettiği haber alınmış ise de safahatı hakkında mufassal malûmat gelmemiştir.

2. Nahcivan mıntakasında Ordubad İslâmlarına taarruz eden Ermeniler fedakârane mukavemetler karşısında münhezimen firara mecbur edilmiş ve İslâmlar Ermenilere iki yüz maktul verdirerek yedi makinalı tüfek iğtinam etmişlerdir.

3. Revan havalisinde Vedi mıntakasında Ermeni taarruzuna maruz kalan İslâmlar, bu taarruzu tardederek Ermenilerden iki makinalı tüfek ve birçok cephane ve eşya iğtinam etmişlerdir.

4. Kendi zulüm ve vahşetlerinin zararlı neticelerini görmeye ve idraksizce tecavüzlerin İslâmlar tarafından verilen cezalarını çekmeye başlayan Ermeniler son muvaffakiyetsizlikleri yüzünden pek büyük telâş ve heyecanlara kapılmışlardır.

5. Gürcistan hükümeti, Gürcistan'da bulunan Denikin taraftarlarını hudud haricine çıkarmaya devam etmektedir. Çocuk ve kadınlar bu mukarrerattan istisna edilmektedir. Tiflis'te Denikin hesabına çalışan Mığırdıçyan isminde bir Ermeninin riyasetinde bir Ermeni iğtişaş komitesi Gürcistan zabıtasınca keşif ve tevkif edilmiştir.

6. Karadeniz sahilinden kurtarılabilen bazı Denikin enkaziyle Denikin'e mensup zabitan ve memurin ailelerinden bir kısmını hamilen Gürcistan sahillerinde dolaşan iki nakliye gemisi Gürcüler tarafından tevkif edilerek Poti'ye getirilmiş ve gemilerdeki eslâha, mühimmat kamilen alınmıştır.

7. Gürcistan'ın Karadeniz sahilinden Sohumkale, Gagiri, Öçemçir kasabalarında Bolşevikler tarafından ahaliye beyan-

nameler dağıtılmış, sokaklara asılmıştır. Bu kasabalardaki Rum ve Ermeniler kendi müessesat ve fabrikalarını ve kıymetli eşyalarını yaklaşan Bolşeviklerden siyaneten ve muvakkaten İslâmlara devir ve teslim etmektedirler.

8. Batum'da Bolşevik rüesasından üç kişilik bir hey'et, Batum'daki İngiliz valisi General Kokkolis'e müracaatla şehirde idare-i örfiyenin kaldırılmasını ve Bolşevik kulübünün küşadiyle bir gazetenin neşrine müsaade edilmesini ve müracaatları iş'af edilmezse taleplerini ahaliye beyannamelerle iblâğ edeceklerini bildirmişlerdir. Bu talep ve teklife İngiliz generalinin vereceği cevaba intizar edilmekte iken Batum'da her tarafa Bolşeviklik beyannâmelerinin yapıştırılmış olduğu haberi alınmıştır.

9. İran hükümeti Kafkasya ve Ermenistan'a buğday ihracını menneylemiştir.

10. Hey'et-i Temsîliye'ye, kolordulara, Miralay Refet Bey'e, vilâyetlere ve 15. Kolordu kıtaatına arz ve tamim edilmiştir.

15. Kolordu Kumandanı
Kâzım Karabekir

7 Nisan'da kolordu gürbüzlerinin -Yetim evlatlarımız- teftişini yaptım. Şayan-ı iftihar buldum. Bunlar için yazmakta olduğum "Öğütlerim" in tashihi bitti. Artık basılacaktır.([10]) Kendi hayatımın tecrübelerinden ibaret olan bu kitabı, çocuklarımıza rehber olmak üzere vakit buldukça yazmıştım. Bunu, samimî muhitime de okuyarak icabeden tashihi bu akşam bitirdim.

---

10 Erzurum'da tabettirdiğim gibi Azerbaycanlılar da kendileri için Bakû'da tabını rica ettiler. Kendi harfleriyle dört bin kadar bastırarak çocuklarına dağıtmışlar. Erzurum'da da dört bin kadar bastırıldı. Çocuklarımıza birer tane verildi. Çocuk babalarına da hediye edildi.

70. SALİH PAŞA YERİNE DAMAT FERİT'İN SADARETE TAYİNİ

8 Nisan'da Salih Paşa kabinesi çekilmiş yerine Damat Ferit gelmiş. Hey'et-i Temsîliye "Vatana hıyaneti sabit olan ve düşman süngüsiyle vazifelendirilen Damat Ferit Paşa hey'eti'nin hiç bir suretle tanınmayacağını" tamim etti.

8 Nisan tarihli Moskova telsiz-telgraf tebliği hülâsasıdır:

1. Dünya yangını başlamıştır.

2. İngilizler İstanbul'u işgal ettiklerini altı Nisanda ilan etmişlerdir. Bütün Anadolu bu işgale karşı ayaklanmıştır.

3. Ren Nehri boyunda Almanlarla Fransızlar arasında muharebeler oluyor.

4. 1 Mayıs'ta Fransa'da yapılacak pek azim işçi gösterileri için şimdiden hazırlıklar yapılmaktadır. Hükümet çalışma saatinin değiştirilmesini kabul etmezse derhal umûmî grev ilân edilecek ve bu grev işçi isteklerinin sağlanmasına kadar devam ettirilecektir.

5. Denikin İstanbul'a, İngiliz delegeleri yanına gitmiştir.

6. Lehistan'da şimendiferler de dahil olduğu halde işçiler umûmî grev ilan etmişlerdir.

7. Japon birlikleri Viladıvostok'u 7 Nisan'da işgal etmişlerdir.

8. Hey'et-i Temsîliye'ye, kolordulara, Refet Beye, kolordu kıtaatına, vilayetlere arz ve tamim edilmiştir.

15. Kolordu Kumandanı
Kâzım Karabekir

8 tarihiyle Hey'et-i Temsîliye'den bildiriliyor: "Konya'da 12. Kolordu kumandanı Fahrettin Bey'in İstanbul'a sadık kalmak husûsundaki fikr-i musirri ve Konya muhitinin öteden beri malûm olan efkârı Fahrettin Bey'le aynı fikirde olan Erkân-ı Harbiye reisi yerine İsmet Bey ile Salih Bey gönderildi. Refet Bey kesb-i ehemmiyet eden Anzavur meselesini hallettikten sonra kolordu ve cepheye bakmak üzere Konya veya Afyon Karahisar'da bulundurarak İsmet Bey'i celbedeceğiz. Miralay Kâzım Bey, kaymakam Seyfi Bey, binbaşı Naim Cevat Bey Perşembe günü Erzurum'a hareket edeceklerdir. Saffet Bey'in şimdilik Hey'et-i Temsîliye'de çalıştırılmasına müsaade buyurulmasını rica ederim. Diyarbekir'e kimseyi göndermedik, takdim-i ihtiramat eyleriz.

Hey'et-i Temsîliye nâmına
M. Kemal

10 Nisan'da gelen şifrede: "Anzavur, Gönen ve Karacabey'i işgal etti. Yusuf İzzet Paşa Bursa kaplıcalarına tedavi için diye geldi. Fırkalarıyla müstakillen haberleşiyoruz. Refet Bey Konya'dan 12. Kolordu kumandanı Fahrettin Bey ve valiyi ve eşrafı getirdi. Fahrettin Bey kanaatini değiştirdiğini bildirdi" deniyordu. Bu husustaki muhabereyi bu kolordu kumandanlarını razı etmek için yazdığı şifreler arasına kaydetmiştim. Vaktiyle yapılmayan tedbirleri talih tashih etmese felâket olacak.

11 Nisan'da aşağıdaki bilgiler geldi:

Ankara
11 Nisan 1336

15. Kolordu Kumandanlığı'na,

8.4.1336 tarihli Dersaadet matbuatı hülâsasıdır:

1. 5 Nisan 1336 ve 1920'de İstanbul'da bir İngiliz torpitosu ile gelen General Denikin ve Erkân-ı Harbiyye Reisi Romanovski, Rus sefarethanesine nazil olmuştur. Şahs-ı meçhul

tarafından Erkân-ı Harbiyye reisinin katli üzerine General Denikin tekrar vapura avdet etmiştir.

2. Almanya vaziyetinin pek büyük bir teyakkuzu istilzam eylediği Berlin müttefikin kuvvetlerinin hey'et-i reisi General Tulle tarafından bildirilmiştir.

3. Garbi Almanya'daki Ruhr havzasında amele harekâtı dolayısıyla vaziyet halen fevtdir.

Hey'et-i Temsîliye nâmına

M. Kemal

71. İSTANBUL'DAKİ MECLİS-İ MEB'USAN'IN FESHİ İRADESİ

Bugün İstanbul Meb'ûslar Meclisi feshi hakkında irade çıkmış. Zaten bir kaç akılsız veya hissizden başka tebliğ esnasında mecliste kimse yokmuş. Gazetelerde gördüğüm irade suretini tarihî bir hatıra olmak üzere yazıyorum. Bu gaflet de Anadolu'da Millî Meclis'in toplanması için henüz aklı yatmayanlara ders oldu:

İrade Sureti

Esbab-ı zaruriye-i siyasiyeden naşi Meclis-i Meb'ûsân'ın feshi iktiza etmesine ve kanun-ı esasimizin muaddel yedinci maddesinin fıkra-i mahsûsası mucibince leddiliktiza hey'et-ı meb'ûsânın feshi, hukuk-ı şahanemiz cümlesinden bulunmasına binaen meclis-i mezkûrun bernnıcib-i kanun dört ay zarfında yeniden bilintihap içtimâ etmek üzere bugünden itibaren bermucib-i kanun feshini irade eyledim.

11 Nisan 1336

Zavallı kanun... "Kanun diye kanun diye kanun tepelendi," mısraı temenni edelim ki son müstebit hükümdardan çıkmış ola. Bu irade ile Merkez kumandanı Mustafa Natık Paşa meclise gidiyor, bir kaç dama tebliğ ediyor ve meclisi kapıyor. Muhafız bölüğüyle polislerin silahlarını da alıyor... Usulen Alemdar, Peyam-ı Sabah gibi soysuz gazeteler de bu karar ve icraatı alkışlıyorlar.

Ankara'da toplanacak Millî Meclis'te azâ olmaklığımın pek lâzım ve hey'et-i umûmîye için faydalı görüldüğünü doğu vilâyetlerinin münasip bir noktasından seçilmemin teminini, intihab bittiyse batı bölgesinden temin edileceğini Hey'et-i Temsîliye nâmına M. Kemal Paşa 8 tarihli şifre ile bildirdi. Kendilerine teşekkürle bu havalide namzetliğimi koymam ayrılacağım hakkında endişe doğuracak birlikler ve ahali üzerinde elîm bir tesir bırakacaktır diyerek, oraca icabının yapılmasını rica ettim. 10 tarihli diğer bir şifrede: "Bilfiil meclise iştirakiniz kabil olmasa bile seçilmiş bir azâ bulunmanızı pek gerekli görüyorum. Meclisin toplanmasından sonra vücude getirilmesi pek lâzım olan icra hey'eti içinde zât-ı âlilerinin bulunmaları faydalı ve lâzım olduğu fikrindeyim. Tahminime göre icra hey'etini teşkil edecek kişilerin yine meclis azâsından olmaları söz konusu olabilir. İsmet Beyefendi ile zât-ı devletlerini Trakya'ya bildirmeyi tasavvur ediyorum." buyuruldu. Cevaben: "Trakya'dan İsmet Bey'le tayinimiz pek musip olur. İcra hey'etinin sırf meclis azâsından olmaları hükümetin behemahal Meclis-i Meb'usân'dan seçilmesi olduğu gibi bir çok mahzurları olacağını hatıra olarak arzeylerim." dedim. Benim Ankara'ya gitmekliğim ancak son zaferden sonra makul olur. Bundan başka Millî Meclis'in teşekkülünden sonra pek kıymetli bâzı vatandaşlarımız gelir veya görülürse, kendilerinden hükümet uzvu olarak neden istifade olunmasın." Gerçi bâzı hükümetlerde Millî Meclis azâsından gayrisi hükümet erkânı olmuyorsa da bizim gibi devlet ricali sınırlı millette ve meclis seçimlerinde henüz milletin hür ve muayyen siyasî fikirlerinin âmil olamadığı bir zamandan meseleyi dar bir çerçeve içinde sıkıştırmamayı muvafık gördüğümden cevabımı buna göre yazdım, Trakya, Aydın, Karasi, Menteşe'den meb'ûs intihab edildiğim, bunların birini tercihim soruldu. Doğuda kumandan olmak dolayısıyla memleketimizin en batısında bulunan Trakya'dan meb'ûs olmayı dahil ve harice karşı daha manidar buldum. Bu Edirne'yi almadıkça sulh etmeyeceğimizi fiilen göstermekti.

16 Nisan'da Trakya Müdafaa-i Hukuk Hey'et-i Merkeziye Reisi Şevket Bey yazıyordu: "Memleketimiz hakkında vukuf ve değerli bilgileriniz dolayısıyla sizin seçilmeniz uygun görülmüş olmakla o şekilde adı geçen meclise devamla bilgi verilmesini lütuf buyurmaları rica olunur." Buna 17'de verdiğim cevap Birinci Kolordu kumandanı Cafer Tayyar Bey vasıtasıyla muhabere ettik.

Trakya Müdafaa-i Hukuk Hey'et-i Merkeziyesi'ne,

Edirne'ye olan irtibat ve hürmetim lâyezeldir. Senelerce beraber çalıştığım Trakya halkının hukuk-ı milliyyelerinin muhafazaları için Meclis-i Millî fevkalâdeye âzâ intihabım husûsunda gösterdikleri teveccüh ve kadirşinaslığa karşı bütün kalbimle arz-ı şükran eylerim. Umûm milletimizin selâmetini kâfil olan şark vaziyeti yakın zamanda temin edildikten sonra İnşallah vatanımızın aksam-ı mütebakiyesinin dahi pek şanlı bir surette istiblâsına muvaffakiyet elvereceğine itimadım tamdır. Şark vaziyetinin hâiline kadar meclise yakından iştirâk edemeyeceksem de yine meclisin' her mukarreratına muttali olacak ve sevgili Trakya'mızın her bir hakkını bütün mevcutiyetimle muhafaza ve bizzat ve bilvasıta sizleri de tenvir edeceğim. Bütün sevgili Trakyalılara hürmet ve samimiyetimin tebliğini rica eylerim efendim.

Kâzım Karabekir

Diğer seçilmiş olunduğum yerlere de teşekkür ettim,

Hey'et-i Temsîliye'ye de 21 Nisan'da şunları yazdım:

Trakya'dan Meclis-i Fevkalâde azâlığına intihab edildiğimi fart-ı hürmet ve memnuniyetle kabul ve kendilerine verdiğim cevabı da arzediyorum. Bu vazifeyi demlide etmekle zaten bütün kalb ve ruhumun merbut olduğu Meclis-i Millîmize daha kat'î alâkadarlarla da rabıtabend bulunmuş oluyorum. Şark cephesindeki vazife-i hazıranı o feyizkâr muhit içinde bilfiil bulunmaklığıma mâni olduğu cihetle uzakta bulunduğum müddetçe din ve milletin halâsına matuf müzâkerat-ı cariyelerinden mümkün ise her gün kısa bir hülâsanın âcizlerine de bera-yı malûmat iblâğına müsaade buyurulmasmı rica eder, ve Meclis-i Millî-i Fevkalâde'nin bir uzv-ı sadıkı olmaktan mütehassil hiss-i bahtiyarînin hey'et-i celîleye büyük hürmetlerimle arza tavassut buyurulmasını istirham eylerim. (Trakya'ya yazdığımı da ilâve ettim.)

Millî Meclisimiz toplandığında doğu cephesindeki mühim vazifelerimin yapılmasına devam edilmek üzere süresiz izinli sayıldım.

72. BAKÛ AHVALİ

Bakû'ya gönderdiğimiz subay gelmiş. 11 Nisan'da Trabzon'dan 3. Fırka aşağıdaki şifreleri verdi:

15. Kolordu Kumandanlığı'na,

1. 18 Mart tarihli şifre-i samilerini Halil ve Nuri Paşalara îsâle memur edilmiş olan Topçu Mülâzimi İbrahim Efendi bu gece (9/10) da Trabzon'a avdet eylemiştir. Mumalileyh 5 Nisan'da Bakû'dan ayrılmıştır. Dağıstan'da bulunan Nuri Paşa ile görüşmüşlerdir. Halil Paşa 1 Nisan'da Karabağ'a gitmiştir.

2. Mumaileyhin verdiği malûmat ber vech-i zîrdir:

a) Bakû'ya muvasalatında Halil Paşa'ya mazrufu vermiş ve Küçük Talât ile birlikte bulunan müşarünileyh tarafından tahrirat-ı sâmileri okunmuştur. Bilâhire cevap verileceğini söylemişlerdir. İbrahim Efendi bilâhire Doktor Fuat'ı görmüş, vaziyet ve ahvali anlatmış ve bunun üzerine Fuat Bey arkadaşlarını toplamış ve derhal Türkiye'nin yeni vaziyetinin icab ettirdiği şekil ve tarzda çalışılmasına ve İttihad ve Terakki prensiplerinin tesbit eylediği milliyet düsturları dahilinde çalışan ve Azerbaycan hükûmet-i hazırasına da mümaşat etmekte bulunan Halil Paşa ve rüfekasına kendileriyle Bolşevik siyaset-i umûmiyesine nazaran teşrik-i mesaî eylemeleri lüzumunun anlatılmasına karar vermişler ve bilâhire Halil Paşa grubunun da muvafakatnâmesini istihsal eylemişler ve bizzat Halil Paşa'dan da vaad-i kavi almışlardır. Gerek Rus ve gerekse Türk komitesinin muvafakati üzerine Halil Paşa'nın ihtilâl ordusunun emir ve kumandasını deruhte etmesi münasip görülmektedir.

b) Evvelce Azerbaycan'da bulunan Türkler iki grup halinde toplanmışlar. Halil Paşa, Küçük Talât, Baha Sait, Komiser Tahsin, bazı zabitan, iki doktor, Fuat Bey grubu, yüzbaşı Yakup, ihtiyat zabitlerinden Süleyman Efendiler, ikinci grup, bila kayd-ü şart Türkiye'nin halâsına matuf bir gaye takip eylemektedir. Gayelerinin husulü için Bolşeviklerle teşrik-i mesaîyi elzem görmektedirler. Bu grup Bolşevikler nezdinde pek ziyade mazhar-ı itimad olmuş ve olmaktadır.

c) İki grubun müştereken akdeyledikleri bir ictimâda Bolşeviklerle teşrik-i mesaîye karar verilmiş ve bunun için de husûsat-ı âtiye tekarrür eylemiştir:

1) İngiliz siyasetinin pek ateşin mürevvici olan Azerbaycan hükûmet-i hazırasını en az bir müddet zarfında yıkmak ve Bolşeviklerle anlaşacak bir hükümeti re's-i kâra çıkarmak.

2) Bu maksat için derhal faaliyete geçmek üzere her iki gruptan müntehap bir komite teşkil eylemişler, bu komite Halil Paşa, Doktor Fuat, Süleyman, Erkân-ı Harp Mustafa, Baha Sait ve Süleyman Beylerden müteşekkil olup âtideki şubelere ayrılmışlardır:

a) Harekât şubesi: Erkân-ı Harp Yüzbaşı Mustafa Bey, Baha Sait, Süleyman, Yakup ve üç de Rus Bolşevigi.

b) Neşriyat Şubesi: Şefi Doktor Fuat Bey. Bu şube bir gazete neşredecektir.

c) Propaganda şubesi: Şefi Zor mutasarrıfı Salih Zeki Bey.

3) Bakû'da bulunan zabitanımızla Bakû'ya gelecek zabitanımız ihtilâl ordusu cüzü tam kumandanlığında istihdam edileceklerdir. Bu komite ile Bakû'da bulunan Kızıl Ordu'ya mensup komite arasında cereyan eden müzakerât neticesinde Kızıl Ordu'nun Azerbaycan'a duhulü ancak Türk Komünist Fırkası tarafından bir talep vukuuna mlik edilmiştir. Gerek Türk Komünist Fırkası ve gerek yerli Azerbaycan Bolşevikleri Kızıl Ordu'nun bir mecburiyet-i kat'iyye olmadıkça Azerbaycan'a girmemesini iltizam etmektedirler. Çünkü Azer-

baycan'ın Kızıl Ordu'nun tahakkümü altına girerek ezilmesi korkusiyle korkmaktadırlar. Halbuki, Bakû'da Türk Komünist Komitesi'nin yapacağı inkılâp sükûtla vücut bulmadığı takdirde bu inkılâbı boğmak üzere faaliyete geçecek muhalif kuvvetlere karşı koyabilmek için Kızıl Ordu'nun muavenetini istemek mecburiyetinde kalınacağı ihtimâli de pek varittir. Binaenaleyh böyle bir dakikada ihtiyaç ve lüzumunun tahkik halinde henüz kolbaşısı Petrofsk mıntakasında bulunan hakikî Kızıl Ordu'nun Azerbaycan'a girmesi taht-ı karara alınmıştır. Hükümeti Bolşevikler nâmına ele almaktan ibaret bu inkılâbın esasatı da bir haftaya kadar ihzar ve tesbit edilecektir. Badehu Kızıl Ordu'nun Volga'da bulunan donanmasının Bahr-i Hazer'e geçmesine ve bizimle de irtibat husulüne muvaffakiyet elverdiği anda inkılâpçılar derhal ihzaratı tatbik ve icraya başlamaları muvafık teemmül edilmiş ise de vaziyet ve ahvale nazaran daha evvelden faaliyete geçilmesi de nazar-ı dikkate alınmıştır. Türk komitesi kıtaatımızın Kafkas hudutlarına doğru tahriki Azerbaycan'da yapılacak inkılâba karşı Gürcü ve Ermeniler tarafından vukuu muhtemel tecavüzata müessir olmak üzere istemektedirler.

d) Bakû Türk Komitesi, Türklerin Bolşevik inkılâbının hakikî mürevvideri oldukları ve indelhace Bolşeviklere de yardım ve müzaherette bulunacakları kanaatini verebilmek için Ermenistan'ın Bolşeviklik nâmına tarafımızdan işgalini pek muvafık görmektedirler. Rus Bolşevik komitesi bu hareketin kendilerince de şayan-ı arzu bulunduğunu söylemişlerdir. Bu keyfiyet ordumuz tarafından da muvafık görüldüğü takdirde harekâtın icrasını Rus Bolşevikleri tarafından bize teklif ettireceklerdir. Bu harekât bu suretle Moskova Şurası'nın muvafakati dahilinde vuku bulacağından Türk emperyalizmi nâmına yapılmadığı hakkında bütün cihana propaganda yapılacak, emperyalizm âmâlini takip eden hükümetler tarafından Türk mezalimi tarzında cihana ilân edilmek istenilecek olan mezkûr harekâtın dünya inkılâbı taraftarı bulunanlar üzerinde vukua getireceği sû-i tesiratın izalesi temin edilecektir.

3. Azerbaycan hükûmet-i hazırası res-i kârda kaldıkça hal-i hazırda Bakû'da bulunan telsiz-telgraflarla bizimle muhabere yapmasına imkân yoktur. Kırmızı Ordu'dan telsiz-telgraf celbine tevessül edilmiştir.

4. Dağıstan'da İslâm Bolşevik rüesasından Kazikof'un Nuri Paşa'nın maiyeti tarafından katledilmesinden dolayı Nuri Paşa'nın mevkii büsbütün düşmüştür. Nuri Paşa bir tarafa sıvışmaya ve saklanmaya mecbur kalmıştır. Halil Paşa, İbrahim Efendi'ye Nuri Paşa'nın çocuk olduğunu ve etrafının tesirine kapıldığını ve Bakû'ya celbedeceğini söylemiş. Dağıstan kâmilen Bolşeviktir. Derbent, Yalama kâmilen yerli Bolşevik eline geçmiş, Dağıstanlı Hüdaverdi nâmında bir zâtın riyâseti altında Sovyet hükümeti teessüs etmiştir.

5. En son Bakû'dan alınmış malûmata nazaran Kızıl Bolşevik ordusu Petrofski, Vilâd-ı Kafkas, Yekaterinodar, Zitorsiski mıntakasındadır. Şimendifer hattı tamamıyla kızılların elindedir. Bu hattın daha cenubundaki harekât yerli ve ekseriyetle İslâm olan Bolşevikler tarafından yapılmaktadır. Asıl Kızıl Ordu'da dahi İslâm Bolşevik kıtaatı vardır. Son harekâttan evvel karargâhı Astragan'da bulunan On Birinci Ordu bir fırkasiyle Kızlar, iki fırkasiyle Çariçin üzerinden Vilâd-ı Kafkas, diğer bir fırkasiyle Yekaterinodar'a yürümesi ve başka bir ordunun mühim kıtaatı da Rostof'tan Novorosiski istikametine ilerlemiş ve son muvaffakiyetli harekâtı yapmışlardır. Bu kuvvetlerin hakikî miktarı meçhul ise de iki yüz bin kişilik bir kuvvet tahmin edilmektedir.

6. Bolşevikler işgal edecekleri yeni bir mıntakaya doğrudan doğruya tecavüzü bir tahakküm ve tehayyür siyaseti zannı vereceğinden muvafık bulmamaktadırlar. Evvelemirde Bolşevik idaresi hakkında halkı tenvir ve irşada çalışmaktadırlar. Ve bu suretle muvaffakiyet elvermeyeceği anlaşıldığı takdirde bu mıntakadaki mazlûm insanların halâsı nâmına harekât-ı tecavüziyeye geçmektedirler. Ve bu sayede muvaffakiyetlerini az bir zaman zarfında tevsi eylemektedirler. Hal-i hazırda Azerbaycan ve Gürcistan'a karşı bu vaziyeti ta-

kınmışlardır. Propaganda mücadelesinde ve harekât için hazırlıklar yapmaktadırlar.

7. Azerbaycan efkâr-ı umûmiyesi hükûmet-i hazımları aleyhinde bulunmakta ve Bolşevikliğe karşı büyük incizap göstermektedir. Şu kadar ki, iki sene evvel Türk ordusu Bakû'ya girmezden evvel Bakû'daki Ermeniler Bolşevik nâmı altında Bakû'yü tâlân ve katliâm eylemiş olduklarından halk, kıtalin tekrar vukuundan korkmakta ve bu suretle Bolşevikliğe karşı tereddüt göstermektedirler. Buna karşı Bolşevik komiteleri halkı tatmine çalışmakta ve muvaffak da olmaktadır.

8. Badema tarafımızdan eşhasa değil orada teşekkül etmiş ve yukarda arz edilmiş olan komite nâmına tahrirat yazılması da karargir olmuştur. Komitenin ismi Türk Komünist Fırkası'dır. İşaretleri de T.K.F.

9. Azerbaycan'a son defa giden Türk zabitanı hükûmet-i hazıra ordusuna kabul eylememekte ve vuku bulan müracaatları birer surette baştan savmaktadır. Bu husûsta İngilizlerin tesiri bulunduğu gibi hükümetin de Türk zabitanının ordu nüfuzunu ellerine almalarından korkmaktadırlar.

10. Moskova Bolşevik Şûrası'yle temasa gelmek ve bir ân evvel anlaşmak mecburiyeti gelmiş ve geçmek üzeredir. Bunun için Moskova Şûrası nezdinde Türkiye mümessili olmak üzere bir zâtla ve salahiyet ve vesaik-i lâzimeyi haiz bir zâtın bir ân evvel gitmesi lüzumu tahakkuk eylemektedir. Gidecek zevatın her veçhile şayan-ı itimad ve cüretkâr ve aynı zamanda inkılâp fikirlerine vakıf bulunması ve metin bir ahlâka malik olması lâzım geldiği anlaşılmaktadır. Azerbaycan hükûmet-i hazırası mevki-i iktidarda kaldıkça Azerbaycan'dan Türklük nâmına bir müzaheret ve muavenet beklemek faidesiz olacaktır. Bir tahavvül vukuu halinde bile teşkilât-ı hazırasında mevcut zaaftan dolayı tamamıyla istifade de edilemeyecektir. Bütün ümid-i yegâne ordumuza teveccüh etmekdedir. Ordumuz faaliyete geçmedikçe Türk ve İslâm âleminden vâsi bir faaliyet beklemek beyhude bir intizar olacaktır. Bu faaliyet için muktezi teçhizat, para her

halde vasi menabii olan Bolşeviklerden temin edilebilecektir. Binaenaleyh Bolşeviklerle bilhassa Moskova Şurasi'yle anlaşmak pek nafi olacaktır. Bu anlaşmayı müteakip derhal faaliyete başlamak da ahval-i dahiliyemizin icabat-ı zaruriyesinden olduğu teemmül edilmektedir.

11. Bolşevik programları biri Rusça, hülâsası da Azerbaycan lisanınca vürud ettiği, asıl mufassal Rusça programın mümkün olduğu kadar da burada tercüme ettirileceği maruzdur.

3. Fırka Kumandanı

Rüştü

Azerbaycan hükümeti maalesef kendisini ve milletini büyük bir tehlikeye düşürecektir. Bir taraftan da Karabağ'da Ermenilerle çarpışıyor, bir taraftan Bolşeviklerle anlaşmaya yanaşmıyor. Bizi ise hiç düşünmüyor. Bütün bu ters işlerin İngilizlerin tertibatı olduğunu bilmesi kabul olunmaz. Nuri Paşa'nın yaptığı ve daha da yapacağı gafletlerde Müsavat hükümetinin teşviki ve tabiî büyük bir müsbet hissesi de olacaktır.

Trabzon'dan gelen ikinci şifre:

Soğuksu
10.4.1336

15. Kolordu Kumandanlığı'na,

İbrahim Efendi'nin vasıta-i sâmileri ile Hey'et-i Temsîliye'ye yazılmak üzere getirmiş olduğu tahrirat aynen arzolunur:

Hey'et-i Temsîliye'ye,

Azerbaycan vaziyet-i siyasiyesi: Hal-i hazırda Azerbaycan'ın mukadderatı en ziyade Müsavat Fırkası'na istinad etmek üzere fırk-ı sairenin iştirakiyle müteşekkil muhtelit bir kabine tarafından tedvir edilmektedir. Bu hükümet siyaset-i hâriciyesinde İngiltere'ye alet olmakta berdevamdır. Bu siyasetin de ana hattı Müsavat Partisi'dir. Son günlerde Bolşevik ordularının Kafkas dağlarına kadar dayanmaları mehalif-i hükümette endişeyi mucib olmuş ve muhtelif siyasî fırkaların iştirakiyle tahaddüs eden vaziyet önünde Azerbaycan'ın takip etmesi lâzım gelen haricî siyaset yeniden mevzu-i bahis olmuştur. Neticede hükûmet-i hazıra İngiliz siyasetinde ısrara karar vermiştir. Maamafih zaman kazanmak ve tedbir-i ihtiyatî olmak üzere Sovyet hükümetiyle bir zemin-i itilâf bulmak için paliment tarafından Moskova'ya bir murahhas izamı takarrür etmiştir. Avam hükümetin ve fırkacıların İngiliz taraftarlığını hoşnutsuzlukla telâkki etmektedir. Bu temayülâtın esası da şüphesiz avamın hissi selimi ve buralarda bulunan Osmanlı Türklerinin İngilizler aleyhindeki propagandası Türkistan ve civar memleketlerdeki İslâmların umûmiyetle Bolşeviklerle elele vererek beraber çalışmaları ve bilhassa Türkiye'nin İngilizler tarafından mütemadiyen duçar-ı hakaret olmasıdır. Halk Azerbaycan halâsını ve istiklâlinin ancak Türkiye tarafından yapılacak yardımla kabili-i istihsal olduğuna kani bulunmaktadır.

Buna mukabil hükümet ahalideki bu temayül ve kanaati sarsmak ve takip ettiği siyasette isabet olduğunu isbat etmek üzere Türkiye'nin ümitsiz bir vaziyette olduğunu ve bundan kurtulamıyacağını Bolşeviklerin federatif bir Rusya teşkili gayesini istihdaf ettiklerini ve Azerbaycan'da zuhur edecek Bolşevikliğin Mart vekayiinde görüldüğü gibi İslâmların katliâmı, emlâk ve emvâlinin yağma edilmesinden başka bir şekilde tecelli etmeyeceğini...... etmektedirler. Bu tezebzüb-i siyasî içinde Türkiye'ye nafi bir cereyan çıkarmak için iki şık vardır. Birincisi pek yakınlaşan Bolşevik ordusunun taht-ı tazyikinde temayülât ve hissiyatlarında itidal asarı görülmeye başlayan bir kısım münevveran arasında icra-yı tesir ederek Moskova Sovyetiyle uyuşacak sollardan mürekkep bir hükümeti mevki-i iktidara getirmek. Bu Sovyet esaslarının kansız ve sarsıntısız bir surette tedricen Azerbaycan'da tatbiki için icab eden zamanı kazandıracak bir intikal hükümeti olabilir. Biz buna mütemaliyiz ve daha ziyade de bu şeklin hayır husûle gelmesine sarf-ı mesaî eylemekteyiz. İkincisi, şayet marûlarz intikal-i hükümetin mevki-i iktidara gelmesi çok teehhür ederse netice ihtilâl ile yaklaştırılacaktır. Mahaza biz itidali kendimize üssül hareke ittihaz etmekten geri durmayacağız ve mümkün olduğu kadar komünistleri birinci nokta-i nazara imale etmek istiyoruz. Bolşeviklerin son vaziyetleri halen şimalî Kafkas ve Dağıstan kısmen Bolşevikliği kabul etmiş ve oralarda Sovyet hükümeti tesis etmek üzere bulunmuştur.

10.15 gün evvel Nuri Paşa maiyetinde bulunan ve Nuri Paşa'nın vaziyetinden cür'et alan küçük zabitlikten yetişme mûlazim Çerkeş Kâzım Efendi'nin Dağıstan Komuk Türklerinden bir Bolşevik reisini de katletmek üzere tevkif ettirmesi ve Sovyeti dağıtması ve azâlarının ileri gelenlerini de katletmek üzere tevkif ettirmesi Türk zabitlerinin Bolşevik aleyhtarı, Denikin taraftarı oldukları hissini vermiş ve neticede o mıntakada bir kaç Türk zabiti ahali tarafından bilmukabele öldürülmüş ve bir kısmı da yaralı ve yarasız Azerbaycan'a iltica mecburiyetinde kalmış ve bu suretle Nuri Paşa'nın o taraflardaki tesir ve nüfuzu kâmilen kırılmıştır. Bu vekayi üzerine Bakû'da Bolşevik komitesinin yaptığı umûmî bir ictimâda azânın hemen ekseriyeti Türklerin mürteci oldukları mütalâasında bulunmuş ise de Kafkas Merkezi Bolşevik Komitesi reisi Dağıstan'daki son vaziyetin bazı avantüriye Türklerin eseri olduğu ve Dağıstan'da çalışan Bolşeviklerle birlikte aynı hatt-ı hareket üzerinde hakikî halkçı Türkiye'yi temsil eden yoldaşların çalıştığına merkezin vakıf olduğunu ve kendisinin Dağıstan seyahatinde bu hakikati gördüğünü iddia etmiş ve nokta-i nazarı kabul ve tamim edilmiştir. Derbent, Dağıstan Bolşevikleri tarafından zaptedilmiştir. Bolşeviklerin eline düşmek suretiyle Denikin ordusunun vücudu ortadan kaldırılmış ve bu ordunun enkazından yirmi bin kişi

Gürcistan'a ve kısm-ı mühimmi de bahren Acemistan'da Enzeli'ye iltica etmişlerdir. Şu anda Kırmızı Ordu cenubî Kafkas hükümetler ve bunları kukla gibi oynatan İngilizler karşısında serbest olarak bulunuyorlar. Burada Bolşevik mahalifi ile vuku bulan temasımızda anladığımıza göre Kırmızı Ordu cenubî Kafkas hükümetine karşı şimdilik intizarkâr bir vaziyet alacak ve Bolşevikliği cebren kabul ettirmek maksadıyla ordularını Azerbaycan'a idhalden ictinab edeceklerdir. Maksadları prensiplerini kabul ettirmek husûsunda bile emperyalizm şiarından olan tahakküm ve tahyirden kendilerinin uzak olduklarını göstermektir. Maamafih Azerbaycan'da kamilen inkişaf edecek Bolşevik hareketini boğmak üzere Gürcü, Ermeni veyahut İngiliz kuvvetleri tarafından bir müdahale vaki veya şimalî Kafkasya'yı tahliye eden Denikin kuvvetlerinin hal-i hazırdaki Azerbaycan hükümetini takviye etmek üzere bir ihraç hareketi vaki olursa buna mani olmak üzere Kızıl Ordu her zaman muavenete müheyya bulunacaktır. Biz de faaliyetimizde bu gayeyi istihdaf etmekteyiz. Şöyle ki: burada infilâk edecek bir Bolşevik inkılâbını boğmak üzere Gürcü ve bilhassa Ermenilerin Enzeli'de bulunmakta olan bir alay kadar İngiliz askerinin Azerbaycan üzerine yürüyecekleri hemen muhakkaktır. Duçar-ı taarruz olan likr-i inkılâbın muayyen ve beynelmilel demokrasinin halaskarı sıfatiyle kendilerine tevhid-i harekât etmek üzere Anadolu inkılâp kuvvetlerinin Ermenistan veyahut Gürcistan üzerinden şimâle teveccühünü Kırmızı Ordular ümit eder.

Bolşeviklerle tevhid-i faaliyet ve harekât zamanı arefesinde bulunulduğuna nazaran sizinle serian bir irtibat ve muhabere tesisi fevkalâde haiz-i ehemmiyettir. Bu nokta-i nazardan bir iki cebel bataryası ve telsiz cihazı refakatinde olarak bir alay kadar veya daha ziyade bir kuvvetle serian Nahcivan'ı işgali ve elviye-i selâsedeki istilâkhar Ermeni ve Gürcü idaresi altında inleyen Müslümanlara kuvvetli bir tarzda yardım edilmesi çok mühim ve vaziyet için pek enfa ve müessir olacaktır. Bu hareket aynı zamanda ahali arasında Türkler lehine olan temayülü azamî surette arttıracak ve muntazır-ı inkılâb-ı siyasiyenin sür'at-i inkişafına âmil olacaktır. Bakû'da iki telsiz-telgraf istasyonu vardır. Nahcivan'a gönderilecek telsiz bunlarla veyahut Bolşeviklerden alınarak Karabağ mıntakasına ikame edilecek telsiz istasyoniyle muhabere edebilir. Azerbaycan'ın hal-i faaliyete girebilecek tayyaresi yoktur. Türkiye'den tayyare gönderilmesi münasip olur. Ve bu Gence civarında Kördemir mıntakasına inebilir.

Ermeni tecavüzatı:

Bir hafta evvel mahallî Ermeni ahalisi Karabağ mıntıkasında tecavüzata başlayarak... işgal ve Karabağ'ın merkezi olan Şoşakale'ye hücum ettiler. Ermenilerin bu husûsî vaziyetleri hükümet mehafilinde lâyık olduğu ehemmiyetle telâkki edilmemiş ve yalnız refakatinde bir batarya bulunan Karabağ mıntakasına sevkiyle iktifa edilmiştir. Karabağ ahali-i İslâmiyesi hükümetin bu muavenetini kâfi görmediklerinden on gün evvel Bakû'ya gelen Halil Paşa'yı davet ettiler. Ve başlarında müşarünileyh olduğu hâlde Ermeni tecavüzlerini kendi kuvvetleriyle defetmek arzusunu gösterdiler. Halil Paşa da bu davete icabetle dört gün evvel hareket etti. Hal-i hazırda Ermeni hükümeti hal-i tevakkuftadır. Ermeniler İngilizlerin büyük mikyasta muavenetlerine mazhar olmakta ve bilhassa İngiliz zabitanı marifetiyle ordularını tensik ve takviye etmektedirler. Mebzul eslâha ve mühimmatları vardır. Yalnız Zengezor mıntakasındâ nizamiye ve milis karışık olarak 12 bin kadar kuvvetleri mevcuttur. Azerbaycan ordusu nizam-ı harbi melfuftur. Hey'et-i zabitân: Azerbaycan'ın hey'et-i erkân-ı harbiyesi yoktur. Mevcut bir tek erkân-ı harpleri Habib Bey Selimof halen kolordu kumandanıdır. Mülâzimleri evvelce Bakû'da bizim ordu tarafından tesis edilen talimgahlardan yetişen gençlerden ibarettir. Sabık Rus ordusunda küçük zabit ve zabit vekilliği rütbelerini ihraz edebilenler bölük kumandanlığı mülâzim ve yüzbaşılar da kaymakam ve miralay rütbelerini haiz olarak tabur ve alay kumandanlığı vazifesi görüyorlar. Eski Rus ordusundan müdevver olmak ve mütebakisi Azerbaycan tarafından terfi edilmek üzere bir .... paşaları vardır. Alay ve tabur kumandanları meyanında Harbiye Nezâreti'nde bir çok Rus ve Gürcü zabitanı da vardır. Bunların çok defa sadakatsizlikleri ve düşman tarafına firarları görülmesine rağmen kendilerine bizim Türk zabitlerinden de iyi bir mevki bahşedilmektedir. Orduda lisan-ı tahrir Rusça'dır. Mekteb-i Harbiye'lerini Rus zabitanının idaresine tevdi ettiklerine bakılırsa âti için kendi millî lisanlarını öğrenmekte istical etmedikleri anlaşılır. Ahval gösteriyor ki orduyu teşkil ve bunu zinde bir ruh ve mevcutiyet izafe edecek sahib-i azim bir zât bunlar arasında mevcut olmasa gerek. Kıtaat talim ve terbiyesi yanaşık nizamlara münhasırdır. Zabitan zevk ve sefahat âlemine dalmış, maiyetlerine hâkim değildirler. Başta azimkar bir kumanda hey'eti bulunmayan ve zabitanı gayr-ı mütecanis, efradı yetişmemiş olan bu küçük ordunun kıymet-i harbiyesi ne olabilir. Bu ordu muntazam muharebede daha ilk temasta dağılmaya mahkûmdur. Maahaza efrad cesarete ve kabiliyet-i harbiyeye maliktir.

Bakû Bolşevik hey'et-i merkeziyesiyle teşrik-i mesahi son Dağıstan vukuatında olduğu gibi Osmanlı Türkleri arasında menfi fikir ve hareketlerine meydan vermemek ve tahaddüs edebilecek sû-i tefehhümlerin önünü almak ve muhtelif istikametlerde yapılan faaliyetleri bir noktaya tevcih ve Azerbaycan siyasetine verilmek istenilen cereyanın tesir-i husulünü temin etmek maksadıyla burada İbrahim Efendi'nin size söyleyeceği zevattan mürekkep bir hey'et-i merkeziye teşkil edildi. Bu hey'et Bolşevik hey'et-i merkeziyesiyle teşrik-i mesaî ederek onun bir şubesi gibi ibraz-ı faaliyet etmeye başladı. Buradaki Türkler tevhit etmeye çalışacak ve fimabaad sizinle Bolşevikler arasında vasıta-i temas bu hey'et olacaktır. Binaenaleyh askerî, siyasi vesair husûsata mütedair bütün iş'aratımızdan da fimabaad hey'etin muhatap tutulması münasip olur.

İmza:
Türk Komünist Fırkası

Haşiye:

5 Nisan 1336 Mahreci: Bakû

1. Denikin ordusu enkazı 6 zırhlı, 3 vapurla bahren Bakû'ye gelerek iltica etmişlerdir. Bu zırhlı vapurlar ve hamileleri olan 10 milyon fişek, 15 bin tüfek, 100 mitralyöz, 22 top, 3 kara, 6 deniz tayyaresi, 2 torpito, 1 telsiztelgraf, 1 zırhlı otomobil, 16 eşya, binek otomobili Azerbaycan hükümeti tarafından mübayaa edilmiş ve teslime başlanmıştır. Vapurlarda asker ve ahali olarak 2500 neferden askerler silâhsız olarak Gence'ye sevkedilecekler ve orada kendi zabitleri kumandasında çadırlarda asker hayatı yaşayacaklardır.

2. Bolşevik ordularının tekarrübü Azerbaycan ibre-i siyasetince bugüne kadar kat'î bir tahavvüle baadi olmadıysa da Bolşevikliğe karşı halktaki temayülü takviye ve neticede de hükümeti büyük bir tereddüde sevkettiği muhakkaktır. Son günlerde Bolşeviklerle serî bir anlaşma taraftarlığı hükümet fırkası arasında belirmiş ve solların kabine riyaseti deruhde etmesi muhtemel zât marifeti ile Bakû merkez komitesiyle bir müzakere kapısı açılması için Demir Bey'in Bolşevik komitesi nezdinde tavassutu iltimas olunmuştur. Solların bu teklifi komitemiz tarafından hey'et-i umûmiye müzakeresinde söylenmiş ve uzlaşma suretiyle yapılacak müslihane bir inkılâbın zorlu ve kanlı bir ihtilâlden müreccah olduğu yolundaki nokta-i nazarımız izah edilmiştir. Komite derhal böyle bir müzakereye muvafakat etti. Bir kaç gün devam etmesi muhtemel bu müzakerât muvaffakiyetle neticepezir olursa arzu ve maksadımız hasıl olacaktır. Şayet bir anlaşma imkânına muvaffakiyet elvermezse daha ziyade intizar edilmeyerek ihtilâl ile maksadın istihsaline teşebbüs mecburiyeti yüz gösterecektir. Gerek muslihane ve gerek zorla vukua gelecek inkılâp neticesinde Azerbaycan'ın İngiliz Ermeni hücumuna maruz kalması ihtimali ziyadedir. Böyle bir hâl karşısında Azerîler kâfi derecede kuvvetli değildir. Ordu namiyle ellerinde bulunan kuvveti sefer edecek ve ellerine geçen yeni eslâha ile yeni teşkilât yaparak müdafaa-i memleket vesaiti-

ni tevsi ve bütün bunları inzibat tahtında mahirane sevk ve idare edecek erkân-ı harbiye kumanda hey'et-i âlisine malik değillerdir. Bu elîm vaziyet şu günlerde Karabağ Ermeni çeteleriyle vuku bulan müsademtta da bir daha sübut bulmuş ve Azerî askerini isyan ettirerek biz Türk zabiti isteriz, kendi zabitlerimizi istemeyiz şeklinde ufak bir isyana sebep olmuştur. Bugün Bakû'da Denikin'den satın alınan vapur ve zırhlıları muayene ve teslim alacak tek bir bahriye zabiti olmadığı rical tarafından yana yakıla söylenmekte ve buna sebep olan hükümete lanet edilmektedir. Sollardan teşekkülü muhtemel kabine riyasetine ve namzet bulunan zât tarafından ilk fırsatta Osmanlı erkân-ı harbiye, bahriye ve berriyesinden Azerbaycan'a vâsi nisbette istifadesi vesaitine tevessül olunacağı dermiyan edilmiştir.

3. Anadolu'da husûle gelen vaziyeti müdafaa-i milliye hey'et-i temsîliyesinin vekili olarak selâhiyet-i kâmileyi haiz bir murahhasın komite nezdinde bulunması lâzım görülmekte, bu sıfatı haiz bir zâtın ve oraca intihabiyle serian buraya izamı veyahut hey'etimiz azâsından birine bu vazife ve talimatın verilmesi reyindeyiz. T.K.P. (T.K.P. Birinci şifrede bildirilen Türk Komünist Fırkası'nın işaretidir).

12 sabahı da aşağıdaki şifre geldi:

Soğuksu
11.4.1336

15. Kolordu Kumandanlığı'na,

Telsiz-telgraf işaretiyle muavenet-i nakdiyede bulunmaları için Halil ve Nuri paşalara hitaben yazılan emr-i sâmilerini Bakû'ya is'al eden zât evvelki gün Batum'a avdet etmiş ve 7. Alay Kumandanı Rıza Bey'e Baha Sait Bey'den getirdiği 8 Nisan tarihli mektup suretiyle şifre suretleri âtide dercedilmiş olduğu maruzdur.

3. Fırka Kumandanı
Rüştü

Suret

İstanbul'dan buraya Moskova'nın murahhası avdet etti. Mustafa Kemal Paşa'ya bildiriniz. Moskova'ya gönderilecek hey'et-i murahhasasını göndersin. Pek müstaceldir. Ve lâzımdır. Oradan gönderilecek adam titizlikden bulamazlarsa burada Küçük Talât ile beraber ben varım. Kırmızı Ordu'nun bütün Kafkas umuru şimdilik benim mukadderatıma bağlanmış hâldedir. Halil Paşa Karabağ'da Ermenilere karşı hareket eden kuvayı tanzim ile meşguldür. Nuri Paşa bir ahmak, hain gibi vaziyet-i umûmiye-i milliyeyi sarsacak çocukluklar yaparak Azerbaycan hükümeti ve İngiliz taraftarı oldu. Artık o ihtilâl kuvvetleri nazarında kirli bir nokta oldu. Maatteessüf böyle oldu. Bugün, Denikin'in Bahr-i Hazer filosu Azerbaycan ile birleştiği gündür. Bunun vehameti muhakkaktır. Türkiye'ye muavenet edebilecek Rusya bunu biraz daha kapayacaktır. Amiral Sergiyef, Azerbaycan hükümeti ve Ermeniler fena halde vaziyeti işkâl ediyorlar. Erzurum'un Ermenileri tevkif etmesi elzemdir. Artık bulada Halil ve falan Paşalar yoktur. Halil'in de dahil olduğu teşkilât-ı umûmiye vardır. Onun vasıtası da benim. Onun için muhaberatı ol vechile tanzim etsin. Türk Komünist Fırkası adına olacaktır. Vasıtamız Hacı Şahin Beyzade Ahmet Bey'dir. Rıza Bey akrabasıdır. Kendisi Batum'dadır. Mümkün olduğu kadar bahriye efradı, meselâ bin kadar topçu, kaptan, makinist, hesap memuru, nefer, gemici olarak bir mevcutun muhtelif eshab-ı ihtiastan olmak üzere tefrik edip göndermeye çalışınız. Ancak Azerbaycan'a ait olan bu filonun Rus elinden kurtarılması buna bağlıdır. Filonun mecmu kuvveti 40 top, 10 gemidir. Bunlar burada 3.4 parçada yerli harp gemisini de ilâve etmek gerektir. Yedi buçukluk ve on beş buçukluk arasında muhtelif topları, makinalı tüfekleri, tayyare topları vardır, ekserisi tüccar gemileridir. Üç tane küçük torpito vardır. Buna mukabil şimal filosu daha kuvvetli ise de henüz ortada yoktur. Çünkü Volga buzları daha erimedi. İcabında bu filo Bakû'yu tehdid edecektir. Bundan başka Azerbaycan 16 bin tüfek, iki küçük tank, 120 makinalı tüfek, top mermisi, beş milyon piyade fişeği aldı. Beş bin kadar Rus askerini belki ordusunda istihdam edecektir. Bu ahvale tâbidir. Şimdiki halde Azerbaycan hükümeti tamamen İngiliz elinde bulunmuş görülüyor. Onun için şimâl harekâtının Türkiye'ye imkân derecede muavenete mümanaat ediyor, demektir. Eğer Erzurum'da Ermeniler aleyhine ordu kumandanının da Halil'e bildirdiği gibi bir hareket-i sûriye bile gösterilse burada vaziyet biraz kesb-i salâh edecektir. Azerbaycan'da vaziyet-i dahiliye hükümet fırkaların mümessilleriyle teşekkül ediyor. Kuvvetli fırka addedilen Müsavat 10 Ermeni meb'ûsunun da Taşnak reyiyle ekseriyeti muhafaza ederek ancak mevki-i iktidarda kalıyor. Münci görülen bu hükümetin şiarı da samimî surette İran-İngiliz ittifakına mümaşat şeklinde tebarüz etti. Ve İran ile dört maddelik bir mukavele de yaptı. Şehbender, iktisad, demiryolları, limanlar, İttihad, Ahrar, Sosyalist, Komünist fırkaları 35 rey ile müttehiden ekalliyettedirler.

Müsavatın 10 Ermeni, 5 Rus vesair reyleriyle kırk beş reyi vardır. Sosyalist nazırlar istifâ ettiler. Şimdi vekâleten mevkilerinde bulunuyorlar. İkinci grubun hepsi İngiliz aleyhtarı ve ihtilâlcidir. Maamafih Komünist Partisi hepsinden daha kuvvetli olduğu için yeni intihabat olursa ekseriyeti onlar kazanacağından bu parlamana benzeyen kaptüre hey'eti dağıtmak istemiyorlar. Komünistler de hiç bir müşterek hikmet kabul etmemek şiarında oldukları için kabineye dahil olmuyorlar. Gürcistan, Batum'u kendilerine terkettirmek için Azerbaycan'a hey'et gönderdi. Azerbaycan buna muvafakatten başka çare bulamayacaktır. Onun için bizim en kuvvetli çaremiz Kars, Ardahan, Batımı teşkilâtını takviye ederek şimalden Karadeniz sahiliyle gelen kırmızı kuvvetle bir yol açmak olacaktır. Azerbaycan'dan ümid-i muavenet beklemek şeytandan ümid-i rahmet beklemek kadar abestir. Batum teşkilâtını takviye için lüzumu kadar masraf görülmüştür. Buraya süratle bir kaç yüz nefer gönderilmek de lâzımdır. O da hâmil-i tezkereye tenbih edilmiştir. Azerbaycan'ın dört tayyaresi, dört de bahriye tayyaresi oldu; mümkünse bir iki tayyareci zabiti en serî vasıta ile gönderiniz. Tayyareci Ahmet Nüzhet orada ise söyleyiniz, gelsin. Gence'de telsiz-telgraf istasyonu iki gündür hükümetin emriyle temhir edilmiştir. İşlemiyor. Şimâl ile vasıta-i muhabere olmaktan korkuluyormuş. Maamafih açtırırız. Şifremizle aynı işaretle arasınlar. Bakû istasyonu açıldıktan sonra muhaberemizi temin edebileceğiz. Yakında Demirhan Şûra'da bir istasyon vaz ve tesis olunacaktır. Bundan sonra göndereceğim mektupta vaziyet-i umûmiye-i sevkülceyşiyeyi göndereceğim. Dağıstan'ın vaziyeti: Nuri paşa Bolşeviklerle tesis-i muhaseme ve temdid-i harekât için Azerbaycan'dan külliyetli miktarda akçe istemiştir. Bu mektup mahalline îsâl edilmedi. Halil ve Talat'ın da dahil olduğu komitemiz Mustafa Kemal'in tamimini ve kolordunun tebliğini kendisine tebliğ etti. Artık onun kendi başına hareket etmesi musirren devam ettikçe aramız bozulacaktır. Enver Paşa'nın 3 Şubat İsviçre mektubu buraya vasıl olmuştur. O da Moskova'ya gitmek arzusundadır. İngilizler ona İstanbul'un Türkiye'de kalması ve Türk memleketlerinin müstakil olması şartiyle tedafüi ve taarruzî bir mukavele akdini teklif etmişler. Şu kadar ki: Hindistan, Mısır vesair bilâd-ı İslâmiyede Türkler ihlâl-i asayişe değil tesis-i tabiiyete mazhar olsunlar. Radek Bolşevik murahhası ile de Mustafa Kemal nâmına gönderilen suret... şekline yakın bir istikamette görüşmüş. Her halde Mustafa Kemal'de bulunan metn-i asliye onun hey'et-i murahhasa ile cevap vermesi lâzımdır. Dağıstan şimdiki hâlde Denikin'den halâs olmuştur. Yani Denikin kuvvetleri tamamıyla tahliye etmişlerdir. Yoksa cebren, kahren alınmadı. Kırmızı Ordu kuvvetleri Mustafa Kemal'de olan metin iktizası Türklerin rızası olmadıkça Dağıstan'a giremeyecektir. Yahut halkın ekseriyet-i arası gerektir.

Fakat yine Türklerin muvafakati şarttır. İşte hâl ve mevki bu suretle lehimizdedir. Yalnız Azerbaycan başları, derd anlamıyor. Türkistan tamamen tathir edilmiştir. Hey'et-i nezzar komiser hey'eti kâmilen İslâmdır. Ekseri valiler Türk'tür.

Hey'et-i nezzar içinde iki Türk vardır. Moskova'nın Kafkas vekili yanında komiser olmak şartiyle Umûm Kafkas Komitesi beni şimdilik başkumandan mevkiinde bulunduruyor. Yani bütün bu işleri alelhesap ben görüyorum. Bir Türk zabiti harbiye dairesi reisi, bir Türk erkân-ı harp zabiti harekât şube reisi, bir kızıl miralay da benim erkân-ı harbiye reisim intihab edilmiştir. Yani kuvve-i icraiyenin yarısı artık Türk, yarısı da şimâl murahhaslarıdır. Teçhizat seferberlik vesair teşkilat suret-i umûmiyede Rusyalıların elinde, erkân-ı harp reisi olan miralayı Mustafa Kemal tanır. İstanbul'da bulunuyordu. İktisadî muavenete bir hafta sonraya kadar yani telgraf muhaberesi tesis edinceye kadar sabretmek lâzımdır. İstenildiği kadar muavenet edilecektir. Artık muvasalayı ciddî ve pek mahremane teşkil etmekten başka işimiz yoktur. Bu mektubumda her kelimeyi olduğu gibi kabul ediniz, umûmî hatları yazdım. Meşkûk olan bir şey de yazmadım. Baha Sait.

Şifre miftahı Fransızca hurufatla tertip edilmiş, mukabil-i erkam dahi Fransızca yazılmıştır. Üç grupludur.

Hey'et-i Temsîliye'ye ait mektubu aynen, diğer bilgilerin de mühim hülâsasını Ankara'ya bildirdim. Mustafa Kemal Paşa'ya şunu yazdım:

                   Erzurum
                   12.3.1336

Mustafa Kemal Paşa Hazretleri'ne,

Zâta mahsustur

Bakû'ya göndermiş olduğumuz memurumuzun Bakû'daki Türk Komünist Fırkası'ndan getirmiş olduğu 5 Nisan 1336 tarihli mufassal mektup aynen 175 No ile parça parça şifre ile yazılacaktır. Bundan başka istihsal kılınmış olan bazı malûmat ve mütalâat zeylen arzolunacaktır. İstanbul'dan nam-ı âlilerine olarak imzalanıp Rus Bolşevik murahhasına verilmiş olan aslı zât-ı sâmilerinde bulunan bir mukaveleden Baha Sait Bey çok bahsediyor. Bunun Rauf Bey tarafından zât-ı âlilerine gönderilen mukavele olduğunu zannediyorum. Lüzumuna mebni bir suretinin musaraaten iş'ar buyurulmasını istirham eyleriz.

15. Kolordu Kumandanı
Kâzım Karabekir

Baha Sait Bey'in verdiği şayan-ı dikkat bilgiler var. Bugün akşama kadar bu gelen bilgiler Ankara'ya verilebildi. Bunlar hakkında Mustafa Kemal Paşa'da bilgi hasıl olmuştur. 13'de kendilerine bazı sualleri aşağıdaki şekilde sordum:

Erzurum
13.4.1336

Mustafa Kemal Paşa Hazretleri'ne,
Zâta mahsûstur.

Bakû'daki Türk Komünist Fırkası'ndan ve Baha Sait Bey'den ahiren alınan ve Hey'et-i Temsîliye'ye arzedilen malûmat âcizlerini zât-ı sâmileriyle ve suret-i husûsada ve açık olarak âtideki nıkat hakkında hasbihale sevkeyledi:

a) Baha Sait Bey'in mektubunda bahis olunan ve nâm-ı âlilerine imza edilen ve muhteviyatı henüz meçhulümüz bulunan metnin Dersaadet'te bir hey'et tarafından Bolşeviklerin murahhasları ile teati edilmiş bir nevi itilâfnâme olduğu hissedilmekte ve Baha Sait Bey'in erkân-ı harbiye reisim dediği Rus erkân-ı harbiye miralayının zât-ı sâmilerince maruf olduğundan ve Moskova'nın İstanbul murahhasının Bakû'ya avdet eylediğinin zât-ı sâmilerine arzedilmesinden bahsedilmesi bu hissi takviye eylemektedir.

c) Yusuf Ziya Bey'in Azerbaycan'dan külliyetli bir para ile gelip Oltu'ya gitmesinin ve benimle görüştüğü halde Oltu'da malûmatım haricinde bazı icraata teşebbüs eylemesinin mezkûr itilâfla alâkadar olduğu şüphe hasıl etti.

d) Bolşeviklerin harekete geçmeleri bizim tarafımızdan

teklif olunduğu halde mezkûr hareketin bazı kuyud tahtında Türklerin hareketiyle meşrut kılınması ve daha kış ortalarında iken taraf-ı sâmilerinden 15. Kolordu'nun seferberliğinin teklif buyurulması da bu itilâf ile alâkadar olduğu zannını hasıl etti. Binaenaleyh bâlâdaki itilâf ve taahhüdün akdedilip edilmediği veyahut malûmat-ı âcizî haricinde bu gibi diğer taahhüdat ve itilâfat bulunup bulunmadığı hakkında tenvir buyurulmaklığımı istirham eylerim.

Kâzım Karabekir

Ankara'da Anadolu Ajansı faaliyete başlamıştı. 12 Nisan tebliği şudur:

Payitahtımız düşman işgali altına geçmesi üzerine Anadolu ve Rumeli'nin müdafaa-i hukuk azm-i tecellüdanesiyle harekete geldiği şu sıralarda din ve vatan kardeşlerimizin en sahih havadis ve malûmat alabilmelerini teminen tesis edilen Anadolu Ajansı bugünden itibaren ifa-yı vazifeye başlıyor. Bugün alınan havadis ve malûmat oralara da mümkün olduğu kadar fazla kimse tarafından okuyup bilinmesi lüzumu arz ve izaha hacet yoktur. Bu maksat ve oralarda dahi teşkilât-ı mahsusa vücude getirilerek her gün vereceğimiz malûmatın telgrafhane kapılarında siyah levhalar üzerinde tahrir ve vesait olan yerlerde tab ve neşir ile tevzii nahiyelere, hattâ köylere varıncaya kadar gönderilmesi husûsatının temini cümlenin himmet-i hamiyetkâranelerinden rica ederiz. Bu mukaddemecikten sonra bugünkü son malûmat bervech-i âtidir:

1. Almanya'da cumhuriyet taraftarı Hindenburg partisine tabi olmaktadır.

2. Cemahir-i Müttehide-i Amerika'da Wilson prensiplerinin tatbiki için büyük bir arzu ve mehafilinde lehimize şiddetli cereyan olduğu gibi Amerika gazeteleri de Türklerin müstakil kalabilmeleri için uzun makaleler neşretmektedirler.

3. Bolşevik orduları Denikin ordusunu tamamen dağıtmış, Dağıstanlılarla müttefikan Kafkasya'da vaziyete hâkim

olmuşlardır. Gürcistan ve Azerbaycan efkâr-ı umumiyesi ekseriyetle Bolşeviklere taraftar bulunuyorlar.

4. İzmir'de Yunan mezaliminden hükümete ve düvel-i İtilâf mümessillerine şikâyet etmek üzere gelen bir hey'etin muhtıraları Türkçe olarak İtalyan, Amerikan ve Fransız mümessilleri kabul ettiği hâlde İngiliz mümessili yalnız İngilizce veya Fransızca olarak kabul edeceğini söyleyerek şikâyetleri dinlememiştir. Bu muhtırada mezkûr mezalim arasında Kariye İmamı Haydar Efendi'nin bir çam ağacına bağlanarak boğazından testere ile kesilmek gibi vahşetler mevcuttur.

5. Arnavutluk'ta umûm Hristiyan işgaline karşı ihtilâl vardır. Görice'yi Arnavutlar zabtetmek üzeredir.

6. Yunanlıların Makedonya'ya kırk bin kişilik bir kuvvet sevketmek mecburiyetinde oldukları haber alınmıştır. Telgraf ve telefoncu takımları Nisan'da ilk kafile olarak Selânik'e iki tabur sevkolunmuştur.

7. Bulgarların Anadolu ve Rumeli Müdafaa-i Hukuk Cemiyetleri teşkilât-ı milliyyesiyle tevfik-i hareket etmeyi kendi menfaatlerine muvafık bulduklarını Bulgar gazeteleri yazıyorlar. Trakya'nın Yunanlılar tarafından işgali halinde Müslümanlar ile beraber Yunan ordusu aleyhine harb etmeye karar vermiş oldukları yine mezkûr gazete münderecatından anlaşılmıştır.

Anadolu Ajansı

Hey'et-i Temsîliye'den 12'de aldığım şifre ve verdiğim cevap Bolşeviklerle fiilen ilişki kurulması hakkındaki düşünce ve tertibatımı bildirdiğinden mühimdir. Aynen kaydediyorum:

Ankara
11.4.1336

15. Kolordu Kumandanı Kâzım Karabekir Paşa Hazretleri'ne,

Bolşeviklerle bir ân evvel fiilen tesis-i münasebet lüzumu malûmdur. Bu husûsata zât-ı devletlerinin ittihaz-ı tedabir buyurmuş olduğunuz iş'arat-ı sabıkaları da malûmdur. Şimdiye kadar teşebbüsatın maddî bir temas ve neticeye iktiran edip etmediğinin iş'arı mercudur.

Hey'et-i Temsîliye nâmına
M. Kemal

Verdiğim cevapta nazar-ı dikkate alman esaslar şunlardır:

1. İtilâf zümresiyle uzun zaman düşmanlık halinde kalabileceğimizi göz önünde tutmakla beraber büsbütün ilişkiyi keserek anlaşmamazlığa sapmamak.

2. Memleketi Bolşeviklere veya Bolşevizm cereyanına çiğnetmeyerek ve İslâmî hisleri kırmayarak İktisadî ve ahlakî bazı benzerlik gösteren esasları belirtmek, bunda da şahsî veya bir hey'etin fikrini değil milletin ira(leşini kullanmak.

3. Bolşeviklerle fiilen temasta bir anarşiye mani olmak için padişahlık ve hilafet mevkiini sigorta gibi elde tutmak.

4. Bize karşı düşmanlıklarını, katliâmlarına devam ettirmekle gösteren Ermenistan'a karşı hareketi emin bir vaziyette ve müsait bir mevsimde yapmak ve fakat Gürcülerle tamamıyla hem hudut olacak şekilde harekâtı ileri götürerek Ermenistan'la Gürcistan arasına girmek ve bu suretle Azerbaycan'la da hem hudud olmak. Bu husûsu Umûmî Harb'in pek müsait bir zamanında maatteessüf Almanların tesiriyle bir türlü umûmî karargâha anlatamadık. Ermenilerle gülünç bir hudud kabul ettiler ve Azerbaycan'la aramızda kuzeyde Gürcü hududundan İran'a kadar kalın bir sed gibi bırakılarak bugün bile bizi müşkil vaziyete sokacak bir ahmaklık yapıldı. Bu husûsu sözle ve iki defa da yazılı bildirdiğim halde derdi anlatamadım. Pek mühim olan cevabım şudur:

73. HEY'ET-İ TEMSÎLİYE'YE MÜHİM TEKLİFLER

Erzurum
13 Nisan 1336

Ankara'da Hey'et-i Temsîliye'ye,
Müstaceldir

C. 11.4.1336 - Bolşeviklerle bir ân evvel fiilen tesis-i münasebet elzem olmak hasibeyle keyfiyet 8 Mart 1336 tarihinde Hey'et-i Temsîliye'ye yazılmış ve alman cevapta muvafakat beyaniyle beraber bu husûsun Dersaadet'e yazıldığı bildirilmiş idi. Maahaza memleketin içinde bulunduğu... ahval lâzımı gibi tasvir olunarak Kızıl ve Yeşil orduların hududlarımıza doğru tevsi-i harekâtları lüzumunun istikmâlini ve Nuri Paşa'nın Azerbaycan rical ve ağniyasına müstenid hükûmet-i hazıra ile hemfikir olarak Bolşeviklere mümaşatkâr olmadığını Batum menabiinden haber alınca derhal bu fikrin vahameti ve atiyen araya cebir ve kan girerse Azerbaycan'ın tamamıyla süpürülmek ve istiklâllerini gaip etmek tehlikesinin muhakkak olduğu beyaniyle serî bir uzlaşma lüzumunu yazmış idim. İşte Bakû'ya bu muhaberatı götüren zabitimiz bu kere avdetinde Hey'et-i Temsîliye nâmına Baku Komünist Fırkası'ndan getirdiği cevabı takdim ettim. Ayrıca zabitimizin oradaki zevat ile görüşerek not ettiği malûmatından ve istitlâatından aksam-ı mühimmeyi de naklen arzettim. Münderecatı vaziyeti tamamıyla ve alınması lâzım gelen tedbirleri göstermiştir. Buna nazaran ve esasen kızılların eline İstanbul murahhası vasıtasıyla gitmiş olduğu anlaşılan talimat veya mukavele ahkâmına nazaran âcizlerinin teşri-i hareket hakkında gösterdiğim talep ve lüzumun gayr-ı kâfi olduğu ve herhalde selâhiyettar olan Hey'et-i Temsîliye'nin buna bir cevap ve talimat vermesi icab edeceği, nitekim Halil ve Nuri Paşalar nâmiyle hiç bir adresin olmadığı ve bundan sonra mutlaka kızıllarla Müslümanların müştereken dahil ohduğu Bakû Türk Komünist Fırkası nâmına yazılmasını talep ve tavsiye etmekte ve paşalar nâmına yazdığım muharreratın mezkûr komite nezdinde hal ve müzakere ve tevessülâtta bulunulduğu anlaşılmaktadır. Bittabi bundan sonra Bakû'dan hiç bir şahs-ı münferidin imza ve selâhiyeti kabul edilmeyerek daima komitenin müşterek karar ve selâhiyetli tebliğ olunmalı ve oradaki Baha Sait Bey'in de ancak o komitenin bir ferdi ve şayet intihaba mazhar olmuşsa o komitenin reisi ünvanını taşıması ve böyle iblâğ buyurulması lâzımdır. Şu takdirde muktezi cevap ve talimat Hey'et-i Temsîliye emniyetli zevat vedaatiyle gönderilmek üzere işbu talimat metin ve münderecatına girmesi lâzım gelen mevad hakkındaki mütalâatımız bervech-i âti arzolunur:

a) Anlaşılıyor ki Kızılordular Azerbaycan ve hattâ Dağıstan içine gerek ellerindeki mukavele metnine sadık kalmak ve gerekse bilhassa oralarda akacak İslâm kanı veyahut yanlış bir harekât yüzünden Türkiye'nin ve âlem-i İslâmın ve kendi ordularının mühim kısımlarını teşkil eden İslam kuvvetlerinin teessür ve infialini ve sû-i nazarlarını celp ile binnetice plânlarını bozdurmamak için teenniye ve bizim tarafımızdan istihsal-i muvafakat ve talimata lüzum gösteriyorlar. Bu pek muvafıktır.

Azerbaycan'ın bir darbe-i hükümet ve dahilî infilâk ile Komünist Partisi'nin devam-ı idaresine geçmek ve bu suretle bir istilâ harekâtının yapabileceği tahribattan masun bulundurmak bizim de nokta-i nazarımıza tevafuk eder. Böyle bir inkılâb-ı dahiliyi boğmak için İngiliz ve Gürcü ve Ermenilerin bir hareket-i müşterekesi vukuunda Kolbaşı (Petrofsk) cenubunda olan hakiki Kızıl Ordu'nun cenuba inmesini tasvib etmek de muvafık olur.

b) Azerbaycan'ı canlandırmak ve harekete getirmek ve Komünist idaresini tasvibkâr bir safhaya sokmak için hemen bizim harekâta geçip Ermenistan'ı çiğnememize lüzum gösteriliyor. Ve buna da Kızılların muvafakati bildiriliyorsa da bu şekil tıpkı eski vaziyet gibi efkâr-ı umûmiye-i cihan karşısında münhasıran tarafımızdan ve Ermeniliği izale nokta-i nazarından telâkki edileceği cihetle bu muvafık değildir. Bu hareket ancak iki başlı olur. O da Kızıl Ordu Vilâd-ı Kafkas ile Karadeniz sahili arasından Tiflis ve Batum istikametinde bir hareket yaparak Gürcistan'ı işgal ve Bolşevizm kuvvetine tamami-i riayetine icbar ederken bizim de muayyen olan plân dairesinde Ermenistan ve elviye-i selâse üzerine hareket-i mütekabile ve müşterekemiz başlarsa o zaman bizler Kızıl Ordu hesabına çalışan bir pişdar veya alet mevkiinde kalmamış ve bilâkis müşterek bir halâs plânı etrafında müşterek hareketlerle bir hedef üzerinde çalışmış ve böylece cihan enzar ve vakayine kaydetmiş oluruz. Kızılların bu hareketi yapmasına mukabil biz de Ermenistan'ı çiğnemekle beraber Azerbaycan'ı ayaklandırmayı ve Komünist kudret-i idaresinin teessüsünü taahhüt ederiz.

c) Malûm buyurulduğu veçhile, mevsimin bilhassa Van ve Beyazıt arasında on gün mukaddem düşen karın yaptığı müşkilât Mayıs'ın on beşinden evvel bizi harekât devresine geçirmeyecektir. Fakat Mayıs'ın iptidasında her taraftaki kuvvetler bulundukları garnizonlardan yürüyüşe başlayarak Beyazıt ve Hasankale havalisinde tahaşşüt harekâtına başlayacaktır. Bu istihzarat yapılmakta ve ikinci (b) fırkasındaki muhaberat icra edilmekte iken Azerbaycan dahilindeki Komünist Partisi'nın şiddetli harekât ve asar-ı istihzaratı başlamalı ve bunda da meselâ ricalinin ve yeni gelen Rus amiralinin sû-i kastle itlâfı ve herhâlde İngiliz nüfuzunu şiddetli kırıp, bazı ricali tedhiş ve fikirlerini imale gibi kat'î teşebbüslerde de bulunmalıdır.

d) Ruslardan Bakû'ya iltica eden filonun satın alınması ve mevcut eslâhanın Azerbaycan eline geçmesi muvafık ise de bu eslâha ile Rus ve Denikin taraftarlarının teslihi veyahut Karabağ mıntıkasında Ermenilere muavenet ihtimâli olacağı cihetle bu eslâhanın ancak Komünist kuvvetin murakabesine alınması ve Gence civarında hal-i istirahata geçirilmesi arzu edilen silâhsız Rus askerlerinin Ermenistan'a firar ve orada silâhlanmaları muhtemel idiğinden yakın Komünist ahali mıntakasına naklettirmek ve zabitlerinden ayrılmaları da lâzımdır. Bahren Enzeli'ye çıkan bir kısım Rus askerlerinin Miyane tarikiyle Tebriz'e gelip Nahcivan-Ordubad mıntakasını tazyik ve Ermenilerle elele vermesi muhtemeldir. Bahusus Azerbaycan'ın ergeç Komünistler tarafından işgal edilmesin nazar-ı dikkate alan İngilizler Enzeli ve Lengeran sahillerini tutmak ve Bahr-i Flazer'in garp sahillerine hâkim olan Şuşa ve Karabağ silsilesini elde bulundurmak istemeleri de muhtemeldir. İşbu hususat bizce de nazar-ı dikkate alınarak tedabir yapılacaktır. Yakın günlerde Nahcivan havalisinde de bilfiil daha kuvvetli ve emniyet bahş bir şekl-i idare de tesis edeceğiz.

e) Daha mühim bir maddeye gelince Moskova'ya millet nâmına selâhiyettar bir hey'et-i murahhasa isteniliyor. Bu pek doğrudur. Çünkü bütün harekât ve emel-i müstakbele plânları vesaireyi konuşmaya ve bu babda alacağı talimat üzerine müzakereye velhasıl temami-i emniyeti haiz bir irtibatı husule getirmeye memur ve selâhiyettar bir hey'et-i murahhasa istiyorlar ki bu pek mühimdir ve pek istical edilmelidir. Herhalde Moskova'ya gidecek insanların akıl ve ulûm ile müzeyyen olması ve İrir mevcutiyeti temsil ve izhar edebilmesi pek mühimdir. Mutlaka iki hukukşinas, bir de muktedir erkân-ı harp diğeri de malî, İdarî, millî işlere vakıf zevattan mürekkep olması pek arzu olunur. İstanbul'daki bir çok rical ve rüfekamızı bir veçhile oradan çıkaramadığımız daima kara bir elem noktasıdır. Maahaza Hey'et-i Temsîliye Anadolu'da ve elinde bulunan meratib-i muhtelife deki rical ve zevatı tedkîk ederek bu hey'eti imkân ve sür'at-i âzamî ile yola çıkarması büyük faidemiz icabıdır. Böyle bir hey'etin yola çıkmak üzere olduğu da Bakû Komünist Fırkası'na verilecek cevaba dercedilmelidir. Bu heyet ağleb-i ihtimâlat zamanının geç kalması itibariyle Moskova'dan evvel meselâ Bakû'da dahi Moskova'nın selâhiyettar murahhaslariyle birleşerek birçok hutut-ı asliye müzakeratını daha evvelden küşad edebilir.

f) Bu hey'et giderken en mühim nikat-ı asliyeyi hal ve iblâğ ve müşavere edeceğinden bu nıkat-ı mühimmenin şimdiden tesbit buyurulması lâzımdır. Şimdiye kadar Bolşeviklerin hakikî programını ve ayrıca âlem-i İslâm içindeki programlarını okumadık. Ahiren Trabzon'a Rusça bir program geldi tercüme edilmektedir. Alınınca aynen ve şifre ile takdim edilecektir. Maahaza bu babdaki mütalâamız da bervech-i âtidir: Memleketimiz kapitalist değildir. Zürra memleketidir. Fabrikalarımız da yoktur. Emperyalist olan İngiltere ve Fransa âlem-i İslâmı Asya'da ve Afrika'da boğmuş ve her yerde esir mertebesine getirmiştir. Binaenaleyh Bolşevik gayelerinde bir milletin diğer millet toprağına göz dikmemesi ve emperyalizm tahribatının yıkılarak umûm milletleri kardeş gibi yaşatmak varsa biz emperyalist olan bu devletlerin ve hassaten İngilizlerin düşmanıyız ve bu noktalarda Bolşeviklerle nihayete kadar beraberiz. Bizde bir padişahlık ve bir de hilâfet vardır. Meşrutî idare, bütün mes'uliyeti hükümete verdiği cihetle padişahlar gayr-ı mes'ul ve müdahale hakları da yoktur. Halife bütün İslâm âleminin tanıdığı ve tazim ettiği bir makamdır. Bizde ne padişahlık ne de hilâfet ile oynanmamalıdır. Çünkü biz padişahlığı ıskat edersek hilâfet kalkacak, hilâfet ıskat edilirse padişahlık kalmayacaktır. Halbuki bugün İngilizlerin tekmil gizli emelleri dahilde ve hariçte yaptığı ve çizdiği plânları halife ve padişahı eline almak ve âlem-i İslâm üzerinde İngilizlerin hesabına ve kuvvetlenmesine muvafık bir tarzda propaganda ettirmektir. Binaenaleyh bizim mevki-i İçtimaî ve dinîmiz Asya'nın sair Müslümanlarına benzemez. Biz metbu; onlar tabi vaziyetindedir. Akaid-i İslâmiye cihetlerini de tamamıyla serbest ve muhtar bırakmalı; çünkü Kur'an-ı Kerîm fıkaraya, ameleye ve sâi-i gayrete müteallik ve bizce malûm olabilen ne kadar Bolşevik prensipleri varsa hep ihtiva ediyor. Ondan dolayı da Müslümanlar Bolşevikliği kolay ve munis kabul ve telâkki etmektedir.

g) Bunun gibi İçtimaî ve İdarî işlerimizde dahi muhtar bulunmalı ve Bolşevik prensiplerinin icab ettirdiği tadilât ve tahavvülâtı memleketimizin münevveran ve zimamdaranı peyderpey ve tedricen tatbîke başlayıp milletin ve İslâm milletlerinin hazım ve kabule alıştırarak tevsi etmelidir.

h) Malî, sınaî, İktisadî bir çok muavenetlerin memletimize Bolşevik menabiinden serî bir surette akıttırılması ve bu suretle İtilâf devletlerinin bahrî ablukasından ve memleketin varidatı ve ihracatı olamamasından mütehassıl tazyik-i İktisadî kariben buhran şekline girmemek için evvel be evvel mebzul parayı, ondan sonra da fıkaramızı doyurmak ve memleketimizde işlememiş refah yollarını kurmak için dünyanın her yerinden fakir olan madenlerimizin işletilmesi için ilim ve fen hey'etleri vesaireyi göndermek ve fakat bu para mes'elesini şimdiden ve ehemmiyetle Bakû Komünist Fırkası'na ve Moskova'ya iblâğ ettirmek elzemdir.

i) Bizim hudutlarımız ırk ve din esasatını takip etmelidir. Ve bu da zarurîdir. Bu nokta-i nazardır ki Kızıl Ordularla birleşmek üzere şark cephemizden vaki olacak harekâtın hududları Gürcistan hududunda nihayet bulacak ve ırkdaşlarımızın esareti zail ve bunun yerine huzur ve emniyetleri kaim olacaktır.

j) Moskova komitesiyle re'sen veya bilvasıta olacak selâhiyettar müzakerelerde İstanbul'un, Adana'nın, Irak'ın, Suriye'nin, Mısır'ın vesairenin halâsı hakkında safha safha görüşülerek buna muktezi menabiin îsâl ve hassaten Bolşeviklerin İslâm kuvvetlerinin âlem-i İslâm bakiyelerine memur edilmesi.

k) Yazılacak mevadın Moskova'da Sovyet hükümetine hitaben yazılması ve Bakû komitesinin vasıta olarak kabulünü muvafık görüyoruz.

l) Hatırımıza gelen mevadd-ı mühimine ve mütalâamız balâdadır. Artık kabul, tadil ve tevsi olunması hey'et-i muhteremelerine taallûk eder. Her hâlde milletin ve İslâmların Bolşevizm prensiplerini kendi tarz-ı kabulüne göre tesbit ve kabul ve iblâğ etmesi ve İni kabul ve iblâğ keyfiyetinin de milletten ve sehab-ı selâhiyetten alınması lâzımdır.

Hâşiyedir: Azerbaycan'ın Türkiye'ye paraca muavenet etmesi lüzumunu tekrar yazmış idim. Türk Komünist Fırkası yazdığı cevapta bundan bahsetmiyor ise de Baha Sait Bey husûsî mektubunda para mes'elesinin bir hafta sonra halledileceğini yazıyor. Gerek tahriren ve gerekse telsiz-telgrafla re'sen muhabere imkânı tahassül edince muhabere etmek üzere Bakû'ya bir şifre miftahı göndermiş idim. Bu miftahın vüsulünü ve oradaki harflerimizin mukabillerinde Fransızca rakamlar yazılarak Astrahan[1]daki Bolşevik telsiz-telgrafı merkezine gönderildiği ve kariben Demirhan Şura'da dahi bir Bolşevik telsiz merkezi küşad edeceği cihetle bugünlerde o merkeze atf-ı nazar ve ehemmiyet olunması Baha Sait Bey'den gelen mektupla izah olunmuştur. Bizden arzu ettikleri tayyareci zabit aramaktayız. Bulamazsak bir tayyare zabiti kolordudan göndereceğim. Nuri Paşa hakkındaki müessif izahata gelince, Nuri Paşa Bâkû'ya gittiği zaman Müsavat Fırkası kendisine yüz vermemiş olduğu cihetle kendisinin Batum'dan firarına sanki fedakârlıklarda bulunmuş olan Müsavat Partisi'ne bir mukabele-i şükran olmak üzere partinin Bolşevizme mugayir amaline ram ve bu suretle hükümet fırkasına alet olduğunu tahmin ediyoruz. Esasen de sinninin küçüklüğü, dimağının ve tecrübesinin darlığı buna sebebtir.

Kâzım Karabekir

Bu mühim mütalâalarla kurmaylarım Mustafa ve Fahri Beylerle beraber kolordu başhekimi albay İbrahim Tali Bey ve müstahkem mevkii kumandanı kurmay albay Manastırlı Kâzım Bey de hemfikirler. Bu mütalâalar aynı zamanda açılmak üzere bulunan Ankara Millî Meclisi için de bir millet vekili sıfatile düşüncemdir. Ankara meclisinin ilk asıl hedefi düşman istilâsından kurtularak istiklâlimizi temin edecek bir sulhe kavuşmaktır. Şimdiden hilâfet ve saltanatı tariz hedefi yaparsa veyahut henüz teferrüatını bilmediğimiz Bolşevikliği körü körüne kabul ederse kör döğüşüne başlamış olacak ve asıl hedefi kaybedebilecektir. Birkaç gündür Ankara'ya yazdığım şifrelere cevap gelinceye kadar olan olaylara geçiyorum. Burada en mühim olan keyfiyet Hey'et-i Temsîliye'nin hilafâte ve saltanata karşı aynı düşüncelerde olduğu beyannâmesi ve fetva meselsidir. Sırasiyle gelecektir.

13 Nisan'da Bakû'dan alman doğru bilgilere göre Denikin enkazından 20.000 kişinin Gürcistan'a ve mühim kısmının da deniz yoluyla Acemistan'da Enzeli'ye sığınmış olduğu anlaşıldığından Enzeli'ye gelenlerin Culfa istikametinde hareket yaparak Zengezor'daki Ermenilerle birleşme vazifesi alması ihtimâline karşı Nahcivan bölgesiyle sağ cenahtaki -Van-Beyazıt bölgesi- 11. Fırka'nın dikkatini çektim. Böyle bir halde yol üzerindeki 200 metre kadarlık demiryolu köprüsünü tahrip ve esas müdafaa bizim için mümkündü. 14 Nisan'da bâzı havadisleri İstanbul'dan sahillere gelen yolcular verdi. Fakat aslı çıkmadı: Venizelos İtalya'da öldürülmüş İstanbul'da Fuat Paşa yatak odasına giren dört İngiliz subayını öldürdükten sonra intihar etmiş. Aslı olup olmadığı bilinmeyen bir haber de Hindistan'ın Türkiye istiklâline zarar gelecek olursa isyan ilan edileceğini tebliğ etmek üzere Avrupa ve Amerika ve İstanbul'a birer hey'et göndermesidir. Hindistan'dan böyle bir ilan pek muhtemeldir ki İngilizlerin arzusuyla İstanbul'da yaptıkları zulmü Hindistan efkâr-ı umûmiyesinden kaybetmek için yapılmış olsun. Bugünkü ajans da şudur:

Ajans

İngilizlerin İstanbul'da... ve emirleri altında bulunan hükümet marifetiyle teşkilât-ı milliyye aleyhine bazı fetvalar çıkartmak üzere istimal-i cebir ettikleri istihbar olunuyor. İşgal vuku bulan Millet Meclisi bir takımı tevkifat ile meflûç bir hale getirilmeden Zât-ı Şâhâne'nin ve Millet Meclisi'nin müzahir-i itimadı olan bir hey'et-i vükelâ iş başında iken böyle fetvalar elde etmeye muvaffak olamayan İngilizlerin işgal ile Zât-ı Şâhâne'yi esir ve Salih Paşa kabinesini cebren ıskat ettikten ve Millet Meclisi'ni keenleniyekün hükmüne koyup ve Ferit Paşa gibi sırf kendilerin emrine tabi bir adamı sadarete çıkardıktan sonra efkâr-ı umûmiyeyi iğfal maksadıyla bu gibi teşebbüslerde bulunmaları ve sırasiyle bir takım fetva ısdar etmeleri ihtimalden bait görülemez. Ancak bu gibi teşebbüsat-ı merdudanenin zaten müttefiki bulunan efkârı umûmiye-i millet nazarında en ufak bir kıymeti bile haiz olamayacağı elbette şimdiden şüphesizdir. Samsun'a Mösyö Tak isminde bir Amerika konsolosu gelmiştir. Bilhassa İstanbul'un İngilizler tarafından ve şekl-i malûmda vuku bulan işgalinden sonra Amerika efkâr-ı umûmiyesi ile mehafil-i resmiyesi de lehimize olarak hasıl olduğu bildirilen cereyanı teyid ediyor. Hindistan'ın Pencap eyaletinde akdolunan pek büyük bir mitingde Türkiye mukadderatı hararetle nutuklar olmuş biri Londra'ya İkincisi New York'a, üçüncüsü de İstanbul'a gitmek üzere üç hey'et-i mahsusa intihabına karar verilmiş ve miting in'ikadda iken bu hey'etler intihab edilerek yola çıkarılmıştır. Londra ve New York'a giden hey'etler Türkiye mes'elesinde verilen sözlerin tutulması lâzım geldiğini anlatacaklar, bütün Hindistan nâmına bu noktada ısrar edeceklerdir. İstanbul'a gelmekte olan hey'et ise hakk-ı adalete muvafık bir sulh istihsali emrinde Hindistan'ın Türkiye'ye bütün kuvvet ve mevcutu ile müzahir olduğunu tebliğ ve devlet-i Osmaniye'yi ve hilâfet-i İslâmiyenin şeref ve haysiyeti nâmına fena bir hale va'z-ı imza etmeden tahrir eyleyecektir. Almanya'nın vaziyet-i müşevveşede İngiltere ve Fransa'yı işgal etmekte devam diyor. Fransa başvekili... Meclis-i Meb'ûsân'da vuku bulan beyanatı meyanmda Fransa ile İngiltere'nin arasında Almanya'nın saha-i ihtilâl olan Ren havzasına yüz bin kişi gönderilmek üzere bulunduğunu bahsetmiştir.

14.4.1336
Anadolu Ajansı

Tamim

Makam-ı hilâfet ve saltanat her türlü kavaid-i adil ve hakka muhalif olarak İtilâf hükûmatı tarafından işgal ve milletimiz hakkında hiç bir tarihin kaydetmediği tahkikat ve tecavüzata cür'et edilmesi üzerine tekmil Anadolu ve Rumeli'de bir vahdet-i vicdan ile feveran eden hukuk-u hilâfet ve milleti tahlis gayesini istihsal eden azm-i millîyi ihlâl edip düşmanlarımızın en evvel tevlid etmek istedikleri çare-i nifak dahil iken işte sırf bu masad-ı hainanenin tatbikat cümlesinden olmak üzere gerek İstanbul'da düşmanlarımızın âmalini tatmin için teşekkül eylemeleri Ferit Paşa hükümetini ve gerekse bizzat Anzavur'u teşvik etmişler, bunun neticesi olarak Gönen-Biga havalisinde ikâ-yı faside teşebbüs etmişlerdir. Aydın cephesinde Yunanlıların taarruzları püskürtülerek bu cephe vaziyeti emin bir şekle girdiği ve Kilikya havalisindeki işgal kuvvetleri Urfa'yı tahliye ettikleri ve Mersin, Tarsus, Adana, Haçin, bilmedik mevakideki işgal kuvvetlerinin de kâmilen muhasara edildikleri bir zamanda Anzavur'un Gönen havalisindeki teşebbüsleri doğrudan doğruya Yunanlıların menfaatine hizmet ve menafi-i ahaliye-i milliyeye sarih ve faal bir hiyanettir. Bu teşebbüs-i caniyane düşmanlarımıza istihdaf eyledikleri gayeyi teminden pek uzak olarak hiç bir kuvvetle tezelzüle uğramayacak derecede kavu olan azm-i millî karşısında pek yakında imha ve caniler müstahak oldukları ceza-yı adle giriftar edileceklerdir. Binaberin Meclis-i fevkalâde-i millî azasından Ankara'da içtimâ etmiş olan murahhaslarımız ve meb'ûslarımızın da reyi ve kararı inzimam edilmek üzere 6l. Fırka kumandanı miralay Kâzım Bey'e Karesi livası ve 56. Fırka Kumandanı Bekir Sami Bey'e de Hüdavendigâr vilayetinde tekmil Kuva-yi Milliyye ve askeriye ve milliyeyi deruhde ederek dahil-i memlekette düşmanlarımızın ihdas eylemek istedikleri tefrikayı mâni olmak için her yerde teşebbüs edilmesi vahdet ve istiklâl-i milliyyi ihlâle teşebbüs edecek veya idame-i vahdet ile ibraz-ı mesaî cürmün derecesine göre azil, hapis ve idam gibi her nevi cezaları tatbîk için selâhiyet-i fevkalâde verilmiştir. İstiklâl-i millî uğrundaki mücahede-i kat'iyyemizde her zaman olduğu gibi bundan sonra da tevfikat-ı süphaniyeye mazhariyetimizden Cenab-ı Hak bizimle beraberdir. Bu tebliğ her tarafa tamim olunacaktır.

Hey'et-i Temsîliye nâmına
Mustafa Kemal 14/4/1336

Yetimlerimizden teşkil ettiğimiz çocuklar bandosu bugün mektepleri teftişimde ilk havayı çaldı. Bütün çocuklar da, büyükler de sevinç içinde.

15 Nisan: Moskova'nın tebliğini tamim ettim. Şudur:

14 Nisan 1920 tarihli Moskova telsiz-telgraf tebliğidir.

Kırmızı Ordu harekât raporu

No. 105 - Moskova 14 Nisan - Radyo – Vetsnik

1. Garp cephesi

a) Bobrevisk mıntıkası kıtaatımız düşman taarruzlarını tard ediyor.

b) Mozisk mıntıkası şiddetli muharebat devam ediyor.

c) Novograt Voltsik mıntakası mütebeddil muvaffakiyetlerle Novograd şehrinin şimâlinde muharebeler oluyor.

d) Kametsi Podolsk mıntıkası Ojinanın şimalinde kıtaatımız düşmanla muzafferane harb ediyor.

2. Cenup cephesi: Kırım mıntıkasında kıtaatımız şiddetli muharebelerle ilerlemektedir.

3. Kafkas cephesi:

a) Tuapse mıntıkası Tuapse'yi zapteden kıtaatımız sahil boyunca taarruzlarına devam etmektedir.

b) Derbend mıntıkası bolşevik muntazam ordusuna mensup kıtaat Derbend şehrine girmiştir. Atideki kolordunun izahatıdır. Derbend şehrine 24 Mart tarihinde girmiş olan Dağıstan yerli İslâm-Bolşevik kıtaatıydı.

4. Hey'et-i Temsîliye'ye, kolordulara, Miralay Refet Bey'e

ve 56., 61. Fırka kumandanlıklarına, 15. Kolordu kıtaatına ve vilâyetlerine, Erzincan mutasarrıflığı vekâletine arz ve tamim edilmiştir.

15. Kolordu Kumandanı
Kâzım Karabekir

Van'da 11. Fırka'dan bugün gelen bir şifrede şu 1 »Bilgiler veriliyor: Azerbaycan yoluyla esaretten dönen aşiret Binbaşı Ali Bey Azerbaycan'dan bâzı subaylara mektuplar getirdi. Mühim cümleler şunlardır:

a) Halil Paşa'dan 11. Fırka Kumandanı Cavit Bey'e: "Azizim Cavit. Şimdi istediğim gibi geniş bir vatanla muameledeyim. Türkiye'den sürekli muallim ve subay getirerek buralarda vazifelendiriyorum. Buralarda iş yoluna girdikten sonra Türkistan'a gideceğim. Kaşgar'da dahi müstakil bir cumhuriyet yapacağım. İnşallah milletimizin geleceği parlaktır.

b) Eski Reşt konsolosu olup şimdi Baku'da bulunan Trabzonlu Yakup Bey'in mektubundan: "Nuri Paşa'nın Bakû'da delegesiyim. Nuri Paşa ve Doktor Fuat Bey Dağıstan'dadırlar. Orada Bolşeviklerle beraber çalışıyoruz. Halil Paşa Karabağ'dadır. Talat Bey buradadır. Bu sırada memlekete bağlı adamlarımız olsa pek büyük inkılâplar yapabileceğiz. Bu maksatla bir çok para ile Trabzon ve İstanbul'a memurlar gönderdik. Bolşeviklerin başarıları devam ediyor. Bir kaç güne kadar cephemizin en canlı yeri olan Derbend elimize geçecektir. Öyle bir hâl ki insanın inanamayacağı geliyor. Türk, Dağıstanlı, Azerbaycanlı, Rus, Gürcü, Çinli, Alman, Macar ve daha bir çok milletlerden adamlar bir araya gelerek çar taraftarlarına karşı kahramanca harp ediyorlar. Bilhassa Türkler, Rus ve Çinliler müthiş harp ediyorlar. Bugün Türkistan birer Türk halkçı cumhuriyet teşkil etmişlerdir. Türklüğe büyük sahalar açılmıştır. Bolşeviklere dost, aleyhtarlarına düşmandırlar. Buna mukabil Bolşevikler de dehşetli para, mühimmat-ı harbiye vesaire veriyorlar. Adres: Bakû şimal

Kafkas ve Dağıstan Başbuğluğu Bakû delegesi Yakup." Diğer mektuplarda da bu gibi malûmat varmış Mektupların tarihlerini fırkaya bildirmemiş. Tarih her şeye ilk esastır. Çok defa maatteessüf çoğu kimseler bunu ihmal ederler. Tarihsiz mektuplar hikâye gibi oluyor diye fırkaya ihtarda bulundum. Bugün 3. Fırka'dan gelen bilgilerde: Nuri Paşa'nın 11 Nisan'da Gence'ye geldiği ve Azerbaycan hükümetinin Bolşeviklere karşı tarafsızlığını ilan eylediği bildirildi. Mektupların hemen bir aylık olduğu anlaşıldı. Bir ay sonrasını görmeden yazılan bu yazılar insana ne kadar garip geliyor. Her biri bir havada. Maahaza son ikazımla Halil Paşa'nın aykırı hareket etmediği yeni haberlerden anlaşılıyordu. Azerbaycan hükümetinin halâ tarafsızlık ilanı gibi akılsızca hareketlerine hayret ettik. Toptan göçeceğini göremiyor. Bolşevikler bilmiyorlar mı ki daha bugüne kadar ve belki de yarın fiile Müsavat hükümeti İngilizlerin elindedir. Gereği kadar söyledim ve yazdım. Gerisi kendilerinin bileceği. 3. Fırka'dan bugün gelen mühim bilgiler:

- İngilizler Artvin kasabasından askerlerini çekerek kasabayı Gürcülere teslim etmişlerdir.

- Batum limanında İngilizlerin üç kurvazöriyle üç gün önce gelen iki dritnot olmak üzere beş parça harp gemileri vardır. 15 Nisan'da bu filodan bir bando ile seksen er mevcutlu ve beher bölükte dört hafif makineli tüfek bulunmak üzere sekiz bölüklük bir kuvvetle sokaklarda gösteriler yaptıkları haberi de daha sonra geldi.

9 Nisan tarihli Peyam-ı Sabah gazetesinde Zongorni zayn gazetesine atfen havadis: "Ermenistan hududlarını belirlemeye memur delege hey'etinin başkanı Wilson tarafından sonradan vuku bulan müdâhale üzerine Batum ile Trabzon arasında bulunan Lazistan sahillerini Ermenistan'a vermeye karar vermişlerdir. Ermenistan'ın batı hududu Karadeniz'in Of limanından başlayarak güneyine doğru Bayburd'a oradan Kağdariç, Beğpınarı, Pülümür-Kemmizi, Palu'ya kadar devam edecektir. Erzincan, Harput Ermenistan hududu dışında

bırakılmıştır. Güney hududu Palu'dan başlayarak Çapakçur, Sason, Bitlis'in 30 kilometre güneyinde Müküs, Çölemerik ve eski İran hududu."

Ne alâ havadis. Ermenilerin aklı başlarına geldiği vakit galiba artık yapacak işleri de kalmayacak. Bu bölgedeki Türk ve Kürtlere hâkim olmak için evvela bunları yok edeceklerdir. Başka çareleri yok!... Bu işe Ermeniler pek ehildirler. Daha işgal altında tuttukları Kars bölgesinde bile katliâmlarla ve yağma ile hükümet tesisine çalışmaktalar iken bu ne hudud. İnşallah yakında ordunuzun silahlarını toplayacağım.

Hey'et-i Temsîliye'den 16 Nisan'da Kafkasya ve Bolşeviklerle ilişkiler hakkındaki uzun şifrelere cevap geldi:

Zâta mahsûs.

Ankara
15.4.1336

Fevkalâde müstaceldir.

15. Kolordu Kumandanı Kâzım Karabekir Paşa Hazretleri'ne,

C. 12/36 Şifreye

Baha Sait Bey'in bahseylediği mukavelenâme akdemce arzeylediğim gibi tarafımızdan imza olunmamıştır. Sureti âtide arzolunur.

M. Kemal

Suret

Rusya Müttehit Sovyetler Cumhuriyeti nâmına hareket eden ahali komiserleri sovyetinin Kafkasya'daki İştirakiyim Fırkası Kafkas mahallî merkez komitesi murahhası ile Türkiye ihtilâl hareketini temsil eyleyen Karakol Cemiyeti ve Uşak Kongresi hey'et-i icraiyesi nâmına hareket eden Kafkasya'daki murahhas Baha Sait Beyinde bervech-i âti akd-i muahede olunur.

1. Tarafeyn-i akidin gerek memleketleri dahilindeki muhalif ihtilâllerde ve gerek hariçteki Avrupa-yı garbı fütuhata hükümetlere karşı bilcümle vesait ve kuvvetleriyle yekdiğerine teavün esası dahilinde tedafüî ve tecavüzî bir ittifaknâme akd ederler.

2. Tarafeyn-i âkidinin işbu ittifak muahedesini akiddeki başlıca gayeleri:

a) Cümle memalik-i İslâmiyenin Avrupa-yı garbı emperyalistlerin boyunduruğundan tahlisi.

b) İran, Arabistan, Mısır, Hindistan ilh. gibi memaliki İslâmiyede garbî Avrupa'nın emperyalist burjuva hükümetlerine ve bilhassa Asya ve Afrika'da İngiliz emperyalistine karşı mücadele.

c) Elyevm teşekkül etmiş bulunan ve Avrupa emperyalistlerine karşı açılan mücadele neticesinde teşekkül edecek olan Sovyet tarz-ı idarisinin kabul ve teyidini teminden ibarettir.

3. İşbu gayeye vusul için Rusya Sovyetleri Cumhuriyeti salifüzzikir Türkiye teşkilât-ı ihtilâliyesine silâh, mühimmat ve para vesair tedarik ve temini husûsunda kemâliyle ibrazını taahhüt eyler. Türkiye teşkilât-ı ihtilâliyesi işbu muahedenâmenin imzasını müteakip silâh, mühimmat ve para ihtiyacını Rusya Sovyetlerine bildirecek ve mezkûr Sovyetler işbu mtlabı bilâ ihmâl kabul ve icra edecektir.

4. Türkiye teşkilât-ı salifesi Rusya Cumhuriyeti'nden talep eyleyeceği miktarda müsellâh Kuva-yi askeriyeyi Denikin, Kolçak ve Rusya Sovyetleri Cumhuriyeti diğer düşmanlarına karşı harbetmek için ihzar etmeyi taahhüt

5. Türkiye ihtilâl hükümeti muvakkatesini temsil eyleyen Karakol Cemiyet-i ihtilâliyesi ve Uşak Kongresi hey'et-i icraiyesi Batum, İran, Afganistan ve Hindistan'da İngiltere aleyhine bir kıyam ihdası için muktezi teşebbüsata hemen ibtidar edecekleri ve Rusya Sovyetleri Cumhuriyeti dahi icab eyleyen para, eslâha ve mühimmatı kamilen tedarik etmeyi müteahhiddirler.

6. Garbı Avrupa emperyalistleri aleyhine İslâm memleketlerinde yapılacak iş bu millî ihtilâlleri himaye edecek olan Rusya Sovyetleri Cumhuriyeti bu Müslüman memleketlerinden birinin istiklâl-i tanımını tanıyacağını ve mes'ele-yi dâhiliyelerine kat'iyyen müdahale etmeyeceğini ve ahali-i mahalliyenin arzusuna muhalif İçtimaî ve siyasî teşkilât ihdasını talep etmeyeceğini müteahhiddir.

7. Rusya Sovyetleri Cumhuriyeti garp emperyalistlerine karşı kıyam eyleyen cümle Müslüman memleketlerini ve bu hareketlerin başında her hükümeti işbu tecavüzî ve tedafü-i muahedenâmeyi kendisi imza eylemişcesine müttefik ad ve kabul ettiğini müteahhiddir.

8. İşbu memleketteki siyasî ve İçtimaî tarz-ı idarenin tesis ve teşkili ahalisinin serbest ve arzu ve içtihadına tabi olup, tarafeyn-i âkidin akvamı mezkûrenin arzularını cebir ve tazyik etmemeyi taahhüt ederler.

9. Türkistan'da müteşekkil olan Sovyetler idaresinin tahkim ve tarsini için icab eden tedabirin ittihazını Türkiye hükümeti muvakkat-i ihtilâliyesi kabul ve taahhüd eyler.

10. Denikin ve Kazaklara karşı Dağıstan'da yapılan mücadelâttan Dağıstanlılar Sovyetler tarz-ı idaresi leyhine temayül eylediğinden işbu memleketteki amele ve köylü ve ahalinin serbest arzusuna tebaan teşekkül eyleyen Sovyetlere müzaharet göstermeyi Türkiye ihtilâl hükûmet-i muvakkatesi taahhüd eyler. Dağıstan hükümetinin tarz-ı terkine gelince bunu tayin Dağıstan amele ve köylü kongresinin hakkı olup tarafeyn-i âkidin bu mes'eleye kat'iyyen müdahalede bulunmayacaklarını taahhüt ederler.

11. Rusya Sovyetleri Cumhuriyeti ve Türkiye ihtilâl hükümetinin İngiltere ve Rusya emperyalistlerine karşı Kafkasya'da açacağı hareket-i müştereke Avrupa emperyalistlerinin emir ve nüfuzu tahtında işbu mukavelenin iştihda eylediği gayelere muhalif hareket ve elyevm tarafeyn-i akidini yekdiğerlerinden tefrik eden Gürcistan ve Ermenistan ve Azerbaycan hükûmet-i hazıraları tarafından ihlâl edildiğine nazaran

Türkiye hükümeti muvakkate-i ihtilâliyesini temsil eyleyen Uşak Kongresi hey'et-i İcraiyesi ve Karakol Cemiyet-i İhtilâliyesi bervech-i bâlâ üç hükümeti gerek Rus emperyalistleri gerek İngiltere ve gerek Avrupa-yı garbinin sair istilâcı devletlerine karşı tarafeyn-i âkidin ile müttehiden hareket edecek hükümetlerle bu husûsta Kafkas teşkilât-ı mahalliyesine muavenet ve müzahareti taahhüt eyler. İşbu darbe-i hükümeti Azerbaycan'da tatbik için Türkiye hükümeti muvakkat-i ihtilâliyesi Azerbaycan Türk ahalisinin temayülât-ı ırkıyyesinden ve Azerbaycanlılarca maruf Türk milliyetçilerinin nüfuz ve şahsiyetlerinden istifade etmeyi taahhüt eyler. Azerbaycan hükûmet-i ihtilâliyesinin tarz-ı teşekkülü Azerbaycan amele ve köylü kongresinin serbestçe vereceği karar dairesinde olacağından tarafeyn-i âkidin kongre mukarreratına muhalefet etmemeyi taahhüt eyler.

12. Gürcistan, Ermenistan, Azerbaycan, şimâlî Kafkas gibi bilcümle Kafkas hükûmatının tamami-i istiklâlleri tarafeyn-i âkidince kabul edilmiş olduğundan bunların yekdiğerinden ayrı bir surette müstakilen veyahut Kafkas ittihadına iltihak suretiyle veyahut federasyon şeklinde Düvel-i Muazzama'dan birine iltihak şeklinde tesisi hükümet eylemeleri husûsunda alâkadaranın kemâliyle serbest bırakılacaklarını ve bu mes'eleye hiç bir suretle müdahale etmeyeceklerini tarafeyn-i âkidin kabul ve taahhüt eyler.

13. İşbu muahedenâmenin iki nüshası evvelemirde bir taraftan Rusya Sovyetleri hükümet-i cumhuriyesinin Kafkasya'daki murahhasları yani Rusya Komünist Partisi'nin mahallî komitesi ve diğer taraftan da Karakol Cemiyet-i İhtilâliye'sinin ve Uşak Kongresi hey'eti icraiyesinin murahhası tarafından imza edilecektir. Bu suretle ınumzi nüshalardan bir adedi Karakol Cemiyet-i İhtilâliye'sinin ve Uşak Kongresi merkez-i umûmileri tarafından tasdik edilecek, diğer adedi umur-ı hariciye ahali komiserleri Sovyet reisi ve Rusya Sosyalist Federatif Sovyetler Cumhuriyeti'nin hey'et-i icraiye-i merkeziyesi reisi tarafından badettasdik mütekabilen imza edilen muahede teati edilecektir.

14. İşbu muahede 13 maddede zikredilen surette imza edildikten sonra iktisab-ı kat'iyyet eyleyecektir. Tarafeyn-i âkidinin Kafkasya'daki murahhasları kendi imzalarını müteakip ittifaknameyi mevki-i tatbike koyacak ve hükûmat-ı metbualarının tasdikine intizar etmeyerek hareket-i müşterekeye mübaşaret eyleyeceklerdir.

15. İşbu muahedename Baha Sait Bey tarafından 1920 senesi Kânûn-ı Sâninin 11. günü Bakû şehrinde akid ve imza edilmiştir.

Hey'et-i Temsîliye nâmına
M. Kemal

Bu ne cür'ettir? Uşak Kongresi de kim oluyor? Orduda kimlerin acaba bilgisi var? Kayıtsız şartsız felaketimize sebep olan bu cinayeti nasıl işlemişler? Bu muahedeyi te'yid edecek kuvveti nedir? Husûsiyle ben doğunun kumandanıyım, benden habersiz neye muvaffak olunabilir?

İkinci şifre 17'de geldi:

Ankara
16.4.1336

15. Kolordu Kumandanı Kâzım Karabekir Paşa Hazretleri'ne,

C. 13.4.1336 şifreye - İmaz edilmek üzere Kara Vasıf Bey tarafından gönderilen itilâfnâme suretini arzetmiştim. Buna verdiğim cevabı ve bu münasebetle Rauf Bey'e yazdığım telgrafı aynen âtide arzediyorum. Kat'iyyen imza etmedim. Rauf Bey de hiç bir muamelede bulunmadı. Baha Sait Bey yalan işaa ediyor. Kara Vasıf Bey Karakol Cemiyeti nâmına malûmatımız ve buna muvafakatimiz yoktur. Bu husûsta ıttılaınız haricinde hiç bir muamele yapılmadığına itimad-ı tam buyurarak arzu buyurulduğu gibi red ve tekzib ve Bolşevik ve Kafkas işlerinde vuku bulacak tasavvurat ve teşebbüsatımızı aynen zât-ı âlinize arzetmedikçe bundan sonra da hiç bir şey yapılmayacağını arzederim.

Birinci Suret

(Rauf Bey'e yazılan mektubun suretidir)

Vasıf Bey'in taraf-ı âlinizden dahi mütalhaa buyurulduğu beyan edilen 20 Şubat 1336 tarihli mektubu ve iki kıt'a melfufu alındı. Esasen mesai hakkında serd-i mütalâdan evvel hakkında şunu dikkat-i âlinize vazederiz. Vasıf Bey'in dahil ve harice karşı Karakol Cemiyet nâmı altında müstakil bir komitenin hey'et-i merkeziyesi olarak hareket ettiği ve Baha Sait Bey'in Karakol Cemiyeti'nin ve Uşak Kongresi'nin selâhiyettar ve müstakil murahhası olarak Bolşeviklerle bütün memleketin mukadderatına ait muahedat akdettiği sabit oluyor. Vasıf Bey'e cevaben yazdığımız mektupta Karakol Cemiyeti ve bilhassa bu cemiyetin dahilen ve haricen müstakil harekete mezun bir hey'et-i merkeziyesini ve Baha Sait Bey'in sıfat ve salâhiyetini tanımakta ve binaenaleyh Baha Sait Bey tarafından hakikate mutabık olmayan sıfat ve selâhiyette başlamış olan müzakereye ve yapılmış olan muahedeye temasa mazur olduğumuzu bildirmek ve Vasıf Bey ve rüfekasını sadece Anadolu ve Rumeli Müdafaa-i Hukuk Cemiyeti, İstanbul hey'et-i merkeziyesi olarak tanıdığımızdan böyle olduğunu temin ve teyid edilmedikçe ve mühim mukarreratın sabık hey'et-i merkeziye azasından olup İstanbul'da bulunan rüfekanın müzakere ve münakaşasından geçtiği anlaşılmadıkça nazar-ı itibare alınmayacağı yazılmıştır. Vasıf Bey'in mektubunda İstanbul'a Bolşevik murahhası olarak miralay İlyacef geldiği ve yapılacak ittifaknâmeyi muamileyhin alıp götüreceği mukayettir. Zât-ı âliniz bu zâtla görüştünüz mü? Filhakika selâhiyete malik midir? Ve bugün imzamız tahtında yeddine bir vesika vermek hususundaki reyiniz nedir? Bundan başka Baha Sait Bey'in yaptığı 15 maddelik muahedenâmeyi gördünüz mü? Bizce bu muahedenâme mevaddında bir defa sahtekârlık vardır. Çünkü Türkiye hükümeti muvakkate-i ihtilâliyesini temsil eyleyen Uşak Kongresi Hey'et-i İcraiyesi ve Karakol Cemiyeti İhtilâliyesi gibi ifadeler mugayir-i hakikattir. Muahedenâme mevaddı umûmiyetle bugünden ifâsını deruhde edemeyeceğimiz husûsatı ihtiva eyliyor. Zât-ı âliniz bizzat İlyacef ile görüşüp selâhiyetini anladıktan sonra bugün için deruhde edebileceğimiz noktalarını ihtiva etmek üzere kısa bir ittifaknâme esası hazırlar ve onu şifre ile bize bildirirsiniz. Biz de bir taraftan kolordu kumandanları arkadaşlarımızın bu husûsa dair nokta-i nazarlarını istimzaç ederiz. Ancak ondan sonra taahhüdatta bulunabiliriz. Ve taahhüdatımıza Karakol Cemiyeti, Uşak Kongresi hey'et-i icrâiyesi gibi hey'etler tarafından teyidine ve bu suretle harice karşı vahdet-i tammeye malik olmadığımızı izhar ve işaaya meydan vermeye de bittabi razı olmayız. Vasıf bey ve rüfekasiyle Karakol mes'elesi hakkında pek ciddî olarak görüşmenizi rica ederim. Eğer bu arkadaşlar bizim evvelce Karakol'un intişar etmemesi hakkında verdiğimiz kararını yaptığımız tebligatı nazar-ı itibara almamışlar ise bize karşı doğru hareket etmemiş olurlar. Ve filmabaad aynı tarz-ı harekete devamları takdirde kendileriyle muamele ve irtibatı kat'etmek mecburiyetinde kalacağımızı kendilerine anlatınız. Halil ve Nuri paşalara Erzurum üzerinden yeni talimat gönderilmiştir. İcab ederse delâlet-i âlinizle de göndeririz. Kafkasya'ya bir murahhas göndermek lâzımsa Bekir Sami Bey'in gitmesi lüzumunda musirrim. İşte Baha Sait Bey'in talep ettiği vesika ve talimatı verebilmek için evvelâ bunun sıfat ve selâhiyeti ve sebeb-i seyahatini bilmek lâzımdır.

İkinci suret (Vasıf Bey biraderimize)

26 Şubat 1336 tarihli mektupları ve melfufatı buradaki rüfeka ile beraber kemâl-i ehemmiyetle okuduk. Mektubunuz iki mühim mütâlâa hakkında izahat ve mütalâatı ihtiva ediyor. Melfufatta Türkiye ahval ve hareketini temsil eden Karakol Cemiyeti ve Uşak Kongresi Hey'et-i İcrâiyesi nâmına hareket eyleyen Kafkasya'daki murahhas Baha Sait Bey'in

Bolşeviklerle yaptığı bir muahedânâme müsveddesi ile bunun mevaddı hakkında tadilât ve izahatı havi bir mütalâanâmedir. Bolşeviklerle irtibat ve evfak Anadolu vaziyet-i âtiyesi başlı başına mühim ve umûm milletin hayatına müteallik mesaildendir. Mektubı âlilerinin ve melfufat-ı muhteviyatında Türkiye hükümeti muvakkat-i ihtilâliyesini temsil eyleyen Uşak Kongresi Hey'et-i İcrâiyesi ve Karakol Cemiyet-i İhtilâliyesi gibi ifadelere tesadüf edilmiştir. Bir de muahedenin tarafımızdan tebyiz ve imzasından sonra Karakol tarafından da mühürlettirileceği zikrediliyor. Karakol Cemiyeti nizâmnâmesi tarafınızdan tanzim ve badettabı kıtaata gönderilmesini müteakip bunun tatbikatında muzarrat gördüğümüz ve kongreler mukarreratiyle tesbit edilen esasata mutabık olmadıktan başka vahdet-i umûmiye ve milliyemizi ihlâl edeceği mülâhazasiyle hiç bir tarafta tatbîk edilmemesini tamim etmiştik.

Ve zât-ı âliniz Anadolu'daki teşebbüsattan henüz malûmattar olmadığınız bir sırada böyle büyük erkân-ı harbiyenin Hey'et-i Temsîliye olacağını ifade buyurmuştunuz. Biz bütün rüfekanın Anadolu ve Rumeli Müdafaa-i Hukuk Cemiyeti'nin esasâtı dahilinde çalıştığı dahilî ve haricî tedâbir-i siyasiye ve icrâiyeden millete karşı dünyaya karşı ve tarihe karşı Hey'et-i Temsîliye'nin mes'ul bulunduğu kanaatindeyiz. Baha Sait Bey'in kullandığı sıfat ve selâhiyetten haberdar olmadığımızdan ve İstanbul'da harice karşı müstakil bir mevcutiyet izharında ve harekâtında müstakil olan bir hey'et-i merkeziyenin vücudunu bilmediğimizden Baha Sait Bey'in kabiliyet-i icrâiyesi muhtacı tâdkik görülen taahhüdatı üzerine Karakol Cemiyeti hey'et-i merkeziyesiyle beraber va'z-ı imza etmekte mazur olduğumuz gibi arkadaşlarımızın bu tarz-ı hareketini de ezheri cihet menfi-i memlekete mugayir görürüz.

Gerek zât-ı âlinizle beraber çalışan arkadaşımızı Hey'et-i Temsîliye Anadolu ve Rumeli Müdaafa-i Hukuk Cemiyeti'nin İstanbul hey'et-i merkeziyesi olarak tanımaktadır. Yoksa siyaset-i dahiliye ve hâriciyede ayrı ayrı komitenin **itilâf** etmiş şekline delâlet edecek her türlü muamelat ve tezahüratı kat'iyyen reddederiz. Eğer memleket ve milletin menfi-i âliyesi müşterek ve müttehit çalışmamızı iktiza ettiriyorsa müşereke-i ef'alimizi ancak âmal-i milliyye mutabakati fiilen sabit olmuş bulunan esasât-ı makime dairesinde cereyan edebilir. Ahval ve hâdisat şekl-i hazırın ve esasât-ı mesrudenin tadil ve tebdilini iktiza ettirirse yine bilcümle alâkadarânın malûmat ve mütalâatı inzimam etmek ve orduyu binnetice anarşiye düçar etmekten tevakki edilerek olabilir.

Binaenaleyh gerek Bolşeviklerle irtibat ve ittifak mes'elesinde ve gerek tedâbir-i âtiyenin ittihazında Müdafaa-i Hukuk İstanbul hey'et-i merkeziyesiyle muhabere ve muamelede bulunduğumuzun teyid ve temin edildiği ve bu gibi mühim mukarreratın orada bulunan Hey'et-i Temsîliye âzâsından netice-i müzakeratına iktiran ettiğine dair izahata intizar ederiz.

Hey'et-i Temsîliye nâmına
M. Kemal

Baha Sait Bey'in akılsızca cüretine ve bunu gönderen ve vekâlet verenlerin idrakine hayret. Ortada bir Hey'et-i Temsîliye var, bütün ordular da buraya bağlanmıştır. İstanbul'da Meb'ûslar Meclisi'nin açılacağı günün arifesinde -12'de Meclis açılıyor, 11'de Baha Sait Bakû'da muahede imzalıyor- bizi tarümar edecek bir taahhütnâme imzalanıyor. Asıl garibi bu metni 26 Şubat'ta Hey'et-i Temsîliye'ye göndererek tasdik ettirmek istiyorlar. 3 Mart'ta Hey'et-i Temsîliye birinde bundan bilgiler vermiş 5 Mart'ta da ben cevap vermiştim. O zaman şimdi verilen tafsilât verilmemişti. Bugünkü vaziyet bir rezalet olmuştur. Demek Azerbaycan işlerini ve Ruslarla temas meselesini benim Halil Paşa, Doktor Fuat gibi kişilerle uğraştığımı görünce Baha Sait'in mevkii sarsıldı ve işi tabiî mecrasına dökmek ve bu arada mevkiini sağlamlaştırmak için bana bilgi vererek müracaat ediyor. Bolşevikler de Baha Sait'in

Türkiye'yi temsil etmediğini anlamış olacaklar ki Hey'et-i Temsîliye tarafından yetkili hey'et istiyorlar.

Aşağıdaki mütalâamı Hey'et-i Temsîliye'ye yazdım:

Erzurum
18.4.1336

Ankara'da Hey'et-i Temsîliye'ye

Gayet aceledir: C. 15 Nisan 1336.

1. Baha Sait Bey'e lâzım gelen ihtarat ve vesayanın ifâsı yine Hey'et-i Temsîliye tarafından yapılmalı ve muamileyhin evza ve harekâtından Baku hey'et-i muhteremesinin tenvir ve haberdar buyurulması daha muvafık olacaktır.

2. Asıl mühim ve müstacel olan maddeye gelince 13 Nisan 1336 tarihli mufassal arz ve teklifim veçhile hey'et-i murahhasanın sür'at-i tâyin ve izamıdır.

Fakat vakit o kadar gecikmiş ve vukuat o derece ilerlemiştir ki bu hey'etin intihap ve izamı herhalde birinci sahraya yetişemeyecektir. Halbuki âti-yi karipte Kafkasya'da vukuat infilâk edince millet nâmına selâhiyet ve milletin âmal-i mesulesine muvafık hiç bir müzakere yapılıp ihzar edilmemiş ve lâakal harekât nokta-i nazarından askerî bir plân bile gösterilmemiş olduğundan ağlebi ihtimalât elviye-i selâse dahilinde karşı karşıya gelecek ve bazı anlaşmazlıklar da vuku bulabilecektir.

Bunun için Hey'et-i Temsîliye ihzar edeceği hey'ete tekaddüm etmek üzere ve yalnızca askerî nokta-i nazarından ehliyet ve kifayeti kolorduca mücerrep olan Trabzon'daki alay kumandanı mümtaz binbaşı Ali Rıza Bey'in refaketine bir zabit ilâvesiyle hemen Bakû'ya göndermeyi muvafık görüyorum.

Ondan sonra büyük hey'et, büyük ve umûmî plânlar dairesinde müzakereye müsaraat eder. Görüşülecek ve tesbit edilecek mevaddı zeylen arzediyorum. Bu babdaki karar ve mütalâalarının müsaraaten inba buyurulmasını istirham eylerim.

15. Kolordu Kumandanı
Kâzım Karabekir

Erzurum
18.4.1336

Hey'et-i Temsîliye'ye,

Bakû'ya gönderilecek askerî hey'et-i murahhasaya verilecek talimat bervech-i âti olacaktır:

1. Emperyalist hükümetler aleyhine harekâtı ve bunların taht-ı tahakküm ve esaretinde bulunan mazlum insanların tabiisi gayesini istihdaf eden Bolşeviklerle tevhid-i mesaî ve harekâtı kabul ediyoruz.

2. Bolşevik kuvvetleri Gürcistan üzerine harekât-ı askeriye yapar veyahut takip edeceği siyaset ve göstereceği tesir ve nüfuzla Gürcistan'ın da tamamin Bolşevik idaresini kabul etmesini ve Bolşevik ittifakına dahil olmasını ve içlerindeki İngiliz kuvvetlerini çıkartmak üzere bunlar aleyhine harekâta başlamasını temin ederse, Türkiye hükümeti de emperyalist Ermeni hükümeti üzerine harekât-ı askeriye icrasını ve Azerbaycan hükümetine Bolşevik esasatını ve âmalini tamamen kabul ettirmeyi ve bu hükümeti Bolşevik zümre-i düveliyesine idhal etmeyi taahhüt eyler. Binaenaleyh Azerbaycan üzerine Rus Bolşevik harekât-ı askeriyesi icrasına lüzum görmüyoruz.

3. Türkiye kuvvetleri halen Ermeni hükümetinin idaresi altında bulunan araziyi işgal ettikten sonra ekseriyet-i kahiresi İslâm olan mezkûr mıntıkada kuvvetli teşkilât-ı askeriye vücude getirecek ve usul-i idareyi tanzim ve tesis eyleyecektir.

4. Âtiyen Bolşevik esasat ve programına göre emperyalist hükümetler aleyhine harekâtın temini için Türkiye Bolşevik

hükümetinden para, erzak, cephane hususunda azami muavenet talep ve rica eyler.

5. Bundan maada husûsata ait müzakere ve mukavele Hey'et-i Temsîliye'ce gönderilecek hey'et-i murahhasa tarafından akdedilecektir.(¹¹)

15. Kolordu Kumandanı
Kâzım Karabekir

17 Nisan ajansı:

17 Nisan 1336

Ajans

İstanbul işgaline müteallik İngiliz tecavüzatı meyanında Meclis-i Meb'ûsân'ın dahi içinden cebren meb'ûslar alınarak tevkif edilmek suretiyle İngiliz Kuva-yi müsellâhasının taarruzuna maruz kalındığı ve bunun üzerine artık İstanbul'da devamı in'ikadına imkân kalmamış olan Meclis-i Meb'ûsân'ın ictimâat-ı umûmiyesini tehir etmiş olduğu ve meb'ûslardan kurtulabilenlerin Ankara'da içtimâ edecek olan Meclis-i Fevkalâde-yi Milliyye iştirâk etmek üzer buraya gelmiş ve gelmekte bulundukları malûmdur. İngiliz emir ve iradesiyle mevki-i iktidara gelen Ferit Paşa hükümeti İngilizvari hareketle evvelki gün İstanbul'daki Meclis-i Meb'ûsân'ı feshetmiştir. İstanbul muhafızları riyâsetinde içerlerinde İngilizler de bulunan muhtelif kuvve-i askeriye alarak Meclis-i Meb'ûsân'a gitmiş ve orada tesadüf ettiği beş on meb'ûsan meclisin ba irade-i seniye mefsuh olduğu bilbeyan kendilerini dışarıya atmıştır. Zaten İngiliz tahakkümü ve tasallûtu tahakkuk ettikten sonra İstanbul'da meclis kalmamış idi. Maamafih öyle de olsa Ferit Paşa hükümeti şu tarz-ı fesih ile İngilizler elinde ne kadar baziçe olduğunun yeni ve pek müstekreh bir delilini daha vermiş oluyor.

2. Anzavur'un takip ve istikbaline memur Bursa Kuva-yi

---

11 Cevap geciktiğinden 22, 23 ve 26'da tekid ettim. 27'de cevap aldım.

Milliyye efradı bugün Kirmastı'ya dahil olmuşlardır. Merkumun tebai olan eşkıya Karacabey ve Kirmastı'yı yağma ederek kaçmışlardır. Ciddiyetle takip olunuyorlar.

3. İstanbul'dan emin vesaitle bildiriliyor. Pek büyük tazyik altında bulunuyoruz. Milleti nifak ve kitale sevketmek için her türlü tebligata teşebbüsat yaptırıyorlar. Vatanperver İstanbul matbuatı ve alelumûm İstanbul tebligatı cebir elindedir. Milletin bu tazyikatı daima hatırda bulundurulması İstanbul'da bulunan bütün vatanperverler ve bütün rical-i âliye rica ediyorlar.

4. Taymis'de okunmuştur: İstanbul'un işgali haberi Tunus'da heyecanı mucib olarak ulema tarafından sokaklara beyannâmeler yazılmıştır. Darülfünun gençleri cemm-i gafir halinde Fransız valisi... müracaatla Hilâfet-i İslâmiye makamının işgalini protesto etmişlerdir. Fransız valisi nümayişçilerden yedi murahhası nezdine kabul ederek Tunus'taki galeyan-ı efkârı teskin edebilmek üzere İstanbul işgalinin ahval-i ahire iktizasiyle bu tedbir muvakkaten olduğunu Fransa işe müdahale ederse bunun Müslümanlığın selâmeti için bir teminat teşkil edeceğini söyledikten sonra Fransa ile Osmanlı İmparatorluğu arasındaki ebedî revabıttan bahseylemiştir.

5. Almanya'da Fransız ve İngiliz zabitlerine karşı taarruzların devam ettiğini Taymis gazetesi yazıyor.... gazetesi Almanya'dan bilhassa Fransa aleyhine hafî tertibat ve teşkilâta müstenit bir hareket-i hasmane mevcut olduğunu kaydediyor.

6. İstanbul'da İngiliz tertib-i mahsulü olarak kuvvet-i tenkiliye kumandanlığı ünvanıyla yeni bir memuriyet ihdas edilmiş ve şimdilik kumandanlığa Ferit Paşa yaranından Yusuf Rasih ismindeki biri tâyin olunmuştur. Halkın oynanacak komediye, uzaktan seyirci vaziyette bulunduğu bildiriliyor.

Anadolu Ajansı

Anzavur'un harekâtı hakkındaki malûmat:

Ankara
16.4.1336

15. Kolordu Kumandanı Kâzım Karabekir Paşa
Hazretleri'ne,

Anzavur'un vaziyeti hakkında 6. Fırka Kumandanı Kâzım Bey'den alınan 12 Nisan 1336 tarihli malûmat hülâsası bervech-i âtidir: Anzavur Kirmastı, Karacabey, Bandırma, Erdek Gönen, Biga kasabalarına nüfuzunu sirayet ettirmiştir. Kendisine padişah tarafından paşalık rütbesi, Karesi mutasarrıflığı ve umûm Kuva-yi takibiye kumandanlığı verilmiştir. Anzavur Biga'daki kuvvetiyle Balye üzerine ve Gönen, Karacabey'deki kuvvetiyle de Balıkesir üzerine ilerlemek tasavvurundadır. 6l. Fırka Balıkesir'de tahaşşüdün ikmaline kadar Balıkesir'in 20 kilometre şimalinde şarktan garbe doğru bir setir hattını tesis etmiştir. 6l. Fırka 12 Nisan'da Balıkesir'de tecemmüünü ikmâl edecek ve 12 Nisan'da ileri hareketi başlayacaktır. Burada toplanan kuvvetleri de 13 Nisan'da harekete başlayacaktır.

Hey'et-i Temsîliye nâmına
M. Kemal

Hey'et-i Temsîliye'den fetva hakkında gelen telgraf:

Ankara
16.4.1336

15. Kolordu Kumandanı Kâzım Karabekir Paşa
Hazretleri'ne,

1. Ankara müftü ve ulemasının verdikleri fetva-yı şerife imza eshabı tarafından müftülere tebliğ edildi. Vilâyet ve elviye-i müstakille ile kazalar müftü efendilerinin dahi vaz'-ı imza etmek suretiyle iştiraklerinin temini münasip olur.

2. Mıntıka-i âlileri dahilindeki müftü efendilerin fetvala-

rı, asılları posta ile gönderilmekle beraber şimdiden telgrafla isimlerinin iş'arı mercudur.

Hey'et-i Temsîliye nâmına
M. Kemal

Fetva! Tarihimizde bir facialar silsilesidir. Matbaanın icadından üç yüz sene sonra dahi memleketimize girmesi fetva-yı şerif (!) ile olmuştur. Bu sefer bu münasebetsizliği evvelâ İstanbul yaptı. 11 Nisan'da İstanbul gazetelerinde -fetva-yı şerife suret-i hatt-ı hümâyûn ve hükümetin beyannâmesi baykuşlar gibi sırada idiler. Bunlardan sonra Ankara fetvasını yazacağım. Millet esaret altına düşüyorken İstanbul'un uleması, padişahı, hükümeti ile Anadolu'daki milletin düşünce ve arzuları ve bunları beyan tarzları görülecektir.

Fetva-yı Şerife Sureti

Sebeb-i nizam-ı âlem olan halife-i İslâm edamullahıtaala hilâfetle ilâyevmülkıyam hazretlerinin taht-ı velâyetinde bulunan bilâd-ı İslâmiyede bazı eşhas-ı şerire ittifak ve ittihad ve kendilerine rüesa intihab ederek teb'a-i sadıka-i şâhâneyi hiyle ve tezvirat ile iğfal idlâle ve bilâ emir âl-i ahaliden asker cem'ine kıyam edip zahirde askeri iaşe ve teçhiz bahanesiyle ve hakikatte cem-i mal sevdasiyle hilâf-ı şer'-i şerif ve mugayir-i emr-i münif ve bu veçhile ibadullaha zulmü ityad ve tecrime cesaret ve memalik-i mahrusanın bazı kurra ve belâdına hücum ile tahrib ve hâk ile yeksan ve teb'a-i sadıkadan nice nüfusı masumeyi katil ve itlâf ve dima'-i mahfufe-i sifk-i araka ettikleri ve canib-i emrülmümininden mensup bazı memurin-i ilmiye ve askeriye ve mülkiyeyi hodbehot azil ve kendi hempalarını nasb ve merkez-i hilâfet ile memelik-i mahrusanın muvasalat ve münakalat ve muhaberatını kat' ve taraf-ı devletten sadir olan evamirin icrasını men ve merkezî diğer memalikten tecrid ile şevket-i hilâfeti kesir ve tehvini kasdederek makam-ı mualla-yı imamete ihanet etmekte itaat-i imamdan huruç ve devlet-i âliyenin nizam ve intizamını ve bilâdın asayişini ihlâl için neşir ara ciyf ve iş'aa-i ekasip ile nâs-ı fitneye saik ve sai-i bilfesad oldukları zahir ve mütehakkik olan rüesa-yı mezburun ile ihvan ve ittiba-ı bagiler olup dağılmaları hakkında sadır olan emr-i âliden sonra hâlâ inad ve fesadlarında ısrar ederlerse mezburların habasetlerinden tathir-i bilâd ve şer ve mazarratlarından tahlis-i ibad vecib olup fikatelû celti mebgi hatta ilâ emrullah nass-ı kerimi mucibince katil ve kitalleri meşru ve farz olur mu?

Beyan buyurula.

Elcevap: Allahuteala a'lem olur.

Bu suretle memalik-i mahrusa-i şâhânede harb ve darbe kudretleri bulunan Müslümanlar imamı âdil halifemiz sultan Muhammet Vahidettin hazretlerinin etrafında toplanıp mukatele için vaki olan davet ve emrine icabet ve bigat-ı mezburun ile mukatele etmeleri vacib olur mu beyan buyrula.

Elcevap: Allahuteala a'lem olur.

Bu surette halife-i müşarünileyh hazretleri tarafından bigat-ı mezburun ile mukatele için tâyin olunan askerler mukateleden imtiha ve firar eyleseler milirtekib-i kebire ve asem olup dünyada tazir-i şedide ve ukbada azab-i elime müstahak olurlar mı beyan buyurula.

Elcevap: Allahuteala a'lem olurlar.

Bu surete halifenin asakirinden olup da bigatı katledenler gazi ve bigat tarafından katil olunanlar şehit ve müsap olurlar mı beyan buyurula.

Elcevap: Allahuteala a'lem olurlar.

Bu surette bigat ile muharebe hakkında sadir olan emr-i sultaniye itaat etmeyen Müslümanlar Asem ve tazir-i ser'iye müstahak olurlar mı, beyan buyurula.

Elcevap: Allahuteala a'lem olurlar.

Ketebetülfakir Dürrizade Esseyit

Abtüllah Afi Anhümâ

Hatt-ı Hümâyûn Sureti

Vezir-i mealisemirim Ferit Paşa

Selefiniz Salih Paşa'nın vuku-ı istifası cihetiyle mesned-i sadaret derkâr olan ehliyet ve rüyetinize binaen uhdenize tevcih kılınmış ve meşihat-ı İslâmiye dahi Dürrizade Abdullah Bey uhdesine ihale edilmiştir. Kanun-ı esasinin 27. maddesi mucibince teşkil eylediğiniz hey'eti cedide-i vükelâ tasdikimize iktiran etmiştir. Mütareke'nin akdinden bed' ile bittedric nokta-i selâha tekarrüb eden vaziyet-i siyasiyemizi milliyet nâmı altında ika edilen iğtişaşat vahim bir hale getirmiş ve buna karşı şimdiye kadar ittihazına çalışılan tedabir-i muslihane faidesiz kalmıştır. Ahiren tebarüz eden vekayie göre bu hal-i isyanın devamı maazallah daha vahim ahvale masdar olabileceğinden iğtişaşat-ı vakıanın malûm olan mürettip ve müşevvikleri haklarında ahkâm-ı kanuniyenin icrası ve fakat muğfil olarak bu kıyama iştirak etmiş olanların hakkında aff-ı umûmî ilâm ve bütün memalik-i şâhânemizde asayiş ve intizamın iade ve temin tedabirinin kemâl-i sür'at ve kat'iyyetle ittihazı ve ikmâli ve bilumûm teb'a-i sabıkamızın bu suretle de makam-ı hilâfet ve saltanata muhakkak olan merbutiyet tagayyür napezirinin teşyidi ve bu cümle ile beraber düvel-i muazzama-yı mütelife ile samimi revabıtı itminkârane tesisine ve menafi-i devlet ve milletin hak ve adelet esasına istinaden müdafaasına ihtimam olunarak şerait-i sulhiyenin kesb-i itidal etmesine ve sulbün bir an evvel akdine sarf-ı mukadderet edilmesi ve o zamana kadar her türlü tedabir-i maliye ve iktisadiyeye tevessül edilerek müzayaka-yı âmmenin mehmaemken tehvini kat'iyyen matlubumuzdur. Cenab-ı Hak tevfikatı ilâhiyesine mazhar buyursun 15. Recep 1338/5 Nisan 1336

76. İSTANBUL HÜKÜMETİNİN BEYANNÂMESİ

Hükümetin Beyannâmesi

Devlet-i Osmaniye bugün misli görülmemiş bir muhatara içindedir. En hakikî mânasiyle vatan tehlikededir. Millet bilmeyerek, istemeyerek sürüklendiği o dehşetli muharebede malen, ve canen en büyük fedakârlıklara katlandığı halde nihayet kat'iyyen mağlup olmaktan kurı ulamamış ve o zamanki hükümet tarafından akdolunan mütareke ile galip devletlere arz-ı teslimiyet edilmiş idi. Artık bu elemli neticeden ibret alarak bundan sonra olsun akla ve hale uygun bir selâmet yolu tutulmalı idi. Fakat bu hakikat de lâyiki veçhile anlaşılamadı. Bir takım kesanın yalnız hırs ve menfaat şevkiyle teşkilât-ı milliyye ünvanı altında meydana çıkardıkları fitne ve fesad bir taraftan vaziyet-i siyasiyemizi son derece tehlikeli bir hale getirdi, diğer taraftan da muharebede uğradığımız zayiattan ve hususiyle harb senelerinde yapılan türlü türlü sû-i istimalât ve cinayettan dolayı derin bir surette mecruh olan vatan-ı mukaddesemize yeniden yeniye yaralar açdı. Bir takım çirkin hâdiselerle de Avrupa ve Amerika efkâr-ı umûmiyesinde aleyhimize şiddetli bir fikir ve cereyan peyda ve şerait-i sulhiyenip bir kat daha şiddetlendirilmesi muhatarasını tevlit etti. Nihayet yine bu ahval tesiratiyle düvel-i muazzama Mütareke ahkâmı-nı İstanbul'u muvakkaten işgal-i askerî altına almak suretiyle tatbik ettiler. Buna karşı erbab-ı isyanın payitaht ile Anadolu arasındaki muhabere ve müvaredeyi kat'a teşebbüs etmeleri ise en büyük bir hiyanet-i vataniyedir. Bu halde teşkilât-ı milliyye denilen harekât-ı bağiyane hem Anadolu'yu korkunç bir istilâya uğratmak hem de devletin başını gövdesinden ayırmak felâketini hazırlıyor. Bugün millet-i Osmaniye'nin en büyük düşmanları yalancı milliyet davasiyle şahsî ihtiraslarına vatan ve milleti feda edenlerdir. Bunların öyle felâketli bir âkibeti hazırlamak için buldukları çare ise ağır bir silsilei cinayettir. Kanun-ı esasiyi ve kavanin-i devleti ayaklar altına alarak ahaliden cebren para toplamak, zecren asker almak, para vermeyenlere ve böyle fena bir maksatla askerliği kabul etmeyenlere eziyet etmek, öldürmek, köyleri basıp yağma etmek, köyleri hattâ kasabaları kurmak gibi fazahatler mütevaliyen ika olunmaktadır. Halbuki bu ef'alin emr-i İlâhiye münafi ve şer'-i şerif nazarında da merdud olduğu sureti merbut fetva-yı şerife ile de müeyyettir. Vatan-ı Osmanî'nin duçar olduğu türlü türlü musibetlerin tamiri ve nüfus ve kuvvet itibariyle uğradığımız zayiatın telâfisi vücubundan dolayı hükûmet-i hazıra indinde bugün her ferdin hayatı ve sayii her zamandan ziyade kıymettardır. Bu cihetle hükümet vasıl olmak istediği maksad-ı hayır ve selâha kan dökmeden vusulü her veçhile tercih etmekle beraber devletin ve milletin hakikaten tehlike içinde bulunan hayatını ve selâmetini kurtarmak için yola gelmeyenleri şer'i şerif ve kanun-ı münif mucibince ve hatt-ı hümâyûn ile tebliğ ulanan irade-i seniye-i hazret-i hilâfetpenahî'ye imtisalen tedib etmekten tereddüt etmeyecektir.

Binaenaleyh evvelâ harekât-ı isyaniyenin mürettip ve müşevviki olanların iğfalât ve tehdidatına kapılarak ve yaptıklarının neticesi ne kadar vahim olacağını düşünmeyerek onlara iştirak edenlerden bir hafta zarfında izhar-ı nedamet ve şevketlû padişahımız efendimiz hazretlerine arz-ı sadakat edenlerin aff-ı âliye mazhar olacakları saniyen mürettip ve müşevviklerin ve onlarla beraber harekette inad edecek olan âsilerin şer'an ve kanunen tedip edileceği ve memleketin herhangi cihetinde olursa olsun gerek ahali-i İslâmiye tarafından sunuf-ı saire-i ahaliye, gerek sekene-i gayr-ı müslime taralından ahali-i müslimeye karşı böyle bir hal vukuunda mütecasirlerinin ve o hususta müsamaha veya müşareketi görülenlerin şahsen ve şediden duçar-ı mücazat olacakları ilân olunur.

77. ANKARA'NIN FETVASI

Ankara'nın fetvaları: (Anadolu gazeteleri neşretti.)
Fetva-yı Şerife Suretleri

Sebeb-i nizam-ı âlem olan hilâfet-i müslimin idamullah-ı hilâfete ve şevkete ilâyevmüdin hazretlerinin makam-ı hilâfet ve makarr-ı saltanatı olan İstanbul emirülmümininin hilâf-ı marazisi olarak ada-yı müslimin olan düvel-i muhasama tarafından fiilen işgal edilerek asakir-i İslâmiye eslâhasından tecrid ve bazıları bîgayr-ı hak katil ve makarr-ı hilâfetin muhafazasını kâfil bilcümle istihkâmat ve kıla' ve vesait-i harbiye-i saire zabıt ve muamelât-ı tesmiyeyi tedvire ve cüyuş müslimini teçhize memur olan Bâbıâli ve Harbiye Nezâreti'ne vaz'-ı yed edilerek halifeyi menafi-i hakikiye-i milleti zamin tedabir ittihazından fiilen men ve idare-i örfiye ilân ve divan-ı harbler teşkil ile İngiliz kavaninine tatbikan muhakeme ve tecziye etmek suretiyle halifenin hakk-ı kazasına müdahale ve kezalik hilâf-ı marazi-i hilafetpenahî olarak ecza-yı memaliki Osmaniye'den İzmir ve Adana ve Maraş ve Antep ve Urfa havalisine düşmanlar tarafından tecavüz edilerek teb'a-i gayr-ı müslime ile biliştirâk İslâmları katliâm ve malları nehb ve garet ve muhadderatına tecavüz ve makaddesat-ı müslimini tahkir eder olduklarında bervech-i meşruh maruz-ı hakaret ve esaret olan Halife-i müsliminin istihlâsı hususunda kudret-i mümkinelerini sarfetmek bilûmum müslimine farz olur mu?

Elcevap: A'lem-i Allahuteala olur. (Velcihad-ı farzı ayn en hücüladuv ve tahrülcülmerat velabdu bizizni zevcüha ve şeyde "Keza, filkünz ve filbezaziye" imaretim müslimetün ve beytelmeşrik vecbi ala ehlülmağrib tahlisuha minelsiraten Keza filbahrülraik.)

2. Bu surette hukuk-ı meşruasını hilâfetin kudret-i mağzubesini istirdat ve bilfiil maaruz-ı tecavüz olan memalik-i mezbureyi düşmandan tathir için mücadele ve mücâhede eden cumhur-ı müslimin şer'an bağı olurlar mı?

Elcevap: A'lem-i Allahuteala olmazlar. (Elbegati kavm-i müslimin harcuvan an tatin elimamülhak bigayırhak "Keza fimecmuaulenher.")

3. Bu surette vech-i muharrer üzere hukuk-ı mağzube-i hilâfeti istirdad için düşmanlara karşı açılan mücahedede vefat edenler şehit ve berhayat olanlar gazi olurlar mı?

Elcevap: A'lem-i Allahuteala olurlar. (Elşehit min hatle ehlülharb velbağı ve kıtaut tarik o vecdi fimariketi ve beydiye eser ve katle müslim zulmen lemye ceh bikatle deyyite ve keza eza katle zemi ve lemtecep bikatli deyyite. Keza filzeyli)

4. Bu surette mücahede ve vazife-i diniyesini ifa eden cumhur-ı müslimine karşı düşman tarafından bililtizam müslimin beyninde ika-ı katlederek istimal-i silâh eden müslimin şer'an ekber-i kebair-i mürtekip ve saibilfesad olurlar mı?

Elcevap: A'lem-i Allahuteala olurlar. (Kalullahı taala ve ülfetne eşeddü minelkatl dayetülfitne yesruu ileyha ehlülfesad "Keza fethalkadir.")

5. Bu surette düvel-i muhassamanın ikrah ve iğfali ile vakıa ve hakikate gayr-ı muvafık olarak sadır olan fetvalar cumhur-ı müslimin için şer'an muta' ve mamülü aleyha olurlar mı?

Elcevap: A'lem-i Allahutealâ olmaz? (Elikrahu yedemülarzi Keza fivvelülceyh).

Müfti-i Ankara
Mehmet Rıfat

İstanbul fetvalarla Anadolu'ya karşı cihad ilanında Ankara da aynı silahla mukabele ediyordu. Mühim olan nokta makam-ı hilâfet ve saltanatın muhafazasını Anadolu'nun ulemasını da şahit göstererek millete karşı Hey'et-i Temsîliye ve açılmak üzere bulunan Millî Meclis üstleniyordu. 13 Nisan tarihli şifre ile Bolşeviklerle olacak münasebetlerde bu husûslardan ben de bahsetmiştim. Demek ki Hey'et-i Temsîliye de aynı zamanda aynı zarureti görüyor ve hatta bunu muteber şahitleriyle ilan ediyordu. Medenî âleme karşı pek garip gelecek olan bu ilan millî birlik için bir samimiyet bağı olursa faydası zararına galip olacağından münakaşası kısa ve aleyhimize olmaz; fakat Ankara esmayı üzerine sıçratırsa pek çirkin bir şey olacaktır. Tarihin tenkidi de tabiî pek acı olacaktır.(¹²) Hey'et-i Temsîliye'nin bunu doğunun idraksiz bin bir köşesine kadar imzalatması arzusu zaafımızın eseri olacaktır. Hususiyle imzalamayanlara ne yapabileceğiz? Ben arzuları veçhile tamim etmekle beraber Erzurum ulemasını müftü yanına toplatıp onları ikna ile Erzurum müftüsüne tasdik ettirerek bütün doğu nâmına diye Hey'et-i Temsîliye'ye gönderdim; Hey'et-i Temsîliye'ye hazine-i hümâyûnu hatırlattım. Umûmî Harb'in ikinci senesinde Çanakkale Boğazı zorlanırken -benim Genel Kurmay haber alma şubesi müdürü iken yaptığım teklif üzerine- Konya'ya nakil olunmuştur. Hey'et-i Temsîliye tahkikatında hâzinenin tümüyle İstanbul'a geri gitmiş olduğunu bildirdi. Bugünkü şartlar altında bu kıymetli hâzinemiz tabiî İstanbul'dan alınamayacaktır. Pek yazık.

18 Nisan sabahı Batum istikametinden İngilizlerin iki dritnotiyle bir kruvazörünün Trabzon limanına geldiği ve evvelce mevcut torpitonun da limanda bulunduğunu 3. Fırka bildirdi. 15.30'da gelen bir şifrede:

"Trabzon'a gelen İngiliz harb gemileri kumandanının valiyi zırhlıya davet ederek bervech-i âti teklifatta bulunduğu bildiriliyordu:

---

12 Batının bir çok yerleri Ankara hükümeti teessüs ettikten sonra fetva falan dinlemeyerek ayaklanmalar yaptılar. Doğuda Kürdistan dahil olduğu halde Ankara hükümetine karşı sonuna kadar itaat devam etmiştir.

a) Boztepe'de bulunan iki büyük topun taraflarından tahrib edileceği.

b) Yarın 19 Nisan 1336 öğleden evvel İngiliz efradının şehir dahiline çıkarak resm-i geçit yapacakları.

c) 18 Nisan 1336'da Trabzon'a zabit ve silâhsız İngiliz efradı çıkarak şehri gezeceği.

d) Rus emval - metrûkesinin verilmediğinden dolayı Ruslar tarafından şikâyet edildiğini söylemiştir. İngiliz kumandanı asayişin devam ve mükemmeliyetinden dolayı vali beye teşekkür etmiş, Mustafa Kemal Paşa'nın da itidale geldiğini söylemiş vali bey de Mustafa Kemal Paşa'nın zaten itidal üzere hareket ettiğini cevaben bildirmiştir. Vali beye velev resm-i geçit için bile olsa İngiliz efradının karaya çıkmasının muvafık olmayacağının ve kıtaatı mevzilerine çekeceğimin, iade-i ziyarete gidecek vali bey tarafından anlatılması temin edilmiştir. Boztepe'deki 24'lük iki top sırf namludan ibarettir. Bir işe yaramaz. Bu gece sabaha karşı kıtaatı mevzie çekecek ve İngilizlerin anî bir faaliyetlerine karşı tedabir-i lâzime ittihaz edilecektir. Bu husûsata ait emr-i samileri maruzdur.

3. Fırka Kumandanı

Rüştü

3. Fırka Kumandanlığı'na cevaben verdiğim emirde: "İttihaz edilen tertibatın pek muvafık olduğu ve memleketin hiç bir nümayişe ihtiyaç ve tahammülü olmadığından bahisle ahaliden kalabalık hey'etlerle müracaat edilerek aksi takdirde ordu ve milletin zuhur edecek vakayiden mes'ul olmadığının kat'i bir lisan ile iblağını ve bütün teşebbüsat hilafına olarak İngilizler müsellâh kuvvet çıkarırlarsa fırkanın verilmiş olan talimat mucibince harekette bulunmasını" bildirdim. Bu talimat kıtaatın şehre hâkim sırtlarda müdafaa tertibatıdır. "Yunanlılara karşı sahilde ihraca mukabele olunacak. Fakat İngilizlere nümayiş yapmaları muhtemel olduğundan bir harbe ve şehrin harabiyetine sebeb olmamak için dahile ilerlemek

isterlerse mâni olacaktır."

Şehre çıkan efrad hakkında şu malûmat geldi:

"Şehre çıkan gayr-ı müsellâh İngiliz efradının bilâ istisna şehir halkı üzerinde pek fena bir tesir bıraktığı bildiriliyordu... Şehirde dolaşan neferlerin bir çoğu sarhoş olmuşlar. Açık buldukları dükkanlardan eşya aşırmaya kalkmışlar, bir çocuğun elindeki kamayı almak isteyen dört İngiliz neferi, çocuğun savletle mukabelesi karşısında rezil olup kaçmış. İki İslam kadınının peçesini açmak için vaki teşebbüsleri mennedilmiş. Velhasıl İngiliz medeniyetinin(!) en celi misallerini gösteren bu harekât, halkın ruhunda emniyetle memzuc kin ve gayzı uyandırmış. Trabzon'un tecrübesiz halk ve muhiti pek kıymetli ve müsait bir intibah vesilesine mazhar olmuştu. Bu münasebetle bir çok zeval Müdafaa-i Milliye'de toplanarak İngilizlerin tekrar şehre çıkmaları halinde kıyam ile silahla mukabeleye karar verilmiş, vilâyet makamına ve fırkaya da tebliğ edilen bu karardan Fransız mümessiline de malûmat itâ olunarak aksi halden hükümetin mes'ul edilemeyeceğini İngilizlere de anlatılması rica edilmişti. Bu feveran-ı hissiyata civar köyler de iştirak etmiş. Bir çok silâhlı halk fırka karargâhına müracaatla verilecek emirlere muntazır bulunduklarını bildirmişlerdi.

Trabzon ahalisinin gösterdikleri azim ve metanetten dolayı Trabzon Müdafaa-i Hukuk merkez hey'eti'ne teşekkür yazıldı.

3. Fırka'dan alınan 18 tarihli diğer bir şifrede bildiriliyor:

"Vali Bey'e iade-i ziyarete gelen General Milen'in erkânı harbiyesine memur bir erkân-ı harb zabiti nezdime de geldi. İngiliz, Türklerin her tarafta pek çok azgın düşmanları olduğunu ve bunların Avrupa ve Amerika efkâr-ı umûmiyesini tağlit edecek işaatta bulunduklarını söyledi. Ve fırkadan suret-i umûmiyede şarkî Anadolu'daki vaziyet-i askeriyenin hâl-i hazırına dair malûmat verilmesini rica etti. Bu vaziyeti zaten kendilerinin bildiği cevabı verildi. Badehu Rumlara ve Ermenilere veya düvel-i müttefikaya karşı seferberlik ilân edildiğine dair olan şayiatın sıhhatim sordu. Seferberlik filân olmadığını ve kimseye karşı da bir fikr-i tecavüz beslenmediği cevaben söylendi. Fırkadan Harbiye Nezâreti ile mi, Erzurum'la mı muhabere yapıldığı sualine de fırka bittabi kolordusu bulunan Erzurum'la muhabere yapmaktadır cevabı verildi. 19 Nisan 1336'da gemi taifelerinin müsellâhan dışarıya çıkmak için valiye yapılan tekliften bahsederek müsellâh İngiliz askerinin karaya ayak bastığı andan itibaren şehirdeki askeri çekeceğimden mes'uliyet kabul edilmeyeceğini ve şehir dahilinde bir vak'a ihdasını arzu eden Türk düşmanlarının İngiliz askerlerine bomba vesaire atarak bir vak'anın tahaddüs eylemesi ihtimâlini de anlattım. Şehri işgal için kat'iyyen bir maksadları olmadığını ve fakat serdedilen mahzurları amirale bildireceğini söyledi ve gitti. Gemiden çıkan İngiliz efradının bir çoğu şehir dahilinde İslâm ve Rumlardan satın aldıkları şeylere para vermeden bedava yemiş, içmiş ve gitmişlerdir. Herhalde bu gemilerin sırf nümayiş yapmak maksadıyla geldikleri anlaşılmaktadır. Buradan hareketle Giresun ve Samsun'a uğrayacaklarını söylediler."

14/4/1920'de 3. Fırka'dan alınan rapor hülâsasıdır:

"Bu sabah saat 8'de harp gemilerinden birinci posta olarak 274 silahlı, 42 silahsız, 2 borazan eri ile 39 subay ve 12 mitralyöz, beş sedye, saat 9.20'de ikinci posta olarak 184 silahlı, 50 silahsız, 7 borazan, 17 subay, 5 mitralyöz, 8 sandık cephane Değirmendere iskelesine çıkmış, bu kuvvetler Boztepe'ye giderek oradan kamasız, kundaksız ve kullanılamaz halde bulunan Ruslardan kalma 24 santimetrelik topları -2 adet- tahrip ile saat 14.00'de olaysız gemilere dönmüşler ve şehir içinde dolaşmak, resmî geçit yapmak gibi gösterilerde bulunmamışlardır." Hey'et-i Temsîliye'ye ve 3. Kolordu'ya olay bildirilerek filonun Giresun ve Samsun'da dahi bu gibi gösteri yapmaları ihtimali ve Trabzon'daki tedbirler bildirildi. Birliklerde bilhassa 1894 ve 1895'lilerden kaçmalar çoğalıyordu. Trabzon'a İngiliz filosunun gösterisi daha ziyade tesir yapabilecekti. Bunun için maneviyatı beslemek üzere İstiklâl

Harbi'nin tasavvur ettiğim çerçevesini şöylece birliklere tamim ettim:

Erzurum

18/4/1336

Tamim

İçlerinde İslâm orduları dahi bulunan Bolşevik orduları Kafkas dağlarını cenuba sarkmaya ve buzların çözülmesi üzerine Volga Nehrinde bulunan filolarını da Bahri Hazer'e indirmeye başlamışlardır. Yakında bu ordularla irtibat hasıl olacak ve Ermenistan'ın ortadan kalkması suretiyle Kafkasya'daki İslâmlar necat ve hürriyet bulacak ve milyonlarla İslâm yekdiğeriyle elele verecek ve bir gaye-i mukaddes etrafında müttehiden çalışacaklardır. Bu vaziyetin taahhüdüsü şarkta sükûn ve emniyetin tahassülünden sonra pek kuvvetli İslâm orduları şüphesiz garbe dönecek, İzmir, Adana vesair bu gibi işgal altında bulunan İslâm memleketlerini ve makarr-ı hilâfet ve saltanat olan İstanbul'u düşmanlarımız sulhen tahliye etmedikleri takdirde inayet-i hakla düşmanlardan tathir ve ahali-i İslâmiyeyi İngiliz ve Fransızların esaret ve tahakkümü altında bulundurmaktan tahlis edecektir. Binaenaleyh ahval ve vaziyet-i umûmiye tamamen lehimize cereyan etmekte, âlem-i İslâm için şerefli ve mes'ut âtiler yaklaşmaktadır. Nihayet üç-dört aya kadar bu işler halledilmiş ve tazyik altında bulunan İslâmlar da halâs bulmuş olacaktır. İşbu şerefli vaziyetin hususiyle 310 ve 311 tevellütlülerin terhisi, diğerlerinin de mazereti olanlara izin verilmesi mümkün olacaktır. Ahval ve vaziyetin bu tarzda ve fakat şifahen efrada kadar anlatılması hasad zamanı izinli gitmek isteyenlerin şimdiden memleketleri gösterilmek üzere tevellüdüne nazaran miktarlarının iş'arı ve bu izin keyfiyetinin dağdağaya meydan verilmeyecek veçhile istifsarı.

15. Kolordu Kumandanı

Mirliva

Kâzım Karabekir

18'de gelen iki ajan aşağıdadır. Millî Meclis'in 21 Nisan Çarşamba günü açılacağını ilan ediyorlar.

18/4/1336

Ajans

İngiliz menabili ve husûsiyle nim resmî Royter Ajansı İstanbul'dan alınmış mevsuk malûmatta bilhassa Hindistan'a bir takım mukni haberler sevk ve neşir etmeye başlamıştır. Bu haberlerden birinde İngiltere'nin ancak hilâfet-i İslâmiyeyi takviye maksadıyla İstanbul'da tedabir-i hayırhahane almış olduğundan bahis etmekte ve diğerinde ise zât-ı Şâhâne'nin makamı hilâfet ve saltanatının şimdi her zamandan ziyade istiklâle sahip olduğu ileriye sürülmektedir. Zât-ı Şâhâne güya yalnız Osmanlıların değil bütün Müslümanların İngiltere'ye karşı müteşekkir olmalarını hususiye Hintli Müslümanların İngiltere idaresi altında itaatli ve kuvvetli bir sulh ve sükûn âmili vazifesini görmeleri lâzım geldiğini beyan buyurmuşlar imiş. Royter Ajansı'nın Hindistan'a verdiği malû-mata nazaran İngiltere İstanbul'da ve memalik-i Osmaniyede hilâfet ve saltanatın parçalanmasını isteyen bir takım Rum ve Ermenileri tevkif etmiş, tehcir vesaire gibi vesilelerle başkaları tarafından hapsettirilmiş olan Müslümanları da tahliye ettirmiş imiş. Burada payitahtımızı eşgal ve hilâfet ve saltanatın mukaddes hakk-ı istiklâlini payümal etmekte olan İngiltere'nin Hindistan'a hakayik-i ahvali tamamen berakis etmek suretiyle verdirmeye başladığı bu uydurma haberlerle Hindistan'ı aldatmak ve uyutmak istediği zahirdir. İngiltere tabiî İstanbul'da hiç bir Rum ve Ermeni tevkif etmemiş, hiç bir Müslümanı tahliye etmek şöyle dursun milletin kısm-ı münevverini teşkil eden efrad-ı milletten her gün yüzlerce tevkif ederek kim bilir nerelere sevkeylemekte bulunmuştur. Maa-mâfih İngiltere'nin korkacağı kadar uyanmış olan Hindistan'ın bu yalanlara kanmayacağı muhakkaktır. Fazla olarak âlemi İşbundaki ihvanı dinimizin vesait-i adide ile hakayik-i ahvalden haberdar edilmesi esbab-ı istik-mâl edilmiş bulunuyor.

2. Meclis-i âli-i milletin şehr-i halin yirmi birinci Çarşamba günü Ankara'da daire-i mahsûsasında küşat edilmesi mukarrerdir.

3. Mersin havalisinde Feritli kariyesine gelen Fransızları mecbur-ı ricat eden ahali-i mahalliye Mersin etrafına kadar ilerlediği sırada muteberandan memleketten şehir haricindeki bahçelerinde tesadüf olunanlar huzur ve kemâl-i selâmetle şehre avdetlerinin temin olunmasından pek müteşekkir kalmışlar. Ezcümle bunlardan Ermeni katolik milletinden ve Fransız tabaasından Mölivasla ve bütün efrad-ı ailesiyle beraber şehre girerken umûm muvacehesinde yaşasın Müslümanlar ve İslâm adaleti diye bağırmıştır.

4. Konya'da rehine olarak taht-ı nezârette iken maiyetindeki beş neferle beraber her nasılsa firar edebilmiş olan İngiliz zabiti ile maiyeti Beyşehir kurbünde derdest edilmişlerdir. Tahtelhıfz Konya'ya gönderiliyor. Ve Nisan iptidasında Aymtab'a giden bir tabur miktarı Fransız askerinin ahali-i mahalliyenin mümanatı üzerine bir top ve dört makinalı tüfek terkederek mağlûben ric'at ettiği bildiriliyor.

5. Bursa valisi Keşfi Bey emr-i idarede tahakkuk eden aciz ve zaafı sebebi ile valilikten infisal etmiş ve umur-u vilâyet mahall-i askerî kumandanı Miralay Bekir Sami Bey tarafından idare olunmuştur.

6. Konya Ereğli'sinde Milliyadis şahsın hanesinde yüz kat İngiliz elbisesi ve bazı malzeme-i askeriye bulunduğu haber alınarak basılmış eşya ve eslâha bulunarak müsadere edilmiştir. Taht-ı tevkife alman Miliyadis mahfuzen Niğde'ye celbedilmiştir.

7. İrlanda mes'elesi olanca şiddetiyle devam ediyor. İrlanda'yı İngiltere'den ayırmak isteyen erbab-ı ihtilâl gerek karakollarda ve gerek sokaklarda polislere taarruz ile onları sık sık katletmektedirler. Postalar vuruluyor. Hükümet İrlanda'nın kıtayı diğer taraftan ayırarak ve burasını İngiltere'ye merbut bırakarak diğer tarafta muhtariyet vermek esasına bir lâyiha-i kanuniye hazırlamışlar, yine de bu layiha sabık baş-

vekil Eskû'nun şiddetli hücumlarına uğramakta İrlanda bankalarının ihtilâlcilerle münasebette bulunduğunu zanneden İngiliz mütemadiyen adamlarını istintak etmekte ve devairde mütemadiyen taharriyet icra eylemektedirler. Taymis gazetesi İngilizlerin İrlanda'dan pek ziyade korktuklarını ihsas ediyor.

Anadolu Ajansı

Ajans
18.4.1336

1. Şehr-i halin yirmi birinci Çarşamba günü Ankara'da in'ikad edecek olan Meclis-i âli-i millî âzalığına intihab olunarak Ankara'ya muvasalat etmiş olanların önümüzdeki Pazar günü vakt-i zevale kadar isimlerini Darülmuallimin müdüriyetine kaydettirmeleri ve yolda bulunanların da hareketlerini tesri eylemeleri ilân olunur.

2. Makedonya ve Arnavutluk'taki harekât-ı ihlâliye üzerine Atina'da büyük bir meclis-i harb teşkil edilerek o taraflara asker sevki için müzakerat cereyan ettiği Atina'dan alınan malûmata atfen bildiriliyor. Asıl mes'ele askerin nerelerden alınacağı cihetidir.

3. İtalyan Başvekili Nitink, Türkiye'ye bir nefer bile sevketmek niyetinde olmadığı bildirilmesi üzerine bütün sosyalist gazeteleri bu mes'eledeki tarz-ı hareketten bahsediyorlar.

4. Kilikya'daki Fransız kuvvetleri ahali kuvvetleri tarafından her yerde mümanaat-ı musirreye uğraması ve Suriye ahvalinin de müşkilât ve takibatı o havali kumandanlığını büyük ümitsizliğe düşürdüğü bildiriliyor.

5. Anadolu dahilinden malûmat alamayan İstanbul'daki Kuva-yi İtilâfiyenin torpitolariyle Marmara sahillerinde dolaşarak ahalisi gayr-i müslim bazı mevkilere uğrayarak istihsal-i malûmata çalıştıkları anlaşılıyor.

6. Ahiren Samsun'a gelen Fransız torpitosu kumandanı daire-i hükümeti ziyaret ederek, gerek orada gördüğü ve

gerek Anadolu'nun havali-i sairesinde asayişin istikrarından haberdar olduğunu takdir ve tebrik derecede olduğunu beyan etmiştir.

7. Almanya İtilâf devletlerinin âmal ve metalibine mugayir yeni bir hükümet teşkiline kıyam etmiş olan generallerden Logboc ve ... tevkif edildikleri ve Lüdendorf hakkında da tevkif müzekkeresi sadır olduğu haberlerini Berlin tekzib ediyor.

8. Ereğli'ye gelen bir vapurun kaptaniyle yolcuların ifadesine atfen verilmiş olan ayandan Müşir Fuat Paşa'nın intihan ve Venizelos'un İtalya'da katli haberleri tarafımızdan yapılan tahkikat-ı mahsusa neticesinde doğru çıkmamıştır.

9. Yunanlıların gösterdikleri her türlü isticale rağmen Trakya mes'elesinin halli henüz yakın bulunmadığı ve Narlı köyüne gönderilmiş olan Yunan askerlerinin İskeçe'ye iade kılındıklarını Bulgar gazeteleri yazıyor.

10. Fransa'nın şark orduları kumandanı Franchet d'Esperey altı Nisan'da Paris'e müteveccihen Edirne'den geçmiş ve orada bir müddet tevakkuf ederek kolordu kumandanı ve Trakya Müdafaa-i Hukuk Cemiyeti erkânını davet ederek görüşmüştür.

11. Cephelerimizde vaziyet iyidir. Anzavur çetesi muvaffakiyetle takip olunuyor.

Anadolu Ajansı

19 Nisan'da Milli Meclis'e tayin olunan Erzurum ve elviye-i selâse meb'usları husûsî merasimle Erzurum'dan Ankara'ya hareket ettiler. İngilizlerin Trabzon'daki gösterilerine Erzurum'dan fiilî cevap veriyorduk. Yarın için de tantanalı bir ağaç bayramı yapacağız.

Oltu milis kuvveti 1600 piyade, 4 makineli tüfek ve 2 toptan oluşan oldukça muntazam bir müfreze halinde 9. fırkadan bir tabur çekirdek olmak üzere Fırka Kumandanı Halit Bey tarafından düzenlenmesi tamam oldu. Hey'et-i Temsîliye'ye 19'da bildirdim. Bugün Hey'et-i Temsîliye'den batı durumu hakkında mühim şifre geldi. Düzce bölgesinde Kuva-yi Milliyye'ye karşı bazı fesatçıların kışkırtmaları bildiriliyordu. Millî Meclis'in açılacağı bir günde dış düşmanlar kendi hareketlerinden başka içerde de tesirli oluyorlardı. Bu yeni gaileler İstanbul'daki Meb'ûslar Meclisi'nin basılması ve feshedilmesinden sonra oluyor. Acaba doğrudan doğruya Anadolu'da meclis toplamaya kalkışsa idik ne olacaktı?

Ankara
18.4.1336

15. Kolordu Kumandanı Kâzım Karabekir Paşa Hazretleri'ne,

1. Anzavur aleyhine dünden itibaren ciddî harekât başladı. 61. Fırka Susurluk şimalinde Anzavur kuvvetleriyle müsademeye başlamıştır. Anzavur Kuva-yi ihtiyatiyesi Kirmasti'dedir. Bursa cihetinden de Kirmasti'ye doğru Bekir Sami Bey fırkasından kuvvet gönderiliyor.

2. Üç gün mukaddem Düzce'de yeni bir hâdise başgösterdi. Çerkeş rüesası İhaliyi isyan ettirerek memurin-i hükümeti ve zabitanı hapis eltiler. Orada müfrezemizin silâhlarını ve üç makinalı tüfeğimizi aldılar. Bir zabitimiz şehit, bir neferle ahaliden dört kişi mecruh vardır. Bolu mutasarrıfı ile Düzce, Darende arasında rüesa-yı ussat ile görüştü. İstanbul'a bir hey'et göndererek Zât-ı Şâhâne'nin Kuva-yi Milliye'ye taraftar olup olmadıklarını anlamak ve alacakları cevaba göre kat'î hareket etmek istediklerini söylemişler, Zonguldak havalisinde bulunan 32. Piyade Alayı Bolu'ya gelebilecektir. Geyve cihetinden de bir müfreze Adapazarı cihetine sevkediliyor. İngilizlerin ve İstanbul'un kuvveti hilâfeti kullanarak bol para sarfederek harb-i dahilî teşebbüsatına kemâl-i ciddiyetle sarıldıkları anlaşılmaktadır. Peyderpey arz-ı malûmat edilecektir.

Hey'et-i Temsîliye nâmına
M. Kemal

Hey'et-i Temsîliye benden batıya hâkim olmak için kuvvet de istiyordu:

Ankara
18/19.4.1336

15. Kolordu Kumandanı Kâzım Karabekir Paşa Hazretleri'ne,

Düşmanlarımızın memleketimizde harb-i dahilî ihdası teşebbüsü muvaffak olmak üzeredir. Anzavur, Düzce hâdisâtı İstanbul'un ve İngilizlerin pek ciddî ve şümullü bir tarzda bu işe sarıldıklarını göstermekte ve İzmit ve Adapazarı cihetlerinde de el altından mühim teşebbüsatta bulundukları anlaşılmaktadır. İstanbul'a civar Türk ve Çerkeş menatıkı teşvik ve iğfalata pek müsaittir. Bu cereyanın önüne geçilemezse bu fenalığın Sivas Çerkeş mıntıkasına sirayeti de düşünülmek lâzım gelir. İngilizler makam-ı hilâfet kuvvetini de pek müessir bir şekilde kullanmakta nakden külliyetli fedakârlıklar ihtiyar eylemektedir. Harb-i dahilîde birinci şart-ı muvaffakiyet sürat ile emin muvaffakiyet-i taarruziyedir. Kıtaat-ı muvazzafanın hal-i hazırı maalesef itminan bahş bir şekil arzetmiyor. Alelumûm yerlerinden oynatılan kıtaat efradından ziyade firar görülüyor. Binaenaleyh; İnzibatına ve azim ve imanına tamamen itimad edilebilecek ve her hangi bir yerde patlayacak bir kıyamı anında tepeleyebilmek üzere kavi bir yumruk gibi güvenebilecek seyyar ihtiyatlara ihtiyaç görülmektedir. Bu maksadı temin etmek ve millî ihtiyat kıtasını teşkil etmek üzere emr-i âlinizdeki fırkalardan intihab edilecek beşyüz ilâ bin mevcutlu güzide bir kıt'anın veyahut kıtaatın insicamı bozulmadan ayrıca gönüllü olarak bu tarzda teşkil edilecek bir müfrezenin Ankara'ya izamını lüzumlu görmekteyiz. Bu müfreze efradına nakden fedakârlıklar yapmayı kabul edeceğiz. Bu babda mütalâa-yı âlilerini ve ne suretle tertibat ve fedakârlık ittihazı münasip düşünüldüğünü iş'arını rica ederiz.

Hey'et-i Temsîliye nâmına
M. Kemal

78. BÜYÜK MİLLET MECLİSİ'NİN AÇILMASINA TEKADDÜM EDEN AHVAL

Meclisin açılmasından önceki bugünler pek mühim vaziyetler doğuruyordu. Doğudan batıya gidecek ve orada içine düşeceği bir fesad çalkantısından inancını bozmayacak 500 kişi bulmak mümkün değildi. İzmir'i Yunanlılar işgal ettiği ve İstanbul'un da uğradığı hakaret ve felâket acısından yüreği yanan o muhitten bu kadarcık emin bir kuvvet bulunamazsa doğu gibi irfanca daha geri muhitte nasıl bulunurdu. Son günlerde silahlı ve toplu firarlar acıydı. Ermenilere iki sene önce vurdukları darbeyi tekrar edeceğiz, yurdumuzu Ermenilere bir daha çiğnetmeyeceğiz, ümidiyle Erzurum ufuklarında meri bekleyen insanlar bin kilometreden fazla bir mesafeyi büyük intizamla geçecekler, kaçmalar, fesatlıklar, yorgunluk-ümitsizlik gibi tehlikeli tesirlerden müteessir olmayacaklar, kalabilecek takatlarıyla batıda yer yer fışkıracak isyanları bastıracaklar da millet meclisi iş görecek!... Ne acı vaziyet ve ne buhranlı hal. Eğer hakikaten batıda bu işi yapabilecek 500 kişi yoksa mesele de yoktur Fakat nasıl olur? Doğu gibi irfanca geri kalmış Umûmî Harb'in bin bir çeşit felaketiyle inlemiş, yeni çoluk çocuğuna veya onlardan mahrum ocağına kavuşan bir bölgeden 500 ilâ 1000 kişi isteniliyor da yeni felaketlerin inilti ve ızdıraplarıyla taze intikam hissi duyan ve daha görgülü halktan beş on bin kişi tedarik olunamıyor. Ben zannediyordum ki hesapla hakikat arasındaki muazzam hadise farkının dimağlara havale ettiği ilk darbenin sallantısiyle maneviyatın kırılması neticesi olarak yanlış bir anlamadadır. Sivas'taki münakaşalarımızda ben bugünkü tabloyu aşağı yukarı göstermiş olduğumdan müsterihim.

    Mustafa Kemal Paşa ve bazı arkadaşlarımız "Hemen ayaklanalım, millî hükümet teşkil ile şöyle böyle yapalım" diyorlardı. Bu fikri kabul ede idik, belki millet vekillerini bile Ankara'da toplamaya ve bir millet hükümeti tesisine muvaffak olamayacağımız bugünkü vaziyetten sonra büsbütün aşikar oldu. Belki o arkadaşların benim yanıma -bugün İstanbul'dakilerin çabaladığı gibi- kaçabilmeleri bile bir başarı sayılacaktı. Herhangi bir işe karar vermeden evvel o işin hakikat sahasına geçişindeki tabloyu göremeyecek kadar ince düşünmeyenler iş başladığı zaman yapabilmeleri mümkün olan şeyleri de yapamayacaklarına bu hal bir delildir. Ben kendi hesabıma bugünkü vaziyeti çok öncesinden gördüm ve bölgemde ve bilhassa askerlerim arasındaki tarz-ı hareketimle bu tablonun hasıl olmamasına çalıştım ve çalışacağım. Ve doğuda bu gibi ayaklanmaların olmayacağına da imanım kavidir. Yapılması çok lüzumlu olan işlerin en mühimleri telkin ve ikna, zor ve baskı değil; ruh ve kalp hislerine hürmet ve riayet, küçümseme ve alay değil; askerî disiplin gereği olan emir ve kumandaya hürmet-rütbe sırasını bozmak ve Kuva-yi Milliyyecilik gibi efelik değil. Askerin yediği, giydiği ve içinde bulunduğu şartları sık sık görerek bu vaziyetin gereğini yapmak, ayrı aykırı mühitler teşkiliyle zıt bir yaşayış değil... Ben batıya nasıl yardım edebileceğim? Bir askerî birliğin bu muazzam mesafeyi geçmesi zamanı bile akla hayret veriyor. Sonra isyan sahalarına üç tabur, beş tabur gibi sözlere kulak dolgunluğu olan ve batıdaki daha fazla taburlardan korkmayan halka manen tesiri ne olabilir? Hakikatte gönderebileceğim kuvvet Erzurum kabadayılarından Umûmî Harb faciasından sağ kalabilenlerden ufak atlı bir müfreze olabilecektir. Bunu manen büyütmek, fakat hareketlerinden evvel bu manevî kuvveti etrafa yayıp vaktinden önce küçültmemek de ihtiyatlı bir harekettir. Bu müfrezeye pekala kuvvetli bir isim verebilirim: Yeşil Ordu'dan bir müfreze! Rusya'da bir Yeşil Ordu'nun Denikin ordusu gerisinde bir çok işler yaptığın işitmiştik. Yeşil! Bunun milletimiz üzerindeki tesiri de dehşetlidir. Kızıl ismi içte ve dışta fena olabilir ve Bolşevikler geliyor diye büsbütün halkı ayaklandırabiliriz. Yeşil Ordu! Bu nedir? Bilen yok, rengi saygı değer...

İşte Ankara'ya hediye edebileceğim Erzurum dadaşlarından atlı müfrezeceğin ismi, buna bir de büyücek bir yeşil bayrak, mesele halledilmiştir.

Bugün 20'de derhal bu müfrezeye kumanda edebilecek olan Erzurum civarında Ebulhindi köylüyü Cafer Bey'i Erzurum'a istedim ve hazırlık için icab edenlere emir verdim.[13]

Ankara'ya da şunu yazdım:

Erzurum
20.4.1336

Hey'et-i Temsîliye'ye,

C. 18/19.4.1336 şifreye. Kıtaat mevcutlarının azlığı ve firari efradın son günlerde eskisine nisbetle kolorduda dahi çoğalması gibi eshabdan dolayı Ankara'ya gönderilecek millî ihtiyat kuvvetinin kolordu kıtaatından tefrik ve teşkili mümkün olamayacaktır. Ancak maksadı bir dereceye kadar temine hadim olmak üzere Erzurum Kuva-yi Milliyyesi'nden derdest-i teşkil olan ufak atlı bir müfreze Ankara'ya tahrik edilecektir. İşbu müfrezenin efradının hüsn-i hizmet ve faaliyetlerinin yapılacak nakdî fedakârlıklarla tezyidi kabildir. Müfrezenin tarih-i hareketiyle kuvvetini ayrıca arz edeceğim.

15. Kolordu Kumandanı

Kâzım Karabekir

---

13 Yeşil Ordu Müfrezesi'ne 14 Mayıs'ta ismini verdim. Otuz atlı olarak Erzurum'dan hareket etti. Çocuklar ordusu talimhanesinde müfrezeyi teftiş ettim ve kendilerine talimat verdim. O günde yazılıdır. Ne gariptir. Yeşil Ordu ismi ve bayrağı tasavvurumdan fazla tesir yaptı. Ankara'da bazı akıllılar "Yeşil Ordu" diye bir cemiyet bile teşkil etmek garabetini yapmışlar! Yani bu açıkgöz efendiler, Yeşil Ordu'nun kuvveti karşısına müşekkel bir ubudiyet arz için tetik davranmak istemişler.

20 Nisan'da Erzurum'da parlak bir ağaç bayramı yaptık. Aydın ve Maraş ismini verdiğimiz bahçelere binlerce halk ve bütün mekteplerin iştirakiyle yüzlerce ağaç diktik. Muhtelif oyunlarla bugünü kutladık.

Karabağ'da bulunan Halil Paşa, Nahcivan havalisi kumandanı yüzbaşı Halil Bey vasıtasıyla şunu yazıyor. Nisan haftasında yazılmış. Ankara'ya da şunu yazdım:

1. Azerbaycan hükümeti İngiliz taraftarı ve hattâ İngilizlerin oyuncağı olan bir hükümettir. Hükümet Nahcivan ve havalisi ve Zengezor'u ve Karabağ'ı Ermenilere vermeye razıdır. Buna mukabil güya Dağıstan, Azerbaycan'a ilhak edilecekmiş. Bolşeviklere tamamıyla muhaliftir. Hattâ Bolşeviklerle muharebe edecekmiş. Maamafih efkâr-ı umûmiye ve asker tamamıyla hükümete her husûsta muhalif, Bolşeviklerin lehindedir. Hattâ Karabağ'da Ermenilerle müsademede bulunan iki alay süvari ve beş bataryadan ibaret kuvveti İngilizler ve hükümet geri çekilmeye karar vermiş iken asker gitmeyip muharebeye devam etmektedir. Asker Karadağ'daki Ermenileri temizledikten sonra Gerus istikametinde taarruza devam edecektir.

2. İşbu harekâtın az bir zamanda hüsn-i suretle neticelenmesi için Osmanlı ordusunun da hududlara tecavüz edip harekâta iştirâk etmesini ordu ve ahali dört gözle bekliyor. Halil Paşa ile fikirlerine iştirâk eden bir kaç rüesa-yı hükümet ve ordu başındakiler musirren talep ve arzu ediyorlar. Ordu-yı Osman harekâta başlar başlamaz Azerbaycan'daki hükümet yıkılıp kızıl bayrak çektirilecektir. Ordu-yı Osmanî'nin hareketi teehhür edecek olursa bütün ihzarat ve mekasıd-ı milliyye, hülâsa her şey zir-ü zeber olacak ve vaziyet tamamıyla aleyhimize dönecektir.

3. Ordu-yı Osmanî'den vürûd edecek bu raporun müsbet veya menfi cevabına şiddetle intizar edilmekte olduğu maruzdur.

Halil

Halil Paşa Zengezor maniasını Azerbaycan kuvvetiyle kaldıramacağını tecrübe ile de anladıktan sonra maddî manevî duyduğu ızdırapla frize başvuruyor. Umûmî Harb'in son senesi bütün doğu orduları kumandanı iken kendisine bir çok defa bu Zengezor'un işgaliyle Beyazıt-Nahcivan-Azerbaycan bağlantısının sağlanmasını teklif ettiğim halde söz dinletememiştim. Bu teessürümü her vesile geldikçe tekrar zaruretini hissediyorum. Bunu Erzurum'dan Azerbaycan'a giderken Halil Paşa'ya da anlatarak tarihin müsaadelerinden istifade edilmemesini acı olarak aleyhine kaydettiğini de söylemiştim. İşte Halil Paşa şimdi bu kaybolmuş fırsatı arıyor. O zaman ben kolordumla hazırdım. Karargâhım da Nahcivan'da idi, bize mani olacak kuvvet de yoktu. Yerli çeteleri ezmek güç bir şey değildi. Şimdi ise vaziyet büsbütün başka. Asıl olan Zengezor'un açılması değil. Türkiye'nin selâmeti. Herhangi bir taarruz istikametimiz de Kars-Gümrü ve nihayet Erivan ve Tiflis'e kadar olan şimendifer boyunca Azerbaycan'a erişmekdir ki Zengezor'dan çok aykırı düşer. Ben belki ufak bir müfreze gönderebilirim. Oradaki himmet Azerbaycanlılara düşecek. Bunların müsbet bir iş göreceğine ise hiç de kanaatim yok.(¹⁴) İşte bu düşüncelerle şu cevabı gönderdim:

Erzurum
21.4.1336

1. İngilizlerin Türkiye'de Ferit Paşa, Ali Kemal ve bunlar gibi vatan hainlerini satın alarak İstanbul'u işgal ve bilâhire bunlardan bir hükümet teşkil eyledikleri ve fakat istiklâl ve namus-ı milliyyi muhafaza azminde bulunan milletin gerek Rumeli ve gerekse Anadolu'da vatan haini olan bu hükümete itimad etmeyerek kat'-ı irtibat eylediği zât-ı âlilerinizce malûmdur. Millet mukadderatını kendi eline almış ve Anka-

---

14   Azerbaycanlılar tam zamanında, tahminim gibi müsademeden vazgeçtiler. Bolşevik ordusiyle müsademe budalalığını yaptılar ve panik yapıp perişan oldular. Kılıç artığı (bakiyyetülsüyuf) kalanları Erzurum'a getirdim. Temmuz nihayetlerinde bu vaziyet görülecektir.

ra'da toplanan Meclis-i Fevkalâde âzâları 21.4.1336'dan itibaren in'ikada başlayacaktır. Türkiye'de olduğu gibi Azerbaycan'da da İngilizler aynı teşebbüste bulunabilir. Fakat Azerbaycan vatanperverleri menafi-i milliyyeye muhalif olan bir hükümete karşı elbette Türkiye'ye imtisal ederler.

2. Osmanlı ordusu harekete geçmek için her türlü istihzaratını ikmâl etmiştir. Yalnız yolların mürur ve ubura müsait olmasına intizar edilmektedir. Mayıs'ta yolların müsait olacağı zannedilmektedir. Maamafih eğer Azerbaycan milliyetperverleri kendilerinin ve bütün âlem-i İslâmın selâmeti için mücahedelerinde devam etmeyeceklerse Osmanlı ordusunun hududu tecavüziyle dahi bir şey yapamayacaklarını kabul etmek muvâfık-ı akıl olur. Azerbaycan hududlarına dayanan Bolşevik ordularının cebr-ü kahır ile Azerbaycan'a girmesi ne gibi bir akibet tevlid edeceği dahi düşünülerek Ermenilerle müsademeden ictinab etmemeli ve bir taraftan da hükûmeti hazırayı düşürmeye çalışmalıdır. Mütalâat-ı âlilerini sırf Azerbaycan nokta-i nazarına göre buluyoruz. Halbuki ahvali sizce malûm olan Türkiye'nin vaziyet-i hazırası da düşünülecek olursa Azerbaycan mücahedatının tamamıyla Türkiye'ye bağlı bulundurulmaması ve bilâkis oradaki içtihadın Türkiye'ye nafi bir mecraya isâli iktiza etmektedir. Bu ictihadda dahilen muvaffak olunamazsa muhalif partinin daima temasta bulunduğu Bolşeviklerden de istiane edilmelidir. Binaenaleyh Azerbaycan hükûmet-i hazırasının vaziyetinden dolayı azim ve ümit zaafa uğratılmayarak kemâl-i sebatla mücahedata devam edilmesini rica ederim. Bu husus Türkiye ve Azerbaycan'ın selâmeti için elzemdir. Zaaf-ı kalb gösterilirse Türk ordusu harekâta başladığı anlarda dahi Azerbaycanlıların Ermenilerle uzlaşmasını hesaba katmaklığımız icab edecektir. Yani Türkiye'den ümid-i reha beklerken bu suret-i hareketle karşısındaki Ermeni kuvvetlerini serbest bırakarak bizim cephemize gelmelerine müsaade etmek gibi bir fenalıkta bulunulacaktır. Böyle bir halde vatan-ı aslîniz ve milletiniz Türkiye ve Türkler hesabına hiç bir menfaat kay-

dedilmeyecektir. Binaenaleyh bizim harekâtımıza kadar behemahal müsademeye devam olunması ve bilhassa harekâta geçildikten sonra faaliyetin daha ziyade arttırılması lâzımdır. Arz-ı hürmet eylerim.

15. Kolordu Kumandanı
Kâzım Karabekir

21'de kolordu istihbaratını aşağıdaki şekilde tamim ettim:

Erzurum
21.4.1336

12 Nisan tarihli istihbarat hülâsasıdır:

1. Tebriz'de bütün İran ve Azerbaycan nâmına büyük bir ihtilâlin başlangıcı olmak üzere her gün çarşı, pazarlar kapatılarak otuz kırk bin kişilik mitingler yapılmaktadır. İhtilâlcilerin başlıca maksadları içlerinden İngiliz kuvvet ve nüfuzunu çıkarmak ve müstakil yaşamaktır. Nümâyişciler, Tebriz'deki ecnebî memurların kâffesini memuriyetlerinden çıkartmışlardır.

2. Hey'et-i Temsîliye'ye, Kolordulara, 15. Kolordu kıtaat ve vilâyetlerine arz ve tamim edilmiştir.

15. Kolordu Kumandanı
Kâzım Karabekir

Erzurum
21.4.1336

18 Nisan tarihli istihbarattır:

1. Mahvunabud olan Denikin teşkilât-ı askeriyesine mensup Bahr-i Hazer filosu amiral Serçiyef ile amiral Darson'un kumandaları altında olarak Azerbaycan hükûmetine iltica etmiş ve donanmanın Rus Azerbaycan bandıraları altında kalmak şartıyle Azerbaycan hükûmeti tarafından teslim alınmasını teklif eylemiştir. İşbu teklif mezkûr hükûmetçe kabul

edilmiştir. Bunun üzerine mürettebat amiralları defederek donanmayı Bakû şehri karşısında Narkin adasına götürmüşler ve Rus bandırasını indirip yerine kızıl bayrak çekerek donanmanın Bolşeviklere arz-ı teslimiyet eylediğini telsiz-telgrafla Astrahan'a bildirmişlerdir.

2. Hey'et-i Temsîliye'ye, kolordulara ve Onbeşinci kolordu kıtaatına ve vilâyetlerine arz ve tamim edilmiştir.

15. Kolordu Kumandanı
Mirliva
Kâzım Karabekir

Harbiye Nâzırı Fevzi Paşa bazı kıymetli subaylarla Ankara'ya gelmek üzere İstanbul'dan kaçmıştır. Kendilerinden faydalanma hususunda sorulan suale, Fevzi Paşa'nın yeni hükümette dahi Harbiye Nezâreti makamını işgal etmesi ve İsmet Bey'in de Genel Kurmay başkanlığına tayin olunmasının büyük isabet olacağını yazdım.

Karşılıklı şifreler şunlardır:

Ankara
20.4.1336

15. Kolordu Kumandanı Kâzım Karabekir Paşa

Hazretlerine,

Harbiye nâzır-ı sabıkı Fevzi Paşa davetimiz üzerine maiyetinde bazı kıymetli zabitan ile birlikte tahlis-i nefs ederek İstanbul'dan çıkmıştır. Ankara'ya muvasalatı esbabı temin edilmiştir. Müşarünileyhten mânen ve maddeten azamî istifade için Büyük Meclis-i Millî'nin kararı ile teşekkül edecek Hey'et-i İcrâiye'de Müdafaa-i milliye Vekâleti'ni ifâ etmesini münasip zannediyoruz. Kendisinin bir mahalden intihabına tevessül edilmiştir. Fevzi Paşa'dan suret-i istifade için bir nokta-i nazar-ı mahsusunuz varsa âcilen iş'ar buyurulmasını rica ediyordu. İşgal ile cebren nezâretten ecnebiler yeddiyle teb'id edildikten sonra milletine iltica ederek vekâleti iadeten temin etmiş olacaktır.

Hey'et-i Temsîliye nâmına
M. Kemal

Cevabım:

Erzurum
21.4.1336

Hey'et-i Temsîliye'ye,

Pek aceledir.

C. 20 Nisan 1336.Fevzi Paşa hazretlerinin dahi kurtulup vatanımızın merkez-i felâhına atılması pek ziyade mucib-i hazz-ı şükran oldu. Müşarünileyh Hey'et-i İcrâiye'de Harbiye Nezâreti makam ve memuriyetini işgal etmesi tesirat-ı hasene gösterecektir. Eğer Diyarbekir vaziyeti bir devre-i selâh ve emniyete girmiş ise o halde İsmet Bey gibi bir zâtın müşarünileyhe Erkân-ı Harbiyye-i Umûmiye riyâsetiyle refakât etmesinde pek büyük isabet olacaktır. Müşarünileyh hangi mıntıkadan geldiği takriben kaç gün sonra Ankara'da bulunmuş olacağı ve beraberinde gelmekte olan kıymetli ümera ve zabitanın kaç kişi ve kimlerden ibaret olduğu hakkında lütfen malûmat-ı itasına inayet buyurulmasını rica ederim.

15. Kolordu Kumandanı
Kâzım Karabekir

22'de batı vaziyeti hakkında gelen şifre şudur:

Ankara
21.4.1336

15. Kolordu Kumandanı Kâzım Karabekir Paşa Hazretleri'ne,

1. Anzavur vaziyeti şayan-ı memnuniyet bir hale sokuldu. Merkumun ya Gönen tarafına veyahut Bandırma'dan İstanbul'a firar eylediği tahmin edilmektedir.

2. Düzce hâdisesi Bolu'ya da sirayet etmiştir. Ussat iki gün mukaddem Bolu telgrafhanesini de işgal ettiler. Ve Bolu'ya hâkim oldular.

3. Dün gece Beypazarı'nda ahali İstanbul posta çantasını telgrafhaneden cebren ve depodaki 18 kadar silâhı gasbetmek gibi bir cürette bulundular. Vak'a teselsülü itibariyle şayan-ı dikkat görülmektedir. Ve Çorum'da da bazı müfsitler kargaşalık ihdasına çalışmaya başlamışlardır. Düzce, Bolu havalisinin kariben ıslâhı tedabiri ittihaz edilmiştir.

Hey'et-i Temsîliye nâmına
M. Kemal

Millî Meclis'in 21'de açılacağı ilan edilmişti. Batıda yer yer ayaklanmalar bildirilirken ve doğuda emin bir kuvvet pek mühim olan kısa bir müzakere ile bir karara bağlanması lazım gelen 18 tarihli teklifime henüz cevap alamadım. Bunu Hey'et-i Temsîliye halinde hazırlayarak ilk iş olmak üzere yeni hükümet reisi sıfatiyle de derhal bildirmeyi pek lazım görüyorum. Ahval Bakû bölgesinde pek hızlı değişikliklere uğrayacaktır. Gidecek hey'et için Trabzon'da 7. Alay kumandanı Rıza Bey'i beraberinde bir subayla tayin ve hazır bulunmasını fırkasına emretmiştim. Meclis 21'de açıldı mı? Hey'et-i Temsîliye ne nâm aldı bilemediğimden yine Hey'et-i Temsîliye adresi ne bir tekid yazdım:

Erzurum
22.4.1336

Hey'et-i Temsîliye'ye,

Acele

18 Nisan 1336 tarihiyle arzettiğim talimatın Bakû'ya âcilen gönderilmesini lüzumlu görüyorum. İradelerine intizar eylediğim maruzdur.

15. Kolordu Kumandanı
Kâzım Karabekir

Bugün Moskova telsizinin tamimi şudur:

Erzurum
22.4.1336

Moskova telsiz-telgraf istasyonunun 21 Nisan tarihli tebliğidir:

Kırmızı sahra ordusu erkân-ı harbiyesinin harekât raporu: 21 Nisan No. 270 Vestnik:

1. Garp cephesi: a) Mozirsk mıntıkası kıtaatımız Çereten nehrinin sağ sahilinde düşman istihkâmatını hücum ile zaptetmişler ve bir çok esir ile ganaim almışlardır. b) Vit nehri mıntıkasında Ribyeçiçar-Mozir demiryolunun cenubunda kıtaatımız taarruzlarına devam ediyorlar. c) Oruça mıntıkasında, Oruça şimalinde muharebat devam ediyor, d) Novograt Voltisk, Perdiçef ve Podoisk mıntıkalarındaki muharebat muvaffakiyetlerimizle devam ediyor.

2. Cenup cephesinde Kırım, Prekopsk mıntıkasında kıtaatımız düşmanın tek satıhlı bir tayyaresini ıskat etmiştir.

3. Kafkas cephesinde düşman gemiler Tuapse'ye tesirsiz endaht yapıyorlar.

4. Hey'et-i Temsîliye'ye, kolordulara ve vilâyetlere, 15. Kolordu kıtaatına arz ve tamim edilmiştir.

15. Kolordu Kumandanı
Kâzım Karabekir

Bursa'dan 22'de Ali Fuat Paşa bazı bilgiler vererek bu bilgilere dayanarak İngilizlerin Ruslarla anlaşacağından endişe ettiğini bir ân evvel Ruslarla temasımız lüzumunu Hey'et-i Temsîliye'ye ve bana yazıyor. Temas husûsunda aynı fikirde olduğumu; fakat Bolşeviklerin İngilizlerle uzlaşmasına maddeten imkan olmadığım yazdım. Mustafa Kemal Paşa hazretlerine de cevabımı bildirdim. Şunlardır:

Bursa
22.4.1336

15. Kolordu Kumandanlığı'na,
Gayet aceledir
Zâta mahsus ve gayet mahremdir.

1. Güya mesail-i siyasiye ile hiç uğraşmamak, yalnız emtea mübadelesini intaç etmek vazifesiyle yeni bir İngiliz hey'etinin Kopenhag'a geldiğini 10 Nisan 1336 tarihli Tan yazıyor. 19/20 Nisan 1336 tarihli İstanbul gazeteleri San Remo Konferansında Rus mes'elesinin de mevzu-i müzakere olacağını bildiriyorlar. Ren garbindeki Ruhr ihtilâli dolayısıyla Fransızların ileri yürüyüşe başlayarak Frankfurt'u işgal etmelerine İngiliz, İtalyan ve Amerikalılar resmen muteriz davranıyorlar.

2. Bu malûmattan anladığım: İngilizler Ruslarla anlaşmaya, Almanlarla uzlaşmaya çalışıyorlar. İngilizlerce henüz halledilmeyen yalnız şark mes'elesi olduğuna göre bazı tefvizat-ı münasebe ile bizim Ruslarla anlaşmamızdan evvel bu mes'elede de bir suret-i tesviye bulunması müstab'at değildir. Ve böyle bir ihtimalin tahakkuku halinde ise akibetimiz malûmdur. Binaenaleyh Ankara'daki Meclis-i Millî in'ikad etmekle beraber her şeyden akdem ve sür'at-i mümküne ile Ruslarla temasa gelmemiz lüzumu kesb-i ehemmiyet etmiştir. Arz-ı keyfiyet eder ve bu babdaki teşebbüsat hakkında suret-i mahremande tenvir buyurulmaklığımı rica ederim.

Hey'et-i Temsîliye'ye ve Erzurum'da 15. Kolordu Kumandanlığı'na yazılmıştır.

20. kolordu Kumandanı
Mirliva
Ali Fuat

Erzurum
23.4.1336

Cevabım:

Bursa'da 20. Kolordu Kumandanlığı'na,

Zâta mahsus

C. 22.4.1336 ve 151 No.lu şifreye. Bolşeviklerle anlaşmak için lâzım gelen tedabir yapılmıştır. Keyfiyet Hey'et-i Temsîliye'ye de arzedilmiştir. Bakû'da Bolşeviklerle temasta bir hey'etimiz vardır ki bizi daima ahvalden haberdar etmektedir. Esasen emperyalist ve kapitalistlerin devrilmesi için suret-i kat'iyyede azmetmiş olan ve bu hususda âlem-i İslâmî da daire-i ittihadına almaya çalışan Bolşeviklerin İngilizlerle uzlaşmasına maddeten imkân yoktur. Bu adem-i imkânı muharebenin cereyanı dahi fiilen göstermekte olduğunu arzederim.

15. Kolordu Kumandanı
Kâzım Karabekir

Ankara'da 20. Kolordu Kumandanı Vekâleti'ne,

Mustafa Kemal Paşa hazretlerinedir: Bursa'da 20. Kolordu Kumandanı Ali Fuat Paşa'nın 22.4.1336 tarih ve 151 No.lu şifresine verdiğim cevab sureti zîrdedir. Arz eylerim.

15. Kolordu Kumandanı
Kâzım Karabekir

Suret

23'de Kolordu istihbaratına şöyle tamim ettim:

Erzurum
23.4.1336

22 tarihli mevsuk istihbarattır:

1. Bakü-Moskova arasında trenler işlemeye başlamıştır. Azerbaycan'la Sovyet hükümeti arasında müzakeratın müsa-

it bir safhaya girdiği anlaşılıyor.

2. Bolşevik kıtatı Karadeniz sahilinde Soçi şehrine vasıl olmuşlardır. İngiliz filosu Soçi'yi tesirsiz bombardıman etmiştir.

3. 17 Nisan'da Batum'da Bolşevikler tarafından her tarafa yapıştırılan beyannâmelerde İngilizlerin Batum'u tahliye eylemeleri ve aksi halde mes'uliyetin İngilizlere raci olacağı ilân edilmiştir. Batum'da bir Bolşevik gazetesi intişara başlamıştır.

4. Düvel-i İtilâfiyenin Halil Paşa ile ahiren Dağıstan'dan Gence'ye gelen Nuri Paşa'yı tevkif ve kendilerine teslimi hakkında teklifini Azerbaycan hükümeti reddetmiştir.

5. Hindistan hududlarında İngiliz hâkimiyeti aleyhine isyan etmiş olan kabail ile İngilizler arasında şiddetli muharebat olmaktadır.

6. İrlanda'da umûmî grev ilan edilmiştir. Grevciler İrlanda'nın tahliyesini ve İngiltere'den ayrılmasını musirren taleb etmektedirler.

7. Hey'et-i Temsîliye'ye, kolordulara, Refet Bey'e, Onbeşinci Kolordu kıtaatına ve vilâyetlere arz ve tamim edilmiştir.

15. Kolordu Kumandanı
Kâzım Karabekir

Havadis pek mühimdi. Ruslarla yapılacak temas çoktan beri, fakat husûsî bir surette yapılmıştı. Sovyet hükümetinin delegeleri karşısına Hey'et-i Temsîliye'den açık talimatlı kimse yoktu. Hiç olmazsa ilk esasları belirleyen 18 Nisan'da teklifime de cevap gelmedi. Vaziyet pek hızlı ilerliyordu. Gerçi dün -22'de- dahi tekid ettim ise de yeni bilgileri yazarak aşağıdaki teklifi ve tekidi yazdım:

Erzurum
23.4.1336

Hey'et-i Temsîliye'ye,

Gayet acele.

1. Bîtaraflığını ilân etmiş olan Azerbaycan hükümetinin Bolşeviklerle müzakerata başladığı haber alınmıştır. Kolordu'nun 23 Nisan 1336 tarihli açık istihbarat tamiminde de neşredildiği veçhile Bakü ile Moskova arasında trenlerin işlemeye başlaması, Halil ve Nuri Paşaların tevkifi teklifini Azerbaycan hükümetinin reddetmesi, Sovyet hükümetiyle yapılan müzakeratın müsait bir safhaya dahil olduğu ve Azerbaycan hükûmet-i hazırasının Bolşeviklere mütemayil bir vaziyete girdiği anlaşılıyor. Hükümetin işbu temayülünü takviye ederek efkârın tereddütten kurtulması ve bu suretle müzakeratın bir ân evvel hüsn-i neticeye iktiranı için Azerbaycan hükûmet-i hazırasına hitaben hey'et-i celilerinden müessir bir şifrenin kolordu vasıtasıyla Trabzon'dan gidecek hey'etle gönderilmesi ve işbu şifre muhteviyatının bervech-i âti olması münasip olacaktır: "Azerbaycan hükümetini en tehlikeli zamanlarından bir çok kan bahasına kurtaran ve ona mevcutiyet veren Osmanlı hükümeti ve Anadolu Türk ağabeyleri her tarafta düşmanla pençeleşirken düşmanlarımız aleyhine azim bir harbe giren Bolşevik ordularının önüne Azerbaycan'ın bir sed olması veya bîtaraf kalıp lâkayit bulunması bilâhare bütün âlem-i İslâmın sebebi izmihlali olacak ve Azerbaycanlılar ebediyen lekelenecek ve zaten kendisine de bu dünyada hakk-ı hayat kalmayacaktır. Bugün Anadolu'nun halâsı için Bolşevik ordularıyla elele vererek harekatten başka bir çaremiz kalmamıştır. Türk'ü ve İslâmî ebediyen yaşatmak bu fırsatı gaip etmemekle olacaktır. İndullah ve indülislâm Azerbaycan'ın şerefli bir iş yapacağı veyahut üç yüz elli milyon İslâmın hayat ve namusunu boynuna alacağı dakikaları yaşıyoruz. Binaenaleyh Bolşeviklerle müttefikan hareketiniz ve bu suretle Anadolu kürkleriyle birleşmeye çalışmanızı ümit ediyor ve intizardayız." 18 ve 22 Nisan 1336 tarihlerinde Baku'ya izamını arzeylediğim hey'etin bir ân evvel tahriki lüzumunu bir daha arz eylerim.

15. Kolordu Kumandanı
Kâzım Karabekir

80. BÜYÜK MİLLET MECLİSİ'NİN AÇILMASI

23'de Millî Meclis'in açılacağı hakkında açık telgrafla şu tamim geldi:

"Biminnetülkerim Nisan'ın 23. Cuma günü Büyük Millet Meclisi küşâd edilecek ve ifâ-yı vazifeye mübaşeret edileceğinden yevmi mezkûrdan itibaren bilumûm makamat-ı mülkiye ve askeriyenin ve umûm milletin mercii meclis-i mezkûr olacağı tamimen arzolunur. 22. 4.1336 Hey'et-i Temsîliye namına M. Kemal"

23 Nisan İstiklâl mücahedemizin ikinci kitabını açıyordu. Bir senelik çalışmanın toplamı Türk milleti için şan vericidir. Bu yeni safhaya daha kuvvetli -şeklen ve şahsen- girdiğimizden başarılı olacağımıza zerre şüphem yoktur.

Moskova telsiz-telgraf İstasyonunun 24 Nisan 1920 tarihli tebliğinin hülâsasıdır:

Erzurum
24.4.1336

1. Vilâd-ı Kafkas'ta Sovyet hükümetinin teessüsünden beri Kafkasya'da Bolşeviklere iltica eden gönüllü ordu zabitanında bir ittifak fikri hayliden hayliye ilerlemişti. Sivastapol'daki zabitan dahi her neye mal olursa olsun bu Rus-Alman ittifakını meydana koymak husûsunda bir çok konferanslar verilmiştir. Bütün gönüllü ordu kumanda hey'eti müttefikler aleyhine kin beslemektedir. Denik'in halefi bulunan General Vrangel ailesiyle Almanya'ya hareket edecektir. Fransızlar ve İngilizler aleyhine olan bu infiâl Avrupa matbuat ve efkâr-ı

umûmiyesini işgal etmektedir.

2\. Kopenhag'daki Rus Bolşevik murahhası Litvinofdan 21 Nisan tarihiyle Bolşevik umur-ı hariciye komiserine gelen bir telgrafta üseranın mübadelesine bedel Fransa ve Belçika'nın Sovyet Rusya'nın ve Sovyet Ukrayna'nın dahilî işlerine karışmayacaklarını ve hiç bir taarruzî teşebbüsata girişmeyeceklerini taahhüt ettikleri zikredilmiştir.

3\. Poti'den Novorosiski'ye gelen bir İtalyan kruvazörünün kaptanı Novorosiski'de Sovyet idaresine müracaatla kendisinin İtalyan başvekili tarafından memur edildiğini ve İtalya ile Bolşevikler arasında münasebat-ı resmiyeye başlamak için müzakerata selâhiyettar kılındığını beyan etmiştir.

4\. Büyük Millet Meclisi Riyâset-i Âliyesine, kolordulara, Miralay Refet Bey'e, Onbeşinci Kolordu kıtaatına ve vilâyetlere arz ve tamim edilmiştir.

15. Kolordu Kumandanı

Kâzım Karabekir

İstanbul'dan Trabzon'a gelen yolculardan alman bilgilerde: İngilizler Harbiye Mektebi'ni zorla işgal etmişler, talebeyi kovmuşlar, eşyalarını pencereden atmışlar. Bâzı evlerin basıldığı ve bâzı tecavüzler olduğu söyleniyor:

25 Nisan'da Meclis'in açılma merasimi hakkında şu ajans geldi:

Ajans

Büyük Millet Meclisi bu sabah kablelzeval saat onda reis Sinop meb'ûsu Şerif Bey'in riyaseti altında içtimâ ederek evvelâ me'bûsların encümenlerden gelen intihapları tedkik edildi. Badehu Mustafa Kemal Paşa hazretlerinin evvelden beri geçen ahval ve hâdisat-ı mütemmimeye verdiği izahat istima edildi. Mustafa Kemal Paşa'nın bu münasebetle irad ettiği nutuk beş dakikalık bir nefes fasılasiyle saat bire kadar iki buçuk saat devam ettikten sonra henüz hitam bulmamış olduğu cihetle yemekten sonra saat ikide yine devam etmek üzere celse tatil edildi. Saat üçte meclisin in'ikadını müteakip Mustafa Kemal Paşa sözüne devam ile Ferit paşa'nın son sukutuna takaddüm eden zamanlardan itibaren son günlere kadar cereyan etmiş bütün ledinniyat ve serairi izah etti. Muhtelif yerlerden medid alkışlarla karşılanan bu mufassal nutk-u tarihî sonunda Mustafa Kemal Paşa bugün taht-ı esarette bulunan hilâfet ve saltanatı ve taht-ı tehdidde bulunan mukadderatını kurtarmak üzere elbette fiilen bizzat milletin vaz'-ı yed etmesine sıra gelmiş olduğunu beyanla bu esası tavzih eden bir teklifnâme okudu. Bu teklifnâme metnini aynen vereceğiz. Bir müddet müzakereyi müteakip Mustafa Kemal Paşa'nın teklifi kabul olunarak Büyük Millet Meclisi selâhiyet-i teşriiye ve icraiye ilk nefeste içtimâ etmek üzere bu dakikadan itibaren mesalih-i umûmiye-i millyeye vaz'-ı yed etmiştir.

24 Nisan 1336
Anadolu Ajansı

Millî Meclisin 23 Nisan'da dinî ihtifaller ile Cuma gününü tercih ederek açıldığını daha sonra tafsilatı ile öğrendik. Tarihimizin pek mühim bir hâdisesi olan Millet Meclisimiz'in açılış merasimi hakkındaki Hey'et-i Temsîliye'nin tamimini aynen yazıyorum:

Hey'et-i Temsîliye'nin Tamimi

1. Yümnetülkerim Nisan'ın 23. Cuma namazını müteakip Ankara'da Büyük Millet Meclisi küşad edilecektir.

2. Vatanın istiklâli, makam-ı refî'-i hilâfet ve saltanatın istih'âsı gibi en mühim ve hayatî vezaifi ifâ edecek olan Büyük Millet Meclisi'nin yevm-i küşadım Cuma'ya tesadüf ettirmekle yevm-i mezkûrun mebrukiyetinden istifade ve küşattan mukaddem bilumûm meb'ûsin-i kiram hazeratiyle Hacıbayram Cami-i şerifinde Cuma namazı eda olunarak en-

var-ı Kur'an ve selâttan istifade olunacaktır. Badelselât lücce-i sadet ve sancağ-ı şerîfi hamilen daire-i mahsûsaya gidilecektir. Daire-i mahsûsaya dahil olmadan evvel bir dua kıraatiyle kurbanlar zebholunacaktır.

İşbu merasimde cami-i şeriften bed' ile daire-i mahsûsaya kadar Kolordu Komutanlığı'nca kıraati askeriye ile tertibat-ı mahsûsaya alınacaktır.

3. Yevm-i mes'udun teyid-i kudsiyati için bugünden itibarden merkez-i vilâyet ve vali beyefendi hazretlerinin tertibiyle hatim ve Buharî'-i şerîf tilâvetine bed' olunacak ve hatm-i şerifin son akşamı teberrüken Cuma namazından sonra daire-i mahsûsa önünde ikmal edilecektir.

4. Mukaddes ve mecruh vatanımızın her köşesinde aynı suretle bugünden itibaren Buharı ve hatimat-ı şerife kıraat edilerek Cuma günü ezandan evvel minarelerde selâvat-ı şarife okunacak ve esna-yı hutbede bilûmûm efrad-ı milletin bir ân evvel nâil-i felâh ve saadet olmaları duası tezkâr olunacak ve Cuma namazının edasından sonra da ikmâl-i hatim edilerek bilcümle aksam-ı vatanın halâsı maksadıyla vuku bulan mesaî-yi milliyenin ehemmiyet ve kudsiyeti ve her ferd-i milletin kendi vekillerinden mürekkkep olan Büyük Millet Meclisi'nin tevdi eyleyeceği vezaif-i vataniyeyi ifâya mecburiyeti hakkında mev'izeler irad olunacaktır.

Badehu din ve devletimizin, vatan ve milletimizin halâsı, selâmet-i istiklâli için dua edilecektir. Bu merasim-i diniye ve vatanın ifâsından ve camilerden çıkıldıktan sonra bilâd-ı Osmaniye'nin her tarafında makam-ı hükümete gelerek Meclis'in küşadından dolayı resmen tebrikât icra edilecektir. Her tarafta Cuma namazından evvel münasib surette mevlid-i şerîf okunacaktır.

5. İşbu tebliğin hemen neşir ve tamimi için her vasıtaya müracaat olunacak ve serian en ücra köylere, en küçük kıtaat-ı askeriyeye, memleketin bilumum teşkilât ve müessesatına iblâğı temin edilecektir.

6. Cenab-ı Hakk'tan muvaffakiyet-i kâmile tazarru olunur.

Hey'et-i Temsîliye nâmına
Mustafa Kemal([15])

Tarihimizde bu kadar koyu bir taassuplu dinî merasimle hiç bir meclis açılmamıştır. Fetvaları takip eden bu muazzam ihtifaller acaba yer yer başlayan ayaklanmalara karşı bir sigorta mı olacağı düşünüldü. Ne olursa olsun inançla taassubu Millî Meclis'in başlangıcı gününden ayırmak daha ihtiyatlı olurdu. Yani ne Cuma gününü seçmeye ve ne de bu kadar velveleye lüzum yoktu. Güzel bir dua daha iyi tesir yapardı. Gösterilen bu taassubun devamı mümkün olamayacağından aksi tesiri daha tehlikeli olabilir. Millî Meclis 23 Nisan Cuma günü pek dindarane, daha doğrusu pek dervişane bir merasimle açılıyor, ajansta belirtildiği gibi olayların icmalinden sonra Mustafa Kemal Paşa hazretleri tarafından aşağıdaki teklif yapılıyor:

"Bugünkü müşkil vaziyet içinde vatanı tehlike, inhilâl ve izmihlâlden kurtarmak ittihazı lâzım gelen tedabir bittabi hey'et-i muhteremelerine ait olacaktır, ancak bu husûsta kendi tetbikat ve malûmatımıza istinad eden kanaatlerimizi meclis-i âlinize arzetmeyi faideli addetmekteyiz. Gerek hukuk-i esasiye kavaidine ve gerek tarihte emsal-i adidesi ve gerek zamanımızda aynı şerait-i elîme içinde maruz-ı inhidam olan milletin teşkil ettiği tecrübe-i müessireye nazaran memleketi inkisam ve inhilâlden kurtarmak için derhal Kuva-yi umûmiyye-i milliyeyi esaslı teşkilâtla tersin etmekten başka çare yoktur. Bunun şekli ne olmak lâzım gelir? İşte mes'ele buradadır. Gayr-ı meşru kuvvetlerin tahakkümiyle Kuva-yi millet ve devleti tevhid imkânı bulunsa dahi bunun temadisi kabul

15 Bu tamim pek dikkatli okunmalı ve 337 senesinde hocalar arasında ayni kisve ile -mefkûre hatırası- imzâlı fotoğrafları da göz önüne konmalı. Sonra 339'da Lozan Sulhu esnasında Ankara Türk Ocağı'nda ayni Mustafa Kemal'in Cemiyat-i İlmiye diye toplanan Darülfünun müderrisleri ve bu ayarda zâtlar huzurunda benimle münakaşası muvazene edilmelidir. Ben mütalâamı o güne kaydettim.

olmadığını bilirsiniz. Esasen meclis-i âlinizin mevcutiyetinde evvel emirde meşruiyet ve mes'uliyet esaslarının milletçe vacibülmürkat görüldüğüne en büyük delildir. Binenaleyh meclis-i âlinizde tekessür eden irade-i âliye-i milliyeye istinad etmek suretiyle meşruiyet ve kanuniyet ve yine hey'et-i muhteremenizde tecelli eyleyen vicdan-ı milletin muhakemesine merbut bulunmak cihetiyle de mes'uliyetini takdir ve tesbit edecek bir kuvvetin idare-i umur etmesi zaruridir. Bu kuvvetin şekl-i tabîisi ise hükümettir. Hükümet teşkilât şekil ve esası gayr-ı mes'ul bir reis-i hükümette tesbit edilen nokta-i tevazüne istinaden kuvve-i teşriiye vazifesile mükellef bir hey'et-i mürakebe ile vazifede devam hey'etin inzimam-ı itimadına mütevakkıf bir kuvve-i icraiyeden ve kuvve-i icraiyenin vezaif-i milliyeye göre taksim ve tensikinden ibarettir. Bu şekilde kuvve-i icraiyenin reis-i hükümet tarafından müntehap ve kuvve-i teşriiyenin itimad ve muvafakatine müstenit bir kuvvettir ki milletin intihab ettiği hey'et-i teşriiye ile muavezenet-i hükümet riyaseti makamının intihab ettiği nokta-i vahdette bulunup hükümet teşkilâtının bu kuyud-ı esasiyesine nazaran bizim için kabil-i tatbik olmadığını düşünmek mecburiyetindeyiz. Bizim bu zümredeki tetkikat neticesinde hasıl ettiğimiz kanaate göre idarenin bu şeklini mahzurdan salim görmemekteyiz.

Çünkü devlet-i Osmaniye herhangi bir devlet gibi hükümdarının nüfuz-ı cismaniyesi etrafında müteşekkil değildir. Makam-ı saltanat aynı zamanda makam-ı hilâfet olmak itibariyle padişahımız cumhur-ı İslâmın da reisidir. Mücahedatımızın birinci gayesi ise saltanat ve hilâfet makamlarının tefrikini istihdaf eden düşmanlarımıza irade-i milliye buna müsait olmadığını göstermekten ve makamat-ı mukaddeseyi esaret içinden tahlis ederek evvelülemrin selâhiyeti düşmanın tehzir ve ikrahından azade bırakmaktır. Bu esasata göre Anadolu'da muvakkat kaydiyle dahi olsun bir hükümet reisini tanımak veya bir padişah kaymakamı ihdas etmek hiç bir suretle kabil-i cevaz değildir. Şu halde reissiz bir hükümet vücuda getirmek zarureti içindeyiz. Halbuki bu nokta-i vahdette tevazü etmeyen Kuva-yi devletin ahenk ve mesaisini idareye dahi imkân yoktur.

Diğer taraftan hangi bir makama Kuva-yi devlet ve milleti ve tevazün selâhiyetini bahşederek o makamı gayr-ı mes'ul tanımak mucib-i felâkettir. Halifenin bile mes'uliyet-i esası kabul etmiş olan İslâmiyetin böyle suret i tesviyelere müsait olamayacağı âşikârdır. Bir şekil ve yek diğerine telifi imkânsız esasat içinde devr-i devair tetkikat icra ederek nihayet İslâmiyetin şerait-i esasiyesine müracaatla meclis-i âlinin de tekessür edilmiş olan bütün cumhur-i İslâmın da müzaharat ve muvafakatine mazhar buyurulan irade-i milliyeyi bilfiil mukadderat-ı vataniyeye vaziülyed tanımak umde-i esasiyesini kabul ediyoruz. Azâlarımızca da bu dikkat-i nazar hülâsaten tasmim olunarak intihabına delâlet olunması ve selâhiyet-i fevkalâde kaydile intihab edilmiş bulunmaları ve müntehiplerin tesir ve tevessü olunması esası itibariyle bu umdenin neticede tamamen kabul edilmiş olduğuna delildir. Binaenaleyh meclis-i âliniz haiz olduğu selâhiyet-i fevkalâdeye binaen karşısına çıkacak bir kuvvei icraiyeyi yalnız mürakabe etmek ve mesail-i hayatiye-i millet üzerinde böyle bir hey'ete mücadeleye mecbur kalmak gibi vaziyet-i hazıranın mütemmim olacağı mahdut vazife-i teşriiye ile değil irade-i umumiye-i milleti fiilen deruhde ve selâmet-i memleket ve hilâfeti bizzat temin ve müdafaa vezife ve selâhiyetler ile teşekkül etmiştir.

Ve artık meclis-i âlinizin fevkinden bir kuvvet mevcut değildir. Hilâfet ve saltanat makamının tahsiline muvaffakiyet hasıl olduktan sonra padişahımız ve halife-i müslimin efendimizin her nevi cebir ve ikrahtan azade ve tamamıyla hür ve müstakil olarak ve kendisini milletin ağuş-ı sedakatinde gördüğü gün meclis-i âlinizin tanzim edeceği esasat-ı kanuniye dairesinde vaz'-ı muhterem ve mahbubiyet arzeder. Meclis-i âlimiz mürakip ve müdekkik mehiyetinde bir meclis-i meb'ûsân değildir. Binaenaleyh yalnız teşri ve tatbik ile vazifedar gayr-ı mes'ul bir mevkiden mukadderat-ı milliyeyi nezaret altında bulunduracak değil, bilfiil onunla iştigal edecektir. Nitekim fevkalâde ahval içinde bütün milletler bu prensipleri terkederek kuvve-i teşriiyyeyi taahhüt edip ümera hey'etlerine fazla selâhiyetler yahut bütün milletin iradei umûmiyesine müracaatla ittihazı mukarrerat eylerler. Biz ittifak-ı cumhuriye her kuvvetten ziyade selâhiyet bahş eden İslâmiyet esasatını nazar-ı dikkate alarak meclis-i âlimizde kaffe-i umur-ı millete doğrudan doğruya vaziülyed tanımak taraftarıyız. Bu umde-i esas kabul edildikten sonra daim meclis-i âlimizin hey'et-i umûmiyesini teferrüat-ı umura kadar fiilen tedkik ve müzakere imkânı bulunamayacağından hey'et-i muhteremenizden tefrik tevkil edilecek âzânın hükümet teşkilât-ı hazırasına nazaran icab eden taksim-i mesai esasına göre memur edilmesi ve her birinin ayrı ayrı ve cümlenin müştereken hey'et-i umumiye huzurunda mes'ul olmasını temin-i maksada kâfidir.

Bu halde meclis-i âlimize riyaset edecek zatın meclis-i âlimizi temsil etmesi itibariyle tevzi-i umur edilen âzâ-yı muhteremeden mürekkep hey'ete riyaset etmesi ve meclis-i âlimizin namına vaz'-ı imzaya ve tasdik-i mukarrerata selâhiyettar olması ve icraya ait mesaide diğer azâyı muhtereme gibi hey'et-i umumiye nezdinde tamamen mes'ul bulunması zaruridir. Bu şekilde hey'et-i icraiye meclis-i âlimizin... ile tevkil edilecek hey'et-i umumiye karşı mes'ul olacak âzâ-yı muhteremeden ibaret olacak ve hattâ isimleri de vekil tesmiye edilecektir. Reis olacak zat vakıa ağır bir mesuliyet altında bulunacaktır. Çünkü hey'et-i icraiye vekilleri ile hey'et-i muhteremeniz arasında bütün mes'uliyet evvel emirde kendisine raci ve mes'uliyet hem mec'lis-i âlimizdeki ve hem hey'et-i vekiledeki riyaset makamının ikisine birden saridir. Elbette memleketimizin şimdiye kadar geçirdiği buhranlı zamanlardan felâketlerden kâh Avrupa'yı taklit etmek kâh idare-i umur-i devleti şahsî nokta-i nazarlara göre tanzim tenkise çalışmak kâh kanun-ı esasiyi bile ihtirasat-i şahsiyeye baziçe eylemek gibi pek elîm neticelerini gördüğü basiretsizlikten hasıl olan intibah-ı umumiyeye tercüman olduğumuz itikadiyle şu müşkil ve buhranlı devr-i tarihinin mücahedatını bu yolda tensik etmek taraftarıyız. Bittabi hüküm hey'et-i muhteremelerinindir. Yalnız maruz olduğumuz inhilâl tehlikesine ve umur-ı devlete ve milletin uzun müddetten beri mercisiz kalan tekrar nazar-ı dikkati celbederek bîlüzum nazariyat arasında devam edecek münakaşatın en fena idarelerden daha ziyade su-i tefehhüm tevlid edeceğini arzetmekte bir vazife-i hamiyet icabı görüyorum. Cenab-ı Hak muvaffakiyetler ihsan buyursun. 24 Nisan 1336

Anadolu Ajansı

Mustafa Kemal Paşa'nın bu teklifi şu geçmiş olaylara iç siyasetimiz itibariyle uygundur. 18.1.1920'de Rawlinson'la görüşmeme verdiği cevabında bildirdiği:

"Cevablar millî esaslarımızın ruhunu ihtiva etmekle şayan-ı teşekkürdür" demesine ve 19/1/1920 tarihli şifrede dahi "Millî ve dinî an'anelerimize aykırı olan" diyerek Lloyd George'un beyanatını her tarafta protesto arzusuna ve 18.19 Nisan 1920'de batıya kuvvet isterken "İngilizlerin hilâfet makamı kuvvetini tesirli kullanmalarından" şikayet etmesine ve en nihayet fetvalarla ve muazzam dini ihtifallerle Meclis'in açılmasına([16])

Yalnız Vekiller Hey'eti'ne değerli azanın hariçten kabulü hakkında kendileri de taraftar olmadıkları beyan ediyorlar. Müzakere sonu kabul edildiğine göre bütün kalbimle millî muvaffakiyetlerinizin çabuk kazanılmasına dua ettim.

25 Nisan'da Millet Meclisi Reisi imzasiyle Mustafa Kemal Paşa hazretlerinden aldığım ve cevaben yazdığım şifreler şunlardır:

---

16 Lozan sulhünden sonra bütün bu sözlerin suya düşmesi, tarihimiz için pek mühim bir hâdise-i içtimaiyedir. Milletin irfan ve idrakinde bir tahavvül olmadığına göre, ya bu kuvvetli vaat ve teklifler caali idi veyahut kalbi idi de hâdisat bunları çürüttü. Her iki şıkkın da muhakemesi pek meraklı bir şeydir. Ben her ihtimale göre münakaşamı yeni vaziyetin günlerinde yazdım.

Ankara
24/25.4.1336

15. Kolordu Kumandanı Kâzım Karabekir Paşa
Hazretlerine,

Gayet aceledir

Meclise bugün şahsımı hedef-i ta'riz ittihaz eden propagandacıların netice-i mesaîlerinden menafi-i vataniyeyi müteessir etmemek için şahsıma hiçbir mevki verilmemesini suret-i samimadene rica eylediğim, tadad ettiğim mahzurlara rağmen meclis 120 mevcuttan 110 rey ile âcizlerini makam-ı riyasete intihap etti. Vaziyet-i haziranın icabat-ı müşkilesi karşısında bu vazifeyi adem-i kabulde ısrar ettiğim takdirde belki bir inhilâl vuku olabilirdi. Bu sebeble vazife-i riyâseti kabul ettiğimi arzeylerim.

Millet Meclisi Reisi
M. Kemal

Erzurum
25.4.1336

Ankara'da Millet Meclisi Reisi Mustafa Kemal Paşa
Hazretleri'ne,

Millet Meclisi riyâsetine tâyin buyurulduğunuzdan dolayı memnuniyet ve meşrutiyetimiz âzimdir. Arz-ı tebrikât ve takdim-i tazimat eyleriz.

15. Kolordu Kumandanı
Kâzım Karabekir

Mustafa Kemal Paşa'nın meclis reisi olması en tabiî ve en doğru bir işti. Umumî vaziyeti ilerden beri idare etmiş iç ve dışta tanınmış bulunuyordu. Artık Millet Meclisi millet mukadderatını açıkça idareye başladığından millî kanunlarla yetki verilecek olan başkanının da yetkiyi iyi kullanıp kendisini samimî tutan elleri samimî tutacağına hiç şüphe etmediğimden çıkacak her zorluğa galebe edeceğimize imanım pek kavidir.

25 Nisan öğle vakti Erzurum'da şiddetli zelzele oldu.

25 Nisan ajansı şudur:

24.4.1336

Ajans

İngilizler bin vaad ve vait ile aldatarak ezcümle para ile vatanın istihlâsı ve istiklâliyetini temine azim bulunan Anadolu'ya karşı kullanmak üzere Mısır'daki üseramızdan bir çoğunu İstanbul'a getirmişlerdir. Ve bu maksadla İstanbul'a getirilen esirlerimizin otuz bin kadar olduğu tahmin ediliyor. Milletin namus ve hayatını müdafaa ederken esir düşmüş olan bu vatan yavruları kendilerine teklif olunan bu namussuz hizmeti ne bahasına olursa olsun kabul edemeyeceklerini anlayarak nefretle reddetmişlerdir. Ve madem ki İstanbul'a getirilmek suretiyle esaret hayatlarına nihayet verilmiştir, artık serbest bırakılmaları lâzım geldiğini iddia etmişlerdir. Selimiye vesair kışlalara yerleştirilmiş olan bu askerimiz şimdi serbestçe bırakılmayarak muhafaza altında bulunduruluyor. İngilizler Ferit Paşa hükümetini Anadolu'ya karşı kullanmak üzere İstanbul'da bir kuvve-i askeriye celb ve tahşide sevketmiştir. Ferit Paşa'nın bu teşebbüsü iğfalle neticelenmiştir. Ferit Paşa hükümetinin davetine yüz kişi bile icabet etmemiştir. İngilizlerin bir kumanda demlide ettirebilmek için az-çok değerli ümera-yı askerlerimizden bazılarına müracaatları da neticesiz kalmıştır. İşgalin ikinci günü tevkif etmiş oldukları Refet Paşa kumandanlığını deruhde edecek olursa hem serbest bırakılacağı hem daha evvel verilmiş olan iki senelik mahkûmiyeti affedileceği ve kendisine fevkalâde tahsisat dahi verileceği yolunda kendisine serd olunan teklifi İngilizlere ve Ferit Paşa hükümetine hakaret etmek suretiyle reddetmiştir. İngilizler selâmlık resmine Osmanlı askerinin silâhsız olarak dahi iştirak eylemesini hoş görmemiş olacaklar ki geçen hafta cuma selâmlığı iki tabur kadar İngiliz askeriyle icra kılınmıştır. Amerika Reisicumhuru Wilson İngiltere ve müttefikleri tarafından kendisine arzolunan Türkiye sulh muahedenamesini tedkik ederek efkârı izhar etmiştir. Wilson'un Türkiye'de Adalar denizine müntehi bir parçanın Bulgarlar'a verilmesi, Türklerin İstanbul'dan çıkarılması ve fakat İzmir'in Türkiye'ye bırakılması ve kendi itikadınca pek çok Ermeni ahaliye malik olan Trabzon'un mahrec-i bahrî olarak Ermenistan'a tefrik kılınması lâzım geldiği ve ekseriyetle Türklerle meskûn olan Kilikya'dan Fransa'ya o kadar geniş arazi verilmesinin ımuvafık-ı adalet olmadığı mütalâalarını söylediği anlaşılmıştır. San Remo'da içtimâ etmekte olan Sulh Konferansı'nda garbî Trakya'nın muhtariyet-i idareye mazhar edilmesi esasını müdafaa etmek Husûsunda Türklerle Bulgarlar birer Türklerden Nedim Tevfik ve İskeceli Hasan Sabri Beylerle bir Bulgar izamı tekarrür etmiştir. Nedim Tevfik Beyler evvelki gün Sofya'ya hareket etmişlerdir. Masarif-i seferlerini Trakya'daki bankaların birinden Trakya nâmına istikraz suretiyle temin edilmiştir. Sair mevadda içtimâ etmekte olan Sulh Konferansında Fransızların İzmir mes'elesinde daha ziyade Türklerin hakk-ı esası müdafaa edilecektir.

Fransızların Trakya mes'elesinde ancak Trakya'daki Müdafaa-i Hukuk Teşkilâtı ile bilmüzakere makul ve müstehak bir netice istihsal edilebileceği fikrini ileri sürerek bu maksadla teşkilât-ı milliye reisi selâmetle azimet ve avdetini taht-ı teminde olmak üzere İstanbul'a avdet eylemişlerdir.

Anadolu Ajansı

Kendi vatandaş, dindaş ve ırkdaş gibi her husûsta bir uzvumuz olan bazı kuvvetleri aleyhimize kullanacakları tabiîdir. Buna karşı biz de yalnız kuvvetimizle değil, propaganda kuvvetiyle de çok çalışmalıyız. İşte bunun için şimdiye kadar bildiğim ve toplayabildiğim bilgileri her tarafa -İstanbul'a bileneşir ve tamim ettim, ayrıca Millet Meclisi Başkanlığına bir teklif de yaptım. Sırasiyle şunlardır:

Erzurum
25.4.1336

Tamim

Rusya Sovyet Bolşevik idaresiyle birleşmiş âlem-i İslâm ve Hindistan havalisinde büyük bir nâm almakla beraber Rusya Denikin ve Kolçak ordularının mahv ve perişan edilmesinden ziyade tesir ve fedakârlık gösterdiklerinden naşi umûm Bolşeviklerin hürmetlerini kazanan İslâm ve Türk hükümetleri hakkında muhtasaran elde edilen bazı malûmat:

Tatarlar, Kırgızlar, Başkırtlar, Şartlar, Türkmen, Yumutlar.

Tatarlar: Kısmen Sibirya, kısmen Avrupa-yı Rusî'de sakindirler. Faal ve Müslümanların bilhassa ticaret âleminden en müterakkisidirler. Gayyur çalışkandırlar. Bolşeviklerle birleşmişlerdir. Türklüğe ve İslâmiyete pek merbutturlar. Her türlü teşkilâtları vardır.

Kırgızistan: Kırgızlar Sibirya-yı garbinin cenubundan tâ Türkistan'a kadar vasi arazidirler. Maarifleri geridir. Mektep görmüş gençleri ve ulemâsı halkı tenvir ve irşad ederek Bolşeviklerle ittifak etmiş ve merkezi Orenburg olmak üzere ilân-ı istiklâl etmiştir. Teşkilât-ı askeriyeleri kuvvetlidir. Türklüğe ve İslâmiyete fevkalâde merbutiyetleri vardır.

Başkırdistan: Ural Dağları üzerinde ve cenup civarında sakin müttehit dindar bir kitledir. Samra'dan geçen ve Bahr-i Hazer'e dökülen büyük İdil Nehrinin havzası bu mıntıkadadır. Ufa, Orenburg, Kazan, Nize Balaşir vesair meşhur şehirlerdir. Vaktiyle Rusları bile içlerine sokmadıkları cihetle pek büyük bir gayret-i nefs-i milliyeye malik vakur bir kavimdir. Meşhur müverrih Zeki Velidî ve emsali gibi genç ve kuvvetli bir zümrenin tesiri ve ulema-yı mahalliyenin teşviki ile 14 kanton dahilinde olmak üzere istiklâlleri ilân ve tasdik olunmuştur. Mülkiye ve askeriye teşkilâtları mezbuttur. İttifak ve muavenet-i askeriyye şeraiti altında Bolşeviklerden her türlü muavenet görmekte ve mekteplerini her tarafta tesis ve tezyid eylemektedirler. Ordularının teçhizat ve teslihatı Rus ordularından yüksektir. Nüfusları on milyondan ziyadedir. Türklüğe ve İslâmiyete pek merbuttur.

Şartlar: Buhara'ya kadar olan arazide sakindirler. Eski şark medeniyetinin merkezinde bulunuyorlar. Yaşayışları daha muntazam ve daha medenicedir. Gençliği tahsile pek teşnidir. Bunlar dahi bazı şurut ve tekâlif ile Bolşeviklerle birleşmiş ve istikâlleri tanınmıştır.

Türkmenler: Aşkabad, Kranovodks ve kısmen İran mıntıkasındadırlar. Teke, Köklen, Yamut namiyle üç kola ayrılırlar. Bu üç koldan Tekeler diğerlerinden müterakkidirler. Bunlar başlarına Çarlık Rusyası zamanında esarette bulunan müntehap Türk ümera ve zabitanını alarak kendi şûralariyla teşkilât ve hâkimiyetleri idare olunmaktadır. Bunlar da Bolşeviklerle birleşmişlerdir. Ve hassaten Efganistan ve Buhara hükümeti İslâmiyeleri ile beraber Hindistan'ın ve âlem-i İslâmın halâs ve necatı nâmına birleştirilmişlerdir. Türkm inlerin hey'et-i umûmiyesinin 600 bin kişilik silah-şorları vardır. Bunlan Bolşeviklerin muvavenet-i fevkalâdesiyle peyderpey tensik ve ıslâh olunmaktadır. Yamutlar daha bedevi ve zımeneşin olup Türklüğe âşık bir kavimdir. Bunların bir kısmı da İran hududunda bulunuyorlar. Fakat İranîler ile rabıta-i resmiyeleri az olup kendi an'ane ve terbiye-i milliyelerine daha ziyade merbut bulunuyorlar. Bütün Türkmenler mıntıkasında bilhassa son iki sene zarfında mekteplere fevkalâde ehemmiyet verilir. Pek çok mektepler açmıştır. Ve Taşkent'te bir de zabit mekteb-i harbiyeleri vardır. Mektepler ve terakkiyat hususunda hassaten Bolşeviklerin muavenet ve teşkivatı var. Muallimlerin ekserisi Harb-i Umûmî'de Çarlık Rusya'sında esir kalmış olan Türk ümera ve zabitanıdır. Ve her tarafta tensikat yapılmaktadır.

15. Kolordu Kumandanı
Kâzım Karabekir

Teklifim:

Erzurum
25.4.1336

Ankara'da Büyük Millet Meclisi Riyâset-i Celîlesi'ne,

İngilizlerin payitahtta tesis ettiği hiyanet şebekesi ve saray-ı hümâyûn ile hükümet denilen müessesede para ve süngü kuvvetiyle ittihaz eylediği tertibat sayesinde hemen her arzu ettiğini yaptırmakta ve bu cümleden olmak üzere gerek dahil-i memleket neşir edilecek mütenevvi beyannameleri ve gerekse şark âlem-i İslâmına karşı halifenin ve padişahın İstanbul'da masun kaldığından vesaireden bahisle hiyanet ve sanianın en iğfalkâr neşriyatım Anadolu ve Kuva-yi Milliyye aleyhine olarak yapmaktadırlar. Binaenaleyh bütün cihanın enzarı ve efkâr-ı umûmiyesi şarka bu meyanda hassaten Anadolu'ya matuf bulunduğu şu sıralarda İngilizlerin yaptığı desiseleri daima körletmek ve her tarafta aksülâmeller temadi ettirmek için her vesiliden istifade ile Anadolu'muzdan mühim malûmat ve neşriyatın Bakû ve Antalya tarikiyle ve oradaki telsiz telgraflarla verilmesi fevkalâde haiz-i ehemmiyettir. Binaenaleyh bu defa teyminen ve her türlü azim ve fedakârı ile mücehhez olan Büyük Millet Meclisi'nin, merasim-i dindarane ve vatanperane ile vukua gelen resm-i behin-i küşadını bütün âlem-i İslâma ve Moskova'da Rusya umûm Sovyet Şûrası'na ve bizzat bütün garp milletlerine hitaben neşretmesi ve bu neşriyatında istilâperest İngilizlerin pek bîâman suretteki imhakâr siyaseti ve Türklüğe, âlem-i İslâma yapılan bînihaye hakaretlerin ve padişah ile halifenin tamamıyla esir ve mahsur ve bir çok sahte imzalarla İngilizler tarafından neşriyat ve beyanatta bulunulduğunun ve şimdi de yine süngü ve para kuvvetiyle Türkiye'nin imhası şeraitini vatan ve milletle hiç bir alâka ve selâhiyeti olmayan satılmış kimselere imza ettirmeye hazırlanmakta olduklarının madde madde tasviri ile bu sayede yeniden bir tufan-ı heyecan koparılarak İngiliz düşmanlığının ve hukuk-ı istiklâlimizin muhafazasındaki azm-i kat'înin bir kere daha cihana ve hassaten alem-i İslâm nazarında izharı elzem ad ve mütalâa olunmakta ise de icabının hey'et-i celîlelerinin takdirine murhun bulunduğunu arzeylerim.

15. Kolordu Kumandanı
Kâzım Karabekir

26'da şu tamim geldi:

15. Kolordu Kumandanlığı'na,

Anadolu'nun her köşesinden gelen vekillerimizin teşkil ettiği Büyük Meclis, olanı biteni dinleyip anladıktan sonra millete hakikati söylemeye lüzum gördü. İngilizler tarafından satın alınan ve milleti birbirine düşürmek maksadını güden bazı hainler sizi aldatmak için türlü türlü vaitler söylüyorlar. İzmir vilâyetinin, Antalya'nın, Adana'nın, Maraş, Urfa havalisinin düşmanlar tarafından işgali üzerine silâhına sarılan milletdaş ve dindaşlarınızın da yine sizi mahvettirmek için padişaha ve halifeye isyan sözünü ortaya atıyorlar. Millet Meclisi halife ve padişahımızı düşman tazyikinden kurtarmak, Anadolu'nun parça parça şunun bunun elinde kalmasına mani olmak, payitahtımızı ana vatana bağlamak için çalışıyor. Biz vekilleriniz Cenab-ı Hak ve Resul-i Ekrem nâmına yemin ederiz ki padişaha, halifeye isyan sözü bir yalandan ibarettir. Ve bundan maksad vatanı müdafaa eden kuvvetleri aldatılan Müslüman elleriyle mahvetmek ve memleketi sahipsiz, müdafaasız bırakarak elde etmektir. Hind'in, Mısır'ın başına gelen hâlden mübarek vatanımızı kurtarmak için İngiliz casuslarının sizi aldatmak üzere uydurdukları yalana inanmayınız. İzmir'ini, Adana'sını, Urfa ve Maraş'ını elhasıl vatanın düşman istilâsına uğramış kısımlarını müdafaa edenleri din ve milletinin şerefi için kan döken kardeşlerinizin arkasından size vurdurmak isteyen alçakları dinlemeyin ve onları Millet Meclisi'nin kararları üzerine cezalandıracak olanlara yardım edin. Tâ ki din son yurdunu kaybetmesin. Tâ ki milletimiz köle olmasın? Bizde birlik oldukça düşman üzerimize gelemeyeceğini resmen ilân etti. Onun candan özlediği aramızda nifak ve şikakta Allah'ın lâneti düşman'a yardım eden hainlerin üzerine olsun. Ve rahmeti ve tevfiki halife ve padişahımızı, millet ve vatanı kurtarmak için çalışanların üzerinden eksik olmasın. 26/4/1336

Büyük Millet Meclisi emriyle

Reis

Mustafa Kemal

81. AZERBAYCAN VAZİYETİ

Azerbaycan kabinesinin değişikliği hakkında 20 Nisan 1920 tarihli Azerbaycan gazetesinde görülen bilgiler 3. Fırka'dan bildirildi. Aşağıdaki gibi tamim ettim:

Erzurum
26.4.1336

Tamim

1. Nasip Bey Yusufbeyli'nin taht-ı riyasetindeki Azerbaycan kabinesinde Bolşevikliğe taraftar olan sosyalist ve İttihatçı âzâların istifası ve Azerbaycan millet ve ordusunun da Bolşeviklik lehindeki tesiratı neticesinde Azerbaycan kabinesine düşmüştür. Yeni kabinenin teşkilinin Müsavat Fırkası'ndan Mehmet Hasan Hacinski tarafından kabul edildiği ve bütün fırkalar kendisine müzaheret-i tamme beyan olunduğu haber alınmıştır.

2. Millet Meclisi Riyâseti'ne, kolordulara, Miralay Refet ve Kâzım Beylere, Onbeşinci Kolordu kıtaatı ve vilâyetlere arz ve tamim edilmiştir.

15. Kolordu Kumandanı
Kâzım Karabekir

Yeni kabinesine reisi hakkındaki bildiklerimi de şöylece bildirdim:

Erzurum
26.4.1336

1. Yeni Azerbaycan kabinesinde reis-i vükelâlığa kabul eylediği haber alman Mehmet Hasan Hacinski müfrid bir Türkçü ve Osmanlı muhibbidir. Kendisi Müsavat Fırkası'nın terakkiperverlerinden ve Rusya Mühendis Mekteb-i âlisinden mezun olup öteden beri bu makam için sosyalistlere terakkiperver Müsavamatcıların namzedi bulunmaktadır. Müşarünileyh, Paris'ten Azerbaycan murahhaslığından avdetinde gayet şiddetli bir İngiliz aleyhtarı kesilmiştir. Bolşeviklerle iş görmeye taraftar bir zâttır. Düşen kabinede evvelce Dâhiliye nâzırı iken bilâhire Ticaret Nezâretini deruhte eylemiş idi.

2. Millet Meclisi Riyâseti'ne, kolordulara, Refet Bey'e ve Onbeşinci Kolordu fırkalarına arz ve tamim edilmiştir.

15. Kolordu Kumandanı
Kâzım Karabekir

26'da gelen doğrulanmış bilgiler: Batum bölgesinde bulunan İngiliz ve Gürcü kuvvetleri: Batum şehrindeki İngiliz kuvveti 2000 kadar tahmin ediliyor. İngilizlerin Çürüksu'da 300, Artvin'de 100, bir bataryada 7,5 luk top kuvveti var. Gürcülerin Acara'da 300, Şavşat'ta 30 kadar askeri var. İngilizler bir çok para karşılığında Kuva-yi Milliyye'nin durumunu öğrenmek için casuslar göndermektedir. Diğer bilgiler aşağıda olup tamim ettim. 23 Nisan'da tahrip edilen köprüyü Bolşevikler Trabzon'dan aldıkları ateşleme makinesiyle atmışlar. Gürcüler tamirine başlamış 15 günde bitebilecekmiş.

Erzurum
26.4.1336

1. Bolşevik kıtaat-ı muntazaması Debrent civarında toplanmıştır. Nısfından ziyadesi Kırgız, İslâm Türklerinden ibaret olan elli bin kişilik Bolşevik kuvveti Derbent ile Bakû ara-

sında Azerbaycan hududu üzerine Yalama istasyonu mıntakasında hal-i intizardadır. Azerbaycan hükümeti de Bolşevik kıtaatını istikbale hazırlanmıştır.

2. 23 Nisan'da Çürüksu ile Batum arasında demiryolu üzerindeki bir demir köprü o mıntıkada İslâm Bolşevikleri tarafından tahrip edilmiştir.

26 Nisan'da Erzurum batısındaki Kiremitlik tabyasından Ruslardan aldığımız 12'lik obüslerin ders atışlarında bulundum. 12 kilometreye kadar tesirli, bolca cephanesi var, doğuda en kıymetli iki topumuz. Bütün Erzurum mektep çocuklarını da çıkarttım. Mesafe ve isabetli atışlar hakkında herkeste memnunluk büyük. Topçu ders atışlarında arasıra bütün mektepleri bulundurmakta maddî manevî fayda görüyorum. Ermenilere karşı ta sav» vurum: Havalar müsait olduğundan 26 Nisan'dan itibaren birlikleri hududa yaklaştırmaya başlattım. İki hafta sonra yani Mayıs haftasında Ermenistan'a karşı muvaffakiyetle harekete başlamak artık mümkündür. Havalar ve arazi uygundur. İngilizlerin az bir kuvvetleri yalnız Batum havalisindedir. Fakat hareket kabiliyetinden mahrumdur. Gürcüler Bolşevik ordularıyla temasta olduğundan tarafımızdan bir taarruz olunmazsa Ermenilere karşı yapacağımız harekette tarafsız kalacakları açık görülüyor. Sahillerimize husûsiyle Trabzon'a Yunan birlikleri çıkarılırsa Pontos ruhiyle dolu Rumlarla birlikte maddî manevî zararlar büyük olur. Ancak batıda yer yer işgaller yapan Yunanlıların önemli bir kuvvetinin doğu sahillerimize gelebilmesi beklenemez. Yalnız Ermeni harekâtına başlayınca baskı yapmak ve halk ve ordu üzerine manevî bir tesir yapmak için Trabzon'a herhangi bir veya birkaç devlete mensup müfrezelerin çıkabilmesi muhtemeldir. İşte bu ihtimale karşı sahillerimizi boşaltarak cesaretlendirmek ve şayet Ermenistan içlerine kadar harekâta devamımız halinde Bolşeviklerin Gürcüleri serbest bırakmalarından aleyhimize Gürcü ordusunun da hareketini görürsem Acara ve Batum'a karşı tehdit kuvveti olmak üzere merkezi Trabzon'da bulunan 3. Fırka'nın iki alayını şimdi-

lik sahilde bırakarak en kuvvetli olan 3. Alay'ını iki batarya topçusu ile şimdiden Oltu bölgesini işgal ettirmek, 9. ve 12. Fırkaları Sarıkamış bölgesine karşı Horasan-Hortum-Hudud bölgesinde toplamak, kolordu, topçu, süvari alaylarını ve birkaç aşiret alayını da yine bu bölgede toplayıp kesin hareketi bunlarla yapmak, sağ cenahta merkezi Van'da bulunan 11. Fırka'yı Beyazıt bölgesinde, bundan bir müfreze Şahtahtı Nahcıvan bölgesindeki yerli Türk kuvvetlerini -yüzbaşı Halil Bey Müfrezesi- takviye ile Erivan istikametini tehdid ederek bir kısım Ermeni kuvvetlerini üzerine çekmek, diğer bir müfreze aşiret alaylarının çekirdeğini teşkil etmek üzere Karaköse'de toplamak. Beyazıt-Karaköse'de toplamak ve 11. Fırka ile Aras'a kadar olan araziyi işgal ederek keza Erivan istikametini tehdid etmek ve bu suretle en kuvvetli bir varlık olan Kars kalesi muharebesini yaparken Ermenileri zaif yakalamak.

İşte son vaziyete göre ilk planım özetle budur. Kars'ın işgaline muvaffakiyetle Arpaçayı'na yani 93 hududumuza kadar olan bölgeye hâkim olundu. Sonrası Bolşeviklerle Gürcülerin vaziyetine göre devam olunur. Soğanlı Dağları, Yeni Selim hattı, Kars gibi üç mühim muharebe yapacağımızı evvelki seneki tecrübemizden ve arazinin tabiatından çıkarıyorum. Bunlardan bilhassa Kars tel örgülerinin ve tahkimatının kuvvetli pek çok olması itibariyle en çok ehemmiyetli ise de bundan evvel hırpalayacağımız Ermeni ordusuna karşı kesin manevra ile düşüreceğimize ümidim fazladır. Kars kalesine çatmak en büyük bir gaflettir. Elde birçok seyyar aşiret alayları bulunduğundan Kars'la Ermenistan arasını vurmak ve bu esnada kuvvetlerimin büyük bir kısmı ile Kars'ın doğu ve kuzey doğusundan vurmak suretiyle Ermenileri şaşkınlık içinde perişan edebileceğime itimadım tam. Tabii Kars muharebesinin kat'î şeklini Ermenilerin hareket tarzı tesbit edecektir. Kars muharebesi Eremin harbinin ikinci safhası olacak, son safhası da Gümrü doğusundaki muharebe olacaktır. Evvelki seneki tecrübelerimin gösterdiği safha budur. Bu görüşlerimi Erzurum Kongresi zamanı Mustafa Kemal Paşa hazretlerine de izah etmiş ve nihayet bir buçuk ayda Ermenilere kat'î hakimiyetimizi temin edebileceğimi kuvvetle isbat etmiştim. Ermenilere karşı muvaffakiyetle hareket yapabileceğimi Mustafa Kemal Paşa da kabul ettiğinden vakit vakit bu güzel neticenin husul arzusunu gösteriyorlardı. Mayıs'tan evvel harekâtın tehlikesi örneği ile sabit olduğundan bugünler artık birliklerimizi hudutlara sürmeye başlattım. Artık Ankara millî hükümetimiz teşekkül etmiş, Bolşevik orduları da yardım olarak en az gürcüleri durdurup İngilizlerin Batum'dan içerilere hareketine mâni olduğundan hareket için bekleyecek başka şeyimiz yoktur. Fakat canımı sıkan bir şey varsa 18 Nisan'daki teklifime 22 ve 23'deki teklifime rağmen henüz Mustafa Kemal Paşa'nın cevap vermemesidir. Bunun için aşağıdaki tesirli tekidi yaptım:

Erzurum
26.4.1336

Ankara'da Büyük Millet Meclisi Riyâseti'ne,

1. Nasip Bey Yusufbeyli'nin riyasetindeki Azerbaycan kabinesinin düşmesi, Azerbaycan ile Bolşevikler arasında münasebet-i ticariye teesüsüne tarafeynce muvafakat edildiğinin haber alınması, Derbend'de toplanan Bolşevikler kıtaat-ı muntazamasına mensup ileri kıtaatın Azerbaycan hududu üzerine bulunması ve istihbarat-ı muhtelifeye nazaran Azerbaycan hükümetinin Bolşevikleri hüsn-i istikbale karar verdiğinin anlaşılması şimdiye kadar meşkûk olan Azerbaycan vasiyetinin şekl-i kat'îsini almak üzere olduğunu göstermektedir.

2. Kolordunun tahşidine başlandı. İki hafta nihayetinde hitamı memuldür. Tahşidatın hitamından sonra uzun zaman intizar halinde kalmaklığımıza vaziyet-i iaşemiz müsait değildir. Gerek bu müsaadesizlik ve gerekse Bolşeviklerin Azerbaycan ve Gürcistan dahiline doğru harekete iptidariyle

zuhur edecek ahval-i âtiye karşısında emr-i vâkilere maruz kalmamak mülâhaza-i mehimmesi Bolşeviklerle bir an evvel temas etmek lüzumunu teşdid etmektedir. Suret-i arz teklif edilen esas dairesinde talimat-i askeriyenin hemen îsâline müsaade edilmesini tekrar arzederim. Meclis-i Millîce verilecek kararın asgarî zaman zarfında ve bütün işlere takdimen itasını ve Meclis-i Millî'ce bir karar vermek mahurlu addediyorsa vatan ve milletin hayat ve mematı olan son fırsatı kaçırmamak için serbesti-i harekâtımıza müsaadelerini istirham eylerim.

3. İşbu maruzatımın vusulünün iş'arına müsaadeleri müsterhamdır.

15. Kolordu Kumandanı
Kâzım Karabekir

82. İSMET BEY'İN ERKÂN-I HARBİYYE-İ UMÛMİYYE RİYASETİ'NE TAYİNİ

Bugün İsmet Bey'in Genel Kurmay başkanlığına tayini tamimi geldi:

15. Kolordu Kumandanlığı'na,
Büyük Millet Meclisi'nin 25.4.1336 günü celsesinde Edime meb'ûsu Miralay İsmet Beyefendi'nin ittifak-ı âra ile Erkân-ı Harbiyye-i Umûmiyye Riyâseti'ne intihab ettiği tamim olunur.

Büyük Millet Meclisi Reisi
M. Kemal

Birliklere tamim ettim. İsmet Bey'e şunu yazdım:

Erzurum
26.4.1336

Ankara'da Erkân-ı Harbiyye-i Umûmiyye Reisi
İsmet Beyefendi'ye,

Arz-ı tebrikât ederim. Ve Erkân-ı Harbiyye-i Umûmiyye Riyasetine tâyininizi bir beşaret ve ordumuz için bir fal-i hayır addederim. Kemal-i samimiyetimle gözlerinizden öperim.

15. Kolordu Kumandanı
Kâzım Karabekir

27'de istediğim cevap geldi:

Ankara
26.4.1336

15. Kolordu Kumandanı Kâzım Karabekir Paşa Hazretleri'ne,

Gayet mühim ve müstecaldir.

Zâta mahsustur.

Bakû'ya gönderilecek hey'et-i askeriyeye verilecek tâlimât-ı âlilerinde tâdil edilen mevad bervech-i zîr arzolunur:

1. Emperyalist hükümeti aleyhine harekâtı ve bunların taht-ı tahakküm ve esarette bulunan mazlum insanların tahlisi gayesini istihdaf eden Bolşevik Ruslarla tevhid-i mesâî ve harekâtı kabul ediyoruz.

2. Bolşevik kuvvetleri Gürcistan üzerine harekât-ı askeriyye yapar veyahut takip edeceği siyaset ve göstereceği tesir ve nüfuzla Gürcistan'ın da Bolşevik ittifakına dahil olmasını ve içlerindeki İngiliz kuvvetlerini çıkarmak üzere bunlar aleyhine harekâta başlamasını temin ederse Türkiye hükümeti de emperyalist Ermeni hükümeti üzerine harekât-ı askeriyye icraasını ve Azerbaycan hükümetini Bolşevik zümre-i düveliyesine idhal etmeyi taahhüt eyler.

3. Evvelâ millî topraklarımızı taht-ı işgalinde bulunduran emperyalist kuvvetleri tard ve âtiyen emperyalizm aleyhine vuku bulacak mücadelât-ı müşterekemiz için Kuva-yi dâhiliyemizi taazzuv ettirmek üzere şimdiden ilk taksit olarak beş milyon altının ve takarrür ettirilecek miktarda cephane vesair vesati-i feniyye-i harbiyye ve malzeme-i sıhhiyenin ve yalnız şarkta icra-yı harekât edecek olan kuvvetler için erzakın Rus Sovyet Cumhuriyeti'nce temini lâzımdır. Müzayaka-i mâliyemiz malûm-ı âlileri olduğundan İstanbul ile kat'-ı alâka edilmesinden dolayı Dersaadetten para celbi de kabil olmadığından vilâyatın varidat-ı mahalliyeleriyle temin-i idareleri

müstahayyeldir. Gönderilecek hey'et Azerbaycan hükümeti nezdinde teşebbüsat-ı lâzımede bulunarak mühim olan muvanetin hattâ istikrazın icraasına da sarf-ı mesaî eylemesi münasiptir efendim.

Büyük Millet Meclisi Reisi
M. Kemal

18 Nisan tarihli teklifim dört madde idi. Birinci maddesi aynen kabul edilmiş, ikinci madde Gürcistan ve Azerbaycan hükümetlerinin Bolşevik idaresini kabul etmesi hakkındaki fıkralar çıkarılmış, üçüncü madde tamamen çıkarılmış, dördüncü madde üçüncü olmuş ve istediğimiz para 5 milyon lira olarak tesbit olunmuş. Esas aynıdır. Daha kısa ve para meselesinin kesin olması iyidir. Yalnız başı ve bitimi bir teklif şeklinde olmadığından bunları da ben ilave ettim. Trabzon'da emir bekleyen hey'etimizle halen yola çıkarılmak üzere 3. Fıkraya şifreyle bildirdim. Bunu Büyük Millet Meclisi Başkanlığına da şöyle yazdım:

Erzurum
28.4.1336

Büyük Millet Meclisi Reisi Mustafa Kemal Paşa Hazretleri'ne,

Trabzon'dan hareket edecek hey'ete talimat-ı lâzime vermekle beraber Türk Komünist Fırka'na âtideki mektup ve teklifnâmeyi imza-yı âlileri ile gönderdim. Yalnız sehven unutulan serlevha ile bir de âtimeyi ilâve ettim ki aynen bervech-i zîrdir: Serlevha: Türkiye Büyük Millet Meclisi'nin Moskova Sovyet Hükûmeti'ne birinci teklifnâmesidir. Hatime de: Temini rica olunur. İhtiramat-ı faika ve hissiyat-ı samimanemizin kabulünü rica eyleriz.

15. Kolordu Kumandanı
Kâzım Karabekir

28 Nisan'da aldığım şifre şudur:

Ankara
28/4/1336

15. Kolordu Kumandanı Kâzım Karabekir Paşa
Hazretleri'ne,

26/4/1336 tarihli şifre vasıl olmuştur. Teklif buyurduğunuz talimat sureti badettadil 26.4.1336 tarihinde takdim kılındı. İstihzarata devam buyurulması arzolunur. Hududu tecavüz husûsundaki kararın behemahal buradan tebliğ kılınacağı tabiîdir, efendim.

Büyük Millet Meclisi Reisi
M. Kemal

Bu emir de iyi. Fakat düşünülmeyen mühim bir nokta var. Mustafa Kemal Paşa hazretlerinin nasıl olup da hatırlamadığına hayret ederim. Kendileri artık resmen bütün milletin ve hükümetin reisi oldular. Bir seneden beri millî birliği tutan ve istilâlara mâni olan bu kere de mühim bir askerî harekete başlayacak olan benim mevkiim ne olacaktır? Umumî Harb'de ordu kumandanlık vekâletini yaptığım gibi kendi yerlerine ordu müfettiş vekili tayin olundum. Asaletim kararlaştırılmışken kendilerine hürmeten bunu reddetmiştim. 21 Ocak'ta yani daha üç ay önce Mustafa Kemal Paşa'nın bizzat ilan ettiği millî planda 3. Kolordu, 13. Kolordu, 15. Kolordu benim emrimde olarak doğu ordusunu teşkil edecekti. İki kolorduluk bir kuvveti yalnız bugünkü 15. Kolordu teşkil etmekte bulunduğundan komşu 3. ve 13. Kolordular emrime verilmese bile yine bir doğu cephesi teşkil olunmalı ve artık bir ordu kumandanlığı mevki selâhiyeti bana verilmelidir. Başak türlü hareket nasıl olur? Askerî her türlü mülâhaza bunu icab ettirdiği gibi içeriye ve dışarıya karşı siyasî her türlü mülâhaza bunu emreder. Genel Kurmay Başkanlığı mevkiî kolordulara ve hatta ordulara bile âmir bir durumda iken İstiklâl Harbi'nin hazırlanan ikinci devrinde işe başlayan Albay İsmet Bey'in Genel Kurmay Başkanlığı'na geçtikten sonra bu vaziyeti düşünmemiş ve teklif etmemiş olmasına pek ihtimal de vermek istemiyorum. Bunu kendi tayininden dahi evvel hatırlaması en birinci vazifedir. Ben şöyle beklerdim ki Mustafa Kemal Paşa, başkanlığa geçer geçmez bir senelik Millî Mücadele arkadaşlarına meclisin selâm ve teşekkürünü bildirir ve İsmet Beyin Genel Kurmay Başkanlığına geçmesi ile aynı zamanda bilhassa millî planda vaziyetlerimiz tesbit olunan benim ve Ali Fuat Paşa'nın vaziyetlerini de düzeltirler. Şimdiye kadar bu olmadığı gibi hazırlıklara devam buyuru İması emrinde de bunun görülmemesi, yarın hududu aşma emrinde dahi unutulması ihtimali gösterdiğinden aşağıdaki teklifi yaptım.

Haberleşmelerimiz için Millî Savunma veya Genel Kurmay Başkanlığı merci gösterilmemiş ve meclis başkanlığı cevap vermekte bulunduğundan Başkumandanlık sıfatının da yeni tarz hükümetimize göre burada bulunduğu anlaşıldığından o makama hitab ettim:

Erzurum
28.4.1336

Ankara'da Büyük Millet Meclisi Riyâset-i
Celilesi'ne,

Zâta mahsustur

Harekâta iptidar olunduğu takdirde Trabzon mıntıkasında bulunan 3. Fırka dahil-i memlekette ahval ve vaziyetin icabatına göre müstakillen icra-yı harekât edecek, şark harekât-ı muhtemele ve mukasavveresini 911. ve 12. fırkalarla kıtaat-ı merbuta ve aşiretlerden teşkil edilecek kıtaat yapacaktır. Binaenaleyh emir ve kumanda ve sevk ve idare husûsunun teshil ve maksada göre ifâsının temini için 3. Fırka'nın harekâtiyla dahil-i memleket ve geri hidametına ait bilumûm vezaifin doğrudan doğruya 15. Kolordu kumandanı sıfatiyle Miralay Kâzım Bey tarafından tanzim ifâ olunması ve şark harekâtının da şark cephesi kumandanlığı nâmıyle tarafımdan şavk ve idaresi hidematın icrası nokta-i nazariyle beraber hareket edecek kuvvetlerle sahil tarassuduna memur olanların nizam-ı harblerine düşmanlarımızın muttali olamaması vezaif ve istihzaratın şimdiden bu suretle ifâsına başlanılmış olduğunu ve fakat işbu husûsatın pek mahrem tutulup yalnız evrak-ı âdideyi Kâzım Bey'in nâmına diye imzaya başlamış olduğunu arzeylerim.

15. Kolordu Kumandanı
Kâzım Karabekir

Kâzım Bey müstahkem mevki kumandanı idi. Müstahkem mevki işi sınırlı, halbuki benim işim pek ziyade olmasına rağmen kurmayımda başkan vekili olarak Binbaşı Mustafa Bey'le 9. Fırka kurmayı Binbaşı Fahri Bey her iki işe bakmak üzere bulunuyor. Bunun için müstahkem mevki işini de kolorduya aldırdım. Ve normal evrakı Kâzım Bey vasıtasıyla yürütmeye başlattım.[17]

Gidecek subaylarımıza da şu vazifeleri verdim:

Yapacakları propaganda: 23 Nisan 1920'de Ankara'da Büyük Millet Meclisi'nin açıldığı, umum milletin bu meclise samimi bağlı olduğu, memleketimizin her hali pek iyi, milletin maneviyatı pek yüksek.

Anlayacakları şeyler:

a) Bolşeviklerin İngilizler hakkında siyasî ve askerî maksad ve gayeleri nedir?

b) Türkiye'yi şimdiki vaziyetinde nasıl görüyorlar? Bizimle askerî ve siyasî ve İktisadî nasıl bir münasebet kurmaya meyillidirler?

---

17 Teklifime cevap alamadım. 18 Mayıs'ta artık harekâta başlamak için bir daha bu teklifi yaptım. Evvelâ bunun düşünülmediğini zannetmiştim. Hatırlattığım halde cevap verilmemesini benim kolordu kumandanlığında bırakılmaklığım gibi haksız ve yolsuz bir düşünce ile olduğunu ve buna hasis düşüncelerin saik olduğunu esefle anladım.

c) İngilizlerin sadık uşağı olan ve şimdi içerisinde bir çok Denikin ordusundan ve İngilizlerden subay bulunan ve Denikin kolordusu demek olan Ermenistan'ın hali ve geleceği için ne düşünüyorlar.

d) Kafkasya'da ne kadar kuvvetleri vardır? Bolşevik donanması kuvveti. Hazer Denizi doğusundaki hareketin mahiyeti nedir?

e) Gürcistan'ın durumu nasıldır? Bolşeviklerin bunlar hakkındaki düşüncesi.

Azerbaycan'da tesir: Azerbaycan'ın Ermenilerle muharebeye devamı ve behemahal Nahcivan'daki kuvvetimizle birleşmeleri ve bu suretle iki kardeş hükümet arasında mâni bırakılmaması.

Teklifle birlikte Bakû'daki Türk Komünist Fırkası'na orada bulunan bildiğimiz arkadaşlara buna dahil şunu yazdım:

Erzurum
28.4.1336

Bakû'da Türk Komünist Fırkası'na,

1. İstanbul'dan kaçıp kurtulan bir çok kıymetli meb'ûslarımızla ikinci defa umûm memalik-i Osmaniye'den intihab olunan mabûsların hey'et-i mecmuasından müteşekkil Büyük Millet Meclisi 23 Nisan 1336'da Ankara'da iki yüze karip mevcut ile teyemmünen ve merasim-i fevkalâde ile açılmış ve bütün vükelâ-yı milletin ittifak-ı tammiyle Mustafa Kemal Paşa Büyük Millet Meclisi Riyaseti'ne intihab olunmuştur.[18]

2. 5 Nisan 1336 tarihli raporunuz 12 Nisan 1336'da alınarak buradan şifre ile Ankara'ya yazılmıştı. (27.4.1336) Hey'et-i muhteremeniz ve o vasıta ile Moskova'ya acilen îsâl olunmak üzere şifreli telgrafnâme ile gelen teklifnâme mesafenin uzaklığı ve zamanın darlığı hesabıyla Trabzon'da 3. Fırka kumandanı Miralay Rüştü Bey'e şifre ile tebliğ ve Büyük Mil-

---

18 10 muhalif rayi yazmayı muvafık bulmadım.

let Meclisi tarafından memuriyeti tasvib ve icra buyurulan Mümtaz Binbaşı Ali Rıza Bey'e tevdian Batum tariki ile irsan kılındı. Gerek Ali Rıza Bey'in memuriyeti ve gerekse îsaline memur olduğu evrâk-ı mühimine fırka komutanlığı tarafından mühr-i resmi ile tasdik olunmuştur. Moskova'da Sovyet karargâhına gidip müstakbel için mufassal müzakerelerde bulunmak üzere Ankara'dan bir hey'et-i mahsûsa hazırlanmaktadır. Fakat mesafenin uzaklığı ve serî vesaitin noksanı hasebiyle gecikecektir.

3. Raporunuzdaki para mes'elesine cevaben Büyük Millet Meclisi Azerbaycan hükümeti nezdinde teşebbüsat-ı lâzimede bulunarak mümkün olan muavenet-i nakdiyenin icrası ve hattâ istikraz akdi husûsunun teminini hey'et-i muhteremelerinden rica eylediği bildirilmektedir.

4. Zamanın kıymet ve ehemmiyet-i fevkalâdesine binaen bir ân evvel merci-i âlisine iblâğ olunarak tekarrür edecek netayicden ve bilhassa Bolşeviklerin harekât zamanından bizi âcilen haberdar etmeyi([19]) hassaten rica ve cümlenize arz-ı hürmet ve muhabbet olunur.

15. Kolordu Kumandanı
Kâzım Karabekir

3. Fırka'ya verdiğim talimat şudur:

Erzurum
28.4.1336

3. Fırka Kumandanlığı'na,

Zâta mahsustur.

---

19 28 Nisan öğleden sonra saat 2'de Bolşevik ordusunun Bakû'ya girdiğini 1 Mayıs'ta haber aldık. Yani daha biz teklifimizi yapmadan Azerbaycan'da Bolşeviklik ilân olunmuş. Eğer 18'deki teklifime derhal cevap gelse idi bu hareket muayyen bir şekil olurdu. Bakû'nun Bolşevikler tarafından işgali üzerine Batum üzerinden yol kapandı. 5 Mayıs'ta ayrı mektup yazdım. Nahcivan üzerinden gönderdim.

1. Bolşeviklerle temas ve tevhid-i mesâi hakkında büyük Millet Meclisi'nden mevrud teklifnâme ve kolordudan Türk Komünist Fırkası'na yazılan tahrirat suretleri zîrdedir.

2. Bu teklifnâme ve tahriratı Bolşeviklerin selâhiyettar karargâhına kadar îsâl ve bu hususta tafsilât-ı lâzime itâ eylemek ve alınacak cevaplar ve bize lâzım olan sair malûmatı hamilen avdet etmek gibi mukadderatımızla alâkadar pek mühim işler için 7. Alay kumandanı Binbaşı Ali Rıza Bey'den münasibini bulamadık. Binaenaleyh Ali Rıza Bey'le intihab edilecek diğer bir zabit bu muharreratı hâmilen hemen hareket etmelidirler. Zaman-ı hareketlerinin ve kimin intihab edildiğinin iş'ar buyurulmasını rica ederim. Azimet ve avdetleri vesair masrafları için lâzım gelen para fırka kasasından tesviye edilmelidir.

3. Muharrerâtın sûretleri fırkanın resmî kumandanlık mührü ve imzanızla tasdik ve Ali Rıza Bey'le refikine bu memuriyete nasıpları hakkında yine fırkadan vesika itâ edilmesi ve her türlü ihtimale karşı mumaileyhimanın pantalon, gömlek gibi eşyalarına resmî mühürün basılması isabet ve tebeyyün-i hüviyetleri için lâzımdır.

4. Ali Rıza Bey âtideki talimata tevfikan hareket edecektir. Gerek bu talimatın ve gerek Büyük Millet Meclisi teklifatnâmesinin ve Türk Komünist Fırkası'na yazılan tahriratın birer suretleri ihtiyaten Rıza Bey'in refikine dahi verilmelidir.

5. Ali Rıza Bey'e ait talimat şudur:

a) Bakû'da Halil Paşa'nın dahi dahil olduğu Baha Sait, Doktor Fuat, Küçük Talât Beylerle ahiren bu taraftan geçen erkân-ı harp Mustafa vesair zabitandan mürekkep bir Türk Komünist Fırkası teşekkül etmiş ve Bolşeviklerle tesis eyledikleri irtibat hakkında bize mufassal malûmat vermişlerdi ki bunların suretini 3. Fırka'dan alıp mütâlâa edersiniz.

b) Bu muhaberat üzerine Büyük Millet Meclisi'nden gelen teklifnâmenin suretini ve Türk Komünist Fırkası'na yazılan bir tahriratı 3. Fırka size bildirecektir.

c) Bu teklifnâmeyi Türk Komünist Fırkası delâletiyle bizzat sizin bolşeviklerin mümkün olduğu kadar en ziyade selâhiyettar bir karargâh veya hey'etine tevdi eylemeniz lâzımdır.

d) Görüştüğünüz zevattan münasip olanlara teşkilât ve kudret-i milliyenin azametini anlatmanız meselâ Büyük Millet Meclisi'nin 23 Nisan 1336'da Ankara'da ve bütün Türkiye'nin aynı günde iştirâk eylediği merasim-i fevkalâde ile küşad edildiği ve Bursa vilâyeti dahilinde İngilizlerin teşviki ile zuhur eden mahallî ve Denikin misali isyanların bastırıldığı ve isyancıların imha edildiğini, Adana ve Mersin'deki Fransızlar Kuva-yi Milliyye tarafından sıkıştırıldığı ve Antep civarında ve Maraş ile Urfa'dan Fransızların kamilen tardedildiği Kuva-yi Milliyye'nin Irak ve Suriye'deki Araplarla sıkı münasebette bulunduğu ve bunların da İngiliz ve Fransızlara karşı hal-i isyanda olduğu ve Türklerle tevhid-i harekât kararında bulundukları vesaire gibi ahval-i dâhiliyemiz hakkında güzel havadisler vermeniz muvafıktır.

e) Kolordularca bilinmesi en ziyade matlûp olan husûsat şunlardır: Bolşevikliğin maksad ve gaye-i umûmîsini Azerbaycan lisaniyle yazılan talimatın mütalâası ile anladık ise de Kafkas Dağları'na gelen Bolşevik ordularının gerek Kafkas Dağları'nın cenubundaki eski Rusya ve İran ve Irak ve daha cenuptaki İngilizler hakkında siyasî ve sevkülceyşî maksat ve gayeleri nedir? Türkiye'yi hal-i hazır vaziyetinde nasıl telâkki ediyorlar? Bizimle siyasî, askerî ve İktisadî nasıl bir münasebet tesisine mütemayildirler? İngilizlerin küçük bir uşağı olan Denikin kolordusu olup halen bir çok İngiliz ve Denikin zabitleriyle ordusunu tensike çalışan Ermenistan'ı nasıl telâkki ediyorlar? Ve âtisi için ne düşünüyorlar? İran'a, Irak'a ve buralardan Hindistan'a ve Mısır'a karşı bir hareket-i cesime-i sevkülceyşîye ihzar ve tasavvur ediyorlar. Böyle bir hareket mutasavver ise bunu hangi kuvvet ve ordularla yapmak fikrindedirler? Bolşevikler donanmasının kuvvetiyle nerelerde olduğu ve Bahr-i Elazer şarkındaki harekâtın şekil ve mahiyeti ve nerelere kadar dayandığı, Gürcistan ahval-i dahiliye ve siyasiyesine dair malûmat alınmalıdır.

Gerek Büyük Millet Meclisi'nin teklifnâmesinde ve gerek bu talimatta zikredilen husûsatın ehemmiyet ve müstaceliyeti ve mukadderatımıza olan şiddetle alâkası hasebiyle uzun zaman teehhüre tahammülü yoktur. Tarihî ve vatanî olan bu vazifenin asgarî müddet zarfında ifasiyle avdet eyleminiz müsellef olan fedakârlığınızdan intizar eylerim Komünist fırkasına yazılan tahriratta muharrer olduğu veçhile Azerbaycan'ın bize nakden yapacağı muavenet ve ikraz edeceği para hakkında mezkûr fırka ile müştereken Azerbaycan hükümeti nezdinde teşebbüste bulunarak keyfiyetin müsmir bir neticeye îsâlini rica ederim? Bakû ve Rusya dahilinde ikametiniz temadî etmese bile istifadesi mümkün olan her türlü vasıtaya müracaat ederek mesaînizden ve Azerbaycan'ın yeni kabinesinin vaziyeti efkâr-ı umûmiyenin ne halde olduğu hakkında bizi avdetinizden evvel haberdar ediniz. Hattâ teyyare ile Hasankale'nin şarkına Azerbaycan veya Bolşevik teyyarelerinin gelebileceği hakkında icabedenlerin nazar-ı dikkatini celbediniz. Bütün Türklüğün ittihad-ı gayesi Harb-i Umûmî nihayetinde husul bulmak ve Türk kardeşler birleşmek fırsatına nail olmak üzere iken fırsat kaçırılmış idi. Tarihin bugün bize tevcih eylediği son fırsatın kaçırılmaması ve İslamiyetin ebedî bir hicrana sürüklenmemesi için Karabağ'da Ermenilere karşı yapılmakta olan harekâtın gevşememesi ve bilâkis daha azim ve şiddetle takip ve idamesi ve bilhassa bizim tarafımızdan yapılacak harekâtın başlangıcına kadar Ermenilerin meşgul edilmesi lüzumunu Azerbaycan mehafil-i aidesine tebliğ ve isbat ediniz. Baha Sait Bey mektubunda kendisinin başkomutanlığından bahseylemişti. Bir fırka-i siyasiyeden ibaret olan mahdud zevat arasında başkumandanlık tâbiri hüsn-i tesir yapmadı. Bu cihete Baha Sait Bey'in nazar-ı dikkatinin celbolunması ve İstanbul'dan gönderildiği bahis olunan mukavelenâmenin kendi nâmına imza edilmesinden Mustafa Kemal Paşa'nın haberdar olmadığı, binaenaleyh böyle bir mukavelenâme varsa muteber olamayacağı ve umûm milletin karar ve iradesine istinaden Bolşeviklere karşı yapılan ilk teklifin bu kere gönderilen teklifnâmeden ibaret olduğunun Baha Sait Bey'e anlatılması.

15. Kolordu Kumandanı
Kâzım Karabekir

22 Nisan 1920 tarihli Takvim-i Vekayi'de Kurmay Albay Hacı Hamdi Bey'in Trabzon vilayetine tayini hakkında irade-i seniye bulunduğunu ve İstanbul gazetelerinin de neşrettiği halbuki bir gün evvel görüşürken İstanbul'un vereceği hiç bir vazife-yi kabul etmeyeceğini bildirdiğinden tahkikata devam olunuyor. İcap ederse derhal tutuklanacağını 3. Fırka Kumandanı Rüştü Bey bildirdi. 3. Kolordu Kumandanı Selahattin Bey'den gelen 27 tarihli şifrede "İstanbul'da Nemlizadelerden Salim imzalı ve 20 Nisan tarihli Samsun'da birisine hususî bir vasıta ile gelip okunan bu mektubunda Hacı Hamdi'nin Trabzon valiliğine tayin olunduğunu, Samsun'a da bir mutasarrıf geleceğini, millî hareketin şimdiki şeklinin devlete zararlı olduğu ve hükümetin bu sahillere yerleşecek git gide içirilere nüfuzunu genişleteceğini" bildiriyor. Hacı Hamdi münhal bulunan Kolordu Askerlik Şubesi başkanlığına istedim. Vaziyeti Millet Meclisi Başkanlığına ve 3. Kolordu Kumandanlığı'na da bildirdim. Hacı Hamdi Bey Trabzon'da kalabalık ve ticari mevkii olan Nemlizadelerin damadıdır. İstanbul'dan bir Nemlizade de Samsun'a bundan haber verdiğine göre daha önceden bu işin hazırlandığı anlaşılıyor. Hacı Hamdi'nin fırka kumandanı Rüştü Bey'e söylediği şudur: "İstanbul Hükümeti ile Anadolu'nun anlaşması lazımdır. "Benimle de görüşmek istemiş. Halbuki vaziyeti öğrendikten sonra icab ederse İstanbul'a gidip hükümetle de görüşeceğini söylemiş. Erzurum'a gelebilmesi için Rüştü Bey bu tarzda muvafakat etmiş([20]) İstanbul Hükümeti sahillere emin adam-

---

20 Hacı Hamdi Bey esasen Harb-i Umûmî nihayetlerinde kolordumda fırka kumandanı idi. Pek kaba sofu görünür. Fakat bütün madunları, aleyhinde bazı hasis hallerinden şikâyet ettikleri gibi,

lar göndererek ve emin gördüklerini iş başına getirerek Kuva-yi Milliyeye karşı Trabzon-Samsun sahillerini hareket üstü yapmak istediği anlaşılıyorsa da vaziyeti anlayanlar daha çok ve kuvvet elimizde olduğundan ehemmiyetli bir mesele görmüyorum. Esasen lâzım olan tedbirler de yapılmıştır.

27 Nisan 1335 tarihli Moskova Vestnik telsiz-telgraf istasyonunun 135 no.lu tebliğidir:

1. 1 Mayıs bizim amele bayramımızdır. Ve meserretli işleri izhar eden günümüzdür.

vaziyeti kavramaz ve daima her şeye itiraz eder ve esasen de bu hallerinden dolayı Yakup Şevki Paşa'nın kolordusundan benim kolorduya naklen gelmişti. Ermeni harekâtı esnasında benim kolordudan da açığa çıkarılmış ve emekli yapılmıştır. Bu zâtın İstanbul Hükümetinin kafasında ve onunla işbirliği yaptığını anladığımızı ve Trabzon'da bir şey yapamayacağını da anlayınca Erzurum'a diye harcirahını da aldığı halde 19 Mayıs öğleden sonra Değirmendere cihetinde tenha bir yere yanaşan bir İngiliz sandalı ile İngiliz torpidosuna kaçmış ve İstanbul'a gelmiştir. Bu torpido 19 Mayıs'ta İstanbul'dan Trabzon'a gelmiş ve evvelce Trabzon kontrol memurluğunda müstahdem İngiliz mülâzımı Babvel Erzurum'daki Rawlinson'a üç sandık getirmiş, sandıkların üzerinde bir paket memurlarımız tarafından açılınca İstanbul'un fetva, beyanname, hatt-ı hümâyûndan ibaret matbu varakaları görülecek gizlice alınmıştı. Bu İngiliz subayının sokaklarda tesadüf ettiği çocuklara da üzerindeki beyannâmelerden dağıttığı görülerek memurlarca toplanmıştı. İşte bu teğmen efendi bu marifeti yaparken Hacı Hamdi bunun geldiği sandala atlayarak torpidoya kaçıyor. Trabzon'un ve doğu vilâyetinin akibeti meydanda ve bizler bunu kurtarmakla meşkul iken bir Trabzon evladı ve milletin Erkân-ı Harbiye Miralaylığına çıkardığı bu adamın fermanı da geldi. Ve revabıtlı işaretle mahrecine iade ettirdim. Bu adam 9 Ağustos 1336 tarihiyle İstanbul'dan bana mektup yazıyor ve İstanbul Hükümetiyle anlaşmak için arabuluculuk yapacağını bildiriyor! Bunu mütalâtımla birlikte Erkân-ı Harbiyye-i Umûmiyye Riyâseti'ne bildirdim. 3 Eylül 1336'da kayıtlıdır. Bu mektubu gazetelerde neşrettirerek kendisini teşhir ettim. Hacı Hamdi'nin vilâyet vekâletine tâyini entrikasını görünce Vali Hamit Bey'in Meclis-i Millî'deki vazifesine gitmeyerek valilikte kalmasını 29 Nisan 1336'da Büyük Millet Meclisi Riyâseti'ne de teklif etmiştim. 13 Mayıs'ta aldığım bir şifrede "Hamit Bey'in tavır ve muamelesi kendisinin işten çıkarılmasını zarurî kılmaktadır," diye Mustafa Kemal Paşa tarafından bildirilmesi üzerine vilâyet vekâletini kendi arzuları üzerine Rüştü Bey'e devir zarureti oldu. Bu Tafsilât da günlerinde kayıtlıdır.

2. Bütün dünya avamı 1 Mayıs'ta sermayeye karşı harbe girişecektir. Amele bu bayram gününde Burjuvazi ve Emperyalizmin son mikroplarını temizliyorlar.

3. Komünizm açlıktan ve zahmetten bugünde halâs buluyor. Ve amele sınıfları arasında komünizm tevessü ediyor. 1 Mayıs'ta komünizm bütün beşeriyete meserret ve saadet serpecektir.

4. Amele ve köylüler Kolçakla Denikin'i silâh vasıtasıyla tamamen mahvetmişlerdir. Onların istediği Çarlık, balta ve çekiç ile ezilmiştir.

5. Zenginler "kudret sermayededir" iddiasında bulunurlar, komünistler de "kudret Cenab-ı Allah'a ve mükâfatı çalışanlara ait olmalıdır" diyorlar.

6. 1 Mayıs bayram gününü hatırlayınız ve garp cephesini unutmayınız.

7. Bütün dünya işe arz-ı tabiiyet edecek ve cihan işe ait olacaktır.

8. Açlığa ve soğuğa karşı zabt-u raptlı mesaî ile darbeler lâzımdır.

9. Tamir gören lokomotifleri 1 Mayıs'ta selâmlayınız.

10. Serbest komünistler, 1 Mayıs'ta bir halk teşkil ediyorlar.

11. 1 Mayıs'ta bütün dünyada kırmızı amele bayrağı temevvüc edecek ve bu bayraklar altında binlerce, milyonlarca ümmet içtimâ eyleyecektir.

12. Londra'dan bildiriliyor. Son zamanlarda zuhur eden asayişsizlik ve intizamsızlık kesb-i şiddet etmiş ve Fransa'nın Belfur şehrinde müsademeler olmuş, inkılâpçılar tarafından 82 polis karakolu tahrib edilmiştir.

13. Büyük Millet Meclisi'ne, kolordulara, Refet ve Kâzım Beylere, vilâyetlere ve 15. Kolordu kıtaatına arz ve tamim edilmiştir.

15. Kolordu Kumandanı
Kâzım Karabekir

İbret alınacak bir hâdiseyi de tamim ettim:

Erzurum
28.4.1336

Selâbet ve muhabbet-i diniyenin pek kıymettar bir misali olan âtideki vak'a aynen arz ve tamim olunur.

1. Çürüksu'da bir Gürcü taraftarı İslâm ölmüştü. Cenazeyi kaldırmak üzere imamı çağırdılar. Ahali imamı menettiler ve ilâveten: Cenaze sahiplerine haber gönderde Gürcü keşişlerini çağırsınlar. İslâm toprağında Gürcüler için bir hakk-ı kabule ve bu hakkı müdafaa eden bir adama Çürüksu toprağında yer yoktur. Cenazeyi Azurkensi'ye götürüp orada gömsünler dediler. Altı gün cenaze kaldırılmadı. Halkın müsaadesini istihsal için ricaya gelen akrabalarını da Gürcü taraftarı bir aileye mensubiyetlerinden dolayı tekfir ettiler... Vak'a büyük heyecan içinde cereyan ediyordu. Bu ağır ve haklı muamelelerden bir hiss-i intihab duyan dindaşlarına yalvararak rica etti ve istiğfar-ı zünup için müsaadeler diledi, nihayet halk kabul etti. Aile efradına kâmilen abdest aldırdı, tövbe, istiğfar ettirildi; tazeden Müslüman oldular ve ancak bundan sonra cenaze merasimi lâzime-i diniye ile kaldırıldı. Bu müessir vak'adan sonra Gürcü tarafları İslâmlara kâmilen tecdid-i iman ettirildi ve artık Çürüksu'da bir tek Gürcü taraftarı bile kalmamış, İslâmlığın ikbal ve tealisi gayesi büsbütün kuvvet bulmuştur.

2. Millet Meclisi Riyâseti'ne, kolordulara, 15. Kolordu kıtaatına ve vilâyetlere arz ve tamim edilmiştir.

15. Kolordu Kumandanı
Kâzım Karabekir

83. FEVZİ PAŞA'NIN ANKARA'YA VARIŞI

Fevzi Paşa'nın Ankara'ya muvasalatı hakkında şu tamim geldi:

Telgraf

Umûm Kolordulara,

İstanbul'un vaziyet-i elimesi karşısında orada herhangi suretle vatan ve millete hizmet ihtimalinin kalmadığını gören Harbiye Nâzır-ı Sabıkı Fevzi Paşa hazretlerinin milletin istihlâs-ı mevcutiyet emrindeki mücahedatına fimabaad Anadolu'da iştirak eylemek üzere büyük mezahim ve mehalik ihtiyariyle Dersaadet'ten mütenekkiren salimen Ankara'ya muvasalat buyurdukları tebşir olunur. 28.4.1336

Büyük Millet Meclisi Reisi
Mustafa Kemal

Fevzi Paşa'nın Ankara'ya gelmesinden çok memnun oldum. Kuvvetli bir arkadaş daha kazanılmış oldu. Beni ziyade memnun eden diğer bir husus da Mustafa Kemal Paşa'nın hakkında kullandığı lisandı. Beş ay evvel Sivas'taki vaziyetleri ne acıydı. Benim samimi idarem olmasa idi bugün yüz yüze gelmeyecek bir halde kalacaklardı. Fevzi Paşa uysal ve mütevazi olduğundan Mustafa Kemal Paşa da artık mevkiini kanunî müeyyidelerle almış olduğundan aralarında uyuşmazlık olmayacağını pek kuvvetle zannederim.

Fevzi Paşa'ya şunu yazdım:

Erzurum
29.4.1336

Ankara'da Harbiye Nâzır-ı Sabıkı Fevzi Paşa
Hazretleri'ne,
Telgraf.

İstanbul'un esir ve mülevves olan muhitinden kurtularak sine-i millete din ve vatan selâmet ve istihlâsı uğrundaki mücahedeye iştirak buyurmaları pek büyük bir fahir ve sürürü badı oldu. Arz-ı hürmetle muvaffakiyetinizi Cenab-ı Hakk'dan tazarru eylerim efendim.

15. Kolordu Kumandanı
Kâzım Karabekir

Fevzi Paşa ile kimlerine geldiğini de Genel Kurmay Başkanı İsmet Bey'den sordum. Beş jandarma subayı, bir yedek istihkam subayı, Van Meb'ûsu Haydar, Hakkari Meb'ûsu Mazhar Müfit Beylerin geldiklerini, kurtulup gelebilenlerin maalesef yok gibi olduğunu bildirdi. Meb'uslar yeni intibahla telâfi olunabilir. Fakat subay meselesi mühimdir. Şimdiye kadar İzmit yolundan başka Marmara sahilleri ve Karadeniz'in yakın yerleri ufak yelkenli kayıklar için de müsaittir. Fevzi Paşa, İsmet Bey gibi ricalimizin İstanbul'da bir senedir pek çok şeyler yapmış olduklarını zannediyordum. İsmet Bey'in "kurtulup gelebilenler" kaydından endişe ettim. "İstanbul'dan Anadolu'ya kaçabilen kişilerin selâmetini ve İstanbul hakkındaki istihbaratın tedarikini emniyetle temin eden kanal var mıdır?" sordum. Gelen cevap: "İstanbul ile bağlantı kurulması ve İstanbul'dan geleceklerin emniyetle getirilmesi için Kuşçulu ve Kandıra'da müfrezelerimiz ve teşkilâtımız vardır. Ancak İzmit, Adapazarı ve Sapanca havalisi halen isyan bölgesi içinde olduğundan şimdilik Kandıra'dan emniyetle Geyve Boğazı'na gelmek kabil değildir. Adapazarı ele geçerse bu imkan hasıl olacaktır. İstanbul ile ve Avrupa ve haberleşme için Antalya'da bir merkez vardır. Buraya gelen İtalyan vapurları vasıtasıyla ve emin adamlarla İstanbul ve Avrupa'ya evrak göndermeye ve aynı suretle buralardan bilgi almaya çalışıyoruz. Sonuç henüz yeterli değildir." Bunu Genel Kurmay Başkanı İsmet Bey yazıyordu. Yani esaslı çeşitli kanallar yok diyordu. Ben bu hususu İstanbul hadisesinden evvel de yazdım, buna büyük ehemmiyet verilmesini rica etmiştim. Bir kumandan, bir âmirin sorumluluk bölgesi içindeki halkın anlayış ve kabiliyetini ve ne gibi hallerde ne gibi şeyler olacağını vaktinden önce bilmesi vazifesidir. Olayları çıktıktan sonra herkes görür ve onlara göre çareyi de pek çok kişi bulur. Gerçi bazı hadiseler olur ki bunları önceden görmek mümkün olmaz, bu hadiseler ancak belirsiz ve o anda vücut bulmuş sebeplerin tesiri altında çıkmış şeylerdir. İşte Millî Meclis İstanbul'da toplanmadan Ankara'da bugünkü teşebbüsü yapsa idik, bütün Anadolu'nun aleyhimize ayaklanacağı önceden görülecek bir hadise idi. Sebep belli hadise de bellidir. Hiç bir tesir altında olmayarak serbest düşünce ile her hakikati basiretli insanlara açıklar. Bunun gibi İstanbul'da meclis toplandığı zaman bir felâkete maruz kalacağını da evvelden gördüğümüzden kıymetli kumandan, kurmay ve subayların ve fen adamlarının felâketten önce savuşması ve kalacaklar için İstanbul'da ve birçok yollarda gizli teşkilat olması vaktinden önce görülmüş ve teklif olunmuştu. Neler yapıldı, teferruatlı bilmiyorsam da teşkilâtın pek zayıf olduğunu Genel Kurmay yazmaktadır. Pek mühim olan bir vaziyet İzmit yolunun kapalı bulunmasıdır.

İstanbul'da bu kadar tecavüzlere rağmen bu halkın ayaklanması acaba evvelden görülmeyen sebeplerin doğurduğu hadiseler midir? Bölge halkının huyları bilinerek vaktiyle telkinlerle teşkilâtla, kuvvetle velhasıl mümkün olan her vasıta ile bununu önüne durulamaz mı idi? Hiç değilse basit ve tesirsiz bir sarsıntı halinde kapatılamaz mı idi? Gelen haberler pek iyi değildir: Bolu havalisinde dahi Kuva-yi Milliyye aleyhdarlığı pek ziyade imiş, 24. Fırka kumandanı Mahmut Bey -20. Kolordu kumandan vekili diye bir çok muhaberelerde bulunan iyi bir kumandan- dört subayla pusuya düşerek şehit olmuşlar. İki tabur, bir batarya, bir süvari bölüğü esir olmuş. Trabzon meb'usu Kurmay Binbaşı Hüsrev Bey yirmi erle Bolu hükümetini ele almaya gitmiş! Esir düşmüş, işkencelere maruz kalmış...

Hadiseler mühim olduğu kadar tedbirler de yarım. Madem ki evvelinden görülmemiş, hiç olmazsa esaslı bir kuvvet ve esaslı tedbirlerle hadiseler defedilemez mi idi?

Benim bölgemde de müthiş gizli işler ve kışkırtmalarla sürekli uğraşıyordum. Meselâ 29 Nisan'da Trabzon'da İstanbul'un fetvaları torba torba elde edildi. Bunları getiren bazı gafil vatandaşlarımız olduğu gibi İngilizler de yapıyordu. Sansürlerde hayli gizli mektuplar yakalıyorduk. Tabii elimize, kulağımıza gelmeden bir çok şeyler de geçiyordu. Ele geçenlerin tesirini gidermek için yapılan tedbirler diğerlerinin de tesirini yok ediyordu. Meselâ Erzurum meb'ûsu Ziya Bey'in Erzurum müftüsü Sadık Efendi'ye yazdığı mektupta "İstanbul'da her şey tabii halindedir. Değişmiş bir şey yoktur. Velvele yapanlar, Anadolu'ya kaçanlar İttihadcılar, bu gibi yaygaralara ehemmiyet vermeyin" diyerek Ankara'ya aleyhdarlık ve İstanbul hükümetine taraftarlık uyandırmaya çalışan bir mektuba karşı şu tedbir bu mektubu ve bunu gibileri söndürüvermiştir. Müftü Sadık Efendi'ye İstanbul'dan Sebilürreşat gazetesi de gelirdi. Şapiroğrafla bu gazetenin içine şöyle yazdık: "İstanbul'da esiriz, İngilizler Meb'ûslar Meclisi'ni süngülerle dağıttı, kıymetli bir çok insanlarımızı hapis ve sürgün ediyorlar. İstanbul'dan gelen fetvalara ve mektuplara inanmayınız, bunları süngü altında zorla yazdırıp imzalatıyorlar. İslâmlığın ve Türklüğün ümidi ve istikbali hür olan Anadolu'dur. Milli hükümet ancak milleti kurtaracaktır. Ümit Allah'dan ve sizlerden, bu ikazımızı bizi korumak için gizli tutunuz". Gazetenin adres kağıdı ve posta pul ve damgası aynen olduğu halde yine posta vasıtasıyla kimse hissetmeden müftü efendiye verdirirdik. Müftü efendi esasen ilk Erzurum Kongresinde bizimle beraberdi. Bugünkü vaziyette tabii ne tarzda anlatılırsa fetva öyle verebilirdi. İşte ertesi gün bu gazetenin içindeki yazılarımızı gizlice, emin olduklarına okumuş, göstermiş. Bunu safiyetle bana anlattılar. Ben de hayretle Sebilürreşat'tan Allah razı olsun, ne iyi adammış dedim ve Ziya Bey'in mektubu hadisesini ve karşı yayınlarımızı Millet Meclisi Başkanlığı'na bildirdim.

Bunun gibi vakit vakit münasip tamimler dıştaki olaylar hakkında bilgi, sürekli çevreyi aydınlatmak ve uyarmak, halkın hoşuna gitmeyen hallerden kaçınmak, mevkiinde hakkı olanın hakkını vermek gibi icraat halkın sükûnet ve takdiri için çok lüzumlu işlerdir. Meselâ parlamaya müthiş istidadı olan Kürtler hakkında evvelce de yazdığım gibi bunların aşiret subaylarının kanunî maaşlarını vermek, sürekli uyarmalarda bulunmak ve gözlerinde mevkiimin saygıya değer ve daima hak ve hakikatin çıkacağı bir varlık olduğunu göstermekten geri kalmadığımdan bu mühim günlerimizde endişe etmiyordum. Onlar da biliyorlar ki herhangi haksız ve maksadsız bir hadisenin şiddetle cezalandırılması muhakkaktır. Esasen vaktinden önce olacak işi haber alabiliriz. İç yayınlardan başka dışa karşı ne yaptığımızı ve ne yapacağımızı sürekli yayınlamak da gerekirdi. Aksi halde düşmanlarımız millî harekâtımızı bazı şahıslar peşinde([21]) takılmış bir takım ayaklanmalar şeklinde cihana göstererek kıymet ve ehemmiyetten düşüreceklerinden şu teklifi yaptım:

Erzurum
29.4.1336

Büyük Millet Meclisi Riyâseti'ne,

Türkçe gazetelerimizde ne yazsak dünyaya bir şey anlatmak gayr-ı mümkündür. Herhalde yevmî veya haftalık bir Fransızca gazete neşriyle müdafaa-i milliyede bulunmanın

---

[21] Pek yazık ki millî emeli sonunda riyakârlık ile bir şahsın halâskârlığına ve harekat-ı milliyeyi de bu halaskarın emir ve iradesi şekline sokmak gafletinde bulunanlar, yine çok yazık ki, o halaskar yad ettiklerinin yani Mustafa Kemal Paşa'nın hoşuna gittiğinden -es- bab-ı ruhiyesi yerinde yazılmıştır- sulhün akdinden sonra daha ziyade riyakârlıklar yaptılar.

faideli olacağını ve böyle bir gazete neşrine kadar Kuva-yi Milliyye ve Anadolu Mektupları ünvaniyle lisana aşina zevatın kalem-i ihtisasından çıkma bir silsile-i mekâtibin mütemadiyen Avrupa'ya ve hassaten Paris'e yetiştirmenin faideli olacağı maruzdur.

15. Kolordu Kumandanı
Kâzım Karabekir

29'da şu şifreyi aldım:

Ankara
28/29.4.1336

15. Kolordu Kumandanı Kâzım Karabekir Paşa Hazretleri'ne,

İstanbul'dan daire-i intihabiyelerine avdet etmekte olan bazı meb'ûsların Kuva-yi Milliyye aleyhinde hafi tahrikat icrası için Ferit Paşa ile teşrik-i mesaî ettikleri istihbar kılınmıştır. Bu meyanda Gümüşhane meb'ûsu Zeki Bey Trabzon dahilinde icra-yı faaliyet etmek üzere İstanbul'dan hareket etmiştir. Duçar-ı tecavüz olan milletvekilleri Meclis-i Meb'ûsân reisi tarafından Ankara'da içtimaa davet edilmiş ve düşman esaretinden tahlis-i nefs edenler de peyderpey Millet Meclisi'ne iltihak etmekte bulunmuş olduklarından Zeki Bey'in de buraya gelmesi icab edeceğinin mumaileyhe tefhimi ve gelmekten imtinaı halinde tavır ve hareketinin sıkı tasarrud altına alınarak halkı ifsada teşebbüsü halinde der'akap tevkifi ile hakkında derdest-i tebliğ olan hiyanet-i vataniye kanunudur, tatbîki esbabının istikmâli mercudur.

Büyük Millet Meclisi Reisi
Mustafa Kemal

85. GÜMÜŞHANE MEB'USU ZEKİ BEY HAKKINDAKİ EMİR

Dikkate ve düşünmeye değer bir emir! Millî hükümet kuruldu, artık bilhassa bu gibi mühim işlerin merciini meydana çıkarmak ve işi o kanaldan görmek uygun olmaz mı? Bir meb'ûsu cihet-i askeriye nasıl gözetleme altına alacaktır? Trabzon valisine emri ben mi vereceğim? Yoksa vilâyetten hariç olarak takibat mı yapacağız? İçişleriyle meclis reisi ve onun emriyle bir kolordu kumandanı mı meşgul olacak? Eğer ahval müstesnadır deniliyorsa derhal teklifim veçhile bir doğu cephesi kumandanlığı teşkil olunur ve bölgemdeki valiler de emrime verilir. Böyle bile olsa bir meb'ûs için meclis reisi nasıl bir kumandana emir verir?(²²) Her ne ise emir verilmiştir. Henüz Millet Meclisimizin bir haftalık hayatı olduğundan Zeki Bey'i arattım. İstanbul'dan çıkmış; maksadı beni gördükten ve durum hakkında görüştükten sonra Ankara'ya gitmek üzere Trabzon'a gelmekmiş. İnebolu'ya uğradığı sırada yakalanıp muhafaza altında Ankara'ya sevkolunmuş. Zeki Bey Erzurum Kongresinde Gümüşhane delegesi idi. Mustafa Kemal Paşa mirliva üniforması ve Hazret-i Padişahın yaveri kordonu ile başkanlık kürsüsüne çıktığı zaman, "Paşa, üniformanı ve kordonlarını çıkar da öyle gel" diyerek Mustafa Kemal Paşa'yı sivil elbise giymeye mecbur etmişti. Daha sonra "Sivas Kongresi kararları Erzurum Kongresi kararlarıyla

---

22   Bu yolda aykırı emir ve ricalar tekrarlanmış ve maatteessüf aleyhime işlenmiştir. Vukuat sırasiyle görülecektir. Zeki Bey'in mes'ul edilecek bir şeyi bulunmamış, kendisi ikinci Millet Meclisi'nde dahi Gümüşhane meb'usu olup daima Kemal Paşa'ya muhalif vaziyette kalmıştır.

çatışmıştır. Ne hakla Erzurum Kongresini Sivas Kongresi yutuyor" diye en hararetli müdafaa eden bu zat olup bana yazmıştı ki: "Erzurum Kongresini mürekkebi kurumadan silinmesi ilerisi için endişelerimize sebep oluyor."

İşte Mustafa Kemal Paşa'ya karşı ilk ve kuvvetli bir muhalif yüz gösteren bu meb'ûsun gözetlenmesi ve tutuklanarak vatan hainliği ile suçlanması gibi sırasiyle ağırlaşan cezaya çarptırılmasını Mustafa Kemal Paşa emrediyordu.

Millet meclisi teşekkül edeli işlerin çokluğundan mı yoksa mercilerin karışmasından mı esaslı bilgi alamıyorduk? Gerçi dış bölgeleri ve bilhassa Rusya olaylarını ben doğudan telsiz telgrafla, gazetelerden ve Batum yoluyla haber alarak Ankara'ya bildiriyordum. Fakat İstanbul'dan gelen arkadaşlarımız, İstanbul'da mühim mevkilerde olduğu gibi Ankara'da da en mühim ve bu işlerle alâkadar mevkileri işgal etmişlerdi. Mercilerin ve vazifelerin artık tesbit olunması lüzumunu düşündüğüm şu sırada Meclis Reisi Mustafa Kemal Paşa imzasıyle 9. Fırka kumandanı Halit Bey'e([23]) şifre geldiğini ve Halit Bey'in de cevap verdiğini haber aldım. Teğmen İsmail Hakkı Efendi bir kaç ay önce bana haber verilmeden Kemal Paşa tarafından Halil Bey'den fedai subay olarak istenilmiş, Halit Bey de yine benden habersiz izinli göstererek bu zabiti göndermişti. İstanbul işgaline kadar İstanbul'da kalmış olan bu subayın([24]) harcırahını ve birliğinde kalan alacaklarının gönderilmesi hakkında Mustafa Kemal Paşa şifre ile Halit Bey'e emir veriyor; Halit Bey de hesap veriyor ve diyor ki: "İsmail Hakkı Efendi'nin Erzurum'dan ayrılması ile Ankara'ya gelmesi arasında geçen zaman bir meşru mazerete dayanmadığı takdirde kendisine karşı itimadımın sarsılacağını arz ve tahkik ederek neticenin bildirilmesini rica eylerim."

Bundan başka 17 Mart 1920 tarihli Halit Bey'in Oltu'da Yusuf Ziya Bey'e -yukarılarda ismi geçmişti. Umûmî Harb'de ordumuzda yedek binbaşı idi. Tebriz'de ordumuz tarafından bazı

---
[23] 341'de mecliste öldürülen Halit Paşa.
[24] Muhafız taburu kumandanı olan İsmail Hakkı Efendi'dir.

teşkilâta memur edilmiş Azerbaycanlı biridir. Şimdi de irtibat için gelmiş Oltu'da çalıştırıyordum- yazdığı şifrede "Hey'et-i Temsîliye yüz bin Osmanlı lirası karşılığı parayı Azerbaycan'dan istemektedir. Osmanlı kağıt parası olarak özel kişi vasıtasıyla sağlanmasını ve ne yapıldığının bildirilmesini rica ederim." diyor. Mustafa Kemal Paşa Sivas'ta iken artık Halit Bey'le muhabere etmeyeceğine namusu üzerine söz vermişti. Biri "Hey'et-i Temsîliye diğeri de Büyük Millet Meclisi Reisi imzasiyle devam eden haberleşmelerine teessüfle hayret etmemek mümkün değil. Ben bu şifreyi bizzat hallettim ve buna göre tertip ettiğim şifre anahtarını Halit Bey'e verdim ve kaybetmişsiniz, şifrelerinizi böyle muhafaza ederseniz, diye bir ders verdim. Ve şifrelerin nasıl kapatılması hakkında da ihtarda bulundum, teessüfümü Kemal Paşa'ya da yazacağımı anlattım. Mustafa Kemal Paşa Hey'et-i Temsîliye nâmına diye yaptığı -söz vermesine rağmen- ve bana haber vermediği muhaberelerinden sarf-ı nazar ediyorum; fakat artık Millet Meclisi Reisi sıfatiyle muhabere pek çirkin oluyor, işitenlere fena tesir yapıyor. Kendisine şunu yazdım:

Erzurum

29 Nisan 1336

Büyük Millet Meclisi Reisi Mustafa Kemal Paşa

Hazretleri'ne,

Mülâzım-ı evvel İsmail Hakkı Efendi'nin harcırahı hakkında taraf-ı samilerinden 9. Fırka kumandanı Halit Bey'e gelen 26 Nisan 1336 tarihli bir şifre muhteviyatına aynen muttali oldum. Esasen bütün mıntıkam dahilindeki cereyanların dış ve iç yüzünü öğrenmeye saik olan mecburiyetle, İsmail Hakkı Efendi'nin de suret ve maksad-ı seyahati ve Halit Bey'le olan ilk temas ve rabıtasının şekli ve bundaki müessiratı teferrüatiyle öğrenmiş idim. Hatırnişan-ı devletleridir ki, madun makamatla muhaberenin muayyen olan mahzurlarından dolayı Halit Bey'e malûmat-ı âcizi haricinde evamir itâ buyurulmamasını zât-ı samilerinden mükereren istirham eylemiş idim.

Halit Bey'e de tebligat-ı lâzimede bulunarak mumaileyhden de söz almış idim, ki bununla her şeyin fevkinde bir esas olan itimadı ve emniyet-i mütekabilenin her veçhile tezelzülden masun kalması emniyesine hizmet edilmiştir. Pek sevdiğim Halit Bey'in şayan-ı takdir bir çok evsafı olmakla beraber gerek madun ve mafevkleri ve gerekse ahali arasında komitecilik ile de şöhreti vardır ki her halde hal-i hazır kumandanlarımızı ve tesanüt düsturuna dayanan saî-yi müşterek usulümüzü bu gibi şaibelerden mutlaka uzak bulundurmağa vatanî bir mecburiyet vardır. Bu ahval ve tesirat ile beraber şimdi zât-ı devletleri Büyük Millet Meclisi'nin riyaseti gibi yegâne bir mevki-i bülendi ihraz buyurmuş olmaları itibariyle bittabi muhteviyatına hiç kimsenin vakıf olmayacağı şifre ile küçük kumandanlarla re'sen ve bilâ vasıta muhabere buyurmaları maiyetlerinden ve telgrafhanelerden başlamak şartiyle bir çok dedikodulara ve binnetice riyâset-i celîle makamını bazı mahzurlu evsaf tahtında göstermeye saik cereyanlara bâdi olabilir. Bu nıkat itibariyle bir hakikat-i vicdaniyeden mülhem olan maruzatımdan sonra bu usul-i muhaberenin lâyık olduğu mecrayı itimad ve emniyete ircaı ve her ne emir buyurulur sa ve madunlarından ne arzu edilirse makam ve şahsiyetimin bunda en salim bir güzergâh olarak ittihaz buyurulmasını ve bunca umur-ı âzime ile meşgul bulunulduğu bir devirde ıztırap ve teessürat-ı mâneviyeye bâdi olabilen müessiratın zeval-i kat'îsini istirham ile pek mümtaz olan hürmetlerimi teyiden arzeylerim.

15. Kolordu Kumandanı
Kâzım Karabekir

Şu cevabı aldım:

Ankara
30.4.1336

15. Kolordu Kumandanı Kâzım Karabekir Paşa
Hazretleri'ne,

Zâta mahsus

C. 29.4.1336 Şifreye,

İsmail Hakkı Efendi mes'elesi pek eskiden Halit Bey'le vuku bulmuş husûsî bir muhabereden neş'et etmişti. Bu muhabere hükmünü ıskat edecek safahatın tevalisinden sonra mumaileyh İstanbul'un işgali üzerine çıkagelmiş ve muhassesatı mevzu-ı bahis olmuştur. En büyük emniyet ve itimad zât-ı âli-i biraderîlerine olduğu o kadar tabiîdir ki bu mes'ele bir ân bile mevzu-ı bahis olamaz. Muhabere ve münasebet husûsu da zât-ı âlinizin akdemce vuku bulmuş iş'arınızdan sonra tekerrür etmemiştir. İhtimâl bazı tebrike mümasil telgraflar teati kılınmıştır. Emir buyurursanız İsmail Hakkı Efendi dahi iade olunabilir. Rencide-i kalb olmamanızı samimiyet ve hürmetlerimle arz ve rica eder, gözlerinizden öperim kardeşim.

Büyük Millet Meclisi Reisi
Mustafa Kemal

Husûsî ve samimî yazılan bu şifrede göze çarpan noktalar İsmail Efendi'ye artık lüzum kalmamış olması, İstanbul'dan henüz geldiğinden tahsisatının söz konusu olması ve bunun da Büyük Millet Meclisi Reisi Mustafa Kemal Paşa'nın imzalamasıdır. Değil bu makamda, ordu kumandanı iken, hatta kolordu kumandanı iken bile bir subayın tahsisatı için yazılacak şeye imza koymuşlar mıdır? Bu gibi şeyleri kurmay başkanları veya müsteşarlar imza eder! Paşa yazıyor ki: "İhtimal bâzı tebrikler gibi telgraflar karşılıklı çekilmiştir." İhtimal değil bu muntazam olmaktadır. Ve ben bununla ilgili değilim. Meselâ 18/19 Nisan 1920'de Kemal Paşa bana şu şifreyi yazmıştı: "9. Kafkas Fırkası Kumandanı Halit Bey'den Miraç tebrikini havi bir telgraf alındı. Kendisinin Oltu'ya gittiğini biliyorduk. Fakat döndüğünden haberimiz yok. Ne vakit gelmiştir, ne iş görmüştür, bildirilmesi rica olunur." Görülüyor ki maksat Halit Bey'le, maddî, manevî teması kayıp etmemektir. "En büyük emniyet ve itimat siz yüksek kardeşimize olduğu o kadar tabiîdir ki" cümlesi bir hissin tesiriyle yazılmış gibidir. Ben doğuda sorumlu bir kumandanım. Tabiî olarak itimat rütbe sırasına uymayı emreder ve bunun söylenmesi teselliye sebeb değildir. Her ne ise ben yetkime ve mevkiime karşı vazifemi yapmak ve kendimi göstermekten vazgeçmemekle beraber nasıl ki şimdiye kadar Mustafa Kemal Paşa'yı başımıza geçirmeye çalıştımsa şimdiden sonra da samimî tutmaya çalışacağım. Ümit ederim ki o da artık benim fazla sıkıldığımı istemez.([25])

Büyük Millet Meclisi Padişah'a hitaben yazdığı beyan-nâmesinin doğu âlemine iletilmesi ve Orenburg İslam hükümetine hitaben yazılan telgrafın mahalline gönderilmesi için 3. Fırka'ya 3 Nisan 1920'de şifreli telgrafla emir verdim:

15. Kolordu Kumandanı Kâzım Karabekir Paşa Hazretleri'ne,

Atideki telgrafnâmenin mahalline îsâliyle inhasını rica eylerim. 29.4.1336.

Büyük Millet Meclisi Reisi
Mustafa Kemal

Orenburg Hükûmet-i İslâmiyesi'ne,

Ankara'da müteşekkil Büyük Millet Meclisi yeni bir dindaş ve kardeş hükümet olarak Orenburg hükümetinin teşkili haberine sürür ile muttali olmuştur. Meclisin müttefikan verdiği karara tabaan yeni hükümetinizi kemâm-i samimiyetle tebrik eder ve bilcümle harekâtımızda muvaffaiyet-i subhaniyenin refik olmasını tazarru eylerim.

Ankara'da, Büyük Millet Meclisi
Reisi
Mustafa Kemal

---

25 5 Mayıs'ta Erkân-ı Harbiyye-i Umûmiyye'ye daha acı yazmak zaruretinde kaldım. Pek yazık, fakat devam ediyor.

86. BÜYÜK MİLLET MECLİSİ'NİN PADİŞAH'A HİTABEN BEYANNÂMESİ

Beyanname de şudur:

Halife ve Hakan Efendimiz,

İstanbul'un işgali ve bunu müteakip fecayi üzerine ve men'ini tedkik ve hukuk-ı saltanat-ı seniyelerini ve istiklâl-i millîmizi müdafaa ve temin etmek maksadıyla bu defa Büyük Millet Meclisi halinde içtimâ ettik. Anadolu'nun düşman istilâsında olmayan her köşesinden gelen ve millet tarafından selâhiyet-i fevkalâde ile terhis edilen meb'ûslar müttefikan ittihaz ettikleri bir karar ile sedde-i seniyelerine bazı hakikati arzetmeyi kendilerine bir vazife-i sadakat ve ubudiyet bildirler. Padişahımız, malûmat-ı seniyeleridir ki hanedan-ı saltanat-ı hümâyunlarının cedd-i mübecceli olan Sultan Osman tarih-i millîmizin mes'ut ve mütemeyyen bir gecesinde hatırası nesillerden nesillere intikal eden bir rüya görmüştü. Avrupa'nın üç kıt'a üstünde gölgesini sallayan ve altında yüz milyonluk bir âlem-i İslâm barındıran kudsî ağacından artık bütün dallar kesilmiş ve ortada yalnız muazzam bir gövde kalmıştır. O gövde Anadolu'nun gölgeleri çok derin gitmek üzere bizim kalplerimizin içindedir. Ecdad-ı kiramınız Rumeli'de kendi başına bir cihan olan kıt'aları feth ve istilâ ederken ordularını bu Anadolu topraklarında davet eder uzak memleketlerin büyük anahatlarını, askerî yollarını muhafaza ettirmek üzere yine Anadolu'dan davet ve celp ve en mühim noktalarına iskân ederlerdi. Bu halk kütleleri Bosna-Hersek ve Suriye içlerine kadar yayıldı. Basra Körfezi'ne indirildi,

Suriye, Filistin yollarında taraf taraf birleştirildi. Padişahımız: Tahtgâh-ı saltanat-ı seniyelerinin şeref ve bekası için Anadolu halkı asırlardan beri baba ocaklarından çok uzak harb yerlerinde ifna-yı hayat etmeyi kendisine en kudsî bir borç bilmiştir. Anadolu boşaldı, Anadolu viran oldu; fakat iklimlere uzanan hakanlarımızın şevket ve kudreti için her mihneti, her felâketi cana minnet bildi. O toprak ki Macaristan içerisinden Yemen Çöllerine kadar, Kafkas eteklerinden Basra'ya kadar koşan uzanıp giden namütenahi meşhedlerle muhattır. O meşhecilerin her yerden fazla şimdi hürriyet ve istiklâli için yeni bir harb mücahedesini yapan bu eski Anadolu yurdu Şevketli Padişahımız İslâmın her tarafta duçar-ı hezimet olan bayrakları gelip onun ufkunda toplandı. Onun ufuklarında kendine en çok penah-ı necatım aradı. İzmir istilâsı üzerine memalik-i şâhânelerinin en mamur, en mes'ut bir kısmı nasıl ateşlere yağma ve kıtallerle baştan başa harab oldu bilir misiniz? Hiç bir hakka istinad etmeyen ve milletimizi son yurdda duçar-ı esaret etmeyi emel eden bu vahşî akın üzerine kalb-i hümâyûnlarının duyduğu acı teessürleri cihan matbuatına bizzat tevdi buyurmuştunuz. İzmir işgali takip etti; sonunda yetiştiği millet binlerce seneden beri cihanın en muhteşem tahtlarına sultanlar yetiştirmiş ve hür yaşamış olan bir millet sıfatiyle bu hâl karşısında ne yapabilirdi? Padişahı elîm bir harp neticesinde ordularını kullanmaktan memnu ve mahrum gördüğü için kendi kendine silâha sarıldı ve nerede anavatan tecavüze uğramış ise oraya dinini ve milletini, namusunu kurtarmak için koştu.

Padişahımız Kafkasya'nın İslâm kahramanları babalarının ocaklarını kendilerinden göz göre kavi bir düşmana otuz senedir kadın, erkek müdafaa ettiler. Cezayir yirmi seneden beri bir devr-i şeamet yaşıyor. Zavallı Fas on senedir ki Fransız işgalini tanımıyor ve silâhını teslim etmiyor. Trablus bir avuç kahramaniyle aynı cidal içindedir. Bugün İslâm âleminin her bir köşesi silâhından tamâmıyla mahrum bir halde iken zulüm ve ziyanının boyunduruğunu atmak için isyan ederken Abbasî ve Fatımiye hilâfetlerinden Selçukî Türklerinden beri hemen bin yüz seneyi mütecaviz bir zamandır İstiklâl ve Hürriyet ve Din için gaza eden büyük milletiniz Asya'nın ve İslâmın âlemdarı diye cihanşümul bir şöhreti olan milletiniz halâsı canına susamış düşmanlarının merhametinden bekler. Şevketpenah efendimiz millî müdafaamızı mübarek makam-ı hümâyûnlarına karşı bir isyan suretinde göstermek ve halkı iğfal için mütemadi çalışan hainler var. Onlar milleti birbirine kırdırmak ve düşman fütuhatına yolu açık bırakmak istiyorlar? Halbuki vuran da vurulan da hep sizindir. Hepsi aynı derecede sadık evlâdımızdır. Millî müdafaamızı düşmanların bayrakları babalarımızın ocakları üstünden çekil inceye kadar terkedemeyiz. Her yeri bir büyük hakanımızın aşk-ı dinî ve âlisine mutantan mehip bir delil olan İstanbul mabedleri etrafında düşman askerleri öz vatanın toprakları üstünden yad adamların ayakları çekilmedikçe mücahedemizde devam etmeye mecburuz. Cenab-ı Hak analarının yurdunu koruyan halife ve hakanının şeref ve istiklâli için uğraşan evlâdlarımızla beraberdir. Kendi hükümetimizin idaresi altında bedbaht ve fakir yaşamak ecneb esareti bahasına nail olacağımız huzur ve saadete bin kene müraacahtır. Padişahımız kalbimiz hiss-i sadakat ve ubudiyetle dolu, tahtımızın etrafında her zamandan daha sıkı bir rabıta ile toplanmış bulunuyoruz. İçtimâin ilk sözü Halife ve Padişaha sadakat olup Millet Meclisi'nin son sözünün yine bundan ibaret olacağı sedde-i seniyelerine en büyük tazim ve huşu ile arzeder.

Büyük Meclis emriyle
Mustafa Kemal

Erzurum'da dahi bir çok nüsha bastırarak her tarafa dağıttırdım. Bu beyanname efkâr-ı umûmiyeye karşı iyi bir tesir olur; yalnız batının bir hayli yerlerinde ateş saçağı sarmış olduğundan bunu daha önce yapmak daha iyi olacaktı. Millet Meclisi'nin ilk ve son sözü halife ve padişaha sadakat **deniyor**. Halbuki bu padişah, Millet Meclisi âsilerden oluş**muştur** dedi ve hâlâ da diyecektir. Ve sözü alev almış veya olacak yerlere tesirli olacak ve Millet Meclisi'ni nazarlarda âciz gibi gösterecektir. Ne gibi hadiseler olacak, sulh ve istiklâle ne gibi şartlar altında kavuşacağız, kestirilemeyeceğinden son sözümüzü de şimdiden nasıl söylüyoruz. Herhangi bir veya bir kaç kimse padişahı şimdilik avutmak için diye herhangi bir vaadde bulunabilir. Fakat idrak ve hisce birbirine benzemeyen Millet Meclisi bunu nasıl söyler? Madem ki söyledi demek milletten aldıkları kuvvetli ve kat'î sebep bu imiş.[26]

29/30 Moskova telsizi Lehistan'ın sulh şartlarına karşı bir hitap idi. Mutad makamlara yazdım:

Lehistan'ın verdiği sulh şeraiti

Lehistan'ın dermiyan ettiği sulh şeraiti süngüler üzerine mevzu istibdad ve kapitalizmden başka bir şey değildir. Bu mevad Litvanya, Rusya, Ukrayna amele ve köylüleri için bir esaret-i kâmile taleb etmektedir ki, bunu arzu eden Lehistan hükümeti boyunduruğu altında kendilerine yeni jandarmaların icra-yı hüküm ve tesir etmek istediği milyonlarca halis Rus kavmi bulunmaktadır. Rusya ameleleri, köylüleri ve Kırmızı Ordu mensubîni Rus arazisini yakması ve harabezara çevirmesi için Leh zalimlerine teslim etmek ister miyiz? Denikin ve Kolçak gibi zalimlerin elinden tahlis ettiğimiz ve uğrunda o kadar kan döktüğümüz memleketimizi teslim etmek arzu eder miyiz?.. Hayır, bu mümkün değildir. Biz Lehistan'ın istiklâlini gözetmekle beraber Sovyetist Rusya ve Ukrayna'nın da istiklâlini düşünüyoruz. Kendi burjuvaları ve Leh hukukuna herhangi bir suretle taarruz etmek istemeyiz. Bu ciddi beyanatımıza hâl-i hazırda dahi bütün kuvvetimizle sadık bulunuyoruz. Alman militarizmi karşısında kendisini

---

26 Aynı Meclis, saltanatın lağvına ve İkinci Meclis de hilâfetin lağvına karar vermiştir. Ne gibi hadise ve saiklerle az zamanda bu mühim inkılaplar oldu Türk tarihinin en ufak teferrüatına kadar vesaike isti- nad ettirerek yapacağı münakaşa pek büyük merakla okunmaya değer. Ben hatıratımda bildiklerime ait olduğu günlere yazdım.

kurtardığımız Lehistan milletine karşı Sovyet murahhasları Brest-Litovsk'ta fikirlerini söylemişlerdir. Sovyet hükümeti Lehistan ile olan muamelâtında hiç bir veçhile hissiyat-ı hasmane göstermemiştir. Lehistan istibdad ve kapitalizmin askerî kuvvetleri vasıtasıyla Sovyet hükümetini, Beyaz Rusya'yı ve Litvanya'yı işgal etmelerine rağmen, bir çok seneler çar istibdadına karşı kendisiyle beraber çalıştığımız Lehistan hükümetine sulh teklif ederek hissiyât-ı dostane ve namuskâranemizi ishal ettik.

Fakat Varşova'nın istilâcı kafaları kendi arzularıyla bizi lekelenmeye mecbur ettiler. Amele ve köylüler ve Kırmızı Ordu kardeşlerimiz! Lehistan beyaz muhafızlarına hesaplarında aldandıklarını isbat etmekle muvazzafsınız. Biz Lehistan'ın istiklâlini tamdık ve tanıyoruz. Fakat kapitalizmin Rus amele ve köylülerini imha etmek ve Leh istibdadının Rus köylüleri arazisini gasbetmek husûsunda fikirlerini tanımıyoruz. Rus ve Ukrayna köylülerinin esir olmasını istemiyoruz. Biz sulh istemiştik ve istiyoruz. Fakat Sosyalizmin kırmızı bayrağını Varşova burjuvazisi önünde eğmeyeceğiz! Sovyetist Rusya Denikin ve Kolçak'a karşılarında bulunanların kim olduğunu ateş ve çelik harb ile gösterirken Varşova hükümeti Ukrayna'ya darbe vurmak istedi; Ukrayna ve Sovyetist Rusya'yı bir tehlike tehdit etmişti. Köylüler ve ameleler! Harb daha bitmedi. Leh yumrukları bütün kuvvetiyle tesire, bizi tehdit eden alevî tevsie gayret ediyor. Sosyalizm nokta-i nazarından en iyi muharipleri çağırarak yeniden bir seferberlik yapacağız. Bir ruhtan ibaret olan Komünistler! Amele ve köylü ordularının garp cephesindeki vazifesi henüz bitmemiştir. Kırmızı Ordu kardeşleri! Kırmızı bahriyeliler, Kırmızı kazaklar! Siz sulh hayatına kavuşmayı, tarlalarınızda çalışmayı ümid ediyordunuz. Fakat Leh zalimleri sizi hanelerinize dönmeye bırakmıyorlar ve sizi kendilerine esir etmek istiyorlar. Malûm ve meşhur olan kahramanlığınızı yeniden göstermeye mecbursunuz.

Kızıl Rusların Lehistan'la harb edeceği hakkında bu tebliğden kimse hoşlanmadı. Sonucu şüpheli olacağı gibi Kafkasya'da işi gevşeteceği ve sonunda Ermeni mezalimi altında inleyen vatandaşlarımızın kurtarılmasına-elviye-i selâse zaten bizimdi, Brest-Litovsk Muahedesi mubicince bize iade edildi. Battım Muahedesi ile de tayid olunmuştu. Matuf harekâtımıza tesir yapabileceği endişesi başladı.(27)

İstanbul hakkında on gün önce sorduğuma bugün şu cevabı aldım:

Ankara
29.4.1336

15. Kolordu Kumandanı Kâzım Karabekir Paşa Hazretleri'ne,

Müstaceldir:

C. 19 Nisan 1336 şifreye. Kabine bervech-i âti arzolunur. Sadnâzam ve Hariciye Nâzırı ve Harbiiye Nâzırı Vekili Ferit Paşa, Meşihat Dürrizade Abdullah Efendi, Bahriye Kara Sait Paşa, Maliye Vekili Reşat Bey (müsteşardır), Maarif Rumbeyoğlu Fahrettin Bey, Adliye Ali Rüştü Efendi, Müsteşar Sait Molla Bey, Dahiliye Şûra-yı Devlet Reisi Vekili Reşit Bey, Evkaf mütekait erkân-ı harp feriki Osman Rıfat Paşa, Ticaret ve Ziraat mütekait erkân-ı harp feriki Hüseyin Remzi Paşa (Nigehban Cemiyeti reisi), Nafia Operatör Cemil Paşa.

Büyük Millet Meclisi Reisi
M. Kemal

20 Nisan'da İstanbul'dan çıkarak 28 Nisan'da Trabzon'a gelen Yenidünya vapurunda Azerbaycan'a gitmek üzere zât işleri emrinde iki teğmen ile bir yüzbaşı ve padişah maiyetinde süvari bölüğünden bir asteğmen bulunuyormuş. Bunların İstanbul hakkında verdikleri bilgilerle gazetelerde görülen

---

27   Bu tesir Ankara'ya oldu, bu husustaki mühim muhaberelerimiz Mayıs'ın haftasından başlar.

mühim bilgiler, İstanbul vaziyetini ve İstanbul hükümetinin nelerle uğraştığını gösteriyor. Bu subaylar Azerbaycan'a nasıl gidebiliyorlar, hayrettir. İstanbul'dan kimse çıkamıyor deniliyor, bir taraftan pekala isteyenler herhangi bir vesile veya tarzda gelebiliyorlar. Bunları fırka 30 Nisan'da bildirdi. Bu subayları İstanbul'dan süvari yüzbaşısı Nihad Efendi isminde orduca şayan-ı itimad tanılan ırkan İslâm Gürcü bir subay gönderiyormuş.([28]) Subaylar da şayan-ı itimad imiş. Toplanan bilgileri 2 Mayıs'ta Büyük Millet Meclisi Başkanlığına bildirdim. Bize ne bilgi ve ne de ajans gelmediğine göre bilgi ve gazete alamadıkları anlaşılıyor.

30 Nisan'da 3. Kolordu Kumandanı Vekili Fikri imzasiyle şu bilgiler geldi: "26 Nisan 1920 sabah erkenden düşman iki zırhlı otomobil ve çok miktarda askerle Anteb'in kuzeydoğu istikametinden taarruz etmiş ve kasabanın hemen giriş ve çıkışını tutmuş olan Kuva-yi Milliyye'nin karşı koyması üzerine düşmana yirmi dört ölü ve pek çok yararlı verdirilmiş ve otomobilin birisini de siperlerimiz önüne bırakarak kaçmaya mecbur olmuştur." Ne garip vaziyet, bir tarafta millet hayatiyle...

---

28   Bu Nihat Efendi 1336 senesinde Kafkasya'ya firar etmiştir.

87. ÇOCUKLAR ORDUSUNU TEŞKİL

1 Mayıs: Öğleden evvel çocuklar ordusunu kutladık ve kutsadık. Dün teşkilâtını ve teçhizatını tamamlamıştık. Bugün resmen ilan ettim. Teşkilâta yaptığım tamimde vardır. Birinci Avcı Gürbüz Alayı'nın talim ve terbiyesiyle daha sıkı meşgul olarak diğer mekteplere numune olabilmek için alayın fahrî kumandanlığını ben üstlendim. Bu teşkilâtı bütün doğuya yaymaya ve sonra da bütün Türkiye'ye tamimini Büyük Millet Meclisinden rica etmek niyetindeyim.([29]) Tamim şudur:

Erzurum
1 Mayıs 1336

Birinci Avcı Gürbüz Alayı Fahrî Kumandanlığına,

1. 1 Mayıs 1336 günü Erzurum Çocuklar Ordusu'nun teşkilâtı yapılmıştır. Bu ordunun nizam-ı harbi şimdilik dört gürbüz alayından mürekkeptir. İsimleri leylî, iptidaî, askerî, kolordu sanayi takımları, tesviyeci, demirci ve kuyumcu sınıflarını havi alay mektebi, şimendifer mektebi ve ana mektebi gürbüzlerinden mürekkep ve mevcut-ı umûmîsi bin yüz gürbüz olan Birinci Avcı Gürbüz Alayı, yüz seksen mevcutundaki İkinci Sultanî Gürbüz Alayı ve yüz elli mev-

---

29 Doğuda 17 Çocuk Alayı teşkil ettim. Maateessüf zaferden sonra Ankara'da kimseye dert anlatamadım. Meclis-i Millî'nin muhalif fırka lideri olarak her milletin çocuk teşkilâtı hakkındaki malumatı anlatarak da uğraştım. Bu husûstaki zabıt ceridesinden söylediklerimi ve görüşlerimi o günkü hatıratımda yazdım.

cutundaki Dördüncü yeşil Bayrak Gürbüz Alayı'dır. Şehit evlâtlarından mürekkep olan Birinci Gürbüz Alayı'nın fahrî kumandanlığını bendeniz deruhde ettim. Sultanî Alayı'nın fahrî kumandanlığını Miralay Manastırlı Kâzım, Albayrak Alayı'nın erkân-ı harp binbaşısı Mustafa, Yeşil Bayrak Alayı'nın da erkân-ı harp binbaşısı Fahri Beylere tevdi edilmiştir. İşbu çocuklar ordusunun kumandası abd-i âcizîde bulunacak ve bu teşkilât kolordum mıntıkasının her tarafında tevsi olunacaktır.

2. Erzurum Çocuklar Ordusu alaylarına Kars kapısı medhali civarında bir talim meydanı intihab edilmiş, eşkâl ve levazımat-ı fenniyeyi havi olmak üzere bir de endaht poligonu tesis olunmuştur. Alayların talim ve terbiyeleri her hafta Cuma günleri toplu olarak hakiki top, makinalı tüfek ve tüfek üzerinde bilâmel ve tahta bomba ve süngü ile de takliden yapılmaya başlanmıştır.

3. Her alayın sancağı makamına birer Osmanlı bayrağı vardır. İptidailerden mürekkep Yeşil Alay'ın ise yeşil Osmanlı bayrağıdır. Alaylar tahta tüfeklerle mücehhezdir. Birinci Avcı Alayı'nın her türlü teçhizatı mükemmeldir. Bombaları tahtadır. Bu alayın gürbüzleri leylî kolordu mekteplerinde talim ve tedris edildiklerinden kışın terbiye-i münferideleri mükemmel bir hale getirilmiş ve mahir kızakçılar da yetiştirilmiştir.

4. Ayrıca manej, bisiklet, futbol, her türlü idman harekâtı vesair millî oyunlar da vardır.

5. Bütün Erzurum çocuklarında pek büyük bir şevk ve arzu uyandırmış olan bu teşkilât ve ilk defaki talimlerde çocuklarda görülen arasır-ı inhimak işbu hayırlı teşebbüsten çok feyizli semaratın iktitaf edileceğini göstermiş, tekâmül ve inkişafat-ı âtiyemiz için beslenen vatanperverane emel ve ümidler bu suretle bir kat daha kuvvetlenmiştir.

6. Büyük Millet Meclisi Riyâseti'ne, kolordulara, Trabzon ve Van vilâyet illerine Refet ve Kâzım Beylere ve bera-yı malûmat Onbeşinci Kolordu kıtaatiyle Çocuklar Ordusu fah-

rî alay kumandanlıklarına arz ve tamim edilmiştir.

15. Kolordu Kumandanı
Mirliva
Kâzım Karabekir

Öğleden sonra sahra topçusunun ders atışlarında bulundum. Bugün pek mühim olarak Bakû'nün 28 Nisan'da Bolşevikler tarafından işgali haberi geldi. 3. Fırka'dan gelen bu bilgiler şudur:

Dakika tehiri caiz değildir.

Soğuksu
30.4.1336

15. Kolordu Kumandanlığı'na,

1. Batum'da bulunan şayan-ı itimâd bir zât tarafından Hudud taburu vasıtasıyla zîrdeki gayet mevsuk malûmat gönderilmiştir:

a) Bolşevikler 28 Nisan 1336 Çarşamba günü saat 2 sonrada Bakû'yu işgal etmişlerdir.

b) İşgalden evvel İttihad Fırkası ile yerli Bolşevikler hükümete müracaat ederek, beş-altı saat mesafede bulunan Bolşevik kuvası Bakû'yu işgal edeceklerinden kuvayı mezkûreye karşı kat'iyyen mümanaat olunmaması haber verildi. Ve bu müracaat hükümet tarafından is'af edildi.

c) Bakû şehri sükûnetle işgal edilmiştir.

d) 29 Nisan 1336 tarihinden itibaren Batum'dan yalnız Gürcistan'a ren işliyor ve yalnız Gürcistan için vesika verilmektedir.

e) Batum Azerbaycan konsoloshanesi İngilizler tarafından kapatılmıştır. Konsolos Mahmut Bey dahi Tiflis'e gitmiştir.

f) Azerbaycan hükümeti Gürcistan hükûmet-i cumhuriyesine aynı suretle hareketi tavsiye etmiştir.

g) Azerbaycan'da İttihad Fırkası vaziyete hakimdir. Hükümet İttihad Fırkası'ndan olduğundan Bolşevikler hiç bir suretle dahilî işlere karışmıyorlar.

h) 4000 kadar Kırgız Bolşevik İslâm askeri Ermenistan üzerine harekete mühayyadır.

i) 30 tarihli İslam Gürcistan'ından: Gürcistan hükümeti seferberlik ilân etmiştir.

3. Fırka Kumandanı
Miralay
Rüştü

Bu bilgilerden kesin olduğu anlaşılan aşağıdaki maddeleri tamim ettim:

Erzurum
1.5.1336

1. 28 Nisan 1336 Çarşamba günü öğleden sonra saat ikide Kırgız Türklerinden mürekkep Bolşevik İslâm ordusu Bakû'ya dahil olmuş ve Azerbaycan millet, hükümet ve ordusu tarafından pek parlak tezahürat ve istikbâl ile karşılanmıştır.

2. Batum'daki Azerbaycan konsoloshanesi İngilizler tarafından kapatılmış ve konsolos Mahmut Bey Batum[1]dan Tiflis'e gitmiştir.

3. 29 Nisan 1336'dan itibaren Çürüksu'dan yalnız Gürcistan'a tren işlemektedir.

4. Büyük Millet Meclisi Riyâseti'ne, kolordulara, Trabzon ve Van vilâyetleriyle Erzincan mutasarrıflığına, miralay Refet ve Kâzım Beylere, 15. Kolordu kıtaatına arz ve tamim edilmiştir.

15. Kolordu Kumandanı
Mirliva
Kâzım Karabekir

Mühim olan cihet 29 Nisan'dan itibaren Batum'dan yalnız Gürcistan'a tren işlemesi ve yalnız Gürcistan için vesika verilmesidir. Bizim kuvvetlerimiz henüz hareket etmeden bu yolun kapaması can sıktı. Bir hafta önce Ankara'dan cevap gelmemesi şimdi zor işler açtı. 11 Fırka'dan Beyazıt-Nahcivan üzerinden iki subayla ve bir de Oltu kanaliyle Fransız şifre ile göndermek üzere hazırlığa başlattım. Ancak 5 Mayıs'ta hazırlık bitti. Telsiz tamimi:

Erzurum

1.5.1336

Moskova telsiz-telgraf istasyonunun 27 Nisan 1336 tarihli tebliği hülâsasıdır:

1. Hive'de Meclis-i Millî'nin resm-i küşadı mutantan bir surette icra olunmuştur. Hive hükûmet-i muvakkatesi reisi verdiği nutukta bütün beşeriyete nur-ı maarif neşreden ve hayatın en iyi tarzda cereyanım temin eyleyen Sosyalist hükümetini meth-ü sena etmiştir. Sovyetist Rusya'nın fevkalâde mümessili de buna karşı sovyetist hükümetin hive memleketi dahilinde maarif-i umûmiye için birkaç milyon rublelik husûsî bir ikraz da yapabileceğini cevaben beyan eylemiştir.

2. İran resmî gazeteleri Sovyetist Rusya ile derhal bir ittifak akdini musırren talep ve ilân ediyorlar.

3. Volga seyr-ü sefain idare-i umûmiyesi Volga Nehrindeki buzların tamamen çözüldüğünü ve seyr-ü sefere kâmilen salih bir hale geldiğini müteakip Perm'den üç milyon pot tuz ve Belbenuva'dan yarım milyon buğday naklini temin ve taahhüt eylemiştir.

4. Millet Meclisi Riyâseti'ne, kolordulara, Refet Bey'e, Kâzım Bey'e, Onbeşinci Kolordu kıtaatına ve vilâyetlerine arz ve tamim edilmiştir.

15. Kolordu Kumandanı

Mirliva

Kâzım Karabekir

Bugün 29 Nisan tarihli şu telgraf tamimi geldi:

15. Kolordu Kumandanlığı'na,

Nisan'ın yirmi yedinci Salı günü Ankara'ya teşrif buyurarak doğruca Büyük Millet Meclisine dahil olan Hariciye Nâzır-ı esbakı Fevzi Paşa hazretleri mufassal bir nutuk irad buyurmuşlardır. Mezkûr nutkun aslı meclis zabıtnâmesinde intişar edecektir. Hülâsası bervech-i âtidir. Mevki-i esaretten kurtularak milletin sine-i serbestisine ilticaya muvaffak olduğumdan dolayı Cenab-ı Hakk'a hamdeylerim. İstanbul'un işgali pek fecî bir şekilde icra edilmiş Onuncu Fırka muzika efradı uyku esnasında basılarak bazı neferler şehid edilmiştir. Harbiye Nezâreti nazır odası süngülü askerlerle basılmış ve Bâbıâli'ye hareketim esnasında süngülü İngiliz askerleri ihata etmişti. Cuma selâmlığında irkâb-ı Şâhâne'de kudret-i saltanatı temsilî olarak bulunması mutad olan müsellâh Osmanlı askerlerinin vücuduna müsaade edilmemiştir. Selâmlıktan sonra huzura kabul buyurulan müşarünileyh taraf-ı Şâhâne'den kemâl-i hüzün ve elemle âtideki beyanat şeref tebliğ buyurulmuştur.

"Ben bugün böyle azab-ı elîm içinde camie gelmek istemiyordum. Fakat bu vazife-i diniyedir, Cenab-ı Hakk'a bir ibadet olan bu vazifeyi geri bırakmayı münasip görmedim. Ancak elli senelik sû-i tefehhümle gerek benim ve gerekse sizin kabinenizin üzerine yıkıldığını görmekte fevkalâde dilhunum. Enkazın altında ezildik." İngilizlerin pek şeni olan tazyikatı karşısındaki tesirat-ı Şâhane'yi intak eder bu cümleler dikkatle okunmalı ve ahkâmı ahaliye anlatılmalıdır. İşgalden itibaren nâzırların her telgrafı kontrol edilmiş ev birer suretinin Fransızca yazılması taht-ı mecburiye alınmıştır. İngilizler kendi arzuları dahilinde bir sulh kabul edecek bir kabineyi mevki-i iktidara getireceklerini açıkça söylemişler ve Salih Paşa kabinesi süngülü Bâbıâli'den atacaklarını ihsas eylemişlerdir. Kabinenin tedabir-i müslihası İngilizlere kabul ettirmek mümkün olmamış ve ahali-i İslâmiyeyi birbirine kırdırarak nail-i emel olmak esasından ibaret olan İngiliz makasidinin tatbikatına başlanmıştır. Milletin hiss-i hakikisi elbette bundaki fecayii görecek ve anlayacaktır.

Büyük Millet Meclisi Reisi
Mustafa Kemal

Fevzi Paşa hazretleri beyannâmelerinde padişahı pek acınacak halde masum gösterdiği gibi Mustafa Kemal Paşa'nın da padişahın beyanatının dikkatle okunarak ahaliye anlatılmalı tamimini biraz sakat buldum. Batı isyanı yayılmakta ve bunu padişah bizzat fetvaları vesair vasıtaları ile körüklemektedir. Bu beyanatın tamiminden sonra padişahın Kuva-yi Milliyye ve Millî Meclis aleyhindeki söz ve emirlerini halk nasıl telakki edecektir? Padişahın uydurma beyanatından bahsetmek daha hayırlı olurdu. İstanbul hükümetinin el altından doğuda dahi bizzat hükümet reisleriyle ne hıyanetler yaptığına şu misalde şahittir: İki haftadır tahkikatla uğraşarak hasıl olan neticeyi Millet Meclisi Başkanlığı'na da yazdım. Hiç kimsenin husûsî halini anlamak veya teşhir etmeyi hiç sevmem. Fakat milletin tehlikede bulunduğu şu mühim zamanlarda geleceği ancak millî mücadele ile kurtarabilecek olan bir bölgedeki valiler, yardımlarından vazgeçtim, hiç olmazsa menfî vaziyetlerle ileriyi tehlikeye koymasalar. İşte bin müşkilat ve tehlike içinde uğraştığımız bu hükümet reislerinin hallerini de tarihe ve evlatlarımıza ibret olmak üzere hatıratıma kayda mecbur oluyorum. Erzurum valisi hakkındaki vaziyeti şöylece yazdım. Van ve Trabzon valilerinin gösterdikleri zorluklar da göz önünde tutulmaktadır ve sırası gelince yazılacaktır.

Erzurum
1 Mayıs 1336

Ankara'da Büyük Millet Meclisi Riyâset-i Celîlesi'ne,

Erzurum valisi Reşit Paşa'nın tarihçesini ve son tezahürata göre müşarünileyh hakkındaki kanaat-ı kat'iyyeyi bervech-i âti arzediyorum:

1. Reşit Paşa Erzurum valiliğine tâyin olunduğu, geçen Ağustos ayı zarfında Erzurum vilâyeti hududuna vasıl olduğu günden itibaren olduğu gibi Erzurum'a muvasalatla beraberinde getirdiği valilik fermanı kıraat olundukta ahaliye karşı harekât-ı milliyenin aleyhinde bulunmuş ve Celâlî vekayiine teşbih ederek devletin bunlara da bir çare bulacağını beyan etmiş idi. Bunun üzerine derhal fevarana gelen halk bir hey'eti kendisine göndererek izhar-ı heyecan olunmuş ve sözünü tevil ederek tarziye vermiş idi. Ele giren ricalden istifade ve İstanbul'da zehirlenen efkârını tashih ile âmal-i meşrua-i millete imâle hakkındaki karar ve hatt-ı hareket; müşarünileyhden yine istifade yolunu tercih ettirmiş ve filhakika vilâyette hiç bir faide temin etmeyen uyuşukluğuna rağmen uzun zaman bir sükûnet carî olmuş ve hüsn-i idare olunarak âmal-i milliyeyi müdafaa sededinde ara sıra ne gibi teşebbüsat vaki olmuş idi ise kendisini celp ve teşci ile daima tesir altında idare olunmuş, bununla beraber her hal-ü kârdan tereddüdü ve zaaf-ı kalbi her yerde mahsus bulunmuştur.

Eylül ayında Elâziz valisi Ali Galip harekâtı çevresinde Ilıca nahiyesi jandarmaları tarafından nahiyenin bazı köylerine imzalı bir beyannâme gezdirilerek ilk işarette Sivas istikametine gitmek üzere onar günlük iaşeleriyle hazır bulunulması için bazı imamlara imza ettirildiği, bir müddet sonra pek mahremane haber alınarak bu mes'ele etraflıca ve uzun zaman tâmik olunmuş ve neticede o devirde Ilıca nahiye müdürü olan ve vali tarafından bilâhire Tortum kaymakamlığı vekâletine gönderilen Mahmut Efendi'nin bu beyannâmeyi jandarmalara verdiğini bizzat jandarmalar; vilâyet jandarma alay kumandanlığının da hazır olduğu bir zamanda nezdimdeki hey'et muvacehesinde söylemiş idiler. Bu tahkikat muamileyhin inkâriyle netice bulup jandarmalar mahkûm edilmiş ve fakat iş yine mumaileyhin İstanbul'dan beraberinde getiren Vali Paşa'dan dahi şüphe hasıl olmuştu. Şimdi ise bir müddetten beridir İstanbul'daki vekayii adeta Ali Kemal'in ve Ferit Paşa'nın hezeyanları şeklinde tasvir ederek Ferit Paşa kabinesinin bu vatanı kurtarabileceği, İngiliz taraftarlığının ihtiyaten lüzumlu olduğu, Kuva-yi Milliyye'nin ve Büyük Millet Meclisi'nin İttihadcılardan ibaret bulunduğu ve bu sırada bir seferberlik olursa ve bir kere devletin eslâhası millet eline geçerse o zaman cepheye sevketmek müşkil olacağı tarzındaki işitilen hafif bir dedikodunun valiye müntehi olduğu anlaşıldı. Ermenistan meydanda bulundukça şark vilâyatımızın daima mühlik vaziyetlerden kurtulamayacağını bir iman şeklinde bilen Erzurum ahali ve avamı bir seferberliğe karşı şiddetli bir temayül göstermekte bulunduğu şu sırada Paşa'nın sureta müdafaa-i milliye lehinde görünmekle beraber sık sık zengin eşraf ile hocagân hanelerine geceleri gittiği ve bundan iki gece evvel dahi eşraftan birinin hanesinde memleketin parasızlığını ileri sürerek madem ki paraları yoktur, niçin İstanbul ile irtibatı kestiği gibi beyanatta bulunmuştur. Şimdiye kadar geçen hafif fakat mahsus cereyanlar bizde daima şüpheler bırakmış ise de maslahaten sathî geçilmişti. Fakat artık işin bundan ziyadesine tahammülü yoktur. Dedikodu yapan birini prangabent ederek tahkikat tamik olunmaktadır. İcabat-ı seriası dahi yapılacaktır. Fakat mutaassıb ve muhafazakârları ve zenginleri hazırlamakta olduğu anlaşılan Vali Reşit Paşa'nın artık vilâyette durması kat'iyyen caiz olmadığı cihetle âcilen kendisinin bazı istizahat zımnında Ankara'ya celp ve davet veyahutta infisal ettirilerek Erzurum vilâyetinin vekâleten Miralay Manastırlı Kâzım Bey tarafından idaresine serian emir buyurulmasını istirham eylerim.

2. Van valisi Mithat Bey'in hanesinde bir kaç Ermeni genç kadının bulunduğu ve bunlar meyanında da bir kadının casusluktan dolayı bir seneye mahkûm olduğu vesaire gibi sırf ahlâk-i şahsiyeye ait zaif noktalarını mevsuken ve müdelleten haber aldıysam da kendisinin âmal-i milliyeye mugayir bir hatt-ı hareketi görülmemiş olmasına mebni şimdilik bazı tahkikat yapıyorum. Neticesi arz ve teklif olunacağı maruzdur.

15. Kolordu Kumandanı

Mirliva

Kâzım Karabekir

22 Mayıs'a kadar tedkikata dayalı kanaatimi de atehlerine olarak şöyle yazdım:(30)

Erzurum
22 Mayıs 1336

Büyük Millet Meclisi Riyâseti'ne,

Erzurum valisi Reşit Paşa hakkındaki tedkikata müstenit kanaat bervech-i zîr maruzdur: Erzurum'da geçirdiği müddet zarfında milletin nef'ine hiç bir şey yapmamış, yalnız evrak havale ederek vakit geçirmiştir. Tenperverliğine inzimam eden cebanet-i tab'ınkdan naşi ahval-i muhiti fena gördükle dervişane idare-i kelâm ettiğinden bir takım cüheladan ibaret olan eşraf-ı beldeyi endişede bırakmıştır. Esasen zekî bir zât da olmadığından saika-i havf ile bazan belâhat derecesinde sözler de söylediği olmuştur. Meselâ İstanbul'un 16 Mart'taki işgali üzerine Müdafaa-i Hukuk ve hey'et-i ümeradan bir hey'et huzurunda şu belâhatte bulunmuştur: Ya buradaki Rawlinson da Erzurum telgrafhanesini kontrol etmek isterse ne yaparız? O zaman Rawlinson'un ihtilattan men edileceği söylenmiş ve teskinine çalışılmıştı. Müşarünileyhin haset tab'ı da pek ziyade olduğundan herkesin evine misafir gider ve Erzurum'un ne kadar idraksiz insanları varsa etrafına toplanır eblehane hasbihaller yaparlarmış. Fakat ilk geldiği zaman Celâlî eşkiyaları diye nasıl ifadatta bulundu ise yine aynı safderunluğun neticesi olduğunu ve ifadatının dedikodu mahiyetinde kaldığı fakat umur-ı devlette iş görecek kabiliyet ve iktidarda bulunmadığını arzeylerim.

15. Kolordu Kumandanı
Kâzım Karabekir

---

30   Bir sene sonra Artvin'de tutulan Nuri isminde bir casus müthiş itiraflarda bulunmuştur. Sivas ve Erzurum vesair güzergâhta bazı valilere İstanbul'dan mektuplar ve talimat getirmiş, üçüncü gelişinde Artvin'de yakalanmıştır. Gününde tafsilat vardır.

Valilerden yiğitlik gösteren veya göstermesi ihtimali olanların sayısı pek az olduğu gibi İstanbul hükümeti de bu gibileri daha ilk zamanlarda işten el çektirmişlerdi. Acizlik ve miskinlik millî teşebbüslerin felaketle sonuçlanacağı ve diğer ahenksizlik ve dedikoduları eşeleyince hemen her yerde aşağı yukarı bir noktaya varıyordu: Hükümet... Valilerin bir kısmı durumdan korkarak: "İşimiz Allaha kaldı daha fena olacak" gibi miskince beyanatla en yakın muhitleri olan eşrafı bunların adamlarını bilmeyerek zehirliyorlar, bazı valiler geçirdikleri günlerin olsun zevkini tamamlamaya uğraşarak durumla ilgilenmiyorlar, bazıları da korkarak ve menfi insanları etraflarına toplayarak iş yapıyorum diye menfi sahada faaliyet gösteriyorlar. Bu üç nevi tipi vakit vakit göreceğiz.

2 Mayıs'ta aşağıdaki bilgileri ve görüşleri yazdım:

Erzurum
2 Mayıs 1336

Ankara'da Büyük Millet Meclisi Riyâset-i Celîlesi'ne,

22 Nisan 1336 tarihli Serbesti, Alemdar, Peyam gazetelerinden naklen Trabzon'daki 3. Fırka Kumandanlığı'ndan bildirilen mühim maddeler hâhika olarak arzolunmuştur. Bunlardan Kuva-yi inzibatiye kanunu haiz-i ehemmiyettir. Münhasıran gönüllü teşkilâtına ait olan bu kanun sırf Denikin ordusu teşkilâtının bir aynını İstanbul'da vücude getirmektir. Denikin orduları Bolşevizm aleyhinde teşkil ve galeyen ettiren İngilizler nihayet milyonlardan müteşekkil Amiral Kolçak, General Podeniç ve Denikin orduları; kısmen Yeşil İslâm ordularından mürekkep Bolşevik Kuva-yi külliyesinin akmları karşısında mahvolup kâmilen eridi gitti. Gafletlerinin cezasını gördükten sonra kurtulup veyahut düştükleri tuzaktan sıyrılıp Bolşevik ordularına teslim-i silâh ile dehalet ettiler. İngilizlerin hazineler dolusu altın kuvvetiyle tedvir ve tahrik ettiği bu siyasetin aynı millet efradını birbirine kırdırarak şarkda idame-i nüfuza uğraşıldığını akibet anladılar.

İngiliz parasının kuvvetiyle kendi milletine karşı ihanet eden Denikincilerin çoğu nihayet selâmetin nerede bulunduğunu şimdi tamamıyla anladılar. Rus Denikin ordusunun izmihlâl-i tanımını gören İngilizler şimdi de Dersaadet'te yapılan bu teşkilât ile denikin gönüllü ordusunun bir aynini de İstanbul'daki mecnun ve mabudları para olan edanı vasıtasıyla cahillere tertip ettirmek istiyorlar. Hakkını, haysiyetini, hukukunu tamamıyla gaip etmiş olan makam-ı saltanat ve hilâfet namına süngü kuvvetiyle sahte fetvalar ve Denikin teşkilâtını vücude getirmek isteyen vatansız, imansız bir zümre tarafından da pek namuzsuzca beyannâmeler ihzar edilip Anadolu sevahilimize göndermektedirler. Bu sahte fetvalar çıkaran ve çıkartan hain kuvvetler düşünmüyorlar ki İstanbul'da para kuvvetiyle toplayıp yapacakları bu Denikin kuvvetlerini Anadolu'ya Türk ve İslâm bucağına musallat ettirmek yani ehl-i İslâmî, ehl-i İslama kırdırmak ve bunun karşısında Rumları, Ermenileri ve bütün düşmanları güldürmek ve İslâm kaniyle kendi hayatlarını temin etmek gibi Neuzubillâh dinen, aklen en mezmum ve şeriat-ı celile ile menafi-i âliye-i milliye ve vataniyeye en mugayir bir tevessülde bulunuyorlar. Artık tamâmıyla Kafkaslara da hâkim olan Kırgız İslâm ordularını da tamamıyla Azerbaycan ve havalisine yerleştirmiş olan Bolşevik orduları bütün milletlerin ve bilhassa âlem-i İslâmın esaretten ve müstemleke hayatından külliyen kurtulamasını istihdaf ettiği bütün âlem-i İslâmın halâs-ı mutlak için söz birliği ettiği ve mehip İslâm ordularının da hilâfet ve saltanatı kurtarmak için Kafkasya'da toplandığı halde Dersaadet'te dinini, imanını, vatanını düşman parasına ve düşman süngüsüne bağlayan ve cahil bir zümrenini sözüne kanıp da gönüllü, teşkilâtına girerek Anadolu'ya karşı herhangi bir harekete cesaret edenler behemahal mahv ve ifna edileceklerdir.

Büyük Millet Meclisi'miz yine halkın da anlayacağı bir lisan ile büyük bir beyannâme halinde ihzar ve neşrederek sevahilde binlerce nüshalar tab'iyle, bugünlerde Dersaadet'e muhtelif mehafile, camilere, sokaklara neşrederse İstanbul'un muhit ve afâkından fevkalâde bir hüsn-i tesire aksülâmel yaparak Denikin teşkilâtçılarını daha fena vaziyete sokacak ve bütün Türk ve İslâm unsurlarını gafletten uyandıracaktır. Ve Anadolu'nun kudret ve selâbetini temsil eden pek güzel bir mukabil tedbir olacaktır.

2. Aynı zamanda işbu Kuva-yi inzibatiye kanununu ve para ile yaptırılmakta olan Denikin gönüllüler teşkilâtı hakkında münasip veçhile Anadolu'ya bir tamim verilmesi ve Denikin teşkilâtını himaye için süngü ve para kuvvetiyle sahte fetvaların da hazırlandığını yazıp Büyük Millet Meclisi lisanından çürütülmesi muvafık olacaktır.

3. Müntekarro kumarhanesinden İstanbul matbuatına telgraf çekerek Kürt hey'et-i riyâsetinden istifasını bildiren Şerif Paşa'nın hareket-i vakıası Anadolu'da namuskâr ve dindar Kürt kardeşlerimizin gösterdikleri evsaf-ı vatanperverâne karşısında bir ric'at ve hezimet-i kahriyedir. Bunun da münasip veçhile neşri ve Kürt kardeşlerimizin tezahürat ve hissiyatını yine Büyük Millet Meclisi lisanından tebcil etmek muvafık olur.

15. Kolordu Kumandanı
Kâzım Karabekir

Büyük Millet Meclisi Riyâset-i Celîlesi'ne,

2 Mayıs 1336 tarihli şifreli maruzata lâhikadır:

23 Nisan 1336 tarihli Serbesti, Alemdar ve Peyam gazetelerinden:

a) Resmî bir ilânda İstanbul'da mevcut hizmette ve açıkta bulunan erkân, ümera ve zabitan muamelât-ı zatiyeye müracaat eylemeleri, isbat-ı vücut etmeyeceklerin nisbet-i askeriyelerinin kat'edileceği maaş, sipariş vesaire gibi her nevi muhassesatlarının kesileceği ve kendileri de seferberlikten firar eylemiş addedilerek divan-ı harb'e verilecekleri neşredilmektedir.

b) Kuva-yi inzibatiye kanunu irade-i seniyeye iktiran etmiştir. Bu kanun ... on beş maddeliktir. Sırf gönüllü teşkilâtına aittir. Mezkûr kanunnâmeye göre hükümet tarafından teşkiline lüzum görülen gönüllü kıtaatı için alay kumandanlarına yüz elli, tabur kumandanlarına yüz, kıdemli yüzbaşılara doksan, yüzbaşılara kesken, mülâzım-ı evvellere yetmiş, mülâzım-ı sânilere altmış, başçavuşlara kırk, çavuşlara otuz beş, tabur hesap memurlarına yetmiş beş, tabur imamına yetmiş, onbaşılara otuz üç, efrada otuz lira maaş tahsisi olunacak ve her ay iptidasında itâ edilecektir. Mezkûr kanun lâyihasının bir maddesinde dahi gönüllü kıtaata girecekler tahlif edileceklerdir. Bunların hakkında evvelce tahkikat yapılacaktır. İfâ-yı hizmet esnasında malûl olanlarla vefat edenlerin kendilerine ve ailelerine mükâfaat-ı nakdiye ile yirmi sene hizmet edenler misillû takaüt maaşı verilecektir.

c) Hükümetin beyannamesiyle tâyin edilen müddetin münkazi olmasından Anadolu siyanının mürettip ve müşevviklerinden Mustafa Kemal ve hempalarının Divan-ı Harb-i Örfiye tevdi edildikleri işitilmiştir.

d) Mayıs'ın üçüncü günü Marsilya tarikiyle Paris'e hareket edecek olan hey'et-i murahhasamıza birinci murahhas sıfatiyle Tevfik Paşa hazretlerinin riyâseti tekarrür eylemiştir.

e) Cafer Tayyar Bey bir çok Türk ve Fransız gazete muharrirleri tarafından ziyaret edilmiş ve Serbestî, Cafer Tayyar Bey'in bu gazete muhabirleriyle hemen aynı mealde olan mülâkatlarını neşreylemektedirler. Hülâsası bervech-i âtidir: Edirne'de her şey tabiîdir. Şimdiye kadar en küçük bir vak'a bile olmamıştır. Orada cereyan eden ahvali matbuat mensubîni tahkik ederlerse Edirne'nin bugün sulh ve sükûn içinde olduğu anlaşılır. Fetva-yı şerif ve beyannâmelerin Edirne ahalisi üzerindeki tesirini soran bir muharrire Cafer Tayyar Bey, "Bu ahvali ruhiyeye ait bir haldir de anı tarif edemem. Bu tesiri anlayabilmek için Edirne ahalisinin halet-i nahiyesini mahallinde tedkik eylemek ve ahalinin kanaatini kendilerinden anlamak lâzımdır" demiştir. İstanbul'a nasıl geldiğini, hükümetin daveti üzerine mi Edirne'den müfareket eylediğini soran muhabire de: "Her vakit ve her husûsta hükümetin emrine göre hareket etmeye hazır bulunduğunu" söylemiştir.

f) Divan-ı harp, makamat-ı mukaddese ve bilâd-ı İslâmiyenin diğer mahallerinde esna-yı muharebede maruz-ı felâket ve duçar-ı mağduriyet olup Dersaadet'te bulunanların şikâyetleri ve taşrada bulunanların da gönderecekleri şikâyetnâmeleri üzerine emr-i mühimme-i adaletin tatbikinde istical olunacağını da ilân eylemededirler.

g) Montekarlo'da bulunan Şerif Paşa İstanbul matbuatına âtideki telgrafı göndermiştir. "Makam-ı mukaddes-i hilâfete arnik bir surette merbut olduğum ve her türlü efkâr-ı muzırra-i iftirakcûyaneden mütebaid bulunduğum cihetle konferans nezdindeki Kürt hey'et-i murahhasası riyâsetinden istifâ eyledim. Her şeyden evvel bir Müslüman olmak itibariyle hiç bir fırka-i siyâsiyenin taht-ı tesirinde kalmaksızın bütün mesaimi hukuk-ı mukadedese-i hilâfetin teyidine hasreyleyeceğimi beyan eylerim."

h) Miralay Abdülvahid bey İstanbul Muhafızlığı Üsküdar mıntakası Kumandanlığı'na tâyin edilmiştir. Trabzon'da mevki kumandanlığı esnasında görüşmek istediği bazı esafil tarafından darbedilen Abdülvahid Bey, Ferit paşa hükümetinden tevcih ve cihetine yeni bir delil teşkil eylemiştir.

ı) Merkez Kumandanlığında bir İngiliz irtibat dairesi teşkil edilmiştir.

i) Şevket Turgut Paşa'nın Erkân-ı Harbiyye-i Umûmiyye Riyaseti vazifesine nihayet verilmiştir. Mirliva Nazif paşa riyâset-i mezkure vekâletine tâyin olunmuştur.

j) San Remo'dan bildirilmektedir: Wilson'un Dersaadet'ten Türklerin teb'idine ve büyük bir Ermenistan teşkiline ait metalip ve teklifatı Üçler Meclisi'nce gayr-ı kabil-i kabul addolunuyor. Büyük bir Ermenistan teşkiline Ermeniler bile aleyhtardır.

15. Kolordu Kumandanı
Kâzım Karabekir

Büyük Millet Meclisi Riyâset-i Celîlesi'ne,
2.5.1336 tarihli şifreli maruzata ikinci lâhikadır.
20 Nisan 1336 tarihli mevsuk istihbarat hülâsasıdır:

1. Ferit Paşa hükümeti İngilizlerden aldıkları pek çok paralar ve İstanbul'daki ifrad ve zabitanı itmaa kalkışmış bir gönüllü teşkilât vücude getirmek için teşkilâta dahil olacak efrada onar, küçük zabitana yirmişer, rnülâzimlere ellişer, yüzbaşılara altmışar, binbaşılara yüzer lire tahsisat-ı munzama vermeyi kararlaştırmıştır. Bu teşkilâta Nigehbancı ve Halâskâr Zabitan dahil olmakta ve bunların adedi de pek mahdud kalmaktadır.

2. İngilizler İstanbul'da bir casus teşkilâtı vücude getirmişler ve bu teşkilâta dahil her ferde mahiye yüz lira tahsis etmişlerdir. Bazı zabitler de propaganda yapmak üzere öteye-beriye gönderilmektedir.

3. Büyük Millet Meclisi Riyâseti'ne arzedilmiştir.

15. Kolordu Kumandanı
Kâzım Karabekir

Telgrafçılarımız "İttihad-ı Meslek Telgrafçılar Cemiyeti" mimiyle bir cemiyet teşkil ettiklerini bildirdiler.

Telgrafçılarımızın geceli gündüzlü millî emeklerimizin tahakkuku için çalıştıklarını her zaman her yerde söyler ve takdir ederim. Umûmî Harb'de Tebriz'de bulup yetiştirdiğim bir kaç kıymetli efendi kolordumda askerlik hizmetlerini yapmakta ve kolordu telsiz-telgrafiyle bize Moskova'dan bilgiler almakta ve bu suretle dünyadan haberdar olmaktayız. Telgrafçılarımıza karşı şükran hislerini hatıratıma da kaydediyorum. Bana yazdıklarını ve cevabımı gazete ile de yayınlattım.

15. Kolordu Kumandan-ı Âlisi Devletlû Karabekir Paşa Hazretleri'ne,
Devletlu efendim hazretleri:

Program ve nizâmnâmesi hey'et-i muhtereme-i temsîliyenin tasvib-i âlisine iktiran eden Konya'da müteşekkil "Müdafaa-i Vatan zahîri İttihad-ı Meslek Telgrafçılar Cemiyeti"nin bir şubesi de maamülhakat başmüdüriyet idaresine meşnul olmak üzere elyevm Erzurum'da teşekkül etti. Mütareke'den beri duçar olduğu tecavüzlerden vatanı intizar eylediği selâmete îsâl edecek olan millî mücahedeye bütün maddî ve manevî varlığımızla iştirâk ve bu maksat uğrunda vazifeten uhdemize tahmil edilecek hidemat ve fedakârlığın kat'î bir azim ve sebatla ifâ edileceğini muvaffakiyat devletleri duasına terdifen kemâl-i tazimle arzeyleriz. Olbabda emr-ü ferman hazreti 1 Mayıs 1336

Müdafaa-i Vatan Zahiri İttihad-ı Meslek
Telgrafçılar Cemiyeti Erzurum Şubesi
Posta ve Telgraf Başkâtibi
İmza

Cevabım:

Müdafaa-i Vatan Zahiri İttihad-ı Meslek Telgrafçıları

Erzurum Şubesi'ne,

Telgrafçılar şimdiye kadar vatanımıza hüsn-i hizmet etmekle temayüz etmiş bir sınıf olarak tanınmaktadır. Harb-i Umûmî'de ve mühim ân ve zamanlarda gösterdikleri hizmet ve fedakârlığı takdir ederim. Vatanın bu pek tehlikeli bir zamanında telgrafçı efendilerin bir cemiyet teşkil ederek millî mücahedeye iştirak ve mesleklerinin icap ettirdiği fedakârlığı göze almaları tahsine seza bir hareket-i vatanperveranedir. Erzurum'da teşkil edildiğini bildirdiğiniz bu Müdafaa-i Vatan Zahiri İttihadı Meslek Telgrafçılar Cemiyeti Şubesi'ni bir hiss-i memnuniyetle karşılar ve telgrafçı efendi arkadaşlarıma selâm ve teşekkürler ederim efendim.

15. Kolordu Kumandanı
Kâzım Karabekir

Rawlinson hakkında İsmet Bey[1] den şifre:

Ankara
2.5.1336

15. Kolordu Kumandanı Kâzım Karabekir Paşa
Hazretleri'ne,

Ahiren Ankara'ya gelen Fevzi Paşa hazretleri Rawlinson'un tahlisi için İstanbul'da iken İngilizlerin kendisine pek çok müracaat ve ısrar eylediklerini söylüyorlar. Mumaileyh Lord Gürzon'un biraderi imiş. Binaenaleyh elimizde bulunması pek kıymetli olacaktır. Arzeylerim.

Erkân-ı Harbiyye-i Umûmiyye Reisi
İsmet

Rawlinson elimizde, İstanbul'da tutuklanan arkadaşlarımıza karşılık rehine olarak Hey'et-i Temsîliye emrile muhafazada bulunuyordu. Genel Kurmay da tekrarlıyor. Lord Gürzon'un kardeşi olduğu halde yazdığı raporları anlatamaması üzücüdür. Ara sıra gelip bizzat çalışacağını yazıyor ve iyi muameleden memnun olduğunu bildiriyor. Kitap ve gazete gibi istediklerini verdiriyorum. Ve müracaatlarına cevap veriyorum (1). İstanbul'dan kaçan kimselerden kurmay Albay Kâzım (2), Yarbay Seyfi, Binbaşı Naim Cevat, Deniz Önyüzbaşı Necmi, bir de Özbek şeyhi Erzurum'a geldiler. Şeyh doğuya memleketi olan Özbekistan'a gideceğinden propaganda için mevcut gazete ve beyannameleri göndereceğim. Diğerleri de doğu cephesinin pek boş olan kurmaylığı için memnunluk verici arkadaşlar. Bunlardan Kâzım Bey eniştesi olduğu Enver Paşa'nın yanına gitmek istediğinde, Naim Cevat Bey de vaktiyle kurmaylığında bulunduğu Halil Paşa'nın yanına gitmek için ısrar etmekte! durumu, Batum'un Bolşeviklere geçtiğini, Enver ve Halil Paşaların oradaki bir çok Türklerle eşit bir muamele görmekte ve gidişe uymaktan başka bir vaziyette olduklarını, yakında bizim de doğu hareketi yapacağımızı anlattım. Naim Cevat Bey bir kaç gün sonra yazılı müracaatla gerekirse askerlikten çıkarılmasına razı olacağını bildirerek muhakkak gitmek istediğini bildirmek cür'etinde bulunduğundan kendisini serbest bıraktım. Fakat cephe kurmay başkanlığı için kimsem olmadığından isteğine rağmen Kâzım Bey'i bırakmadım. Kurmay Başkanlığına, Seyfi Bey'i İstihbarat Şubesi Müdürdüğü'nde çalıştıracağım.

1 Mayıs'ta Geyve istasyonunda 20. Kolordu kumandanı Ali Fuat Paşa şu bilgileri yazıyor: -3 Mayıs'ta aldım-

25 Nisan Vakit gazetesinden:

a) San Remo Konferansının, Padişah'ın İstanbul'da bırakılmasına,

b) Boğazların milletler arası hale getirilmesine,

c) Türkiye mâliyesinin kontroluna,

d) Ermenistan bölgesinin müstakil bir devlet olarak tesis edilmesine,

e) Gürcistan'a denize çıkış olmak üzere Batum'un serbest bir liman olmasına, karar verdiğini ve Türkiye'nin muahede hükümlerine tamamen yerine getirince milletler arası birliklerin İstanbul'u terkedeceğini yazıyor. Bir milyon ikiyüz elli bin lira fevkalâde tahsisatla kuvayı inzibatiye teşkili Padişah'ın iradesine sunulmuştur.

Ankara'dan resmî veya ajansla bilgi halâ verilmiyor. Önce bilgi alamadıklarını zannediyordum. Geyve istasyonundan ve kolorduya gelen bu gibi bilgiler çeşitli yerlerden doğrulanabilir, doğrulanmadan bildirilmesi de bize faydalıdır. Moskova'dan hava şartları dolayısıyla bazen bir iki gün-telsiz alınamadığı oluyor.

1 Mayıs bayramı hakkında alabildiğimiz tebliği neşrettim:

Erzurum

3 Mayıs 1336

Tamim

1. Moskova telsiz-telgraf istasyonunun 1 Mayıs Bayramı'nın mahiyeti hakkında tebliğidir: Ameleler! 1 Mayıs'ta elinizdeki çekicinizi örs üzerine değil, beynelmilel burjuvazi üzerine vuruyorsunuz. Darbenin kuvvetli olması nisbetinde zafer de daha yakındır. Büyük amele ordusunun askerleri için çekiç ve balta lâzımdır. Sanayi adamları! 1 Mayıs'ın kendinize yeni bir hayatın başlangıcı olmasını taht-ı imkâna almalısınız. Dülgerler! Kerpiçlerinizle kırmızı cumhuriyet binasını inşa etmelisiniz. Demirciler! Büyük mesâi taraftarlığına ve son düşman aleyhine de silah hazırlamalısınız. Makinacılar! Açlığa ve sefalete karşı amelelerin mücadehe edebilmeleri için müsait çıraklar yetiştirmelisiniz. Şimendiferciler! Siz katarlarınızı büyük hürriyetin mevcut olduğu tarafa tahrik ediniz. Köylüler! İnkişaf eden gençlik için sizin ekmeğiniz kan ve kuvvet ihzar edecektir. Muharrirler ve Şairler! Avam muharebesi hakkında dünyaya tehdîdâmız bir mısra okumalısınız. Ve serbest mesâî için meserretaver şiirler inşad etmelisiniz. Kırmızı askerler! Silahlarınız elinizde olduğu halde sosyalizm aleyhine davranan düşmanlarınızla son harbinizi bitirmelisiniz!

2. Büyük Millet Meclisi Riyâseti'ne, kolordulara, Refet Bey'e ve 56. ve 61. Fırkalara, Trabzon ve Van vilâyetleri ile Erzincan mutasarrıflığına, Onbeşinci Kolordu kıtaatına.

15. Kolordu Kumandanı

Mirliva

Kâzım Karabekir

3 Mayıs telsizi tamimi:

Tamim

Moskova telsiz-telgraf istasyonunun 3 Mayıs tarihli tebliğidir:

1. Kırmızı sahra ordusunun harekât raporudur: "Radyo Vestnik" 3 Mayıs 1920

a) Denikin ordusu bakayasından olup Suçi mıntıkasını müdafaaya çalışan altmış bin kişi kıtaatımıza teslim olmuştur. Teslim olanların başında General Okretof ile General Morosof vardır. Teslim olanlara hayat ve hürriyetleri iade edilmiştir.

b) 30 Nisan tarihinde kıtaatımız Şemahi şehrine vasıl olmuştur. Kırgız Türklerinden mürekkep kıtaatımız da Ermenistan hududunda toplanmaktadır.

c) Kırım havalisinde: Her iki taraf filosu arasında bombardıman vardır.

d) Azak Denizi mıntakasında düşman sefain-i harbiyesi 2 Mayıs'ta Maryanpolsk limanını bombardıman etmiştir.

2. Büyük Millet Meclisi Riyâset-i Celîlesi'ne, kolordulara, Miralay Refet Bey'e ve 56., 6l.. Fırkalara, Trabzon ve Van vilâyetleriyle Erzincan mutasarrıflığına ve 15. Kolordu kıtaatına.

15. Kolordu Kumandanı

Mirliva

Kâzım Karabekir

29 Nisan 1920 tarihli Cemiyet-i İslâmiye'den 4 Mayıs'ta şu bilgiler geldi:

a) Azerbaycan'da Müsavat Fırkası lağvedilmiştir.

b) İngilizler Şavşat ve Ardanuş'u boşaltarak Batum'a çekilmişlerdir.

c) Ermenistan'a gönderilmek üzere İngilizler tarafından vagonlara yüklenen cephanenin tekrar boşaltıldığı görülmüştür.

4 Mayıs'ta Artvin'den gelen bilgiler de İngilizlerin Ardanuş ve Artvin'i boşalttıklarıdır. Artık İngilizlerin Kafkas milletlerinden ümidi kalmadığı ve onları kendi hallerine bırakmaktan başka çare görmedikleri anlaşılıyor.

Meclis ikinci başkanından açık telgrafla İcra Vekilleri hakkındaki kanun tamimi 4 Mayıs'ta geldi. On yedi vekalet için insan ve yer nasıl bulunacak? Gelenlerin pek az olduğundan şikâyet olunuyordu. Vekâlet yapılan işlerin bir kısmı müdürlerle pekala idare olunabilir.

15. Kolordu Kumandanlığı'na,

2 Mayıs 1336 tarihinde Büyük Millet Meclisi'nce kabul edilen Büyük Millet Meclisi İcra Vekilleri'nin suret-i intihabına dair kanun sureti âtide aynen arzolunur. 2 Mayıs 1336

Büyük Millet Meclisi emriyle Reis-i Sani

Celâlettin Arif

Suret

"Büyük Millet Meclisi İcra Vekilleri'nin suret-i intihabına dair kanun."

1. Madde: Şer'iye ve Sıhhiyet, Mavenet-i İçtimâiye, İktisad, Ticaret, Sanayi, Ziraat, Orman ve Maadin, Maarif, Adliye ve Mezahib-i Maliye, Rüsumat, Defter-i Hakani, Nafia, Dahiliye, Emniyet-i Umûmiye, Posta ve Telgraf, Müdafaa-i Milliye, Hariciye, Erkânı-ı Harbiye-i Umûmiye işlerini görmek üzere Büyük Millet Meclisi'nin on yedi zâttan mürekkep bir icra vekilleri vardır.

2. İcra vekilleri Büyük Millet Meclisi'nin ekseriyet-i mutlaka ile aralarından intihab olunur.

3. Her vekil deruhde ettiği umurun ifâsının mensup olduğu encümenin rey-i intişarîsini alabilir.

4. İcra vekilleri arasında çıkacak ihtilâfı Büyük Millet Meclisi halleder.

İzinli sayıldığım hakkında da şu telgrafı aldım:

15. Kolordu Kumandanı Kâzım Karabekir Paşa Hazretleri'ne,

Şark cephesindeki vezaif-i mühimmelerinin ifâsına devam edilmek üzere zât-ı kumandanîlerinin bilâ müddet mezun addolunması Meclis Hey'et-i Umûmiyesi'nde karargir olmuştur.

Ancak hem Trakya'dan hem de Menteşe livasından meclis azâlığına intihab buyurulduğunuzdan hangi taraf tercih buyurulursa diğer taraftan istifasının iş'arını rica eylerim. 3 Mayıs 1336

Büyük Millet Meclisi Reis-i Sanisi
Celâlettin Arif

Esasen Edirne'yi tercih etmiştim. Trakya'nın Edirne ile birlikte millî hududumuz dahilinde olarak sulhümüzün sağlanması pek çok mühimdi. Doğudaki bir kumandanın Trakya meb'ûsu olması her halde manâlı bir şeydi; bundan başka Edirne ve Trakya'yı iyi tanıyorum. Balkan Harbi'nden önce ve harpte Edirne'de beş sene kadar tümen kurmayı olarak her yeri tanımıştım. Halk dabeni tanımış ve severler. Karesi, Aydın, Menteşe seçimlerinde bu isteğimi bildirmeme rağmen Menteşe'den seçilmiştim. Millî Meclis'in varlığına varan bir senelik çalışmamın açıkça takdir olunmamasıyla beraber görevimin önemi bilinmiş. Ben de şu cevabı yazdım:

Erzurum
5.5.1336

Büyük Millet Meclisi Riyaset-i Âliyesi'ne,

C. 3.5.1336 Tele: Şark cephesindeki vazifemin ehemmiyetini teyiden Meclis-i âlice mezun ad buyurulmaklığıma arz-ı teşekkürât eylerim.

Menteşe livasının hakk-ı âcizîdeki teveccühlerine raz-ı şükran ile beraber Trakya mıntıkasını ve ahali-i muhteremesini pek yakından tanımakta olduğum cihetle, Menteşe azâlığından bizzarur affımı istirham eyledim.

15. Kolordu Kumandanı
Mirliva
Kâzım Karabekir

88. BÜYÜK MİLLET MECLİSİ REİSİ'NİN
3. FIRKA KUMANDANI İLE MUHABERESİ

Bugün can sıkacak bir haber aldım: Millet Meclisi başkanı ve Genel Kurmay Başkanı Ankara'ya Lazistan'dan ve Giresun'dan müfreze gönderilmesi hakkında Trabzon'da 3. Fırka kumandanı Rüştü([31]) Bey'le ve vilâyetle haberleştiklerini öğrendim. Daha 29 Nisan'daki Halit Bey'le resmî işlerde muhabereye 30'da verilen cevaba rağmen bu yeni vaziyetin mânâsı nedir? Batıda vaziyet nedir? Neler yapılıyor, hiç bilgi almadığımız gibi şahsım için hususî ehemmiyeti olan iznim ve bunun Millet Meclisi'nce görülen sebebini tatmin edici bir cümle ile imza altına almayan Kemal Paşa neden madunlarımla (alt derecede bulunan görevliler) verdiği söze rağmen haberleşiyor. Trabzon kendilerine pek aleyhtar olduğu halde nasıl güveniyor? Vali Hamit Bey'le([32]) daha mı hususîdirler? Mustafa Kemal Paşa'yı daha İstanbul'da iken millî harekâta baş olmasını teklif eden, Erzurum Kongresi'ne -her yere karşı zor durumda iken- kabul ve başkan olmasına tesir eden, Sivas Kongresi'ni sağlayan ev sonuna kadar koruyan bana, itimatsızlığına dilim varmıyor.([33]) Husûsiyle daha beş gün evvel bunu bana beyan etmişler, samimiyet göstererek tekrar etmeyeceği ümidini vermişlerdi... Çok üzüldüğümden İsmet Bey'e şu şifreyi yazdım:

---

31 İzmir istiklâl Mahkemesi karariyle Temmuz 1926'da asılan Rüştü Paşa'dır.
32 Vali Hamit Bey'in tavır ve muamelesi kendisini işten el çektirmeye zaruri kıldı diye 12 Mayıs 1336 bir dosyalık muhabereyi teşkil eden hülâsayı yazdım.
33 İzmir istiklâl Mahkemesi'nde Müdde-i umûmî itimadsızlığını ilan etti.

Erzurum
5.5.1336

Ankara'da Erkân-ı Harbiyye-i Umûmiyye Reisi
İsmet Beyefendi'ye,

1. Her türlü muhaberatın madunlarla yapılmaması husûsunda müteaddit defalar Kemal Paşa hazretlerine yazmıştım. Hattâ bir kaç gün evvel biraz acı da yazdım. Sebeb-i askerliğe yakışmadığı gibi zabt-u raptı ve şevk ve gayreti de kırıyor. Askerce değil çetecilikle iş görüldüğü zehabını da hasıl ediyor. Gerçi bu kabil işlerin de görülmediği vaki de değildir. Bu kere de Lâzistan'dan müfreze tahriki ve Giresun'dan Osman Ağa'nın(^{34}) tahrikî emirleri doğruca madunlara tebliğ edilmiştir. Bu tarzla mes'elede sür'at mümkün değildir. Belki yanlışlıklar ve emir üzerine emirler vermek de muhtemeldir. Bu husûsi zât-ı âli-i biraderîlerine de arz ile mühik ve makul olan ve müteaddit defalar vuku bulan işbu istirhamatımın artık kabulüne delâletlerini rica ederim.

2. Lâzistan'dan emir buyurulan müfrezenin hemen tahriki için 3. Fırka'ya emir verdim. Giresun'dan Osman Ağa'nın ayrılmasını muvafık bulmuyorum, fakat tertip edeceği kuvvetin hemen tahriki muvafıktır. Kolordum mıntakası harici olmakla beraber Trabzon vilâyeti dahilinde olduğundan bu babda icab eden muavenetin icrası emrini de verdim. Osman'ın ayrılmasındaki mahzar şudur: Osman Ağa'nın nüfuzu Giresun ve havalisindeki Rumlara karşıdır. Oradan ayrıldıktan sonra Osman Ağa ancak gidecek müfrezelerin âmiri olur. Giresun'daki Rumlar belki hâkimiyeti alırlar. Arzeylerim.

15. Kolordu Kumandanı
Kâzım Karabekir

---

34 Giresun'dan bir milli tabur teşekkül etti. Ankara bunun doğuda kullanılmasını istediğinden Ermeni harekâtında Kars'a celbettim. Muharebelere yetişemediler. Bilahere Ankara'nın talebi üzerine gönderdim. Mustafa Kemal Paşa'nın hususi muhafız taburu olarak milli kıyafetleriyle hizmet ettiler. 1339 senesinde Trabzon Meb'usu Ali Şükrü'nün şehit edilmesi vak'ası üzerine Çankaya'da müsademede Osman Ağa mecruh oldu ve öldü. Tabur da dağıldı.

İsmet Bey'den 8 Mayıs'ta aldığım şifre:

Ankara
7/8.5.1336

15. Kolordu Kumandanı Kâzım Karabekir Paşa Hazretleri'ne,

C. 5 Mayıs 1336 şifreye:

1. Muhaberata desatir-i askeriyeye riayet husûsundaki ikaz-ı âlilerini büyük bir dikkat ve ehemmiyetle takip edeceğimi arzederim. Esasen bu husûsta nokta-i nazarınıza... etmek için samimî ve hakikî dikkat herkesde mevrud olup vuku bulan zuhûller fevkalâdeliğin ihdas ettiği isticallerden olduğuna sizi temin ederim.

2. Osman Ağa'nın tensib-i alileri veçhile şahsen orada alıkonularak yalnız tertip edeceği kuvvetin gönderilmesini rica ederim. Rüştü Bey'den mevrut bir şifre de Trabzon'dan otuz kırk raddesinde müsellâh efrad ihzar olunduğu ve bunların Akşehir'e gelerek orada tanıdıkları pek çok olduğundan kuvvetlerini tezyid edeceklerini ifade eyledikleri ve masarif olmak üzere nefer başına yüz lira sarfı lâzım geleceği bildirilmektedir. Para hususunda müzayaka-i şedide malûm-ı âlileri olduğundan bunlar için oraca başka suretle para itâsı mümkün olup olmadığının ve bunların en münasip olarak ne tarzda iaşe ve idareleri muvafık olacağının iş'arını rica eylerim.

Erkân-ı Harbiyye-i Umûmiyye Reisi
İsmet

Gereken emri 3. Fırka'ya verdim. İsmet Bey, beni kızdıran ve dedikoduya sebep olan madunlarla haberleşme meselesinin "Fevkalâdeliğin sebeb olduğu acelelerden doğan yanlışlık" diyor. Daha Erzurum Kongresinden önce Elâziz valisi Ali Galib'i yok etmek için çete gönderilmesi, Trabzon seçimlerinin Halit Bey'in rovelver çekmesiyle sonuçlanan talimatı, Azerbaycan'dan para istenmesi, fedai subay siparişi ve bunun teferruatı, Ankara'yı son olarak Laz müfrezesi, Osman müfrezesi diye çeteler isteği..([35]) hangi acelenin yanlışlığıdır?... Bununla beraber bu gibi teferruat için esas meselenin zerre kadar sarsılmasına meydan vermeyeceğim. Bu esas içinde mevki ve hukukumu da lüzum gördükçe yazmakla korumaya çalışacağım.

Mustafa Kemal Paşa'dan 3 Mayıs tarihli -iznimin tebliği günkü tarihle- 5'de şu şifreyi aldım:

Ankara
3.5.1336

15. Kolordu Kumandanı Kâzım Karabekir Paşa Hazretleri'ne,

Elde beş para bulunmadığı malûm-ı devletleridir.

Şimdilik dahilde bir menba da bulunmuyor. Başka taraftan temin edilinceye kadar Azerbaycan hükümetinden azamî miktarda istikraz akdi imkânının teemmül ve temin buyurulmasını rica ederim.

Büyük Millet Meclisi Reisi
M. Kemal

Azerbaycan hükümetine kaçtır rica ettik. Bakalım Bolşevik Azerbaycan ne yapacak. Maliye Vekâleti bilcümle menbalara el koymadı mı? Vilâyetler bir şey gönderemiyor mu? Batum yolunun kapanması üzerine şimdiye kadarki emeğimiz boşa gitti. Beyazıt ve Oltu üzerinden ayrıca motorla Novorosiski'ye göndermeye teşebbüs ettim. Bakû Komünist Partisi'ne de şu mektubu gönderdim. -28 Nisan'daki mektuptan lüzum görülen bazı maddeler farklıdır-([36])

35 İttihad ve Terakki kanalı için garabet bu çekişmeden sonradır!
36 Beyazıd'a giden iki subayımızı dönüşte İran'da eşkiya şehit etti. Novorosiski'ye giden topçu teğmeni İbrahim Efendi ilk teklifimizin 3 Haziran tarihli cevabını 10 Haziran'da Trabzon'a getirdi. Bu fedakâr subayı daima takdir ederim.

Erzurum

5 Mayıs 1336

Bakû'da Türk Komünist Fırkasına

1. İstanbul'dan kaçıp kurtulan bir çok kıymettar meb'ûslarımızla ikinci defa umûm memaliki Osmaniyeden intihali olunan meb'ûsların hey'et-i mecmuasından müteşekkil Büyük Millet Meclisi 23 Nisan 1336'da Ankara'da iki yüze karip mevcutla teyemmümen ve merasim-i fevlakâde ile açılmış ve bütün vükelâyı milletin ittifak-ı tamamıyla Mustafa Kemal Paşa Büyük Millet Meclisi Riyaseti'ne intihab olunmuştur.

2. 5 Nisan 1336 tarihli raporumuz 12 Nisan 1336'da alınarak buradan da şifre ile Ankara'ya yazılmış idi. Büyük Millet Meclisi'nden hey'et-i muhteremenize ve o vasıta ile Moskova'ya âcilen îsâl olunmak üzere şifreli telgrafnâme ile gelen teklifnâme suret-i musaddakası leffen vasıta-i mahsus ile taraf-ı âlilerine irsal kılındı.

İş bu teklifnâmenin ahval ve zamanın kıymet ve ehemmiyet-i fevkalâdesine mebni bir an evvel selâhiyeti kâmileye haiz Bolşevik karargâhına teslim ve iblâğ olunarak tekarrür edecek netayicden ve bilhassa Bolşeviklerin harekât zamanından bizi âcilen haberdar etmekliğiniz ve mukabil Bolşevik teklifnamesinin en şerhi ve emin vasıtalarla tarafımıza sevk ve îsâlinin temin buyurulması hassaten rica olunur.

3. Büyük Millet Meclisi teklifnamesinin fırkaların resmî mühür ile musaddak birer suretlerinin de 3ve 9fırkalar tarafından emin vasıtalarla gönderilmesi yazılmıştır. Evvelce mezkûr teklifnâmeyi taraf-ı âlinize îsâme memur edilen Binbaşı Ali Rıza Bey'in izamından sarf-ı nazar olunmuştur.

4. Moskova'da Sovyet karargâhına gidip müstakbel için mufassal müzakerelerde bulunmak üzere Ankara'da bir hey'et-i mahsusa hazırlanmaktadır. Fakat mesafenin uzaklığı ve serî vesaitin noksanı hasebiyle biraz gecikecektir.

5. Raporunuzdaki para mes'elesine cevaben Büyük Millet Meclisi Azerbaycan hükümeti nezdinde teşebbüsat-ı lâzime-

de bulunarak mümkün olan muavenet-i nakdiyenin icrası ve hattâ istikraz akdi husûsunun teminini hey'et-i muhteremelerinden rica eylemektedir. Arz-ı hürmet ve samimiyet olunur.

15. Kolordu Kumandanı
Kâzım Karabekir

Moskova'ya heyet gönderilmesi hakkında henüz Ankara'dan bir haber yok. Ankara yoluyla gelen kurmay Kâzım Bey'in verdiği bilgiler şayanı dikkat. Diyor ki: Enver Paşa'nın sekiz maddeli mektubu 15 Şubat'ta Kara Vasıf Bey'e verilmiş bu da Mustafa Kemal Paşa'ya vermiş. Ayrıca Talât Paşa, Mustafa Kemal Paşa'ya yazmış, Mustafa Kemal de cevap vermiş. Yani Mustafa Kemal Paşa'nın bilgisi altında Enver ve Talât Paşalar Moskova ile temasta olup Türkiye nâmına çalışıyorlarmış. Moskova'ya yetkili hey'et gönderilmesi ve İttihat ileri gelenlerinin bu haberim olmayan çalışmasını doğru bulmadım. Doğu çalışması benim vasıtamla görülecekti, birbirinden habersiz iki çalışmanın birbirine zıd neticeleri memleket için büyük zararlar getirebilir.[37] Bundan başka Mustafa Kemal Paşa'nın Talât Paşa ile haberleşmesi Hey'et-i Temsîliye zamanına ait olduğu anlaşılıyor. Büyük Millet Meclisi Başkanı sıfatiyle bu geçen maceraya ne deniliyor acaba? Umûmî Harb faciası hesabını henüz vermeyen ve dışda ve içde fena bir şekilde görülen İttihat ve Terakki başlarını millî harekete karıştırmak doğru mudur? Millet Meclisi buna ne diyecektir? Bilgi ve görüşlerimi şöylece yazdım:

Erzurum
5 Mayıs 1336

Büyük Millet Meclisi Riyâset-i Celîlesi'ne,

Bakû Komünist Fırkası delâletiyle Moskova Bolşevik Şû-

---

37 3 Haziran 1336 tarihli Cemal Paşa'nın Mustafa Kemal Paşa'ya mektubunda da Talât Paşa ile Mustafa Kemal Paşa'nın humabere ettikleri ve Bolşeviklerle ittifak akdi hakkında teşebbüsler var. 15 Haziran gününde görülecektir.

rası'na iblağ olunacak meclis-i âlinin teklifnâmesi derhal Trabzon'a verilmiş ve muktezi tedabir yapılmış ise de Bolşevik ordusunun sükûnetle ve hüsn-i kabul ve istikbâl suretiyle Azerbaycan'a girmesinden mütehassıl vaziyet-i cedide üzerine Batum ile Bakû muvasalası İngilizlerin tesiriyle kapanmıştır. Bu tarikle îsâline çalışılan muharrerat bu kere Beyazıt ve Nahcivan tarikiyle ve 11. Fırka tarafından müntehap güzide zabitan vasıtasıyla dahi gönderileceğinden buna ait tedabir de istikmâl kılınmıştır. Ancak Azerbaycan'a giren İslâm ordularının bir kısmı Karabağ üzerinden Ermenistan'a karşı harekete hazırlanmakta oldukları Erivan havalisinden mevsukan bildirildiği gibi son malûmata nazaran da Gürcistan Bolşeviklere karşı seferberlik yaptığı cihetle Azerbaycan cephesinden muhtelif Bolşevik kuvvesinin Gürcistan hududlarına teveccüh ettiği de anlaşılmaktadır. Bu vekayiin zuhur ve cereyanı bizi ağleb-i ihtimâlat yakın zamanda İslâm Bolşevik ordularının akşamı ile birleşecek ve teatii efkâr ve müşavereye tabiî bir sevk ile icbar eyleyecektir. Binaenaleyh Moskova'ya gitmek üzere sür'at-i ihzarım arz ve teklif ettiğim büyük ve muhtelif hey'et-i muktedireye bir kere daha nazar-ı dikkat-i samilerini ehemmiyetle celbeylerim. Şimdiye kadar milletin lisanı talep ve mes'uliyetinden hakikî mümessil sıfatiyle kimse ile henüz temas-ı müzakereye gelmemiş olan Bolşevik karargâh-ı umûmisinin ilk vasıtasıyla olacak temasta teati edilecek olan esaslı hiç bir fikre selâhiyettar bir hey'ete malik olmamak iyi bir şey olmayacaktır. Muktedir ve selâhiyettar hey'etin hemen Erzurum'a müteveccihen yola çıkarılması elzemdir. Hukukşinastan gayrı bazı azâlar Erzurum'dan dahi ikmâl olunabilir. Efkâr-ı şaibenin ve talimat-ı lâzimenin evvelemirde şifre ile de tebliğine müsaade buyurulmasını arzederim.

2. Hâdisatın inkişaf etmiş olan sıfahatına göre daha bazı mevadd-ı mühimmenin şimdiden ve meclis-i âli tarafından hâl ve tesbit ve alâkadarana iblâğ olunması da pek elzem ve zaruridir. Buraya gelen Miralay Kâzım Bey'in vermiş olduğu malûmattan ve bahseylediği muhaberattan anlaşılıyor ki En-

ver ve Talât Paşalarla rüfekası Bolşeviklerle ve Moskova ile sıkı bir temas ve alâkayı muhafaza etmekte ve zât-ı samileri de bu maceraya muhabere suretiyle vakıf bulunmaktadır. Binaenaleyh muhtac-ı hal' ve iblağ husûsat şunlardır:

a) Yarın Bolşevik orduları hududlarımız doğru gelirken ve Türkiye'nin mukadderatı ve müstakbelen beşerin halâsı nâmına yapılacak müzakerat sırasında İslâm orduları akşamına istinaden veyahutta Anadolu'da yeniden İngiliz aleyhine açılmış olan mücadelâta iştirâk emeliyle Enver, Talât, Cemal Paşalarla rüfekası ve keza Halil ve Nuri Paşalar gelirlerse bunlar nasıl telâkki ve kabul olunacaktır? Şûrasız, meşveretsiz ferdî kararlar yüzünden vatan ve milletin bugünkü enkaz-ı mevcutesi nelere mal olduğu malum-ı devletleridir. O halde bu zevat gelir ve onlar da bu kere iade-i haysiyet nâmı altında yeni bir intikam sevdasına tabaan işe karışmak ve hatta baş olmak ve daha basiti de komite cereyanlarını feverana getirmek isterlerse millet bunu nasıl telâkki ve ne derecede kabul ve himaye veya müsamaha edecektir? Bütün bu işlerin avakibini derin birnazar, müsmir fikirlerle tahlil ve ondan sonra tesbit lâzımdır. Bundan başka bugünkü şekl-i tesanüde kadar getirilmiş olan Anadolu harekâtı ancak işde halâs-ı vatan gayesini istihdaf eden ve her gûna gırka hissinin fevkine olan umûmî bir milliyetperverlik cereyanı davâ ve takip bugayeler harice ve cihana karşı da taassup ile arz ve izhar olundu. Bütün cihanda ikna edilebilen akşamda bu fikrin husûl ve inkişarına çalışıldı. Kanaat getirmeyen veyahutta Anadolu'yu çürük temeller ve gizli, fasik emeller üstünde gösterip çöktürmeye çalışan haricî ve dahilî düşmanlarımızda bütün harekât ve Kuva-yi Milliyye'yi ancak İttihad ve terakki çerçevesi dahilinde ve Avrupa'da bulunan firarilerin ahlâfı tarafından tedvir olunmakta gibi bir cereyan-ı müzir ile bu ana kadar da aleddevam aleyhimizde ve düşmanların hesap ve menfaatine bir kin ve hücum idame ettirmektedir. Hal bu merkezde iken şimdi hariçteki paşalarımız Bolşevik cereyanı diye memleketimize dahil olurlarsa o zaman dahilî ve haricî düşmanlarımızın müddeiyatı artık şahitsiz bir surette âlem nazarında tecelli edebilir. Bundan başka milletin hariçteki zevatı ve onların bilâ vasıta dahilde göstermek isteyecekleri cehd-ü gayret velevki en yüksek bir vatanperverlik zemininde bile olsa bir çok âlâm ve mesaibi gören milletin hey'et-i umûmiyesi olmak itibariyle milletin hazmedip edemeyeceğini yine millete sorup onların kalbini ve lisanını söyletmek mecburiyet vardır. Bununla beraber hariçte olan bu zevatın izzet-i nefsini kırmamak ve inkisara düşürmemek de mukteza-yı menfaatimizdir. Zira tamamıyla taayyün ediyor ki Enver ve Talât Paşaların ve hassaten Enver Paşa'nın şark İslâm ve Türk âleminde büyük bir şöhretleri vardır. Moskova Sovyet hükümeti bile şark ve İslâm âlemini tahrik için bunların unvanlarından istifade ediyor.

Şu takdirde bütün bu ahval ve lediyyinat karşılaştırılarak en makul ve mutavassıt bir karar ittihazı muvafık olur. İhtimal ki paşaların şark âlemindeki ünvan ve mesaîsinden istifade etmek İngiliz aleyhine parlayan ateş-i müntehasına kadar vardırmak için şarkta ittihaz edecekleri bir merkezden aleddevam şark nâmına teşkilât ve propaganda yapmak zaten Bolşevik âlemi nezdinde milletimizi tanıtacak ve vatan ve milletimiz hesabına propaganda edecek haricî bir komitemiz de mevcut olmasına nâşi Bolşevik plânlarının hutut-ı asliye üzerinde haricen çalışmalarının faideli olacağını anlatmak ve münasip vasıtalarla Anadolu ricali ile de temaslarını muhafaza etmek ve fakat her halde bugün Anadolu hudud-ı mesaîsini ve şekl-i idaresini yalnız Anadolu'da mevcut olan evlâd-ı vatan terk ile bir tarz-ı hâl ve telif bulmak ve bunu ilk temasta veyahut imkânın bahşedeceği ilk müsait fırsatta kendilerine iblâğ eylemek lâzım gelir. Halil ve Nuri Paşaların da dahilde değil hariçte müsmir ve azamî surette çalıştırılması lâzımdır. Müşarünileyhim meselâ Bolşevikler Musul ve Bağdat ve İran havalisine umûmî bir hareket yapmak isterlerse bu plânın tatbîk ve icraatında pek müsmir ve kavi vasıtaları ve kumanda hey'etleri olabilirler. Ve bu suretle yine vatanımıza ve dolayısıyla büyük hizmet istifadeler temin etmiş olurlar. İşte pek mühim olan ve şimdiden mevzu-i bahis ve takdir olması lâzım gelen husûsatı gerek meclis-i âlinin bir ferd ve azâsı ve gerek şark cephemizin bir mes'ulü sıfatiyle bu maruzatımı takdim ediyorum. Bu babda milletin nebean eden hakikî âmali ve buna müstenid tedabir ve teklifi ya hey'et-i umûmiyede veyahut meclis-i âliye karşı mes'ul vükelâ-yı lâzime ve sariha verilmesine delâlet ve inayet buyurulmasını arz ve rica eylerim.

15. Kolordu Kumandanı
Kâzım Karabekir

Azerbaycan ordusunun bir tümeni Gence'de, süvari tümeni büyük kısmı Şusa'da Ermenilerle temasda bulunuyor. Bir tümeni de Bakû'da idi. Şuşa batısında Zengezor'da çarpışmakta idiler. Bakû'ya gelen Bolşevik ordusunda İslâm kuvvetleri de bulunduğu ve Azerbaycan ordusunu takviye ile Ermenilere taarruz edecekleri haberi de gelmişti.([38])

Dışarıdaki paşalarımızın bu kuvvetlerle geleceği havadisleri de çoğalıyordu. Nitekim yeniden aldığımız bilgiler üzerine 6 Mayıs'da Ankara'ya, harekete geçmek gereğini ve 28 Nisan'da teklif ettiğim doğu cephesi kumandanlığını da tekrarladım:

Erzurum
6 Mayıs 1336

Ankara Büyük Millet Meclisi Riyâset-i Celîlesi'ne,

Zâta mahsustur.

---

38 Bu haber doğru çıktı ise de maatteessüf Nuri Paşa Bolşevik ordusu Ermenilerle müsademeye giriştiği bir devrede Gence ve Karabağ'da Bolşevikler aleyhine isyan çıkarttığından zaten Lehistan cephesine ehemmiyet verip kuvvet sevkeden Bolşevikler Ermeni hareketinden sarf-ı nazarla isyan mıntıkasında kanlı tedibat yaptılar. Tafsilâtı görülecektir.

1. 4 Mayıs 1336 tarihli Batum'da münteşir İslâm Gürcistanı gazetesi yazıyor ki: Azerbaycan hükûmet-i cedidesi Azerbaycan Kırmızı askerinin Ermenistan'ı imha ve Osmanlı Türkleri Kuva-yi Milliyyesi'yle birleşmek üzere hareket başladığını ilân etmiştir. Gürcistan'ın alacağı vaziyet henüz tamamen inkişaf etmemiş ise de seferberlik ilân edildiği ve ahval-i dâhiliyesinde de fevkalâdelikler olduğu tahakkuk etmiştir. Ermeniler büyük bir telâş ve endişe içerisindedirler. Bolşeviklerle anlaşmak arzu ettikleri ve bu maksadla Bolşevikler nezdine bir hey'et-i murahhasa gönderdiklerine dair henüz başka taraftan teyid olunmayan zayıf bir haber de alınmıştır.

2. Bütün bu ahval bizim de harekete tamamen hazır olmaklığımızı ve icabında derhal hareket geçmekliğimiz icab ettirmektedir. Bu husûsta kaçırılacak fırsat ve gaip edilecek bir gün bizim için pek zararlı olacak ve Ermeniler de dahil olmak üzere tekmil Kafkas akvamının Bolşeviklerle anlaşması ihtimâli karşısında hukuk-ı müktesebemizi de zayi etmiş bulunacağız.

3. Binaenaleyh hareket zamanının tâyin ve icrası selâhiyetinin taraf-ı âciziye bırakılması münasip ve lâzım olduğundan bu bâbda Büyük Millet Meclisi'nce bir karar itâsiyle tebliğine delâlet buyurulmasını ve 28 Nisan 1336 tarihli zâta mahsus şifre ile arzettiğim şark cephesi ve kolordu kumandanlığı teşkilâtı hakkındaki maruzatımın bir an evvel Büyük Millet Meclisi'nin müsaade ve kararına iktiran ettirilmesini istirham eylerim.

4. Harekâta mübaşeretle aynı zamanda seferberlik yapılacak ve hatta kolordu mıntakasının sahil kısmında bir tehlike görülmedikçe seferberlik yapılmayarak oradaki ahval cereyan-ı tabiîsine bırakılacak ve Trabzon mıntakasında bulunan 3. Fırka ahvalin icabatına göre hareket edecektir. Şu halde seferberlik yalnız Erzurum ve Van mıntakasına ait olmak üzere mevziî olacak ve yapılan harekât da Kuva-yi Milliyye tarzında gösterilecektir.

5. Erzurum'a muvasalat eden erkân-ı harp Kâzım, Seyfi,

Naim, Cevat ve Necmettin Beylerin de teşkilâta idhalen karargâhta vazifeye başladıkları maruzdur.

15. Kolordu Kumandanı
Kâzım Karabekir

Vaziyet, Ankara ile muhabere ve münakaşadan evvel aleyhimize bir şekil alabilecek mahiyettedir. Şimendifer boyunca Ermenistan'a yapılacak bir taarruz Gümrü (Aleksandropol) bölgesine gelince Ermenistan da Bolşevik zümresine katılması gayet tabiî olacak ve Elviye-i Selâse'yi artık ebedî kaybedeceğiz. Ermenilerin bugün kazanamadıkları gayelerini Bolşevik perdesi altında kazanmaya çalışacaklarından fena bir vaziyete de düşebileceğiz. Bolşeviklere ilk teklif için tekidler neticesi 10 gün kaybettik. Bu sefer de şu mütalâalar ile sonucun zararını düşünerek hareket yetkisi istiyorum, ordu kumandanlığı yetkisi ise artık pek gecikmiş şahıs ve vaziyetin münakaşaya tahammülü olmayan bir zorunluluktur.([39])

Seferberlik husûsunda etkili olan düşünce şudur: Birliklerin mahallerinden seferber edilerek yığmak bölgelerine sevki, beslenme ve nakil vasıtaları azlığından dolayı mümkün olmadığı gibi, yığınaktan sonra derhal harekete geçilmediği takdirde felâketli bir açlık hazer (sulh zamanı) mevcutunu perişan eder. Hareket zamanı tesbit edilmeden seferberlik ilanı ile içden ve dışdan yapacağı dağdağaya rağmen harekete geçilmezse kaçışlar hazer birliklerimizi de sarsabilir. Bundan başka Ermenileri beklemedikleri bir zamanda vurmak için vaktinden önce seferberlik ilân edilmesini de doğru bulmadım. Harekâtın Kuva-yi Milliyye tarzında ilânı Ermenilerin dikkatini çekmemek ve İtilâf devletlerinin de sahillerimize karşı tehdidlerini çekmemek yâni yumuşak bir şekil göstermek, yoksa harekat millî teşkilât ile olacak demek değildir.

Büyük Millet Meclisi Başkanlığının 6 Mayıs tarihli cevabı müthiş bir gerilemedir. Ermenilere karşı harekâtın mahzur-

---

39 18 Mayıs'a kadar bilmem ne gibi düşüncelerle bu teklifime cevap verilmediğinden 18'de daha kafi teklife mecbur oldum.

ları sayılarak hareketten vazgeçiliyor. Halbuki bu hareketin gerekli olduğu bir seneden beri söylenmiş, münakaşa edilmiş ve bilhassa İstanbul hâdisesi günü -16 Mart'ta- Mustafa Kemal Paşa hararetli olarak uygulama zaman ve imkânı hakkında fikrimi soruyor, daha doğrusu zamansız teşvik ediyordu. Mevsimin en müthiş düşmanlığı, Bolşevik ordusunun Kafkas güneyine inmemesi gibi mühim sebeplerle Nisan ortalarında işe başlamaklığımız hakkındaki görüşüm de tasvib olunmuştu. Bundan başka Bolşeviklere yapılan ilk teklifde dahi Ermeni hareketi taahhüt edilmişti. Daha açığı, 26 Nisan'da birliklerimi hududlara doğru yığmaya, Büyük Millet Meclisi Başkanı Mustafa Kemal Paşa tarafından uygun görülmesi üzerine başlamıştım. Yâni Hey'et-i Temsîliye harekâta tarafdar ve hattâ teşne olduğu gibi Millet Meclisi de bu fikirde idi. Mesele hareket emrinin Ankara'dan mı verilmesi, yoksa fırsat kaybetmemek için hareket zamanının seçimi ve yapılması yetkisinin bana mı verilmesi idi. Ben bu yetkinin bana verilmesini isterken gelen cevap en büyük üzüntüme sebep oldu.

Gelen cevabı okuyalım:

Ankara
6.5.1336

15. Kolordu Kumandanı Kâzım Karabekir Paşa Hazretleri'ne,

Zâta mahsus ve aceledir.

Vaziyet-i umûmiye-i siyâsiyemiz ve Bolşeviklerle kesb-i ittifak için aradan emperyalizm siyâsetine alet olan Ermeni hükümetinin ref ve imhası mes'elesi bugün Vekiller Meclisi'nde müzakere olunarak zât-ı samilerine bervech-i zîr netice-i müzakerât tebliğine karar verilmiştir. Şöyle ki:

1. Sulh Konferansının hakkımızda ittihaz edeceği mukarrerat suret-i kat'iyyede tavazzuh edinceye kadar düvel-i İtilâfeyi bizimle itilâf ihzarı imkânından mahrum etmeye dahilî ve haricî vaziyet-i hazıramız şimdilik müsait değildir.

2. Binaenaleyh Bolşeviklerle şerait müşareketimiz az-çok tebellür etmeden ve hutut-ı esâsiyemiz tesbit ve bize temin edecekleri maddî muavenet tâyin edilmeden evvel fiilen bunlarla teşrik-i mesaî calib-i mehazir görüldü.

3. Ermeni vukuatı bütün âlem-i isevîyeti aleyhimize sevkeden avamilin en mühimlerinden olduğuna göre mevcutiyeti ilk evvel tarafımızdan tasdik olunan Ermeni hükümetini ordumuzun kuvvetiyle mahvetmek ve bittabi yeniden bir Ermeni kıtali demek olan bu hareket bizim tarafımızdan sebebiyet verilmek az çok lehimize bir cereyan getiren tahriki de muvakkaten fesih ve bilhassa Amerika efkâr-ı umûmiyesini aleyhimize sevkettirir. Ve İngiltere'nin hakkımızda tatbikini istediği tarz-ı harekete cümlesinin müzahir olmasını temin gibi muzir ve mühlik bir netice tevlid eyler. Esbab-ı maruzayamesini ordumuzun şimdilik Ermeni hükümetine karşı resmen ve alenen taarruz ve icra-yı muhasemattan tevakki eylemesi, mümkün olduğu kadar suret-i hafiyede elviye-i selâsede teşekkül eden küçük hükümetlerin milis kıtaatı takviye olunarak bunlarla ve Gence'ye kadar ilerledikleri haber alınan İslâm Bolşevikleri vasıtasıyla bu taarruzun icra edilmesi daha ziyade muvaffık-ı maslahat görülmüş ve bu babdaki mütalâa-i devletlerinin sür'at-i işâr'ı bilhassa mercudur.

Büyük Millet Meclisi Reisi
M. Kemal

Son cümleye kadar ne büyük ızdırap çektim, Allah bilir. Bereket versin bir hava payı bırakılmış da benden mütalâa istenilmiş.

6 Mayıs'da Erzurum vilâyet vekâletini üstlendiğim gibi, yığılmış işlerim de olduğundan üzüntümün de geçmesi için bir iki gün sonra lâzım gelen cevabı bütün kurmay subaylarının da görüşlerini aldıktan sonra yazacağım.([40])

6 Mayıs'da Hıdırellez kır eğlencesi çok tatlı geçti. Halk ve bütün mektepler Aydın bahçesi civarında yeşil kırlarda

---

40 9 Mayıs'ta hazırladım, 10'da şifre edildi.

rengârenk çiçekler gibi göz okşuyordu. Çocuk ordusu renkli önlük, dört parmak enli kuşak, ve başlık çocuklar tarafından büyük bir zevkle artık Cuma ve merasim günleri için üniforma oldu.

Bölgemizde ne kadar ebe varsa kursdan([41]) geçirilerek diploma verileceği gibi sıhhiye assubayı ve baytar yardımcıları için de benim çocuklardan mektepler esasını kurduk.

6 Mayıs'da Rus Millet Komiserliği'nin şu tamimini yayınlattım:

Erzurum

6 Mayıs 1336

Rus Millet Komiserliği Sovyeti'nin ahiren elde edilen tamimidir:

1. Rusya'nın ve şarkın bütün Müslümanlarına,

Kolçak ordularının ve Denikin ordularının mahvolmasından daha ehemmiyetli bir mes'ele Asyaî bütün akvamın ve bütün millet-i Muhammediyenin uyanması ve harekete gelmesidir. Şarkın taksimi için başlayan kanlı muharebelerin sonu gelmek üzeredir. Dünyanın bütün akvamını kendi boyundurukları altına alan İngiliz yağmacıları, efendilikleri süküt etmektedir. Artık, Rus inkılâb-ı kebirinin darbeleri sayesinde dünyada köleliğin ve esaretin eski binaları yıkılıyor. Hükümetler, milletlerin eline geçecektir. Rusya'nın alın teriyle ve kan bahasına çalışan bütün milletleri, dünyanın esir milletlerine hürriyet kazandırmak için şerefli bir sulh akdettirecektir. Rusya, bu mukaddes emel peşinde yalnız değildir. Avrupa'nın cihan harbi yüzünden bitkin bir hale gelmiş olan milletleri de ellerini bize uzatmışlardır. Keza Avrupa'nın meşhur yağmagerlerine asırlarca esir olan büyük Hindistan dahi kendi meb'ûslarını intihap ederek ve menhus esareti yıkarak ve şark akvamını hürriyete davet eyleyerek ken-

---

41 İki kursda yüz kadar cahil ebe diploma sahibi oldu. Mektepler hakkında tafsilat gelecektir.

di eliyle isyan bayrağını kaldırmıştır. Yağmagerlerin ayağı altındaki emperyalizm toprağı yanmaktadır. Ey Rusya'nın ve şarkın İslâmları: Ey camileri, ibadethaneleri, meskenleri tahrib ve hakları gasbedilen kimseler, sizin dininiz ve ibadetleriniz, millî ve medenî hürriyetiniz serbest ve el sürülmez bir halde kalacaktır. Serbestçe ve maniasız hayat-ı mâliyenizi tanzim ediniz. Buna hakkınız vardır. Biliniz ki Rus inkılâb-ı kebirinin sovyetleri sizin hukukunuzu bütün kuvvetiyle himaye edecektir. Binaenaleyh bu inkılâba ve onun selâhiyettar hükümetine yardım ediniz. Ey şarkın Müslümanları: Türkler, Araplar, İranîler, Hintliler! ey kendi memleketleri, malları, canları taksim ve harab edilmek üzere bulunan kimseler!... Sükut eden çarlık tarafından tanzim edilen İstanbul'un cebren işgali muahedesi yırtılmış ve mahvedilmiştir. Rus cumhuriyet ve millet sovyetleri memleketlerinizin cebren işgalini red ile ve ilân eyleriz ki: İstanbul Müslümanları elinde kalacaktır. Türkiye'nin taksimine ve Türkiye arazisinden bir Ermenistan teşkilen dair olan muahede de yırtılmıştır. Yağmagerleri ve memleketinizi boyunduruk altına alan zamileri tardeyleyiniz. Artık susulacak devir geçmiştir. Memleketinizin efendisi kendiniz olunuz. Arkadaşlar, kardeşler dünyanın esir milletlerinin tahlisini bayraklarımıza yazalım.

2. Büyük Millet Meclisi Riyaseti'ne, kolordulara, Miralay Rafet Bey'e, Trabzon, Van vilâyetleriyle Erzincan mutasarrıflığına, 15. Kolordu kıtaatına.

15. Kolordu Kumandanı

Mirliva

Kâzım Karabekir

7 Mayıs'da üzücü bir haber geldi: Trabzon'dan 3 Mayıs'da motorla hareket eden Trabzon ve Gümüşhane meb'ûsları, İngilizlerden korkarak Ünye'ye çıkmışlar. 6 Mayıs'da Çarşamba'dan arabalarla Samsun'a hareket etmişler. Yolda eşkiya pususuna düşerek Trabzon meb'husu İzzet, Gümüşhane

meb'ûsu Rıza Beyler şehit edilmişler. Muhafızlardan ikisi yaralanmış. Eşkıya bunların meb'us olduklarını anlayınca kaçmış. Diğer meb'ûslara dokunmamışlar. 7 Mayıs'da teessürle haber aldım. Ailelerine baş sağlığı ve istedikleri yardımın yapılmasını 3. Fırka'ya emrettim. Gazetelerle haklarında tesirli yayın yaptırttım. 8 Mayıs'da cenazeleri Trabzon'a gelmiş, pek büyük merasimle defnedilmiş. Fransız temsilci merasimde bulunmuş. Limandaki Amerikan harp gemilerinden de çıkan Amerikanlılar resimler almış ve ecnebiler millet vekillerine karşı halkın muazzam ihtifalini görerek millî hareketi bir daha tasdik etmişlerdir.

Ankara'dan halâ havadis verilmiyor. Ara sıra 20. ve 12. Kolordu'dan bazı bilgiler geliyor.

Konya'da 12. Kolordu Kumandanı Albay Fahrettin Bey'den aşağıdaki açık telgraf 8 Mayıs'da geldi. Konya'daki olay bu ikinci oluyor. Kasabada çarpışma olmuş, iki er yaralanmış, boyun eğmişler. Mülhakatta asayiş varmış. Bazı fesatçılar Konya şehrinde fesatlıklar yapıyorlarmış. Telgraf 6'da yayılmış. Ankara'nın daha önce haber almış olması ve Ermeni harekâtı hakkındaki geri dönüşün batı bölgesinde durumun berbat bir halde olmasından ileri geldiği ihtimali hâtırıma geldi. Fakat böyle bir halin, çabuk davranmayı daha gerekli kılması görüşündeyim. Her ne ise... Bu gibi olayların açık telgraflarla tamim edilmesini zararlı bulduğumdan ikaz ettim, bir tarafdan Ankara kapalı dahi yazmıyor, bir tarafdan da milletin çarpışmalarını herkes açık telgraflardan öğrenerek lüzumsuz dedikodulara sebep oluyor.

Fahrettin Bey 4 Mayıs tarihli bir şifrede de bildiriyor: "İtalyanların Burdur kasabasını boşalttıkları; fakat Antalya, Kuşadası, Söke, Aydın ve İzmir'de bazı hareketleri ve düzensiz beyanatta bulundukları ve Yunanlıların sevkiyattan dolayı Aydın'da çok az kuvvetleri kaldığı ve sevkiyatın Makedonya'da Bulgarlarla ilgisi olduğu rivayet ediliyorsa da Akhisar ve Soma cephesine de muhtemel olduğu, İzmir'den gelen bilgilerde San Remo Konferansı Türkiye meselesini bitirmiştir.

Aldığı kararlardan resmen bilinenler: İstanbul'un Türklerde kalacağı, Boğazların uluslararası olacağı, Ermenistan Cumhuriyeti'nin tasdikiyle hududunun Harput ve Diyarbekir'e kadar uzanacağı ve batı Trakya'nın Yunanistan'a bırakılması. İstanbul'daki İtilâf devletleri temsilcileri Türk delegelerinin Paris'e hareketi lüzumunu bildirmişler, Ermenistan mandası Felemenk'e verilmiş. Bu bilgiler Büyük Millet Meclisi'ne de bildirilmiş. 2 Mayıs'a kadar İstanbul gazeteleri Trabzon'a gelmiş hayli bilgi var: Ferit Paşa'nın beyannâmesi Padişah'a dayanarak zehir saçıyor. Bizim Müdafaa Vekili Fevzi Paşa'nın mecliste Padişah'ı masum gibi göstermesinin ve uydurma beyanatının millete bir feryat gibi yayınlanması yanlışlığı açık görüldü. Kuva-yi Milliyeye karşı hayli hazırlıklar var. Müşir (mareşal) Zeki Paşa Anadolu Islâhat Müfettişi oluyor. Süleyman Şefik Paşa İzmit bölgesinde karargâh yapıyor, donanma Karadeniz sahillerini dolaşmaya hazırlanıyor, Tevfik Paşa'nın başkanlığında bir hey'et 2 Mayıs'ta Paris'e hareket ediyor...

Bunların her biri mahiyetine göre tedbir ister. Bunlardan donanmanın fesatlığa uğratılmasına karşı mukabil beyanname ile asker ve subayları elde etmek ve kodamanlarını vatan hıyaneti cezasına çarptırmayı bölgem için yapıyorum. Fakat Ankara'da millî hükümet dururken sulh imzalamaya gidenlere bir şey söylenmeyecek mi? İzmit bölgesinde ve diğer yerlerde ne oluyor? Bilgiler yalnız İstanbul gazetelerine bile kalsa hayli şeyler anlaşılıyor. İstanbul'un vatansever insanları ne yapıyor? Neden bize hiç bir haber verilmiyor? Ermenilere karşı hareketten vazgeçmiş ve bu uzun susma Ankara'nın yılgın gibi elim bir vaziyete girdiği zannını veriyor. Gazetelerin bilgilerini, donanmaya ve isimleri geçen kumandanlara karşı yapacağımı yazarak İstanbul gazetelerinin bu gibi havadislerinin alınıp alınmadığını sordum:

Şifre

Erzurum
8.5.1336

Büyük Millet Meclisi Riyâset-i Celilesi'ne,

1. 25 Nisan tarihli İstanbul gazeteleri Harbiye Nazır Vekilinin bilcümle erkân, ümera ve zabitana hitaben uzunca bir beyannâmesini neşir ediyorlar. 30 Nisan gazeteleri 31. Alay ve İstanbul muhafızlığı alayından mürettep birinci inzibat alayı teşkil ve kumandanlığına topçu Binbaşı Tevfik Bey'in tâyin ve alayın sancağına taraf-ı şâhâne'nin 3. Mecidî nişanı ihsan Ferit Paşa tarafından ussatın tedibinde muvaffakiyet temennisiyle talik olunduğunu yazıyorlar.

2. 2 Mayıs 1336 tarihli Peyam-ı Sabah gazetesinde:

a) Tevfik Paşa'nın riyasetinde Dahiliye Nazırı Reşit Bey'le Cemil Paşa ve Fahrettin Bey'den mürekkep hey'et Paris'e müteveccihen trenle 2 Mayıs 1336'da hareket etmişlerdir. Mahmut Muhtar Paşa, hey'ete Paris'te iltihak edecektir.

b) Müşir Zeki Paşa Anadolu Islâhat Müfettişliğine tâyin edilmiştir. Paşa, karargâhını teşkil eylemek üzere Harbiye Nezâreti'nde işe başlamıştır.

c) İzmit havalisi fevkalâde kumandanlığına tâyin edilen Süleyman Şefik Paşa'nın Erkân-ı Harbiye Riyâseti'ne Miralay Tahir Bey tâyin olunmuştur. Bu Tahir Bey, erkân-ı harp Yanyalı Tahir'dir. Rütbesi binbaşı iken bu defa 28 Mayıs 1331'den muteber olmak üzere miralaylığı terfiine irade-i seniye çıkmıştır.

d) Miralay Ahmed Muhtar Bey'in kumandasında bir alay İzmit'e sevkedilmiştir. Ahmet Anzavur, Bursa havalisinde icra-yı harekât eden kuvvetlere kumandan tâyin edilmiştir.

e) Hamidiye Kruvazörü süvariliğine Binbaşı Cavit Bey tâyin olunmuştur.

3. Trabzon'dan İstanbul'dan alınan malûmata nazaran donanmamız Karadeniz'e çıkarak sahillerimizi dolaşacakmış.

4. İstanbul gazetelerinin bu gibi havadisleri alınıyor mu? İş'arı müsterhamdır.

5. Donanma gelmesi ihtimâline karşı efradına tevzi olunmak üzere müessir ve dinî beyannameler hazırlatıyorum. Donanma ile beraber gelecek olan muayyen kimseler ihanet-i vataniyye cezasına çarptırılacaktır.

6. Yalnız Büyük Millet Meclisi Riyâseti'ne arzedilmiştir.

15. Kolordu Kumandanı
Kâzım Karabekir

90. SADRIÂZAM FERİT PAŞA'NIN BEYANNÂMESİ

Sadrıâzam ve Harbiye Nâzır Vekili Damat Ferit Paşa'nın Beyannâmesi

Zât-ı şevketsemat-ı hazret-i padişahının Harbiye Nezâreti vekâletini uhdemize tevcihten maksad-ı hümâyûnları bir ân evvel dahil-i memlekette asayişin iadesiyle devlet-i Osmaniye'nin bir şekl-i muntazam iktisab etmesidir. Zira memleketin derece-i asayiş ve intizamı ve bu hâlin devamı hakkında ibraz edilebilecek temmumat-ı fiiliye ile yakında tebliği mukarrer ve muhakkak bulunan şerait-i sulhiye taayyün edeceğinden ilm-i hakikat ve necatı yedd-i müebbed-i şâhânesinde tutan padişahımız halife-i zişan efendimiz hazretlerinin şems-i şevket ve ikbali asırlarca âleme şa'şaapaş olmuş o muazzam taht-ı saltanat ve hilâfetin etrafında toplanalım. Bazı sû-i tefehhümattan dolayı münfail olarak meslek-i itaattan inhiraf etmiş olan ümera ve zabitanın veyahut altı aydan beri hükûmet-i merkeziyenin idrâk ve tefehhümü müşkil muğlâk ve mütereddit harekâtından dolayı cereyan-ı nameşrua bizzarur tebaiyet eden refiklerimizin daire-i istikamet ve itaate avdetleri esbabını istihzara bilcümle mesaîmi hasreyleyeceğim. Cümleye malûmdur ki: Bir zamandan beri bu nifak ve uluyül-emre itaatsizlik hasebiyle vatanımız ve hattâ ırkımız tehlikeye giriyor. Neferden beşere kadar cümlemiz kanuna ve padişahımız efendimiz hazretlerine itaatle mükellefiz. Yalnız bu suretle istikbalimizin temini mümkündür. Kadimen padişahlarına sadakat ve her emrine itaatle bir zaman hâkimi âlem olmak istidadını göstermiş olan afif, necip ve sahib-i fezail Osmanlı milletinin ve madamül-a'sar ratib-i mukaddese-i Osmaniye'nin kıtaat-ı selâse-i âlemde temevvücüne muvaffak olmuş olan ordu-yı hümâyûnun akibeti böyle elîm olmamalıdır. Mukaddema bedr-i tamını revnak halini iktisab eden hilâl-i Osmanî bugün kâmilen duçar-ı husuf olmak muhtarasına maruz bulunuyor. Harbiye nâzırı sıfatiyle mecbur olduğumuz mutavaat ve inkiyadda sabit ve daim olan bilcümle erkân, ümera ve zabitanı kemâl-i sitayişle takdir ve meslek-i nahemvariye salik bulunanları vazife-i askeriyelerine davet eyliyorum.

Sadrıâzam ve Harbiye Nâzır Vekili
Damat Ferit

Doğu cephesi teşkili hakkındaki teklifime cevap gelmedi. Fakat işler beni de görevlileri de bunaltıyor. Yeni gelen kurmay arkadaşları 8 Mayıs'tan itibaren işe başlattım:

Kurmay Albay Kâzım Bey: Doğu Cephesi Kurmay Başkanı,

Binbaşı Naim Cevat Bey yardımcısı([42])

Kurmay Binbaşı Fahri Bey: Birinci Şube Müdürü,

Kurmay Yarbay Seyfi Bey: Propaganda, İstihbarat ve Millî Harekat,

Kurmay Albay Manastırlı Kâzım Bey: Kolordu Kumandanlığı İşleri -Şahsî işler iaşe, ikmal ve bütün menzil işleri-

Kurmay Binbaşı Mustafa Bey: 15 Kolordu Kurmay Başkanı.

İşleri bu yolda ayırmakla beraber tamimi için Ankara'dan emir bekliyorum. Cevap gelmediği takdirde de bir daha yazacağım.([43])

8 Mayıs'ta şu havadisleri tamim ettim. -6 Mayıs'ta Meclis Başkanlığı'na teklifimde birinci maddeyi yazmıştım.-

---

42 Az kaldı, yukarıda yazdığım gibi, Azerbaycan'a gitti.
43 18 Mayıs'da yazdım uygun olduğu cevabı geldi.

Erzurum
8 Mayıs 1336

Tamim

1. Batum'da münteşir İslâm Gürcistanı gazetesinin 4 Mayıs 1336 tarihli nüshasında okunmuştur. Azerbaycan hükûmet-i cedîdesi Azerbaycan Kırmızı askerinin Ermenistan üzerine yürümek ve Anadolu'daki Osmanlı Türkleri Kuva-yi Milliyyesiyle birleşmek üzere harekete başladığını ilân etmiştir.

2. Azerbaycan İslâmlarının da Bolşeviklerle iştirâk-i hareketi ve İngilizlerin tazyik ve iğfaliyle Gürcistan hükümetinin Bolşeviklik aleyhdarlığında devamı Acara ve havalisindeki İslâm ahalinin memleketlerini İngiliz ve Gürcü tahakküm ve eden bu maksadla yaptıkları dindarane ve vatanperverane tezahürat, 30 Nisan tarihinde İngilizleri Acara'nın merkezi olan Hula, Artvin, Vardanuş kasabalarını tahliyeye ve bu kasabalardaki askerlerini Batum'a çekmeye mecbur etmiştir.

3. 30 Nisan'da 350 kişilik bir Gürcü müfrezesinin Çürüksu civarında bir kariyeyi işgal etmesi üzerine o mıntaka ahalisinden altı bin silâhlı ve dört bin silâhsız İslâm kuvveti derhal toplanarak Gürcü müfrezesini muhasara etmiş ve tazyik neticesinde öz memleketleri olan ve makam-ı mukaddese-i hilâfetle Anadolu'ya lâyezal bir hürmet ve sâdakatle merbut bulunan İslâm menatıkına İngiliz, Gürcü, Denikin ve Ermenileri hiç bir suretle sokmamaya ahdettiklerini beyân ederek Gürcü askerini Gürcistan hududu dahiline avdete mecbur etmişlerdir.

4. Keza 30 Nisan 1336'da Gürcüler tarafından müteaddit kamyonlarla sevkedilen erzak, Acara suyunda ahali-i İslâmiye tarafından müsadere edilmiştir.

5. Büyük Millet Meclisi Riyâseti'ne, kolordulara, Refet Bey'e, Trabzon ve Van vilâyetlerine, Erzincan mutasarrıflığına, 15. Kolordu kıtaatına arz ve tamim edilmiştir.

15. Kolordu Kumandanı
Mirliva
Kâzım Karabekir

9 Mayıs vilâyette belediye bütçesini tetkik ettim. Öğleden sonra polis karakollarını teftiş ettim. Sarhoşluk neticesi vukuat çoktu, ilk icraat olarak meyhaneleri kapatıp ve içkiyi yasak etmiştim. Vukuat kalmamış. İki Rum meyhaneci de Trabzon'a def olmuş. Propaganda ve casus yatağı yerler. Sarhoşluk bu milletimizin başına en büyük bir belâ. Umûmî Harb neticesi düştüğümüz bugünkü felâketli vaziyetten kurtulacağımıza imanım kavi, fakat içki belâsını, hele sarhoşluğu bu memleketten nasıl kaldırabileceğiz? Bu pek zor. Yirmi yaşına gelmemiş çocuklara bile salgın yapmış. İçki yasaklanınca Türk milleti melek gibi. İşte örneği: Erzurum. Bir kanunla bunu yasaklamak ve bilhassa mekteplere içki aleyhinde iyi telkin yapmalı.[44]

Batum'da münteşir İslâm Gürcistanı gazetesinin 7 Mayıs 1336 tarihli nüshasında okunmuştur:

1. Azerbaycan Sovyet hükümeti Ermenistan hükümetine bervech-i âti telgrafı çekmiştir: "Azerbaycan Sovyet hükümeti Azerbaycan nâmına mevadd-ı âtiyenin icraasını Ermenistan hükümetinden talep eyler. Karabağ ve Zengezor mıntakalarının Ermeni askerinden tahliyesi: Ermeni askerinin Ermenistan hududlarına kadar çekilmesi, İslamların katliâmına nihayet verilmesi. Aksi takdirde Azerbaycan, Ermenistan hükümetini kendisine muharip addetmek mecburiyetindedir. Bu mevadda üç gün zarfında cevap verilecektir."

2. Ermenistan hükûmet-i cumhuriyesi Azerbaycan'da bulunan Rus Sovyet vekillerinden dahi âtideki notayı almıştır: "Sovyet Azerbaycan'ında devam eden muhaberatın inkitar ile Azerbaycan arazisinde bulunan Ermeni asakirinin ihraç ve bütün Azerbaycan arazisinin tahliyesi Rusya Sovyet hükümeti nâmına talep olunur. Bu nota tarih-i vüsulünden itibaren 24 saat zarfında ifâ edilecek, aksi takdirde Rusya hükümetine ilân-ı harp edilmiş nazariyle bakılacaktır. Bundan mütevellid mes'uliyet Ermenistan hükümetine aittir."

---

44 Büyük Millet Meclisi bu güzel kanunu yaptı; fakat maatteessüf riayet olunmadı ve İkinci Millet Meclisi'ne bu kanun lağvoldu.

3. Ermenistan hükümeti tarafından verilen cevapta edilen iddiaların doğru olmadığı gibi kaçamaklı bir yol iltizam edilmiştir.

4. Büyük Millet Meclisi Riyâset-i Celîlesi'ne, kolordulara, Trabzon ve Van vilâyetleriyle Erzincan mutasarrıflığına, 15. Kolordu kıtaatına.

15. Kolordu Kumandanı
Mirliva
Kâzım Karabekir

Diğer bilgilerin tamimi:

Erzurum
9.5.1336

Tamim

1. Bolşevik kuvvetleri Tiflis ile Gence arasında demiryolu üzerinde ve Azerbaycan, Gürcistan, Ermenistan hududlarının birleştiği mıntakanın şimalindeki Salahlı istasyonuna vasıl olmuşlardır. Tiflis'in 35 kilometre şark-ı cenubîsinde bulunan Karayazı istasyonundaki Gürcü kuvveti mıntakadaki İslâmlar tarafından tard ve Tiflis'e ricate mecbur edilmiştir. Karadeniz sahilinde ilerleyen Bolşevikler Gürcistan hududu dahilinde Gayri'ye yaklaşmışlardır.

2. Batum'da çıkan İslâm Gürcistanı gazetesinin 4 Mayıs 1336 tarihli nüshasında okunduğuna göre Ermenistan'a taarruz etmek üzere Karabağ-Gence şosesiyle Bakû-Gence demiryolunun birleştiği mıntakada tecemmü eden Bolşevik kıtaatı Hamit Sultanof'un kumandası altındadır.

3. Mezkûr tarihli gazeteye nazaran Gürcistan meclisi müessesanı Bolşeviklere karşı mukabeleye karar vermiştir. Tiflis, Ahıska, Ahılkelek, Burcalı mıntakalarında idare-i örfiye ilân edilmiştir.

4. Gürcistan seferberliği pek bati ve muvaffakiyetsiz olarak cereyan etmektedir. Ahali Bolşevikler lehinde tezahürat göstermektedir.

5. Batum'daki gaz depolarına va'z-ı yed eden İngilizlerin yapmak istedikleri nakliyata Batum Bolşevik komitesi mâni olmuştur.

6. Gürcülerin Batum'u işgal teşebbüsleri Çürüksu'da toplanan yerli İslâm ahali karşısında akim kalmıştır. Çürüksu mıntakası yerli milisleri teşkil ederek hududu bunlarla işgal ettirmiştir.

7. Batum'daki Rum ve Ermeni tüccarları eşyalarını İstanbul'a kaçırmak için fevkalâde telaştadırlar. Ameleler kat'iyyen taşımamaya karar verdiklerinden dolayı bütün eşyalar gümrüklerde yığılıp kalmıştır.

8. Büyük Millet Meclisi Riyâseti'ne, kolordulara, Refet Bey'e, Trabzon ve Van vilâyetlerine, Erzincan mutasarrıflığına, 15. Kolordu kıtaatına.

15. Kolordu Kumandanı
Mirliva
Kâzım Karabekir

91. ERMENİ HAREKÂTI İÇİN TEKRAR MÜRACAAT

Büyük Millet Meclisi Dış İşleri vekili Bekir Sami ve İktisad ve Yusuf Kemal beylerin hareket etmek üzere oldukları, tahsisatlarının verilmesi husûsunda Meclis Başkanlığından vilâyete gelen şifreden anlaşıldı. Hareket vakitlerini sordum ve Brest-Litovsk ve Batum andlaşmaları ile diğer lüzumlu görülecek andlaşmaları beraberlerine almalarını Meclis Başkanlığı'na yazdım. Ermenilere karşı hareket meselesini kurmaylarımla 9 Mayıs'ta bir daha inceledim. Çoğunluk Gürcülerin Ermenilerle birlikte hareketinden endişe ediyordu. Bunun halen olamayacağını isbat ettim. Ve 6 Mayıs tarihiyle istenilen görüşlerimi aşağıdaki şifre ile bildirdim:

Erzurum
9 Mayıs 1336

Büyük Millet Meclisi Riyâset-i Celilesi'ne,

C. 6 Mayıs 1336. Şark cephemizde yapılacak harekât hakkında beyan buyurulan mütâlâat yeniden mevzu-i bahis ve tedkik olmuş ve hâdisat ve vekayii muhtasaran tahlil ve icmal suretiyle hey'et-i celîleye bervech-i âti maruzatı icap ettirmiştir.

1. 26 Nisan 1336 tarihinde Moskova'ya ve Bakû'ya iblâğ olunmak üzere itâ buyurulan teklifnâmede Bolşevik orduları Gürcistan'ı bilfiil işgal veyahut herhangi suretle Bolşevizm amal ve harekâtına icbar edilirse bizim de Ermenistan üzerinden yapacağımız bir hareketle ictinab ve tereddüt vaziyetinde görünen Azerbaycan hükûmet-i İslâmiyesini Bolşevik

zümre-i düveliyesine idhali taahhüt ettiğimiz münderic idi, fakat vukuatın daha serî cereyan etmesi üzerine Azerbaycan Bolşeviklere iltihak etmiş ve Gürcistan'ın seferberliği üzerine de Bolşevik orduları şimalden ve Azerbaycan dahilinden Gürcistan'ı tazyik ve ihataya başlamıştır. Şu hâlde bazı kuyud ile ifâsını taahhüt ettiğimiz muavenet-i fiiliyle tatbîk edilmeden bizim tarafımızdan şart olarak gösterilen Gürcistan maniası onlarca taahhüt ve tekeffül-i fiiliye girmiş, Ermeni mukavemetini kesir taahhüdümüz bittabi borç kılmıştır.

2. Sulh Konferansı'nın hakkımızda ittihaz edeceği mukarreratın suret-i kat'iyyede tevazzuh edinceye kadar düvel-i İtilâfiyeyi bizimle itilâf ihzarı imkânından mahrum etmemekten bahis buyuruluyor. Şüphesiz câ-yı mülâhazadır; fakat zümre-i itilâfiyûn sulh veya çizdikleri plânı tatbik için millete müracaat etmemeyi ve milletin meram ve âmalini dinlememeye müstenid kat'î kararı verdikten ve Dersaadet'teki şebeke-i ihanetle de uzaklaştıktan sonra Millet Meclisi basıldı, dağıtıldı ve bugünkü vaziyet ihdas olundu. Bilhassa bu tarihden sonra artık devletin tâbi olacağı şerait-i mukaddere ve girive-i izmihlâl her türlü menabi ve matbuattan muhtelif şekillerle neşir ve imâ olundu. Rumeli'nin, Aydın vilâyetinin, Adana havalisinin, şark vilâyetlerinden tevessü edecek Ermenistan'ın ve mahrec-i bahrîsinin ve İstanbul'un şekil ve vaz'ı aşağı yukarı gösterildi. İtilâf hükûmatının son günlerde sulh şeraitimizi arzu-yı milliye muvafık bir şekilde kabul edecekleri hakkında kavi vaadler ve hattâ kat'î teklifleri dahi olsa, bu teklif sırf Bolşeviklerin Kafkasya'ya hâkim olmaları ve yakında bizimle temasa gelecekleri korkusu neticesidir. Yani şark akınının hiç olmazsa hududlarımızda durdurulması ümidi veyahut Ermeni-Gürcü mukavemetinin bizim de iştirakimizle çabuk kırılmaması için zaman kazanmak politikasıdır. Bolşeviklerin Ermeni-Gürcü mukavemetini kıramamaları halinde İtilâfın hakkımızda tatbik edeceği program yine eskisi gibi bizi paralamak, imha etmekten ibaret olacağına şüphemiz yoktur. Sulhü yalnız İtilâf hükümetiyle yapmakla

hayat-ı millîmiz ve istikbalimiz taht-ı temine alınamaz. Binaenaleyh bir cümle ile arzolunursa Anadolu'nun garpte hiç bir ümit ve istinadgâhı kalmamıştır. Bu mütâlâattan sarf-ı nazar edilse dahi farz-ı muhal olarak İtilâfiyûn bize sulhü Anadolu meclis-i kebirinin murahhasları ile yapacağız diye Dersaadet veyahut Antalya tarikiyle bir hey'et-i mes'uleyi davet etseler buna şerait ve eşkâl-i hazıra tahtında imkân ve ihtimal verilir ve bina-yı amal buyurulur mu?

3. Bolşeviklerle şerait-i müşareketimizin tebellür etmesi, hutut-ı esasiyenin tesbiti ve bize temin edecekleri maddî muavenetin tâyin edilmiş olması ancak bir cevap ve talimatın gelmesine muhtacdır. Halbuki Gürcistan tarikinin kapanması hey'et-i celîlenin 26 Nisan 1336 tarihli olan teklifnâmesi nihayet 8 Mayıs 1336 tarihinde kaçak bir motorla Novorosiski üzerinden ve diğer üç sureti de diğer üç tarikle yola çıkarılabildi. Fakat mahalline vüsulü ve muntazır cevabın bize varması bazı engellere uğrayabilir. Ona intizaren her şey tehir edilirse hâdisatın pek serî cereyanı gibi zîrde arz ve tasvir edilmiş ahvâl ve ihtimâller karşısında pek korkulur ki zaman ve hareket hesabatında bir yanlışlık yapılmasın.

4. Ermeni vatanının âlem-i iseviyet nazarında fena ve aleyhimizde harekât mucib-i telâkki olunması şüphesiz ki pek kıymettar mütâlâadır. Hattâ Moskova'nın Bakû'daki komitesi ile bunu düşünerek malûm-ı devletleri olduğu veçhile bizim Azerbaycan'la elele vermemiz için Ermenistan'ı geçmemizi bize karşı teklif ve muvafakat ederken bu hareketin vukuundan evvel Moskova'yı haberdar etmemiz ve bu sayede Moskova'nın lehimize ve Ermenistan aleyhinde telsiz telgrafla yapacağı neşriyat ile Bolşeviklerin kazanmış oldukları garp milletleri üzerinde zuhuru muhtemel fena tesirleri izale ettirmek lüzumundan bahseylemiş idi. Zaten cümlece malûm buyrulduğu üzere Nahcivan, Şürür, Sürmeli, Kop, Kağızman, Oltu gibi Ermenistan ile aramızda teşekkül etmiş olan İslâm hükûmat-ı muvakkatesinin uğradığı büyük Ermeni taarruzlarında bir seneden beri İslâmların gösterdiği müdafaa ve muvaffaki-

yet ve harekât-ı mütekabileyi Ermeniler daima Türk hududlarından gelen askerî ve siyasî idarelere atf ile bu hâdisatın mücrimi olarak daima bizleri tanımış ve ara sıra Dersaadet'le Azerbaycan'ın tekzib ve işaalarına rağmen efkâr-ı hariciye aleyhimizde sabit kalmıştır. Böyle olmakla beraber bu defa hamule-i zaruratın icbar ve davet eylediği harekâtımızı daha münis ve mahdud ve harice karşı intikalinde de esbab-ı mucibesinin daha ehven ve mülayim olması cihetlerini ihzar ve iltizam etmek lâzımdır ve bu temin olunabilir. Çünkü İslâm Bolşevik ordusunun Azerbaycan cenup mıntakasına girmesi ve Gürcistan'ı diğer bir ordunun tazyik ve ihataya başlaması mahvolmaktan korkan Ermenistan halkını ve hattâ ordusunu ikiye ayırmış, Bolşeviklik temayülâtı vüs'atli bir surette başlamış ve şimdiye kadar istilâ emelleri arkasında ve kanlı bir kıyafetle koşan Taşnak komitesi ve teşkilâtına muhasım vaziyetler almış ve bazı rical-i mühimine Bolşeviklerle uzlaşmak üzere Azerbaycan'a gitmiştir. İşte bu cereyanı yine Ermeni elleriyle alevlendirmek ve hepsini birden Bolşevikliğe sürüklemekle beraber Taşnaklar gibi daima hırs ve istilâ arkasında koşan bir teşkilâtın kökünü yine kendi elleriyle kazıtmak imkân ve fırsatı bizlere teveccüh etmektedir.([45]) O da mahdud bir mıntakaya kadar ilerlemek ve bu zemin üzerinde binlerle beyannâmeleri Ermeni halkına neşretmek kâfi gelecektir. Bu suretle kin ve intikam değil Bolşevik esasları yani mazlum ve masum insanları kurtarmak düsturu hâkim olacak ve bu sırada şimalden gelmekte olan Bolşevik ordusunun takarrüp harekâtiyle imtizaç eyleyecek ve muvazi gidecek olan bu safhada hem Ermenistan'ın tevessül ve istilâ kanını yaşatan avamil-i muzirresi kendiliğinden cezasını bulacak hem de fiilen mahdud ve tabiî bir mıntakaya kadar olsun hareket ve takaddümümüz sayesinde Bolşeviklere karşı hakkımız, emeğimiz, yüzümüz ve söyleyecek sözümüz olacaktır.

Fakat Ermenistan'daki bu dahilî tahavvül ve temayülât serî bir cereyan neticesinde umûmî Bolşeviklik ilân ettirirse ihtimâlâtın en galibidir ki yakın günlerin birinde kırmızı bay-

---

45   Gümrü'nün işgalinde bu husus görülecektir.

raklı bir tren Sarıkamış'a gelecek ve Ermenistan'ın Bolşevikliği ilân edilmesinden naşî masun ve mahfuz bulundukları bildirilecek ve bizi bulunduğumuz duvarın arkasında eli bağlı bırakacak ve Ermenistan yine başımızda şekl-i hazırı ile ve bizim için âtiyen de tehlikeli vaziyetinde bir belâ gibi daim olacak ve bundan maada bizim zaten madde-i asliyesi kendiliğinden sakıt kalan teklifnâmemiz ve metalibimiz suya inecek ve bizden hiç bir hak, emek ve fedakârlık görmeyen Bolşevikler bize: "Pek geç kaldınız!" diyeceklerdir. Şu hâlde garbin imhakâr bir taksim siyaseti bizi boğmaya çalışırken hâdisat, maddî, manevî bağlandığımız şarktaki ümit ve menabiden de sırf âtıl kalmakla bizi mahrum edecek ve bizi şimdi de bütün manâsiyle mahkûm bir şekilde gösterecektir. Buna göre Anadolu'nun millî ruhunu, parasızlık, tazyik-i İktisadîler, siyasî buhranlar, dinî ve menfi cereyanlar, dahilî vak'alarla boğmağa, inhilâl ettirmeye uğraşan ve Denikin ordusunun bedbaht bir mümasilini yapmaya gece gündüz çalışan İtilâfîyun ateşi ile şark mahrumiyetlerini karşı karşıya getirerek daha açık bir hesap ve muvazene yapmak lâzımdır.

5. Esasen Brest-Litovsk Muahedesi mucibince bize ait olan ve hemen ehl-i İslâmdan ibaret olan elviye-i selâseyi işgal etmek hakkımızdır. Çünkü Bolşeviklerle bu muahede yapıldığı gibi İslâm Kars Şurası tıpkı İstanbul'daki Meclis-i Millîmiz gibi süngü ile dağıtılmış ve bir senedir ehl-i İslâma katliâmlar durmamıştır. Arpaçayı'na kadar harekâtımız şimdilik götürülmese bile en az elyevm zaten bir seneden beri İslâm hükümetlerinin elinde bulunan ve esas itibariyle Aras-Kars çayı -Allahüekber dağı hattına kadar yapılması zarurîdir. Esasen Ermenistan bugünkü şekli ile de kalsa veya Bolşevikler tarafından bel' ve ilhak olunsa bizim şimdiki 93 hudud-ı hakanîsi mahz-ı felâkettir. İngiliz miralayı Rawlinson bile vaktiyle bir kaç defa münakaşamızda berverch-i bâlâ hattın müteşekkil İslâm hükümetleri ve milliyetleri ve tehlikelerin icabatı olarak en zarurî ve tabiî bir hudud olduğunu ve vukuat-ı müstakbeleyi durdurmak için böyle olması lâzım geleceğini söylemiş

ve mercilerine de yazmış idi. Bu mes'eleyi Sulh Konferansında ısrar ve müdafaa için esbab-ı mucibesiyle 21 Şubat 1336 tarihinde Harbiye Nezâretine ve Hey'et-i Temsîliye'ye yazmış ve .../.../1336 tarihinde de tekid eylemiş idim. Binaenaleyh vacibü'l icra olan harekâtımız en az müteşekkil ve müstahzar bir hudud demek olan mezkûr hatta kadar derhal dayanmalıdır. Orada ahval ve avakibe intizaren Bolşevik ordularının kademeleriyle temas etmeli bu devre kadar müzakerât ve muhaberat belki yeni ve daha vazıh bir safhaya dahil olur. İşbu hatta varmakla ayrıca bir büyük faide daha hasıl olacaktır ki Ermenistan'da Bolşeviklik gürültüleri arasında veyahut ona herçibadâ-bad takaddüm edebilecek bir buhran hengâmında masum ahali-i İslâmiyenin mümkün olabilecek derecede son bir satırdan geçirilmesi gibi kargaşalık, bu sureti takarrüp ile zail olacaktır. Emr-i samilerinin son fıkrasında Ermenistan'a karşı yapılacak harekâtın tarafımızdan takviye edilmiş küçük hükümetler milisleri tarafından ve şimal İslâm Bolşevikleri vasıtasıyla yapmayı işaret buyuruluyorsa da şimal Bolşeviklerle hiç bir temas-ı fiilî olmayıp bittabi kumandamız ve metalibimiz carî değildir. Yalnız onların harekâtını ve saha-i icraatını telgraflardan ve istihbarattan takip ediyoruz.

6. Bizi bu hatta kadar olsun harekâta geçmeye saik olan daha üç mühim âmil vardır. Ajansların ve Kuva-yi takibiyle kumandanlarının verdiği açık tamimler bazı muvaffakiyat tasvir ile beraber bütün halk ve asker Anadolu'nun merkez ve garbinde müteaddit isyanlar olduğunu görmekte ve bu asker arasında fena cereyanlar ikâ edip zaten terhis için teşne ve İstanbul vaziyetine bir çok manâlar veren bazı askerlerimize firar hissini vermekte ve bilhassa vukuat mıntakalarına ait askerler arasında müsellahan firar çoğalmaktadır. Halbuki kolordum ile bu havali halkı arasında şarktan gelen İslâm ordularının Anadolu'yu ve payitahtı düşman elinden kurtaracağı fikir ve kanaati esas itibariyle carî olduğundan hâdisat ve şüunat-ı dahiliye ve gizli fena propagandalar ve şarkta karşı harekâttan ictinab ile teehhür devam ederse askerin firarı ar-

tacak ve bir kere de akıntı başlarsa zabtı müteassir olacaktır. Halkın maneviyatı da bozulacak ve Kuva-yi Milliyye'ye karşı itimadı sarsılacaktır. Bundan maada Kürtlük umûmiyetle şark harekât ve hâdisatına inkiyad ederek hiç bir ses çıkarmıyor. Onları bize bağlayan en kuvvetli düğüm Ermenistan'ın büyümesi ve istilâ tehlikesidir. Biz olduğumuz yerde durursak ve Ermenistan'ın da tekrar Bolşevik ünvanı altında Rusların kucağına atıldığı görülürse zaten her taraftan ve bilhassa İstanbul'dan muhtelif fitneler ve cereyanlar husulüne çalışılan Kürtlük muhit içinde hasbelmevsim en ehven olarak şikayet ve asayişsizlik devri açılırsa artık o mıntakada fenalıklar pek büyük mikyasta olur. Ve malûm olan ahval ve etvar-ı mahalliyeye mebni Kuva-yi takibiye, Kuva-yi tedibiye, Kuva-yi milliye gibi şeyler de semereder olmaz; oralara mutlaka ordu([46]) Kuvveti icabeder ki o zaman kolorduluktan çıkacak olan kütle-i askeriye veçhesi gavail-i dâhiliyeye çevrilse dahi efrada asayiş teminine değil, memleketlerine savuşurlar. Bundan maada kolordu, hey'et-i celilerinden aldığı 26 Nisan 1336 tarihli emir ve talimat üzerine Bayburt, Erzincan, Erzurum, Van gibi iaşe garnizonlarından kâmilen ayrılarak hudud mıntakasında toplanmıştır. Ancak muayyen günler için mevadd-ı iaşesi vardır. Ondan sonra iki yüz kilometre geriden iaşe yetiştirilmesine ne imkân ne de vasıta yoktur. Sayılı günlerden sonra kolordunun iaşesini balâda arz ve tasvir olunan İslâm hükümetlerinin mıntakalarından ve her halde hudud-ı hazıramızın öteki tarafından temin olunacaktır. Pek fakir olan hudud mıntakalarında başka suretle imkân olmadığı gibi iaşe merkezlerine tekrar rücu ve intizar dahi firarı daha makul bir surette teşci eder ve bu yüzden gayr-ı memul ceriha açılır. Son üç ay zarfında Van valisi ile Beyazıt'taki fırka kumandanının verdiği raporlar Musul şimâl-î şarkîsinde İngilizlerin bir seneden beri ihzar etmekte olduğu Nasturi ve Ermenilerden mürekkep bir kuvvetin Van ve Rumiye havali-

---

46 341 (925) senesi Kürt isyanı ve sevkine mecbur olunacak kuvveti altı sene evvel pek doğru görmüştüm. Kürtler hakkında muhtelif lâyihalar verdim ve sonu 1339'dadır. Fasıllarında görülecektir.

sine hareket üzere bulunduklarını bildiriyorlar ki gayet mühimdir.

Tebriz'den de bu havadisler gelmektedir. Artık Beyazıt hududlarında toplanan fırkayı tekrar Van'a çekmek elîm ve felâketli ve maneviyat nokta-i nazarlarından da pek fena olur. Asker durmaz. Bu havadisin sıhhati teeyyüd ederse ancak Kürt aşairini ve mahallî Kuva-yi milliyesini bir dereceye kadar kullanıp düşmanın şimâle gelmesini batileştirmek ve şimaldeki muvaffakiyetler ve irtibatlar teessüsünden sonra cenubun icabatına bakmak en eşlem tariktir. İşte hakikî vaziyet bundan ibarettir. Daha bir mülâhaza-i fevkalâde kalır ki bütün bu zaruretlerin neticesinde kolordunun harekete geçmesi lüzumu hey'et-i celilerince de kabul ve tesbit buyurulunca Meclis-i âli-i millî, ahval ve avakip nokta-i nazarından garp milletlerine karşı şark inkılâbatiyle temasta bulunan şark Kuva-yi millîyesinin ve bu kolordunun akşamının gayr-ı iradî olarak hududun öteki tarafına ve İslâm hükûmat-ı muvakkatesi mıntakasına geçtiğini ve Anadolu'da tebeddül etmiş bir hal olmadığını ve Anadolu'nun kendi mukadderatı için daima selâbetkâr bulunduğunu ilân bu yutmasıdır.

7. Buraca yapılan tahlil bütün safahatiyle arz ve teşrih olunmuştur. Buna nazaran vükelâ-yı celile-i milletin son emir ve kararına ehemmiyetle intizar olunduğu maruzdur.

15. Kolordu Kumandanı
Mirliva
Kâzım Karabekir

En az Arapçayı'na -93'den evvelki hudud- kadar gitmekteki projemden vazgeçip Aras-Kars çayı-Allahuekber hattına kadar işgal için bile bin muhakeme ve mütalâalar yapmak ricalarda bulunmak, en nihayet de garip bir mülahaza ileri sürmeye kadar varmak ne kadar teessürü mucip bir hal. Daha iki hafta evvel harekât için muvafakat olunması üzerine birlikler yerlerinden hududlara doğru sevkolunduğu halde şimdi bunun manasını ara da bul. Ermeni katliâmı, Avrupa Amerika aleyhimize İseviyet âlemiyle hücum eder diye gerileme neden? Hududdaki geçici hükümetler nasıl hareket yapar? Varlıklarını ancak bizim kuvvetimizden aldıkları halde muntazam Ermeni ordusuna nasıl taarruz ederler? Bolşevik orduları emri bizden mi alacaklar? Bereket versin ki seferberlik ilan etmedim. Fakat ne olacak? Yiyecek sınırlı, para sınırlı, gerimizde Kürdistan, ilerimizde Ermenistan!... Birlikler de kaçmalarla erirse değil doğu için bütün Anadolu için ölümdür. Teklif ettiğim hattın işgalini kabul etseler, bu hayırlı bir başlangıç olur. Artık olaylar Kars'ın zabtını, Gümrü'nün zabtını ve daha ilerisini açacağına şüphem yok. Ben gereği kadar açık yazdım. Gösterdiğim hattın işgalinde Gürcistan ordusunun da Ermenilere yardım etmeyeceğine, bundan endişe eden maiyetlerimi de inandırdım. Bence bütün Ermenistan'ı işgal etsek Gürcülerin Bolşeviklerle temas dolayısıyla kıpırdayacak halleri yoktur. Bakalım millî hükümetimiz ne karar verecek.([47])

Geçen hafta Berat gecesi kandilini Millî Meclis'e tebrik ve birliklerimin saygı hislerini arzetmiştim. 10'da samimî cevap aldım:

15. Kolordu Kumandanı Kâzım Karabekir Paşa Hazretleri'ne,

Leyle-i beratın tebrikini mutazammın telgrafnâmeleri üzerine hey'et-i umûmiyenin samimî teşekkürlerini arzetmeye memur edildim. Bu vazifeyi ifâ ederken büyük bir hazz-ı vicdanî duymaktayım efendim. 9.5.1336

Büyük Millet Meclisi Reisi
Mustafa Kemal

11 Mayıs: Moskova telsizini tamim ettim:

---

47 12 ve 13 Mayıs'da aldığım şifrelerle adem-i muvafakat cevabı geldi. 15 Mayıs'ta tekrar daha acı yazdım. Sırasiyle gelecek.

Erzurum

11 Mayıs 1336

Tamim

8 Mayıs tarihli Moskova telsiz-telgraf tebliğinden:

1. Rus Sovyet hükümetinin tebliğinde Lehistan sulhü için vuku bulan teşebbüsatın müntec-i muvaffakiyet olmasını Leh kibarlarının istemediklerini ve binaenaleyh harbin devam edeceğini ve Sovyetist Rusya'nın muzaffer olacağını bildirmektedir. Diğer bir tebliğ ile Cemiyet-i Akvam'ın teklifine verdiği cevapta da Sovyetist Rusya'ya karşı harb eden hükümetlerin bundan sonra artık ümitsizliğe düştüklerini memnuniyetle karşıladığını ve Rusya'nın hâl-i hazırına dair malûmat almak üzere Rusya'ya bir hey'et göndermek husûsundaki Cemiyet-i Akvam kararını bu cemiyete dahil olan bazı devletlerin Rus milleti aleyhine muharebeden feragat ettiklerini tebşir eden mahiyette telâkki eylediklerini, her ne kadar Sovyetist Rusya gelecek olan gazete muhabirlerinin Rus misafirperverliğini sû-i istimal etmemek şartiyle vaziyet-i dâhiliyelerini tedkike mütemayil ise de Sovyetist Rusya aleyhine edilen harbe silâh ve muallim göndermek suretiyle fiilen muavenet eden bazı hükümetlerin murahhaslarının da Cemiyet-i Akvam hey'et-i murahhasası meyanında bulunmalarından dolayı mehazir-i harbiyeyi calib olmakla hâl-i hazır harp vaziyetinde böyle bir hey'etin Rusya'ya girmesine müsaade edilemeyeceği bildirilmektedir. Kazan'dan bildirildiğine nazaran cehaletin tenkisi için hat üzerinde işleyecek husûsî katarlarda seyyar mektep ve kurslar tanzim edilmiş ve büyük istasyonlarda birer seyyar hey'et-i temsîliye tertip olunmuştur.

2. Büyük Millet Meclisi Riyâseti'ne, kolordulara, Refet Bey'e, Trabzon ve Van vilâyetlerine, Erzincan mutasarrıflığına, 15. Kolordu kıtaatına.

15. Kolordu Kumandanı
Mirliva
Kâzım Karabekir

Antep'teki muharebelerin devamı hakkında da gelen bilgileri tamim ettim:

Tamim

1. Anteb'in hemen cenubundaki Kurban Baba tepesi Kuva-yi Milliyye tarafından bilhücum zaptedilmiştir. Düşman tarafından esaslı bir surette tahkim edilen bu tepede bir çok makinalı ve otomatik tüfekleriyle yüz kadar muhafız vardı. Aynı zamanda kasabanın garbindeki kollej müstahkem mevziinin toplarıyla ve yüksek Ermeni evlerinden piyade ateşiyle himaye edilmekte idi. Hücumla baskın tarzında yapılmasından kollejden firar etmek isteyen düşman kısmen Kurban Baba'da yakayı ele vermiş teslim olmayan bir zabit ile kırk nefer maktul düşmüştür.

Kuva-yi Milliyye'nin ziyaı iki şehit, on iki mecruhtur. Düşmandan adedi henüz taayyün etmemiş otomatik tüfek, Fransız tüfeği, cephane, bomba iğtinam edilmiştir. Antep'te kalan düşmanın bakiyesi kollej binalariyle Amerikan eytamhanesinde ve Ermeni mahallâtında tahassun eylemiştir. Antep Kuva-yi Milliyye tarafından tamâmıyla muhasaraya alınmıştır. Bundan başka Antep Akçakoyunlu yolu üzerinde Nagan Boğazı'nda Antep, Kilis yolu üzerinde Kızılhisar'da Kuva-yi Milliyye müfrezeler yerleştirilmiştir.

2. Hâkim nıkata yerleşen Fransızlar her gün şehrin muhtelif İslâm mahallâtına ve camilere ateş etmekte ve masum bir çok İslâmların şehadetine sebebiyet vermektedirler. Geceleri de Ermeniler bomba ve gazlı paçavralarla İslâm hanelerini ihrak eylemektedirler. Müdafaa-i nefs için İslâmların tahassun ettikleri Çınarlı camiin kubbesi Ermeniler tarafından delinerek derununa bomba atılmaya başlanmıştır.

3. 16 Nisan'da Nizip'ten gelerek şehrin etrafındaki hâkim nıkatı işgal eden Miralay Norman kumandasındaki kuvvetler, Kuva-yi Milliyye'nin tazyiki üzerine terk-i mevzi eyleyerek geri gitmişlerdir. Bunların Cerablus istikametinde gittikleri anlaşılmaktadır.

4. Fırkalara yazılmıştır.

15. Kolordu Kumandanı
Mirliva
Kâzım Karabekir

12. Kolordu kumandanı Fahrettin Bey'den gelen şifreli bilgiler:

Konya
9.5.1336

3. Kolordu Kumandanlığı'na,

İzmir gazetelerinin Yunan gazetelerinden naklen bazı telgraflara göre:

1. Konferansça İzmir hâkimiyet-i Osmaniye altında olarak Yunan idaresine bırakılmıştır. İzmir'in kendisine mahsus bir parlamentosu olacakmış. İki veya beş sene sonra re'y-i ama müracaatla aidiyet-i kat'iyyesi taayyün olunacakmış. Bu suretle idare olunacak mıntaka hududu şudur: Edremit Körfezi vasatından başlayarak Akhisar dahiline bir hatt-ı hudud Akhisar'ın tarafından hemen cenuba ineceği silsileyi takiben Kuşadası şimaline varacaktır. Kuşadası, Aydın, Salihli Türkiye tarafında kalıyor.

2. Yunanlılar on güne kadar garbî ve şarkî Trakya'yı işgal edecekler, diyor.

3. İngiltere'nin Filistin ve Irak, Fransa'nın Suriye mandasına mukabil İtalya'ya ziraî menabii, imtiyazı verilmek üzere Edremit'ten Afyonkarahisar'ı, Konya'yı ve Antalya'yı alan şekil, cenup mıntakasına tahsis olunmuş' ve Ereğli kömür madeni işletmesi de İtalya'ya verilmiş.

4. 23. Fırka 7 Mayıs 1336 tarihli telgrafına nazaran Lapseki ve Çardak nahiyeleri Tevfik Bey kumandasındaki mücahidin tarafından işgal edilmiştir. Tevfik Bey Edirne'de Birinci Kolordu kumandanı Cafer Tayyar Bey'le telgraf muhaberesi yapmıştır. Buna nazaran Cafer Tayyar Bey[1] in İstanbul'a

gelerek Sadrıâzam ile görüştüğü hakkındaki İzmir gazeteleri münderecatı yalan olduğu anlaşılıyor. İstanbul hükümeti Edirne'ye bir vali tâyin elmiş; fakat Uzunköprü'de tevkif edilerek Kuva-yi Milliyye ile teşrik-i mesaî ettiği takdirde memuriyetinin kabul, aksi takdirde İstanbul'a iade edileceği Cafer Tayyar Bey tarafından tebliğ edilmiştir.

12. Kolordu Kumandanı
Fahrettin

Kendi kendilerine mükemmel bir bölüşme!... İzmir için iki veya beş senede yavaş yavaş medenî yok edilmesi için bir vâde! Yunan için iki seneye ne hacet! Yunan idaresi ilânından birkaç hafta sonra medeniyet cihanı önüne kirli yüzle çıkabilir ve halk oyuna hazır olduğunu ilandan utanmaz. Trakya'yı da işgal edecekmiş! Olabilir, fakat behemahal oraya biz geleceğiz ve değil İzmir, Edirne de ebedî Türk kalacaktır.(⁴⁸)

4, 5, 6 Mayıs Peyam gazetesinde görülen haberleri 3. Fırka bildirdi. Mühimleri şunlardır. Büyük Millet Meclisi Başkanlığı'na bildirdim:

1. Silâhlarından tecrid edilmiş olan Osmanlı sefain-i harbiyesinin ihzar ve techizi merci-i aidince tasvib edilmiştir. Bu sefain Kuva-yi Milliyye'ye karşı yapılacak harekâta iştirâk için icab eden sevahile sevkedilecektir. Osmanlı torpitolarından ikisi 3 Mayıs 1336'da Marmara'ya çıkarak Karabiga sahilinde bulunan Kuva-yi Milliyye'yi bombardıman etmiştir. Hükûmet lüzum görürse Hamdi Paşa'nın taht-ı idaresinde bir kolordu tertibiyle Samsun havalisine karaya çıkacak ve Ankara üzerine yürütecektir.

2. Kuleli İdadisi müdürü ve bir yüzbaşı, iki mülâzım, otuz nefer, yetmiş talebe ve sekiz süvari ve bir mitralyözü müstahsiben Çamlıca-Alemdağ tarikiyle gitmekteler iken o civar jandarma kuvvetleri tarafından tevkif edilmişlerdir.

---

48   Yunanlıların Trakya ve Edirne'yi işgal edecekleri tahakkuk edince 27 Mayıs'ta Edirne'ye ve Meclis'te hukukunun müdafaası için benim tarafımdan da vekil olmasını İsmet Bey'e yazdım.

3. Erkân-ı Harbiyye-i Umûmiyye Riyâseti'ne Nazif Paşa'nın istifası üzerine Hadi Paşa tayin edilmiştir. Harbiye Nezâreti müsteşarlığına esbak İstanbul muhafızı Mirliva Rüştü Paşa, İstanbul muhafızlığına da esbak merkez Kumandanı Kaymakam Saffet Bey tâyin olunmuştur.

4. Anadolu İslahat Müfettişi Zeki Paşa neşrettiği bir beyanname ile halkı Padişahın etrafına toplanmaya davet ediyor.

Aynı gazetelerde güya 3. Fırka subaylarından 21 imzalı ve ayrıca 63 imzalı bir yazı gönderilerek Padişah fermanına ve fetva-yı şerifeye itaat etmeyip halkı itaatten çıkaranları lanetledikleri vesaire gibi bir hezeyan da uydurulmuş, bu gazeteyi fırka tekzib etmiştir. Bu gibi yayınlarla İstanbul'da ve Anadolu'da tesir uyandırmak gibi şeytanlık düşünmüşlerse de rezil edilmişlerdir.

Müşir Zeki Paşa'nın beyannâmesini de aynen kaydediyorum. Tâ ki millet, başındaki müşirlerin, vezirlerin bu çöküş günümüzde namuslu cesaret göstereceklerine ve hiç değilse seslerini kesip bir köşede oturacaklarına ne haltlar ettiklerini görsünler. Memleketimiz bölüşülüyor, fakat bunu zorla yapacak İtilaf devletlerinin kuvveti yok. Başda Padişah olmak üzere bu köhne unsur düşmanlarımızın yapıcı kuvveti oluyorlar. Gelip herkesin hissesini ellerine verecekler!...

Bunlar bölgem sahillerine ayak basar basmaz, bir daha kurtulamayacaklar. Kuvvetli ve sağlam kapanlar kurulmuştur. Soluğu Erzurum'da alacak ve fesatlık uykularından uyandırılacaklardır.[49]

Müşir Zeki Paşa Hazretleri'nin Hitabeleri

Muamelât-ı mülkiye ve askeriyede selâhiyet-i kâmile ile tâyin buyurulduğum Anadolu fevkalâde müfettiş-i umûmilik umuruna bitevfikatültaalâ mübaşeret eyledim. Ecdad-ı muhterememiz bidayeti tesislerinde nasıl ki bani-i muaz-

---

49 Geçen sene ordu müfettişliğine gelecek müşir Aptullah Paşa gibi bu zât da bu vazifeden işin varacağı noktayı görerek vazgeçmiştir.

zamları etrafında toplanarak bir saltanat-ı muhteşeme teşkil etmişler, bu sayede nasıl ki asırlarca idame-i mevcutiyet eyleyebilmişler ise bizlerin de haiz-i hilâfet olan erike-i saltanat karininde ilâ Maşaallahu Taalâ yine mazhar-ı necat ve tevfikat olacağımıza imanım kavidir. Ve işte bu iman iledir ki ve bütün vatandaşlarımın ecdad-ı izamlarına hayrulhalef bulundukları kanaatiyledir ki işbu vazifeyi deruhde eyledim. Hilkat-ı âdemden beri gelip-geçmiş akvam arasında mağlûbiyet acısını tatmamış hiç bir kavim yoktur. Ve yine tarihen sabittir ki felâketli günlerin de reis-i hükümetleri etrafında sıkı sıkı toplanan kavimler inkıraz-ı muhakkaktan kurtulmuşlar, pek az zaman içinde taze hayat kazanmışlardır. Yoksa değil tehlikeli anlarda asude zamanlarda bile nifak ve şikak bir hey'et-i milliyenin şüphesiz mucib-i felâketidir. Husûsiyle makam-ı akdes-i hilâfetin bikerem ü hüda karininde bulunmakla mübahi olan bizlerden nifakcûyane ihritas peşinde koşanlarımız yalnız vatanına, milletine fenalık etmekle kalmaz. Nam-ı sehaifi tarih-i İslâmda lanetler ile kayd ve zapta geçer. İşte esnaf, rencber, asker, memur umûm vatandaşlarıma bu tarik-i sevabı hatırlatmaya müsaraat ediyorum. Vicdanımdan kopan şu nida-yı felâhtan müteessir olmayıp da şu felâketli demlerimizde yine ihtirasat peşinde koşanlar mutlaka bir ihanet meyliyle Osmanlılığın neuzubillah izmihlâline savaşanlardır. Bu gibileri memleketin selâmeti nâmına bilâ ihmâl pençe-i kanuna teslim edeceğim bu hakayiki ve iğfal olunduğunu idrâk edenlere de yarım asırdan ziyade devam eden hizmetimi ve bilûmum arkadaşlarımca malûm olan ahde vefamı derhatır ettiririm.

Anadolu Fevkalâde Müfettiş-i Umûmîsi
Müşir
Mehmet Zeki

12 Mayıs: Gürcistan umûmî karargâhının Sivastopol telsiz-telgraf tebliğinin verdiği bilgileri tamim ettim:

Erzurum
12 Mayıs 1336

Tamim

1. Gürcistan karargâh-ı umûmîsinin tebliğ-i resmî neşrine başladığı Batum'da münteşir 8 Mayıs tarihli İslâm Gürcistan gazetesinden görülen âtideki suretten anlaşılmıştır.

Gürcistan karargâh-ı umûmîsinden:

a) Batum ve Ardahan istikametlerinde tebeddül yoktur. Kırmızı köprü civarında Bolşevik ve Azerbaycan müttefik kuvvetleri ile kıtaatımız arasında muharebat başlamıştır. Poylu köprüsüne Mayıs'ın dördüncü günü akşamı taarruz eden düşman müfrezesi muhafızlarımız tarafından püskürtülmüş ve ertesi günü düşmanın bir zırhlı treni köprüye tekarrüb eylemiş ise de ateşle mukabele görmüş ve köprü asakirimiz tarafından berhava edilmiştir.

b) Poylu köprüsü Tiflis'in 72 kilometre cenub-ı şarkîsinde ve Azerbaycan-Gürcistan hududu üzerindedir. Kırmızı köprü kolorduca haritada bulunamamıştır.

2. Tiflis Bolşevikleri Mayıs'ın ikinci gecesi otomobillerle Tiflis'in büyük caddelerinde dolaşarak yaşasın Bolşeviklik diye bağırmışlar ve bir çok tezahüratta bulunmuşlardır. Aynı gece Mekteb-i Harbiye'yi basarak talebeyi de kendi taraflarına celbe muvaffak olmuşlardır.

3. 10 Mayıs tarihli Sivastopol telsiz-telgraf tebliğinden hülâsadır:

a) Nisan nihayetinde Macar kuvvetleri Yugoslavya hududunu tecavüz etmişlerdir. Bunlarla Sırp kıtaatı arasında kanlı müsademeler olmuştur. Belgrad hükümeti bu vak'a hakkında Sulh Konferansı nezdinde protestoda bulunmuştur.

b) Tameşvar'dan bildirildiğine göre Hırvatistan'daki inkılâp hareketi bir Bolşevik inkılâbı mahiyeti almaktadır. Komünistler bir çok şehirlerde hükûmet-i mahalliyeyi kendi ellerine almışlardır. Ağram şehrinde avam diktatörlüğü ilân olunmuştur. İnkılâb hareketi Belgrad ve Bosna-Hersek'e sirayet etmiştir.

c) Bükreş'teki Sırp hey'etine gelen bir tebliğ-i resmîde Sırp kabinesinin sukut ettiği zikrolunmaktadır.

d) İtalya'da umûmî bir grev ilân edilmiştir. Büyük topçu depolarında bomba infilâkı vuku bulmuş, demiryolları üzerinde bombalara tesadüf olunmuştur.

4. Mevsuk malûmata nazaran Batum'da İngiliz nüfuzu sukut etmekte ve hâkimiyet yerli ameleye intikal eylemektedir. Batum'daki Rumlar için Yunanistan'dan gelecek altı nakliye gemisine intizar etmektedirler.

5. Büyük Millet Meclisi Riyâset-i Celîlesi'ne, kolordulara, Refet-Bey'e, Erzurum, Trabzon, Van vilâyetlerine, Erzincan-Beyazıt mutasarrıflığına, kolordu kıtaatına arz ve tamim olunmuştur.

15 Kolordu Kumandanı
Mirliva
Kâzım Karabekir

Bolşeviklerle Gürcülerin muharebeye başlamış olması bizim için pek mühim bir hâdise idi. Bir taraftan sulhümüzün şeklinin anlaşılması, diğer taraftan da Kafkasya durumu artık bizim de Ermeni harekâtına başlamamız için eşref saat dedikleri ânın geldiğini açıkça gösteriyor. Trabzon'dan da İstanbul gazetelerinin tatsız havâdisleri geliyor:

7 Mayıs 1920 tarihli Peygam gazetesinden: "Yalova bölgesinde Süleyman Şefik Paşa mühim başarılar kazanmaktadır. Geyve Boğazı'nda 400 kişilik, 2 top, 6 mitralyözden oluşan bir çete tenkil edilmiş, birçok ölü, toplar ve cephanelerini bırakarak adı geçen çete alelacele kaçmıştır. Düzce ve Hendek taraflarına sarkmak isteyen çeteler de kanlı bir surette püskürtülmüşlerdir". Gazetelerin yayınları duyulduğundan herkes bilgi istiyor. Gazetelerde Kuva-yi Milliyye'ye çete denilmesine ve Süleyman Şefik Paşa'nın sözlerinin yalan olduğunu gazetelerle ve mektuplarla cevap verilmesi için **12'de**

fırkaya yazdım. Kolordu askerlerinden memleketlerine, halkı uyarmak için, mektuplar yazdırılması için gerekenlere emir verdim.

Büyük Millet Meclisi'ne de şunu yazdım:

Erzurum
12.5.1336

Büyük Millet Meclisi Riyâset-i Celilesi'ne,

İstanbul'da intişar eden Peyarn ve diğer bu gibi gazeteler Kuva-yi Milliyye ve kıtaat-ı çete vesaire ile tavsif ederek Süleyman Şefik Paşa'nın bunlara karşı muvaffakiyâtından bahsetmektedir. Bunların gazete ve İstanbul'a gönderilecek mektuplarla münasip surette red ve tekzibini 3. Fırka'ya emreyledim. Suret-i umûmiyede bu namussuz insanları İstanbul muhitinde dahi terzil etmek için gelişigüzel bir çok kimselere imzalı, imzasız mektuplar gönderilecektir. Keza kolordu efradından dahi memleketlerine halkı ikaz edecek veçhile mektuplar yazdırılacaktır arzeylerim.

15. Kolordu Kumandanı
Mirliva
Kâzım Karabekir

Tahran'dan 23 Nisan 1920 tarihiyle Taymis gazetesine verilen bilgileri de İstanbul gazeteleri yazıyor:

"İngiliz-İran askerî komisyonu İran ordusunun ıslah ve düzenlenmesine dair raporundan: İran ordusunu İngilizler düzenleyecekler, sebebi şimdiki Rus buhranı sona erdiği ve İran yabancı kuvvetlerin yardımından yoksun kaldığı zaman İran'ın kuzeyinde büyük bir Rusya veya az çok müstakil bir çok hükümetler teşekkül edebilir. Bunlara karşı İran'da yaşayan tüm kabilelerin savaş gücü hesap edilerek aşağıdaki teşkilât kararlaştırılmıştır:

a) Güney İran silahlı birliklerinde 47 İngiliz, 191 İranlı subay, 250 İngiliz ve Hintli assubay, 5400 İranlı er. Bunun senelik masrafı 700.000 lirayı bulmaktadır. Bu para Hindistan hükümeti tarafından veriliyor.

b) Masrafları İran ve İngiltere tarafından beraberce ödenen Kazak tümenine Rusların İran'da kazandığı nüfuzu devam ettirmeye hizmet edeceği gözüyle bakılmaktadır. Bu tümenin mevcutu 56 Rus, 202 İranlı subay, 66 Rus assubay ve 7556 İranlı erden oluşmuştur. Yıllık masrafı 19.151.000 Kıran'dır. Bunun 12 milyonu bir zamandan beri İngiltere tarafından karşılanıyor.

c) 8400 kişiden oluşan İsveç Jandarması yalnız İran hükümeti tarafından kontrol ediliyor.

d) Asıl ordu, 198 piyade bölüğünden, 61 süvari bölüğünden, 11 batarya, 8 makinalı tüfek birliklerinden oluşmuş olup, 60.000 muhripden ibarettir.

d) İngiliz subayları 4 sene için çalıştırılacaktır."

İngilizler Çar taraflısı Rus subay ve assubaylarını kullanarak İran'ı askerî idareleri altına alıyorlar. Bizim memleketimizden de diğer doymazlarına birer medenî ziyafet çekmekle en mühim olan Boğazlarla beraber İran'ı, Hindistan malikânesine eklemek esaslarını kuruyorlar. Fakat ziyafette kumandanlarının boğazlarına Türk süngüsünün batacağı tarih pek uzak değildir.

Bugün 12 Mayıs'da, İstanbul'da Genel Kurmay 2. Şube'de görevli bir kurmaydan gelen 5 Mayıs 1920 tarihli mektupda bildirilen mühim haberleri Büyük Millet Meclisi Başkanlığına yazdım:

Erzurum
12.5.1336

Büyük Millet Meclisi Riyaseti'ne,
5 Mayıs 1336 tarihli İstanbul'dan mevsuk alman malûmatın hülâsasıdır:

1. Şimdiye kadar İstanbul'da Kuva-yi Milliyye'yi tenkil için teşkil ve sevkettikleri kuvvetlerin mecmuu bir alay piyade, yedi bölük mitralyöz, iki batarya top olduğu söylenmektedir. Maamafih bu kuvvetlere İstanbul hükümetinin emniyet ve itimadı yoktur.

2. Bir kaç torpido ile Hamidiye kurvazörü ihzar edilmiştir. Turgut zırhlısı da hazırlanmakta imiş.

3. Yakup Şevki, Nurettin ve Kâzım paşalarla Ferit Paşa arasında tarafeynin telifi için müzakere cereyan etmektedir.

4. Husûsat-ı ımihimme yeni teşkil edilen erkân-ı harbiyye-i husûsiyeden geçmektedir.

15. Kolordu Kumandanı
Mirliva
Kâzım Karabekir

10 Mayıs tarihli ajans 12'de geldi. İlk millî hükümetimizin beyannâmesiyle bazı havâdisler yazıyor ki kısmen 12. Kolordu'dan bildirilmişti. Asıl mühim olan Bolu-İzmit havalisinden hiç bilgi verilmiyor.

Ajans

Sabah ajansı: Vekiller Hey'eti Beyannâmesi. Dün Büyük Millet Meclisi huzurunda okunan beyannameyi bervech-i zîr telhis ediyoruz. Beyannamenin mukaddemesi şöyledir:

1. Milletin maruz bulunduğu ahval-i fevkalâdeden dolayı nazarî, karışık ve uzun süren mesaî ve muamelâta mahal olmadığı malûm-ı âlileridir. Meclis-i âlileri nâmına işe başlamış olan hey'et-i icraiyemizin deruhde ettiği mesai vatanın selâmeti hilâfet ve saltanatın istiklâl ve nüfuzunu milletimizin pür şan ve şeref bir tarih-i zafer ve vahdete istinad eden beka ve mevcutiyeti gaye-i ulviyesine matuftur. Bu itibarla deruhde ettiğimiz vazifeyi bu gayelerin istihsaline kadar milletin vahdet ve tesanüdüne güvenerek atıldığımız bir cidal

diye kabul ediyoruz. Bu cidalda en büyük silâhımız, milletin istiklâline matuf olan hak-ı meşru-ı tabiîsini müdafaa emrindeki azim ve sebatıdır. Bu azim ve sebatın tecelligâhı meclis-i âlinizdir. Siyaset-i hâriciyemizde istihdaf ettiğimiz maksat! bugün payitahtımızı esaret ve tahakküm altında bulunduran devletleri evvelce İstanbul'da in'ikad etmiş olan son Meclis-i Meb'ûsân'ın müttefikan tanzim ve tesbit ettiği ahd ve Misak-ı Millî dairesinde istiklâlimize hürmetkâr kılmaktır. Mukarrerat-ı sulhiyenin kabul ve tascîik-i nihaîsi bittabi hey'et-i muhteremenizin ittihaz buyuracağı karara tâbidir. Siyaset-i dâhiliyemizde bütün mesaîmizin hedef-i müştereki milletin vahdet ve tesanüdünün muhafazası ve emniyet-i umûmiyenin tesisi ve takriridir. Tesvilhat-ı hariciye ve dahiliye ile ihdas edilen vukuat-ı hainenin bir suret-i müessirede izale ve imhasiyle asayişin her yerde ve acilen teminini en büyük bir vazife telâkki etmekteyiz. Emir ve idarenin her veçhile şayan-ı emin ve itimad eyadi-i azm-i iktidarda bulunması cümle-i amalimizden olmakla meclis-i âlilerinin bunu âmir ve müeyyed olarak tanzim edeceği mukarrerat bittabi azim ve şiddetle tatbîk olunacaktır. Gerek siyaset-i hariciye ve gerek vaziyet-i dâhiliyemizin istilzam edeceği tedabir-i askeriye ve bir mecra-yı salimde cereyan edebilmek için Kuva-yi Milliyye teşkilât-ı muntazamaya ilhak edilerek resmî bir mahiyete koymak üzere tedabiri mukteziyeye tevessül edilmiştir.

Beyannâmenin bundan sonrasını şöyle hülâsa edelim: Siyaset-i milliyetle halkın refah ve saadeti düşünülecektir. Dost devletlerin menafi-i iktisadiyesini kabul ederiz. Umur-ı sıhhiye ve muavenet-i ictimâiyede azamî kavaid-i sıhhiye ve içtimaiye nâmına ve frengi ile sıtmanın tahdid-i mazarratına çalışılacaktır. Maarif işlerinde çocuklara dinî ve millî bir terbiye vermeye ve mevcut mekatibi hüsn-i idareye bakılacaktır. Teşkilât-ı adliyede hükkâmın terfih ve hâkim-i münferit usuliyle cürm-i meşhudlara üçer kişilik hâkimi müctemi usulü tercih olunacak ve adalet halkın ayağına kadar götürülecektir.

Lapseki ve Çardak kaza nahiyeleri 3 Mayıs sabahı Kuva-yi

Milliyye ve tedibiyenin Tevfik Bey kumandasındaki müfrezeleriyle işgal edilerek isyandan tathir edildi.

2. Hükûmet-i merkeziye tarafından Edirne'ye gönderilen vali Kuva-yi Milliyye tarafından tevkif edilmiştir. Mumaileyh Kuva-yi Milliyye ile teşrik-i mesaî etliği takdirde memuriyeti kabul ve aksi takdirde adem-i kabul emriyle İstanbul'a iade edilecektir. Edirne vilâyeti ikinci defa olarak İstanbul hükümetine kat'-ı alâka eylediğini ilân etmiştir.

3. 3 Mayıs İzmir'de Gaziemir tayyare istasyonundan hareket eden üç Yunan tayyaresinden birinin makinası sakatlanmış ve müteakiben benzin deposu ateş alarak tayyare ve rakipleri Giritli Todoraki ile Manisalı İlya Dunda yanmışlardır. Muhrik tayyare ve rakipleri İzmir civarında Seydiköyü'ne sukut etmiştir.

4. İzmit'te silâhları alınan efradın beş yüzü mütecaviz olduğu ve henüz vapurlardan çıkarılmamış olan topların ihracından sarf-ı nazar edildiği ve aralarındaki Rum, Ermeni askerlerin de bu vak'a üzerine civardaki gayr-ı müslim kariyelere firar ettikleri ve bunlara silâhlarıyla firarına İngilizlerin bililtizam müsamaha eyledikleri ve Müslüman efradın silâhları alınırken alenen Müslümanlara karşı kendilerini sevketmeye çalışanlara lanet ve Süleyman Şefik Paşa'ya hakaret ettikleri bildirilmektedir.

5. Hürriyet ve İtilâfın husûsî talimatı Damat Ferit Paşa tarafından tevdi olunmuş ve bir hayli propaganda evrakını hamil eski meb'ûslardan bir şahıs İnebolu'ya çıkmış ve orada tevkif olunmuştur.

10 Mayıs 1336
Ajans

Hükümetin Kuva-yi Milliyye teşkilâtını muntazam kuvvetlere bağlamak kararı pek uygun bir karardır. Bu hatayı vaktiyle Hey'et-i Temsîliye iyi düşünmeden yapmıştı. Bugün değil bir asır evvel bile harbi ancak muntazam orduların yapabileceği kesin surette tesbit edilmiş bir prensipdir. Subaylık, kumandanlık, asrımızda daha nazik bir şekil almış, uzun tahsil, uzun tecrübe ve istidad gibi esaslarla âmirlerin tayin ve tesbiti kesin bir kaidedir. Kendi harplerimizde de Kuva-yi Milliyyeciliği pek acı tecrübe etmemize rağmen nasılsa bu müthiş hata yapıldı. Geç kalmakla beraber düzeltilmesi büyük memnunluk vericidir. Kuva-yi Milliyye sözü herhangi bir askerî hareketi örtmek için dışa karşı bir klişe olabilir, fakat birliklerin teşkilât ve silsile-i meratibini iyi muhafazada pek kıskanç olmalıyız.

Verilen bilgilere gelince: Değil mesul kumandanlara halka dahi yeterli değildir. Gazete ve mektuplardan, gelenlerden, zan ve tahminlerden, propagandadan halk arasında müthiş dedikodular olurken Genel Kurmayımızın işi daha esaslı tutması lâzımdır. Hususiyle Umûmî Harb'in son devrinde halktan ve hatta kumandanlardan vaziyet saklandıktan sonra günün birinde: "Her şey bitti, yapanlar da kaçtı!" neticesi herkesi korkutuyor. Ve aleyhimizde bu kabil bühtanlar da yer buluyor.

Ben dış ve iç gereği kadar bilgi alıyor ve ilgilileri ve gereği gibi halkı aydınlatıyorum. Halkın dimağlarını başkalarının doldurmasına ve gelişigüzel işlemesine seferde ve hazerde Genel Kurmay kesinlikle müsaade etmeyecek tedbirler almalıdır. Bugün Ankara'da bir telsizin değil almak hatta dışarıya yayın yapacak şekilde hazırlanmaması dahi ne büyük bir eksikliktir. İstanbul'un sinesinde ne iş adamlarımız gömülü kalmıştır. Umûmî Harb'de bu makinaları işletenler -16 Mart- hadisesine kadar Ankara'ya atılamaz mı idi? Kaç kere yazdım, uyardım. Biz Türklerden hakikaten işi teferruatıyla önünden düşünenlerimiz ne kadar az. Teferruatla kullandığı makinanın ilerde gerekecek en ufak parçasıyla meşgul olanlara memleketimizin ne büyük ihtiyacı var.

12'de Nuri Paşa'nın 2 Mayıs tarihli bir mektubu Beyazıt'tan şifre ile bildirildi: Halil Paşa Bakû'da imiş. Nuri Paşa Karadağ'da imiş, Halil Paşa Kafkas ordusu kumandanı olacakmış!(⁵⁰) Ermenistan'da 11 Mayıs'ta bazı Bolşevik ayaklanmaları olduğu ve bazı yerlerde Bolşevik oldukları ilanları yapıldığı ve çarpışmalar olduğu haberi geldi.(⁵¹) 11 Mayıs vukuatça hareketli bir gün imiş. İtilâf devletleri sulh muahedemizi bir ay süre ile tasdik olunmak üzere İstanbul hükümetine vermiş... Milletsiz hükümete sulh muahedesi verilir mi? Bu bizim lehimize oldu, bütün millet o felâket fermanını okuduktan sonra daha fazla uyanacaktır.

Bugün 12 Mayıs'ta harekâtın gerektiği hakkındaki şifrelerime şu cevap geldi:

Ankara
10.5.1336

15. Kolordu Kumandanı Kâzım Karabekir Paşa Hazretleri'ne

6 ve 6/7 şifreye

1. Meclis-i Millî'nin nokta-i nazarı, esas Bolşeviklerle teması ve maddî ve fiilî bir ahd-i müşterek temininden evvel tarafımızdan hudud haricinde harekât-ı askeriyyeye başlanmaması merkezindedir. Binaberin akdemce de arz ve iş'ar kılındığı üzere ileri harekâtın bir itilâfa taliki zarurîdir.

2. Bekir Sami ve Yusuf Kemal beyefendiler yarın Erzurum'a müteveccihen Ankara'dan hareket ediyorlar. Oraca kendilerine ilhak edilecek olan askerî âzanın ihzar buyurulmasını rica ederim.

Büyük Millet Meclisi Reisi
M. Kemal

---

50 Bolşeviklerin Gürcülerle muharebeye başladıklarını 7 Mayıs Gürcü gazeteleri yazıyordu. Ermenilerle de müsademeye başladıkları bir zamanda Nuri Paşa'nın Bolşeviklerle müsademeye girişmesi ve Gence, Karabağ'da Bolşevik askerlerine ansızın kıyamlar yapılması hatır ve hayale gelir bir iş değildir.

51 Taşnaklar isyanları bastırmışlar bazı Bolşevik Ermeniler 25 Mayıs'ta Oltu mıntıkasında bize iltica ettiler.

19 Mayıs'ta hareket lüzumunu tafsilâtlı delilleriyle yazmıştım. Acaba bu mütalâalarım Ankara fikirlerinde bir değişiklik yapmadı mı? Yukarı ki şifre daha öncekilere cevap olduğundan şunu yazdım:

Erzurum

12.5.1336

Büyük Millet Meclisi Riyâset-i Celîlesi'ne,

1. İleri harekât hakkındaki 9 Mayıs tarihli mufassal şifreli maruzatımın cevabına muntazırım.

2. Bekir Sami ve Yusuf Kemal beyefendiler ne vasıta ile hareket ettiler? Müşarünileyhanın sür'atle Erzurum'a muvasalatlarını temin için bir binek otomobiliyle bir kamyonet Suşehri'ne kadar gönderilecektir. Suşehri'ne kadarda 3. Kolordu veya Amerika otomobilleriyle tesri-i hareketlerinin temin buyurulmasını rica ederim.

15. Kolordu Kumandanı
Kâzım Karabekir

92. DOĞU HAREKATI HAKKINDA ANKARA'NIN CEVABI

13 akşamı istediğim şifreye cevap geldi:
15. Kolordu Kumandanı Kâzım Karabekir Paşa Hazretleri'ne,

Hududun tecavüziyle şarktan gelen harekâta iştirak husûsundaki iş'arat-ı devletleri Hey'et-i Vekilece ehemmiyetle nazar-ı dikkate alındı. Hey'et-i Vekile karar-ı kat'î itâsı için nikat-ı âtiye hakkındaki mütalâa-i samilerine tekrar müracaatı münasib gördü:

1. Kızıl Ordu Ermenistan ve Gürcistan hududuna geldikleri hâlde bizim temin-i muavenetimiz için henüz bir müracaatta bulunmamışlardır. Halbuki buna imkân bulabilecekleri tahmin edilmektedir.

2. Ermenistan'a taarruz hareketimizi İtilâf devletleri ve Amerika ilân-ı harb kabul edecek ve ihtimâl ki memleketin aksam-ı garbiyesinden ve ağleb-i ihtimal Trabzon'dan taarruza geçeceklerdir. Bu umûmî işgale karşı şark harekâtına iştirak eden kuvvetlerimiz garbi siyanet için ne kadar zamanda serbest kalabileceklerdir. Bolşeviklerin bu takdirde maddî serî muavenetleri ne olabilecektir? Bolşeviklerîe aramızda henüz bir mukavelenâme yapılmamış olduğundan muavenetlerinden emin olabilir miyiz?

3. Trabzon'a terkolunacak kuvvetin bir İngiliz ihracına mukabele ve müdafaaya kifayet edememesi halinde bütün

memleket dahilindeki tereddüdün aleyhimize inkişafı varid-i hatır oluyor. Ermeni ve Gürcistan hududlarına temas eden kızıl kuvvetlerin miktarı ne kadar tahmin edilmektedir?

4. Hey'et-i Vekile'nin ve hattâ bir dereceye kadar Büyük Millet Meclisi kararını istihsal etmeden harekete geçmek mes'uliyetini mahzurlu görüyorum. Bu kararın istihsaline mukabil temin edilecek menafiin bir ittifaknâme ile tesbit edilmiş olduğunu ifade etmek lüzumu anlaşılmaktadır. Mevcutiyet-i milliyemizi tehlikeye olduğunu ifade etmek lüzumu anlaşılmaktadır. Mevcutiyet-i milliyemizi tehlikeye vazedecek bir mahiyette olacağı bedihi bulunan San Remo mukarreratının da yakınlarda tebliği ımıntazır ve binaenaleyh mecliste karar ittihazı karibdir efendim.

Büyük Millet Meclisi Reisi
M. Kemal

14 Mayıs'ta mutad Cuma günü Çocuklar Ordusu teftişinden sonra 36 atlıdan oluşan Cafer Bey müfrezesini yeşil bayrağıyle yola çıkardım. Kaçakları en yakın mülkî hükümete veya müfrezeye teslim edecekler, benim kumandamda Yeşil İslâm ordusu geliyor diye propaganda yapacaklar.([52]) Resmî makamlara kuvvetini bildirdim.

15'de gelen şifreye cevap yazdım:

Erzurum
15.5.1336

Büyük Millet Meclisi Riyâset-i Celilesi'ne,

C. 12/5/1336. Emir buyurulan dört maddeye sırasıyle cevab bervech-i âti maruzdur: İşbu cevabımla beraber 7/8 Mayıs 1336'da Bolşeviklerin Gürcülerle akd-i sulh ettikleri mes'elesinin dahi nazar-ı dikkate alınmasını istirham eylerim:

---

52 Bu müfreze kumandanı Cafer Bey'e muarız olanlar teşyide bulunmadığı gibi bu gibi çetecilere mevki veriyorlar diye dedikodu yaptıklarından ikinci bir müfrezeyi sevk için bu gibileri sıkıştırdım. Oluz atlı kadar bir müfreze daha göndermeye muvaffak olduk.

1. Kızıl Ordu'dan henüz bir müracaat olmamıştır. Böyle bir tahriratın yolda olması ihtimali olduğu gibi, daha bir müddet salimen bize gelememesi ihtimali de vardır. Nitekim biz daha ziyade istical ettiğimiz halde kolay kolay îsâl edemedik.

2. Bizi taksim ve imha için İtilâf devletleri kuvvet bulunca sebep ve bahane bulmakta ibraz-ı maharet etmektedirler. İzmir, Adana ve İstanbul'un işgalindeki esbab gibi. Eğer takat ve kuvvetleri olsa idi şark vilâyetlerimizi de işgalden bir gün dahi gecikmeyeceklerdi. Binaenaleyh bizi kamilen imha için vakt-i merhununun yani zaif düşeceğimiz ana intizar ettikleri zannındayım. Gerek bugünkü vaziyetinde ve gerekse Ermenistan'a taarruzda 15. Kolordu'nun gerek Trabzon'a ve gerekse gaibe karşı yapacağı hareket farksızdır. Bugün garbe karşı bir şey yapılamaması ve hattâ Trabzon tehlikede kalırsa oraya dahi fazla kuvvet gönderememesi mahza karşısında fırsat gözleyen Ermeni kuvvetinin bulunmasındandır. Bunun içindir ki kolordunun plânı Trabzon veya garp işgaline karşı şarka taarruz esasına göre yapılmıştır. İstanbul'un işgaline karşı bu taarruzun icrasına mâni olan her tarafın karla kapanmış olması ve vaziyet-i iaşemizin müsaadesizliği idi. Garbin en büyük tehlikelere düşmesi halinde dahi 15. Kolordu ancak şarka taarruz yapabilir. Garbe hareket şarkın da istilâ ve herc-ü merce uğramasını ve garbe giden kıtaatın da dağılmasını mucib olur ve binnetice memleketin istinad edecek bir yeri kalmaz. Bolşeviklerin garbe bilfiil muavenetleri hakkındaki tasavvurat şimdilik kat'î olamaz. Yalnız Ermenilerin ezilmesiyle 15. Kolordu pek kavi olarak garbe döner ve belki de bir hayli İslâm kıtaatı da birlikte getirebilir.

3. Trabzon'a terkolunacak kuvvet ne olursa olsun bir ihraca mâni olamaz. Fakat ihraç edilecek kuvvet de ne olursa olsun dahile kolayca ilerleyemez. Ermenilerin mağlûbiyeti ve İslâm kuvvetleriyle ittihadla Trabzon işgali mukayese olunursa muvakkat kalacak olan işgalin pek ehven kalacağını zannederim. Bendeniz mes'elenin en mühim ve hayatî cihetini Ermenilerin mağlup edilmesinde buluyorum. Ve an-

cak herhangi bir kuvvetle takviyesi halinde bunlara taarruz etmemeyi muvafık buluyorum. Yani zaif bulduğumuz gün Ermenileri ezmek ve bunları artık Türklüğe zararlı bir kuvvet halinden çıkarmak bize borçtur. Çünkü Ermeniler bizi zaif bulunca behemahal bize taarruz edeceklerdir. Nitekim Yunanlılar zaif buldukları İzmir'i böyle mahvettiler. Bugün Ermeni ve Gürcü hududlarında Kızıl orduların miktar-ı hakikisi kat'î bilinemiyor. Yalnız Kafkasya'yı işgal eden üç ordu olduğunu muhtelif menabiden haber almıştık; fakat bu günkü vaziyet henüz mechulümüzdür.

4. Bendenizin istirhamımı lâyıkı veçhile izah edemediğim anlaşılıyor. Evvelâ şunu arzedeyim ki hiç bir zaman Hey'et-i Vekile'nin karar ve emrinden hariç çıkmadım. Ve böyle bir düşüncede dahi bulunmadım. Bütün felâketlerimizin şahsî ictihadların vatan ve millet için hayırlı zanniyle atılan hatvelerden geldiğini her zaman hatırlıyor ve icab edenlere maruzatta dahi bulunuyorum. 9 Mayıs 1336 tarihli maruzatımın altıncı maddesinin son fıkrası hareket, hey'et-i celilerince kabul ve tesbit buyurulunca meclisin bu babda harice karşı yapacağı neşriyat idi. Şifrede bir noksanlık varsa iş'ar buyurulmasını istirham eylerim. Emir buyurulan mevaddın cevabını arzettim. 9 Mayıs tarihli maruzatımda esbab-ı mucibe mezkûrdur. Bendenizin istirham ettiğim mes'ele herhangi bir teehhürü muhabere ile zuhur edebilecek son fırsatı kaçırmamaklığımızdır. Meselâ Bolşeviklerin Ermenilere karşı muayyen bir noktadaki taarruzunun ve bizden de muavenet tekliflerini alırım veyahut muayyen bir müddet zarfında Ermenilerin Bolşeviklerle sulh akdedecekleri binaenaleyh bizim de hiç olmazsa bir sevkü'l-ceyş hududunu yani Aras-Kars çayı-Allahüekber hattını hemen tutmaklığımız lâzım gelir. Aksi halde Ermeni askerinin bulunacağı mıntakalar Ermenistan addolunur. Bu gibi fırsatları arzetmek; cevap almak herhangi bir arıza neticesi bir kaç gün teehhür ederse gayr-ı kabil-i telâfi elim bir zararı kendi elimizde millet hesabına kaybetmiş oluruz. Âcizlerine verilecek selâhiyetin sû-i istimâl edilmeyeceğine

ve bendenizin her türlü harekâtımda hisli değil hesaplı olduğuma itimad buyurulursa vatan ve millet hesabına şu son fırsat günlerinde yüz güldürücü kârlar kaydedilebileceğini ve her tarafta kan ağlayan milletin hiç olmazsa şark tarafını artık emin görmekle müsterih ve istikbalden ümid var kalabileceğini arzeylerim. Herhalde böyle bir selâhiyet verilse dahi her bir hareketi daha evvelden arzetmek ve hey'et-i celîlelerinin emirlerini telâkki etmek tabiîdir. Bendeniz lâzımı gibi maruzatta bulundum. Emir ve iradeleri ne yolda ise ona göre idare-i umur edeceğimi kemâl-i hürmetle arzeylerim.

15. Kolordu Kumandanı
Mirliva
Kâzım Karabekir

Mustafa Kemal Paşa'nın cevabı ile benim şu cevabım umûmî vaziyeti ve kendi vaziyetimizi ne kadar aykırı gördüğümüzü pek açık olarak göstermektedir. Mustafa Kemal Paşa meclis reisi olmadan hiç de benden aykırı düşünmüyordu. Bilâkis hey'et-i Temsîliye halinde iken kış ortasında -yakın mazimizde bir Sarıkamış felâketi varken- hemen harekete geçmek için yazıp duruyordu. O zaman Ermenilerin Gürcüler ve belki de İngilizler tarafından daha hudud boylarında takviyesi de pek muhtemeldi. Trabzon'a İngilizler, Amerikan debarkmanlarından korkulduğu bildiriliyor. Acaba Hey'et-i Temsîliye halinde iken bu daha muhtemel değil mi idi? Batı işgallerine karşı korunmak için kolordunuz ne kadar zamanda serbest kalacak diye endişe olunuyor. Acaba Hey'et-i Temsîliye halinde iken bu endişeye mahal mi yoktu? Hükümetin ve bir dereceye kadar da Millet Meclisi'nin reyini almadan hareketin sorumluluğu ihtar olunuyor. Acaba bir Millet Meclisi ve onun hükümeti var iken Hey'et-i Temsîliye bu sorumluluğu neden düşünmüyordu? O zaman sorumlu bir hükümetin emri aksine hareket yapmayı ben teklif etmedim, bu endişe nedendir? ... Bolşevikler Kafkasları güneye aşmadan evvel hareket yapmamak ne kadar basiretli bir iş ise şimdi de hareketten kaçınmak o kadar basiretsizliktir. Gürcülerin sulh yaptığı söyleniyor. Ermeniler de bunu yaparsa ve bilhassa Rusya ile birleşirse ne olacak. Umûmi Harb'de büyüklerimizin daima kendilerinden büyük fakat havaî muazzam projelerle uğraştıklarından ince ince düşünmemeleri ve yapılan ihtarlardan da uyanamamaları bugün Zengezor bölgesini bizimle Azerbaycan arasında bir sed bıraktı ki bugün sebeb olanlar vicdan azabı içerisinde kıvranıyorlar. Bugün de son fırsat günlerindeyiz. Acaba bu sefer de büyük diye başımıza aldığımız arkadaşlarımız tarihimize yeni bir gaflet mi yazdıracaklardır? Şifremin nihayetinde, son fırsat günlerinde kan ağlayan milletin geleceğinden ancak doğuyu emin görmekle müsterih olacağını yazmamın sebebi budur. Ben hiç bir zaman teşekkülüne bir esas olduğum millî hükümetin sözüne rağmen iş görmeyi aklıma getirmedim. Bunu da şifremin son satırlarında bir daha tekid ettim. Gerçi İstanbul'da Erzurum'da Mustafa Kemal Paşa'ya doğu hakkındaki tasarılarımı söylemiştim. Fakat bu herhangi bir hükûmetsizlik halinde yani bizi istilâ siyaseti başlar ve bir hükümet teşkil edemezsek gereken bir durumdu. Fakat millî bir hükümet tesisi ve şahsî düşüncelerle vatan ve milleti felâkete sürüklemek tarihini tekrara müsaade etmemek hakkındaki prensibimi de bildirmiştim. Nitekim İstanbul'da Millet Meclisi mevcut iken sorumsuz olan Hey'et-i Temsîliye namına diye Mustafa Kemal Paşa'nın da bu gibi arzularına karşı pek samimi nasihatlerde bulunuyordum. İşte bu şifremde bu noktayı hatırlatmak için -icab edenlere maruzatta dahi bulunuyordum- kaydını yazdım. Cevabımı kendi kalemimle yazdım ve Mustafa Kemal Paşa'nın şifresiyle yazdığım cevap hakkında ilgili arkadaşlardan kime görüşlerini sordumsa aldığım cevap şu oldu:

"Doğu hareketini Hey'et-i Temsîliye halinde Mustafa Kemal Paşa mevsime ve ahvale bakmadan istemesi İtilaf devletlerinin İstanbul meclisi ve hükûmetini imhaya vesile olsun için olduğuna şüphe kalmıyor. Şimdi millî hükümetin reisi olan Mustafa Kemal'in doğu hareketiyle temin edeceği bir şey kalmamıştır. Bilâkis parlak bir zaferin mevkiini sarsacağından endişe ediyor. Cephe kumandanlığı teklifine cevap verilmemesi de bir delildir."

Bu ne acı bir ithamdır. Acaba hâlâ kolordu kumandanlığı vaziyetinin düzeltilmemesi de bundan mıdır? Bu halin doğurduğu bir düşüncedir. Bakalım devam edecek münakaşalarımız bunu daha çok açacak mıdır? Herhangi parlak bir zaferden sonra benim muzaffer ordumla birlikte Ankara'ya giderek tarihin felaketli misallerini yapacak kadar küçüklük yapmayacağımı bir çok bilenler gibi Mustafa Kemal Paşa da bilmelidir. Daha ilk günden ben samimî vaziyetimi göstererek onu samimî ellerimle tuttum. Artık meşrû bir hükümet şeklinden sonra daha ziyade hürmette bulunacağımı kabul etmelidirler. Bütün birliklerim gitse dahi ben doğunun irfan sahasındaki gelişmesine mütevazi hizmeti en büyük emel biliyorum. Mademki muhaberelerimiz şekli, fikirlerimizin aykırılığı ortaya bir feci teori çıkarmıştır; işte söz veriyorum ki Mustafa Kemal son zaferi kazanmadıkça Ankara'ya giderek kendini dehşete düşüren bir şekle sebeb olmayacağım. Yazdığım şifrede itaat hislerimi de gereği gibi arzettim.([53])

Doğu hareketinden geri dönmenin ilerisi için her ümidi kapayacağımı anlatmaya çalışırken ve bazı hasis hislerin bizi hareketten alıkoyduğunu düşünerek meyus olurken 16 Mayıs'ta Mustafa Kemal Paşa'nın 15 Mayıs tarihli şifresi kolordumun batıya hareketi hakkında aklımın bir türlü ermediği mütalaaları ortaya atıyor.

---

53   Yunanlılara karşı pek şanlı muzafferiyata rağmen hakkındaki hislerin değişmeyeceğini ve bir gün İzmir'de İstiklâl Mahkemesi müddei umûmisi lisanından: "Daha ilk günden beri Kâzım Karabekir Paşa, Mustafa Kemal Paşa'ya karşı her müşkülü çıkardığı, onu daha Erzurum Kongresi'nde dahi reisliğe getirmemeye çalıştığı... yani rakibi olduğu" gibi garip fakat yukarıdaki muhaverelerden çıkarılan neticeyi doğrulayan iddiada bulunacağımı acaba kim hatıra getirebilirdi? 1926 senesi Haziran 22'den Temmuz 13'e kadar mevkufiyetim, muhakemem, iddianame ve bunu tekziben başvekil İsmet Paşa'ya mektubum ve şifahî mülakatımız ibret levhalarıyla doludur.

Bu ve buna yazdığım cevap şunlardır:

Ankara
15.5.1336

15 Kolordu Kumandanı Kâzım Karabekir Paşa
Hazretleri'ne,

Gayet aceledir.

1. Mudurnu civarında iki günden beri devam eden müsademe sevkolunan müfrezenin kolbaşısı dün akşam muvasalat etmiş olmasına rağmen bugün yeniden ve şiddetli başlamış ve 10 evvelden beri telgraf hattının inkitaından ussatın Mudurnu'yu işgal ettikleri istidlal olunmuştur. Muharebenin cereyanına ve neticesine dair başka malûmat yoktur.

2. Sivas'ın Yenihan civarında 7.8 yüz kişi toplanarak Padişahla Kuva-yi Milliyye arasında muharebe ve müsademeye mahal vermemek ve Padişahımızla suret-i muslihanede mes'eleyi hal ve fasletmek istediklerini ve saireyi havi Sivas vilâyetine dün bir talepname vermişler ve taarruz edilirse mukabele ve müdafaa edileceğini ve Samsun'da Kuva-yi tenkiliyeye arz-ı hürmet ve umûm gruplarını muavenete davet eyleyeceklerini ve kıtaatın silâhla köylerine firarlarım temin eylediklerini bildirmişlerdir. Bu hâdise bütün memlekete şamil İngiliz teşkilât-ı irticaîsinin mühim bir sahrası olup hâdiseyi serian halledecek kâfi kuvvet Sivas ve Tokad'da mevcut olmadığından maateessüf sür'atle ittisaa pek müsaittir. Az zamanda bütün vasatı Anadolu'nun bu tuğyana kapılarak hudutların ecanibe bilâ mukavemete açık kalması ihtimal dahilindedir. Trabzon-Erzurum istikametinin de böyle bir fesada yatak olması istidadı olduğu malûmdur. Son alınan haberlere göre Aziziye civarında da bir hareket bulunduğu Kayseri'den bildirilmiştir.

3. Bu vaziyete göre mütâlâa ve tedabir-i âliyelerinin iş'arını rica ederim. Biz her şeyden evvel bütün kuvvetimizle memleketimizin tesanüd-i dâhiliyesini muhafazaya muvaf-

fak olursak hududlarımızı kurtarmaya muvaffak olacağımız kanaatindeyiz. Binaenaleyh kolordumuz kıtaatı ile dahi her şeyden evvel irticai imha edecek surette gaibe doğru harekât ve tertibat düşünmek mecburiyetindeyiz. Bundan maada bütün ifsadat-ı dâhiliyenin kuvvetlerimizi dahilde muattal bırakarak hududlarımızı ecnebilere teslim için mürettep olduğuna eğer Erzurum halkı hakikaten kani iseler bunlar civardaki hattâ uzaktaki halk ve ulemaya mütemadiyen mektuplar ve telgraflar yazarak mühim irşad vazifesi yapabilirler.

Cevabına mutazırım efendim

Büyük Millet Meclisi Reisi
Mustafa Kemal

Bu vaziyete 12 tarihli 13 akşamı gelip 14'de okuduğum aşağıdaki şifreyi de ilâve etmeli:

Ankara
12.5.1336

Kâzım Karabekir Paşa Hazretleri'ne,

Trabzon valisi Hamit Bey'in tavır ve muamelesi kendisinin işten çektirilmesini zarurî kılmaktadır. Dahiliye Vekâleti'nce münasip bir zât bulununcaya kadar şimdilik vilâyet umurunun vekaletin Üçüncü Fırka kumandanı Rüştü Bey tarafından demlide edilmesi münasib-i mütâlâa kılınmaktadır. Zât-ı samilerince de tensip buyurulduğu takdirde tebligat-ı resmiyede bulunulmak üzere iş'arı keyfiyet buyurulması mercudur.

Büyük Millet Meclisi Reisi
Mustafa Kemal

Yukar iki şifrede "Trabzon-Erzurum istikametinin de böyle bir fesada yatak olması istidadı olduğu malumdur" deniyor, üç gün evvel yazılmış şifrede de sebebleri izah olunmadan Trabzon valisi Hamit Bey'in oradan kaldırılması lüzumu bildiriliyor. Halbuki 13 Mayıs'ta Trabzon vali ve ahalisinin Büyük Millet Meclisi'ne ve kabul ettikleri siyaset esasına hürmetkar olduklarını tahkikatıma dayanarak yazmıştım. Benim bilmediğim bir şey varsa açıkça yazılması pek lüzumlu bir şeydir. Fakat bölgemde korkulacak bir şey olmadığını ben daha iyi bildiğim için fazla bir şey sormadım. Hamit Bey hakkında 14'de verdiğim cevap şudur:

Erzurum

14.5.1336

Büyük Millet Meclisi Riyâseti'ne,

Trabzon valisi Hamit Bey'in celbiyle vilâyet umurunun 3. Fırka kumandanı Rüştü Bey'in deruhde eylemesi pek muvafıktır Yalnız esbab-ı celb olarak müşarünileyhin Büyük Millet Meclisi azasından olduğu ve ahiren Trabzon'dan gönderilen iki millet vekilinin de şehadeti meclisçe pek hazin tesir bıraktığı cihetle Trabzon ahalisinin itimad ve teveccühüne mazhar Hamit Bey'in Meclis-i Millî'de bulunmasının münasip olacağı tarzında bir cemile gösterilmesinin muvafık olduğunu arzeylerim.([54])

15. Kolordu Kumandanı
Kâzım Karabekir

Batıda büyüyen tehlike nedir ve nedendir? Millî Meclis İstanbul'da basılmış dağıtılmış, Ankara'da yeni Millet Meclisi, millî hükümet teşkil etmiş ve işe başlamıştır. Bu vaziyet bizim için ne kadar kuvvetlidir. Gerçi bugün iki hükümet var, fakat İstanbul'daki, Padişah'ın ve İngilizlerin emrinde, Ankara'daki milletvekillerinin emrinde, müşterek olan bir şahsi-

---

54 Bu Hamit Bey hakkındaki evrak bir dosya teşkil etti. Mustafa Kemal Paşa'nın müteaddit şifrelerinden başka 23/24 Mayıs 1920'de Müdafaa-i Milliyye vekili Fevzi Paşa'nın 9 Haziran 1920'de Erkân-ı Harbiyye reisi İsmet Bey'in de şifreleri geldi. Nihayet 23 Haziran'da vali Hamit Bey Trabzon'dan hareketle Ankara'ya müteveccihen yola çıktı. O tarihlerde, bu babda bir hülâsa kaydettim.

yet varsa Padişah! Ankara bu adamı beyhude yere masum göstermek hatasında bulundu, şimdi o Ankara aleyhine eline geçeni saldırıyor. Acaba halkımız irşad ve tenvir mi olunamıyor, yoksa Trabzon-Erzurum istikametinden olduğu gibi vehimlerle bazı kimselerden haksız şüphe neticesi şiddetli icraat mı işi büyülttü? Esaslı surette ancak bu son şifreden biraz vaziyeti anlayabildim. Acaba vukuat genişleyinceye kadar hükümet işin farkında mı olmadı? Gerçi Mustafa Kemal Paşa ve bazı arkadaşlarımız, değil bugünkü gibi iki hükümet varken hatta İstanbul'da bir de meclis varken millî hükümet tesisi fikrinde evvelce ısrar ettiklerine göre bugünkü vaziyeti düşünmemiş olmalarını kabul ederim. Ancak vaziyetin meydana çıkmasından sonra olsun alınacak tedbirler makul olmalıdır. Doğudan benim kolordum nasıl batıya gider? Bu vaziyet düşmanlarımızın arayıp da bulamadığı bir iş değil midir? Bütün birliklerin kaçmasına ve halkın müthiş bozgunluk yaparak millî felâkete sebeb olacakları ne kadar aşikârdır.

Daha geçende Van'daki 11. Fırka merkezinin fırkanın yığınak yaptığı Beyazıt'a naklini gören vilâyet ve halk ne telaşlar ediyordu. Bugün yapılacak tek bir iş varsa o da Ermeni hareketini bir an evvel bitirmektir. Ben selâmeti ileri harekette buluyorum, Ankara bu yeni formülü ile yegâne millî dayanağı olan benim birliklerimi de geri hareketle kat'î felâkete yürüyor.

Vakitsiz ihtilâllerden ve doğu hareketinden bahseden azimkar Mustafa Kemal Paşa şimdi ahvalden şaşırmış, ümitsiz bir insan gibi hatır ve hayale gelmez tehlikeler düşünerek vahim yanlışlıklara gidiyor. İşte cevabımda hata ettikleri veya düşünemedikleri esasları açık yazmakla bugünkü mühim vaziyette kendilerine sükunetle uygulanması halinde kesin başarı ile sonuçlanacak samimi bir talimatname göndermiş oluyorum.

Erzurum

16.5.1336

Büyük Millet Meclisi Riyaset-i Celilesi'ne,

15/5/1336 tarihli şifre cevabıdır:

Gaipte büyüyen tehlikeye karşı mütâlâa-i âcizî bervech-i âti arzolunur:

1. Kuva-yi âsiyenin henüz fiilen giremediği aksam-ı vatanda halkı iyice emin kulaklarla dinlemek ve tebdil-i kıyafet etmiş zabitlerle, ulema ile müessir ve mütemadi propaganda yaparak muhalefete müstait efkârı ikna etmek ve daima elimizden ayırmamak lâzımdır. Mevcut felâketleri anlatmakla beraber İngilizlerin milletimizi birbirine düşürerek geriye kalan memleketimizi de işgal edeceğini halbuki millet yekvücut olursa İngilizlerin bu sene her tarafta perişan olarak memleketlerine kaçacaklarını halk diliyle neşretmelidir. Yanık destanlar da faidelidir.

2. Mevcut asker ve Kuva-yi Milliyye'yi mümkün mertebe toplu ve kuvvetli tutmak ve mevcutun Kuva-yi âsiye ve ecnebiye karşısında bulunan akşamını gayet ihtiyatlı ve idareli kullanmak ve memleket dahilinde bulunan akşamını da isyana müstait efkâr ve eşhası tazyik ve tehdide muktedir halde bulundurmak.

3. Elimizdeki asker veya Kuva-yi Milliyye ile muarız bulunan halka taarruz etmemek ve ancak taarruza karşı müdafaa ve mukabelede bulunmak.

4. Dahildeki analiye bütün memurîn ve asakir ve Kuva-yi Milliyye tarafından hürmet ve merbutiyet gösterilmek suretiyle muamele olunmak ve ahalinin her nevi işini büyük bir alâka ile takip ve sür'atle intaç etmek ve kendilerine her yerde rahim, şefik muamele etmek ve din ve an'anevî Anadolu'nun ayranını kabartmamak.

5. Gerek Kuva-yi âsiyeye gerek dahildeki ahaliye hitaben milletin en buhranlı ve hayat-memat saatinde Padişah'ın başımıza geçmek ve milleti inhilâlden kurtarmak üzere Ana-

dolu'ya davet olunduğu ve esir değilse gelmesi lüzumu ve gelmediği takdirde iradesine sahip olmayıp İngiliz süngüleri altında iradeleri imzaladığı neşrolunmak, Padişaha hitaben de milleti birbirine kırdırıyorsun, eğer esir değilsen Anadolu'yu teşrif et. Gelmediğin takdirde İngiliz süngüleri altında imzaladığın iradelerle her gün binlerce İslâm kanı dökülüyor tarzında açık bir beyannâme yazılmalıdır.

6. Sivaslı Emir Paşa gibi nüfuz sahibi zevat, müessir olacakları menatıka meselâ Aziziye taraflarına gönderilerek oradaki Çerkeş ahali kazanılabilir.

7. Şark ahalisi vaziyete hâkimdir. Ve bu kanaatle bize tamamıyla taraftar ve hadimdir. Hududda mütehaşşit kuvvet onların bu kanaat ve rabıtalarını kavileştiriyor. Şark halkı ve uleması da yazacakları şedid ve müessir telgraflar ve hitabelerle vasatı Anadolu halkını ikaza çalışacaktır.

8. Harekâtta en mühim husus arzolunduğu üzere Kuva-yi âsiyeye karşı eldeki kuvveti parça parça sevkden ictinab olunarak mevcut kuvvet ile icab ederse kazılacak siperler gerisinde Kuva-yi âsiyenin taarruzu beklenir ve bu suretle duçar-ı hücum olduğundan dolayı maneviyatı yükselecek asker ve Kuva-yi Milliyye ile mukabil darbe vurulur.

9. Samsun sahiline bir ihracı haiz-i ehemmiyet görmüyorum. 3. Kolordu'dan tasarruf olunacak kuvvetle Sivas'ta kuvvetlice bir müfreze bulundurulmalıdır.

10. Yenihan'da toplanan ahaliye Samsun'da Kuva-yi tenkiliyye olmadığı söylenmeli ve icap ederse makina başında telgrafla görüşülerek ikna ve isbat ve Padişahla tavassut isteyenlerin Padişah'ı Sivas'a davet etmek teklif olunmalı ve her hâlde muslihane zaman ve taraftar kazanmalıdır.

11. 15. Kolordu kıtaatı ile her şeyden evvel irticai imha edecek surette garbe doğru tertibat ve haraketta imkânı maateessüf bugün mevcut değildir. Bu kanaatimin hilâfına garbe kıtaat sevkine teşebbüs olunsa muhakkaktır ki bize taraftar ve hâkim olan şark ahalisi bizi Ermenistan'a mı çiğneteceksi-

niz? Hududu bırakmanıza sebep nedir? Diye askerin boynuna sarılır ve onu durduramazsa kendisi de çoluk çocuk hicret eder. Şüphesiz bu vaziyet her vakit müterakkib-i fırsat olan Kürtleri derhal kıyam ettirir ve ahalinin muhalif ve isyana müsait akşamını ayaklandırır. Şu halde 15. Kolordu'nun bu vilâyetler ahalisinden olup ancak Ermenilerden intikam almak arzu-yı şedidiyle hudud boyunda sabırsızlanan akşamı derhal terk-i vazife firara çoktan hazır ve ocağına mütehassir olduğu için onlar da savuşurlar, yani kolordum inhilâl eder. Ve şimdiye kadar elde tutulabilen şark vaziyeti de alt üst olur ve halâs ümidimiz de kalmaz.

Dahilî tesanüd için kolordunun Sivas veya Ankara muhitine kemâl-i muvaffakiyetle varması ve iş görmesi farzedilse dahi şarkın tehlikeye duçar olması halinde hududların muhafazasına artık imkân kalmaz. Çünkü memleketin şimendiferleri yoktur ki herhangi bir kuvveti istediğimiz zamanda istediğimiz tarafa nakil edebilelim. Nitekim İzmir ve Adana felâketlerine karşı 15. Kolordu seyirci kalmaktan başka bir şey yapamamıştır. Diğer bir nokta daha nazar-ı dikkate alınmalıdır: O da, kâmilen Hasankale şarkında tahaşşüt etmiş bulunan 15. Kolordu Anadolu merkezine bir aydan evvel müessir olamaz. Bu zaman zarfında ise şarkın ve dolayısıyla bütün memleketin selâmet veya felâketi takarrür edecektir. Şu hâlde kolordumu hayat ve mematımızm takarrür edeceği şu zamanda göreceği tarihî bir hizmetten mahrum bırakmak nazar-ı teemmüle alınmalıdır. Bilâkis Gürcülerin İngilizlere ilân-ı harb ettiği binaenaleyh Ermenilerin yalnızca karşımızda kaldıkları bir ânda şarka hareket edilirse az zamanda Ermenilerin bir daha bizim için muzir olmayacak bir hale konur ve mâneviyatı tamamıyla yükselen kıtaat ve bunlara iltihak edecek Azerbaycan İslâm kuvvetleri ve şark ahalisi ve aşairiyle beraber ve müsterih ve gözü arkada kalmayarak büyük bir kuvvetle garbe pür neş'e koşar.([55]) Ermenilerle ola-

---

55 Haberleşmelerle vakit geçirdiğimiz bugünlerde teklifini veçhile harekete geçseydik, kıtaatım en geç 31 Mart 1921 İkinci İnönü Muharebesine ve hiç değilse Eskişehir'in sukutundan evvel behe-

cak muharebenin sebebini hâlâ yaptıkları İslâm katliâmıyla Ermeniler ihzar etmiştir. Ermenilerin bu İslâm imhası ve neticede muharebenin zuhuru bütün Anadolu halkında bir tesir ve kısmen olsun bir ittihad hasıl edebilir. Bütün milletler için bendenizin zannım ihtilâfat-ı dâhiliyenin izalesi ancak haricî yeni bir müsademe ile mümkündür. İzmir, Adana ve hattâ İstanbul vak'alarına millet alıştığından tabiî geliyor. Bir Ermeni harbi ise yeni bir tesir yapabilir. Ermenistan dahili de karmakarışık olduğundan harici devletlerin bize hücumunu da mucip olmaz. Olsa dahi bu hücum zaif bir kıpırdamak olur. Şedit olsa bu taarruz milletin daha kavi intibah ve ittihadını mucip olacağı maruzdur.

15. Kolordu Kumandanı
Kâzım Karabekir

Yazdığım şeyler faydalı surette uyguladığım ve kısmen de sükunetle düşündüğüm hakiki vaziyetlerdir. Telkin ve inandırma, uyarma ve aydınlatma her şeyde esastır. Vurmak, kırmak, almak, kaldırmak gibi tehdidler daima işi azdırır. Meselâ Trabzon valisi Hamit Bey'in oradan kalkması lâzımdır. Aksi halde yoktan halkın dile gelmesi işten bile değildir.[56] Aleyhimizdeki propagandalar, paralar, kuvvetler bizden pek kudretlidir. Bizim haklı olduğumuzu halkımıza anlatmalı, daima taraftar kazanmalıdır. Bu mesele Sivas Kongresi esnasında da az kaldı daha fena bir şekilde patlayacaktı. Asıl ana mesele Ermeni harekâtı idi. Meclis Başkanı Mustafa Kemal Paşa, Millî Müdafaa Vekili Fevzi Paşa, Genel Kurmay Başkanı İsmet Bey gibi en muktedir kumandanlarımız bugünkü zor durum içinde şaşırmamalı veyahut herhangi bir vehme kapılmamalı. Vaktimiz artık beyhude geçiyor. Yeni bilgiler

---

mahal batıya yetişebilecek ve pek mümkün idi ki Sakarya ricati de olmayacaktı. Neticede kat'î zafer de belki bir sene evvel olabilirdi. Yukarıki teklifim cevapsız kalınca 30 Mayıs'ta daha acı yazdım. Aksi cevap aldım. O tarihde yazılıdır.

56   Trabzon'da, valimizi vermeyiz gibi bir kıpırtı başlangıcında, tedbirli bir hareketle susturuldu. Millet Meclisi reisinin ve hükümet erkânının arzuları yerine getirildi.

Gürcülerin Bolşevik olup İngilizlere harb ilan ettiğidir. Gerçi bu bir havadistir, belki de yalan çıkar; fakat bunun ehemmiyeti yoktur. Ergeç olacak vaziyet budur. Ermenistan içerisinin karıştığı bilgileri doğrudur. Herhalde doğu hareketinin gerek kendi vaziyetimizden ve gerekse dış vaziyetten dolayı tanı sırasıdır. Ben tarihî vazifemi yapmakla beraber Umûmî Harb'deki feryadlarıma bedel kaybolan fırsatı düşünerek çok meyus ve muztarip bulunuyorum.

17 Mayıs haberlerini tamim ettim:

17 Mayıs 1336

Tamim([57])

1. Bolşevikler muzafferane Tiflis'e dahil olmuştur. Gori şehri ile Tiflis-Batum hattı üzerindeki kasabaların bir çoğu ele geçmiştir. Bunun üzerine Gürcüler, akd-i sulhe mecbur olarak Sovyet hükümetini ilân etmişlerdir. Gürcülerin İngilizlere ilân-ı harb ettiği de bildirilmektedir.

2. Bir ihtilâl neticesi Erivan'da Hatisof kabinesi sukut etmiştir. Taşnaklarla Osmanlı Ermenileri hükümeti ele almıştır. Dahilde iğtişaş tezayüt etmiş ve İslâmlara karşı katliâm da başlamıştır. Zengibasar'la Kars civarından kurtulabilip iltica eden İslâmlar mezalimin derece-i vahşetini kemâl-i suzişle hikâye etmekdedirler. Ermenilerin Bolşeviklik perdesi altında diğer menatıkta da katliâm yapacakları hissedilmektedir.

3. Büyük Millet Meclisi Riyâseti'ne, kolordulara Refet Bey'e, Erzurum, Trabzon, Van vilâyetleriyle Erzincan mutasarrıflığına, Beyazıt mutasarrıflığına, 15. Kolordu kıtaatına.

15. Kolordu Kumandanı
Kâzım Karabekir

---

57 Birinci madde doğru çıkmadı. Bizim Ermeni harekâtından sonra Gürcülerle Bolşevikler harb ettiler Menşevikler mağlûb oldu. Gürcistan da Bolşevik zümreye dahil oldu.

Bugün Rus sahra toplarının -evvelki sene Rus ordusunun ricatinde Ermenilerden ganimet alınan-ders atışlarında bulundum. Bizim sahra toplarına üstün yalnız daha ağır. Cephanesinin bol olması memnun olacak şey. Çalışır durumda 4 top var. Top başına 11144 atım var. Silâh ve mühimmatımız hakkında münasip bir de bilgi yazacağım. Atış esnasında bir saat kadar fındık büyüklüğünde dolu yağdı.

18 Mayıs'ta yürüyüş cedveli mucibinde 9. Fırka'nın sonu olan 29Alay Erzurum'dan Narman'a hareket etti, teftiş ve teşyi ettim. Doğudan bugünkü vaziyette batıya birlik alınması felâket olacağı ve bunun yerine Ermeni hareketinin yapılması uygun olacağı hakkındaki cevabıma muvafakat cevabı ümid ettiğimden cephe kumandanlığı hakkında 3. defa olmak üzere şu şifreye Genel Kurmay Başkanlığı'na yazdım:

Erzurum
18 Mayıs 1336

Ankara: Erkân-ı Harbiyye-i Umûmiyye Riyâseti'ne,

Büyük Millet Meclisi Riyâseti'ne 28 Nisan 1336 tarihli şifre ile arz ve 6 Mayıs 1336 tarihli şifre ile tekiden istirham olunan şark cephesi ve geri vezaifi kumandanlıklarının tasdiki ile cevabının sür'atle itasına delâlet buyurmanızı rica ederim. Çünkü ya teklif olunan tarzda veya Müdafaa-i Milliye Vekâleti'nce tekarrür ve tebliğ edilecek diğer bir şekilde vezaif taksim edilmedikçe muamelâtın karib olan hareket zamanında değil halen bile tedvir ve ifâsında pek ziyade karışıklık olmaktadır, efendim.

15. Kolordu Kumandanı
Kâzım Karabekir